*The Profound History of Ming Dynasty 3*

《大明风云》系列之 ③

明基奠立

马渭源 著
Ma Weiyuan

东南大学出版社
SOUTHEAST UNIVERSITY PRESS
·南京·

图书在版编目(CIP)数据

明基奠立/马渭源著.—南京:东南大学出版社,
2015.1
  (大明风云系列)
  ISBN 978-7-5641-5429-5

  Ⅰ.①明… Ⅱ.①马… Ⅲ.①中国历史-研究-明代
Ⅳ.①K248.07

  中国版本图书馆 CIP 数据核字(2014)第 310945 号

**明基奠立**

| | | |
|---|---|---|
| 出版发行 | 东南大学出版社 | |
| 出 版 人 | 江建中 | |
| 社　　址 | 南京市四牌楼 2 号 | |
| 邮　　编 | 210096 | |
| 印　　刷 | 南京玉河印刷厂 | |
| 开　　本 | 700 mm×1000 mm　1/16 | |
| 印　　张 | 17.25 | |
| 字　　数 | 290 千字 | |
| 版　　次 | 2015 年 1 月第 1 版 | |
| 印　　次 | 2015 年 1 月第 1 次印刷 | |
| 书　　号 | ISBN 978-7-5641-5429-5 | |
| 定　　价 | 39.00 元 | |

＊ 本社图书若有印装质量问题,请直接与营销部联系,电话:025—83791830。

# 序

马渭源教授的 17 卷本《大明风云》就要出版了,这是继他 2014 年推出 10 卷本《大明帝国》后的又一大系列专著。数日前,他来我家,邀我写个序,我欣然答应了。因为他与日本关西学院校长、国际明史专家阪仓笃秀教授是老一辈著名明史专家黄云眉先生的第二代传人,这是 2011 年年底海内外眉师儿孙们云集一堂,经过反复研究、讨论,最后作出的慎重决定。作为眉师的第一代传人,我感到责无旁贷要做好这样的事情。

马教授在 2012 年就应邀去美国做讲座,北美三大华文报刊《世界日报》《星岛日报》和《侨报》对此都曾做了专门的报道,其中《世界日报》称誉马渭源教授为著名的明史专家;稍后中国大陆媒体称他为"第一位走上美国讲坛的明史专家"。

另据海外媒体所载,马渭源教授的《大明帝国》系列专著得到了美国匹兹堡大学名誉教授、海外著名国学大家许倬云先生的赞许与推介,并为哈佛大学、哥伦比亚大学、普林斯顿大学、斯坦福大学等世界一流的高等学府和美国国会图书馆、澳大利亚国家图书馆等西方诸国国家图书馆所收藏,真乃可喜可贺!

最近中央级大报《光明日报》刊载文章说:"世界上 SCI 检索影响力较大的 2 000 种期刊中,中国期刊只有 5 种;排在本学科前 3 位的世界顶级期刊中,没有一本中国期刊。"(《光明日报》2013 年 11 月 30 日第 7 版"科教文新闻")与此相类或者说更不尽如人意的是,中国虽是当今世界上头号出版大国,但中国出版的各类专著为西方国家收藏的却不到 20%,社科类不到 10%,历史类更是凤毛麟角。而马教授的著作能被这么多的西方著名高等学府所珍藏,并得到了大家许倬云先生的肯定与称许,实属不易!

其实这些年在国内马渭源教授早已是南京电视台、南京广电、江苏教育电视台、安徽电视台、中央电视台和福建网站等公共媒体上家喻户晓的历史文化讲座主讲人和电视节目的常任嘉宾,而他的著作则更是深受广大读者的喜爱。据说有一次在上海展览馆举办他的签名售书活动,原定活动时间为半小时,结果因为读者太多了,主办方不得不延长了一个小时,但还是未能满足广大读者的需求。而最近又传来好消息,国内外知名的网络运营商如亚马逊、中国移动、苏宁易购等都与马教授签订了电子书出版合同,广大读者尤其年轻的读者只要按按手机上的键钮就能轻松阅读他的电子版著作了。

马教授之所以能取得如此的成就和拥有这样的影响力,在我看来,最为根本的

《大明风云》系列之 ❸

明基奠立

1

原因就在于他扎扎实实地深入研究,以渊博的知识来解释历史,并用通俗流畅的语言表述出来,但绝不戏说,由浅入深,做到既通俗易懂又让人回味无穷,这是十分难能可贵的啊!

就以本次出版的《大明风云》系列之①～⑤为例,该5卷本主要是讲述大明洪武朝的历史。有关洪武帝朱元璋的传记到目前为止,有好几个版本,最早的可能要数吴晗先生的《由僧钵到皇权》,那是民国三十三年十月由在创出版社出版,当年我在书店里买到了就读。20世纪五六十年代吴晗先生对原书进行反复修改后出版了《朱元璋传》(三联版)。据说当时有好多政治人物都读过,但它毕竟是那个时代的产物,里边有不少阶级斗争的内容和特定意识形态的标签,今天年轻人读来可能有种隔世的感觉。后来陈梧桐教授和吕景林教授也分别写了有关朱元璋的传纪,如今书店里可能还能买到。

马渭源教授在2007年时就撰写了《奇特的开国皇帝朱元璋》上、下册,尽管该书在2008年1月出版后很受读者喜爱,发行量急剧攀升,且远销海内外,但马教授对自己的著作却很不满意,多次在我面前说,那是电视节目的讲稿,时间太仓促,很不成熟,遗憾多多。为此,这些年他不断地收集和整理史料,打算重写。2014年1月他的最新力作《大明帝国》系列之《洪武帝卷》终于问世,比原书整整多出了一倍,多达100多万字。不过随后他又感到意犹未尽,特别是洪武时期的许多事情都未能说个淋漓尽致,为此,在已经修订过的《大明帝国》系列之《洪武帝卷》基础上,他再作努力,分册详尽阐述,这就是现在人们见到的《大明风云》系列之①～⑤:《乱世枭雄》《大明一统》《明基奠立》《洪武"运动"》《治隆唐宋》。

本书为《大明风云》系列之③《明基奠立》,主要论述洪武开国后在从事统一运动的同时对于新兴帝国的经济、政治、军事、法律、教化和社会道德等多个领域进行的建章立制,由此奠定了明朝近300年的统治根基。

全书分为上、下两章,上章为"立纲陈纪,关注民生",马教授分别从朱元璋政权的屯田制、开中法、黄册制、鱼鳞册制、三等人户徭役金派制度等这些过去人们研究不太经意的经济制度入手,逐一考察了它们的历史流变,并一语中的地指出:这些经济制度所贯彻的核心精神为"右贫抑富"(《明史·食货志一》卷77)。朱元璋这等做法可谓一箭数雕,既解决与稳固了自身政权的经济基础,又缓解了当年紧张的社会矛盾,打压了地方上的豪强富民,强化了君主专制主义中央集权。由于洪武皇帝本人来自草野,深知权力的魔力与民生之不易,因此明初新帝国天子不断地发出"最高指示",构建"政治绿色通道",鼓励老百姓造贪官污吏的反,营造"宽民"环境;建立养济院、漏泽园和预备仓制等,构建常规性救济通道,对弱势群体实施有效救济;政治上管教官吏爱民,营造关心农民疾苦的氛围。这些举措彰显了一代开国君主的平民情结,这大概也是数年前马教授在出版朱元璋传记时冠其书名为"奇特的开国皇帝"一大原因吧。虽然在这次出版中,可能是为了系列丛书的格调统一,他将书名做了修改,但这些独特的精彩叙述他却依然保留了下来,让人读来有种耳目一新的感觉。

将洪武朝治政定格在"平民情结",再看朱元璋参酌唐宋,损益元制,立纲陈纪,构建新体,精制狠招,直指"三农",四服"猛药",力解顽疾,以良治良,首创粮长,构建农村自治,建立公平有序的工商秩序,崇本抑末……不难看出,朱元璋的每一招每一式都在试图实现他童年的那个梦想——创造一个"公平的"社会,保护弱势群体、宽待民生,或言"使厚民生"(《明太祖实录》卷40)。因此人们不难看到:尽管洪武年间运动不断、大案要案迭出,官员成批受惩、知识分子遭清洗,功臣勋旧被杀戮殆尽,但大明帝国社会还是比较稳定,因为占据当时人口90%以上的农民与普通平民的基本生活还过得去。让人十分惊叹的是,马教授在书中根据《明实录》《明史》等第一手史料精心制作了《洪武时期主要几次大规模移民简表》《洪武时期修筑的大规模水利工程与水利设施简表》《洪武时期每年新增垦田亩数》《洪武时期天下官民田增长数据与增长率》《洪武时期与元朝岁征粮食数据比较表》《洪武时期与元朝鼎盛时期全国人口数据比较表》等数十张表格,这不仅反映出他读书之精细、论述之谨慎、史论之严肃与客观——全面正确地把握好了洪武朝的历史实际,而且还颇有创见,说理透彻,甚至可以说是入木三分。

除了上章外,本书的下章"躬自庶政,高度专制",虽说是马教授为了照顾一般读者而作了通史性的叙述,但他处理得不错。实际上这类典章制度的研究与论述很不容易,也很难说得明明白白。数年前阪仓笃秀教授来宁,我就跟他讲起:明代政治类典章制度向来涉足者甚少,是明史研究的一大薄弱环节。他回国后花了数年的心血,终成《明王朝中央统治机构之研究》。马渭源教授尽管未作这方面的专论著作,但他在这部《大明风云系列·明基奠立》的鸿篇巨制中花费了巨大的心血,通过讲述一个个惊心动魄又妙趣横生的历史故事,分别从朱元璋"废除地方行中书省,实行'三司分立制衡';废除中书省宰相制,相权六分君主统摄;大都督府'一分为五','兵权三立'君操军伍;精筑五道监察大堤,分权制衡确保君体;制定'公务员'标准化,严惩官吏贪暴腐化;专制渗透穷乡僻壤,四处布下天罗地网;《大明律》与《大诰》并行,礼法结合屈法伸情;水银泻地无孔不入,特务统治无处没有;君主淫威无限张扬,时常当殿滥施廷杖"等9个方面详细考察明初政治制度的"前世"与"今生"及其对未来的影响,这就大大深化了该专业领域内的研究,带有极大的开拓性。

譬如讲到朱元璋"制定'公务员'标准化,严惩官吏贪暴腐化"那一节,马教授在充分注意明朝领导干部入口处的七种回避制度,即官员资格标准化、大明"公务员"工作规范化与公务标准化的同时,对当时"公务员"公款吃喝规范化、标准化——明赐公宴节钱,地方"公务员"朝觐费用补贴规范化、标准化,官吏 8 小时以外的行为规范化——尤其对官员嫖娼宿妓的处罚,大明"公务员"工作检查、考核标准化——考察与考满,以及大明"公务员"物质生活待遇规范化、标准化进行了深度的考察,并予以浓墨重彩的描述,开拓性研究了明朝"公务员"等级工资配套化及其生活住房配套化、标准化,首次在学术界提出了明代官员样板房问题——事实上是文官制下的"官邸制",他不仅从正史中找到了历史依据:"洪武十八年三月壬戌朔,(朱元璋)命工部增造京官居舍。时京官员多有与民杂处者,礼部主客郎中曾伯机以为言。上命增造房舍凡百余所。"(《明太祖实录》卷 172)《明史》中则说得更为详细:"初,京师军民居室皆官所给,比舍无隙地。"(《明史·食货志五·商税》卷 81)而且还从明代文人笔记中找到补充与注解,"太祖南都建文官开济等宅,甚宏丽,因呼为样房,至今犹呼品官房"(【明】皇甫录:《皇明纪略》;【明】叶盛:《水东日记·洪武大臣赐第》卷 6)。最终他这样写道:从"至今犹呼品官房"几个字来看,大约到明中叶时,大明帝国品级官员中似乎依然实行国家住房配给制,或者说更像海外国家普遍实行的"官邸制"。因此从这样的角度来说,明朝"公务员"尽管实行底薪制,但他们的实际生活还是有所保障的,这也可能就是当年朱元璋反腐倡廉、严格要求大明"公务员"言行标准化的一大充足理由吧!(详见下章)说理透彻,有根有据,既拓展了明史研究的"荒地",又全面客观地评价了洪武朝治政严厉的合理内核。由此可见马教授的见解确实不一般!当然这样的例子还有许多、许多,在此不再一一赘述了。

总之,全书精彩迭现,观点新异又可靠,读之既如品尝陈年美酒,又似沐浴和煦春风。作为年过八旬的垂垂老者,我倍感欣慰,"黄学"后继有人啊!也愿马教授不断努力,推出更多的新作!

权作为序。

南京大学中国思想家研究中心常务副主任、教授

潘 群

2014 年 11 月 13 日

# 目录

# 上章
# 立纲陈纪　关注民生

就在大明军北伐一路凯旋的喜讯不断传来之际,已在南京城里称孤道寡的朱元璋并没有进入极度亢奋状态,相反他表露出格外的凝重与矜持。自古以来,"得天下易,守天下难"的格言时时提醒着这位草根出身的农民皇帝。以前朝兴亡为鉴,摒弃元蒙胡俗,"立纲陈纪",立法定制,"使厚民生"或言"救济斯民",那么凤阳出来的这位和尚皇帝到底是如何做的?

## 乱世渐定大明新立　洪武治国宽猛相济

一度掉到了地狱边缘而"骤然"起死回生并最终隆升为王为帝的朱元璋,曾经参加和领导了元末农民大起义,亲历了元王朝的败亡。这些青少年时代的人生经历与磨难及其心理阴影影响着洪武朝的建章立制,原本一个穷困潦倒的凤阳乡下化缘和尚或言乡野混混因为时势的"垂爱"而终使他有缘登上了人间之巅。面对偌大的残元天下,先前还是一介文盲的朱重八朱元璋又将如何治理?

明朝在南京开国的第二年也就是洪武二年(1369)正月,新皇帝朱元璋忽然想到了一个问题:元朝到底是怎么灭亡的? 作为亲历者中的一员,朱皇帝看到的是社会底层面。那么元朝人或言元朝的亡国之臣是怎么看待这事的? 一贯做事干练的洪武皇帝下令将已经投降自己的元朝旧臣召来问问。

### ◉ 以元亡为鉴,欲行宽猛相济之政,解决民生问题

听了朱皇帝的这等疑问,元朝旧臣马冀应对道:"大元拥有天下是因为实行了宽厚的仁德举措,而它的败亡也是因为为政太过于宽懈了。"朱元璋听后大惑不解

了:"元朝因为开国时实行宽政而拥有了天下,这个我倒是听说过的。但刚才你说的元朝因为为政太过于宽懈而失去了天下,这可是闻所未闻。病了的人走起路来容易跌倒,脉象弱到了不能再弱了,这个人也活不了,对老百姓如果实施急政、严政了,大家都感觉活不了就要起来造反了。所以说作为帝国的统治者应该懂得这样的道理:为政应该宽仁。只听说为政宽仁而拥有天下,我真还没听说过为政宽厚了会失掉政权。元朝君臣沉溺于淫逸作乐,'前腐后继',终使沉沦灭亡,其失天下在于纵驰,而不是什么真的宽厚啊!'大抵圣王之道,宽而有制,不以废弃为宽;简而有节,不以慢易为简,施之适中,则无弊矣!'"(《明太祖实录》卷38)

朱元璋的这番"最高指示"所涉及的治理天下主要是指治理老百姓,治政的精神是"宽而有制""简而有节"和"施之适中",我们将其再概括一下即为"宽猛适中"。这样的治政思想在洪武年间施政过程中朱元璋还予以多次表达。譬如洪武七年三月,兵部尚书刘仁、刑部主事郑九成被朝廷委派为广东行省参政,两人上任前在南京明皇宫向洪武皇帝道别,朱元璋颇有兴致地这么指示道:"广东等岭南地区在京师南京数千里以外,朝廷委派到那里治理的地方官必须是得体的重臣,这样才能安辑一方的生民百姓。今朕特地任命两位爱卿前往广东担任重职,寓意就在这里啊!'凡政事之施,宜恩威兼济。若为政一以恩而无威,则宽而无制,事不立矣;若徒以威而不仁,则严而无恩,民不堪矣。惟恩不流于姑息,威不伤于刻暴,则政事自举,民生自遂。'(《明太祖实录》卷88)如果布政司以下的府、州、县也能做到这样,不说岭南,就是在天涯海角,我朝廷还有什么可担忧的呢!"

上述这番训谕里头洪武皇帝再一次谈了治理百姓的核心精神,就是要恩威兼济或言宽猛相济。"宽"在朱元璋看来就是要宽待民生,或言"使厚民生"(《明太祖实录》卷40),用今天时髦话来讲就是要解决好民生问题。洪武皇帝之所以提出这样的治政理论,大致有以下四个方面的原因:

## ● 草根皇帝"使厚民生"或言关注民生的缘由

第一,朱元璋草根出生,与广大的底层草根有着千丝万缕的天然联系。

因为自己是草根出身,在登基称帝后朱元璋对昔日的穷困乡邻或帮助过自己的草根恩人表露出极为不常见的"仁厚"与热心。据说朱元璋当年在乡下时有个邻居王妈妈的,她看到朱家穷得实在没法过了,一发善心,救济了朱家人。为此朱元璋一生都记得王妈妈的好,在南京登基即位后,他令人到凤阳乡下去召王妈妈一家人来叙叙旧。可乡下人土里吧唧的不说,简直就从来没见过什么世面,到了南京,见到高大宽敞的明皇宫,王妈妈与她的儿子就不走了,直犯迷糊:这是古庙呐还是别的什么殿堂?奉命来请她娘儿俩的皇帝特使不停地向他们作介绍,且连哄带骗终于将他们带到了皇帝朱元璋跟前。谁知,这娘儿俩一见到猪腰子脸的朱皇帝不仅不叩首,还直呼"朱重八"之名,弄得整个朝堂上的人都为他娘儿俩捏一把汗。没想到一向讲究名分和贵贱等级的朱皇帝这回脾气特好,笑眯眯地看着、听着,等到王妈妈娘儿俩惊讶够了、唠叨得差不多了,他就招呼来者坐下,然后家长里短地问个不歇。完后朱皇帝还命令大明工部为王妈妈家盖起了宽敞的大房子,并让王妈妈的儿子在大明朝做官。时人见此不无感慨地说道:"现在世上的人一旦自己发达了、富贵了,就将旧时的邻居、伙伴或朋友忘得一干二净,哪顾得上知恩图报,只有当今圣上天纵英明,不忘旧情,难得啊!"(【明】王文禄:《龙兴慈记》)

见此,有人可能要说,这是朱元璋在作秀!真的吗?我们不妨再看一个例子:朱元璋发迹后曾让手下人到凤阳乡下为他的父母亲重修陵墓——这就是明朝历史上有名的明皇陵。朱家当年十分穷困,朱元璋父母的下葬之地还是仁厚财主刘继祖发善心给的,墓地之小可想而知。可如今要重新建造皇帝父母的陵墓,少不了要拆迁一番,腾出地方来。洪武皇帝朱元璋听说后很不高兴,他说:"我家父母坟墓及其周围地区都是我们朱家的老邻里,没必要搬迁啊,任由他们自由出入,春秋祭祀节日,适时祭扫。"(【明】陆容:《菽园杂记》卷3)

不仅如此,朱元璋有时还要回老家凤阳看看,而一旦回去,凤阳地方上的父老乡亲都会不约而同地热情相迎。见到乡亲,朱元璋一反南京城里的凶神恶煞之相,笑容可掬地向他们嘘寒问暖,还极为大方地酒宴宽待大家。酒会上朱皇帝谆谆教导家乡的后生们要积德行善,甚至会关照:滨淮诸郡尚多寇兵,不宜远出!做皇帝的能做到这样,恐怕只有乡下出生的本色农民或言草根才会如此啊!(【明】皇甫录:《皇明纪略》)

第二,朱元璋亲历元末大起义,直接感受民众力量的伟大,也鉴于元朝末年统治者不关心民生而迅速败亡的历史前鉴。

洪武元年七月的一天,朱元璋与近臣们讨论起创业艰难问题,他不无感慨地这番说道:"朕是依靠诸位将帅的奋力作战,扫除祸乱,最终才成就大业的。如今天下逐渐平定了,说实在的,朕怎么就不想好好地休养生息、快活一番啊!但朕害怕天,也害怕民。一个君主的所作所为有什么不当的,那就上悖天意,下失民心,发展下去,最终会招致天怒人怨,哪有不灭亡的道理啊!'朕每念及之,中心惕然'"。(《明太祖实录》卷32)

洪武皇帝的这番高论中说到的天意即民意,如何解释之?洪武三年(1370)朱元璋在给北逃的元顺帝劝降书中大致这样说道：你元顺帝与我谁来当皇帝，这都是天命所定。什么是天命？天命就是民心！然后他引用了唐朝流传下来的格言："民犹水也，君犹舟也，水能载舟，亦能覆舟。"这就明确地表达了朱皇帝心目中民众力量的伟大！（《明太祖实录》卷51）

洪武中晚期，在与侍臣的一次有关民众治理的谈话中，朱元璋讲得更加透彻："治民就好比是治水，治水就要遵循水性规律，同样治民也得摸清人之常情。大凡人之常情莫不好生恶死，所以作君主的应该注意到省刑恤罚，尽可能减少战争，这样就会使得老百姓的生命有所保障；大凡人之常情莫不喜富厌贫，所以作君主的就应该重视农时，轻徭薄赋，这样就会使得老百姓的生活有了保障；大凡人之常情莫不好逸恶劳，所以作君主的就应该省工罢役，或者说是减少大工大役，这样就会使得老百姓的生活有所安定。假如不顾农时役使百姓，不顺民情之道而任意搜刮、敛财，任凭威武一味地抑制他们，任凭暴力一味地强迫他们，勉为其难，只图眼前他们的服从，那么这就好比是逆着水性治水，迟早要被水所吞没。"（《明太祖实录》卷177）

这显然是朱皇帝目击与亲历了元末农民起义和借鉴于元朝末年统治者不关心民生而迅速败亡的历史经验得出的结论。洪武九年的一天，朱元璋跟侍臣论及天下安危时曾这样说道："淡泊能养心，勤俭能养德，纵欲就坏事，所以说那些奇技淫巧、花花草草一旦多了，心就会累，德性也会受损，仙山琼阁，酒池肉林，这个君主的天下也将要完了；卑宫陋室，勤俭节约，爱民如子，这个君主就是圣君，就能兴邦。朕回顾元朝历史，开国之主元世祖在位时，躬行俭朴，最终实行了天下一统；到了元末时，元顺帝骄淫奢侈，荒淫无度，暴殄天物，终致人神共怨，败家亡国。这些都是不久以前发生的事情，可作为我们的明鉴啊！朕也经常拿它来教育皇子们，让他们有所警戒，这样也可确保我大明朝长治久安！"（《明太祖实录》卷106）

第三，从当时的实际形势来看，经过元末大动乱，社会经济遭受了严重破坏。如果新上台的统治者只知道享乐胡为、任意搜刮，而不顾国力民生，那么用不了多久就会引发新的社会动乱。对此，由元末社会大动乱中一路走来的大明开国皇帝朱元璋有着十分清醒的认识。

有一次，朱元璋跟朝中重臣这样说道："朕一旦忙完政事空下来了，就会想到天下之事，从来没有一天安宁自逸。治理天下就同整理蚕丝，一丝不整理好，则众丝皆紊乱。治国也一样，凡遇到事情，必须得先考虑清楚然后再作出行动。怕就怕在这中间有什么漏洞，让奸顽之徒钻了空子，祸害我子民，所以说朕自即位以来从未有过片刻的安逸。再说那刑法，朕也尤为操心，当然这也不是一两个人所能把控得好，需要你们诸位爱卿一同用心，只有这样，我大明才会民无冤抑，刑狱清省。"就在同一天,来自全国各地的府州县官在南京明皇宫向洪武皇帝陛辞,朱元璋语重心长地跟大家这样说道:"天下初定,百姓财力俱困,譬犹初飞之鸟,不可拔其羽;新植之木,不可摇其根。要在安养生息之!"(《明太祖实录》卷29)

由此而言,明初帝国统治者对于国计民生欲行休养生息政策,不是因为他们人有多慈善,而是那时的形势迫使其不得不如此!

第四,朱元璋不仅懂得民众力量的伟大,而且更懂得底层人最不可缺失的是什么。

自身草根出身,借助元末农民起义的良机,使原本徘徊于地狱边缘的化缘和尚或言乡下混混骤然间发迹。

想当年自己要不是快活不下去了,断然不可能去干造反这等杀头灭族的玩意!因此说当皇帝的要想自己的江山社稷稳固势必要十分认真地关注民生,民生问题解决了,天下也就稳定了。用朱元璋的话来说:"得天下者得民心也!"

那是洪武元年七月,大明军北伐正在进行着,朱元璋不仅关注着北方战事动态,而且还十分留意中原"草根"百姓的生存状况,他找来中书省官员问话:"中原战争后满目疮痍,鳏夫、寡妇、孤儿以及贫穷无力者往往会流离失所,你们中书省应该着手派人前去赈济、抚恤啊!"没想到中书省官员却这样回答:"陛下,赈济、抚恤是应该的,可我们现在国库里没钱啊!"朱元璋听后很不高兴,随即极为认真地说道:"得天下者得民心也!老人是老百姓的父母,小孩是老百姓的子女。抚恤了老人,那么天底下做子女的都会高兴;赈济了小孩,那么天底下做父母的也都会开心。天下的老人、小孩都高兴了,还有谁会不愿归附于我大明呐!如果任由他们穷困潦倒,不加抚恤,那么老百姓就会失望地说:那个老发号施令又不体恤我们的人是谁呀?我们才不要这样的君主!所以说体恤、救济贫穷的人,不在于有没有钱,而在于有没有这心!而真正拥有这样的心思来为政治国,还用担心天下不能大治!"(《明太祖实录》卷32)

## ● 洪武宽猛相济治国思想内涵:阜民之财、息民之力 禁贪除暴、立纲陈纪

正因为拥有这样的认知,朱元璋提出了"君民一体"论。他说:"善治者视民犹己,爱而勿伤,不善治者,征敛诛求,惟日不足,殊不知君民一体,民既不能安其生,君亦岂能独安厥位乎?"(《明太祖实录》卷76)朱元璋的这个"君民一体"论有人解释为"君民一家",给人感觉好像皇帝是全国臣民的意志的代表,或者就像有人大言

不惭地宣称:全国人民叫我再干几年! 其实专制魔头朱元璋的"君民一体"论,绝无现代西方元首、人民平等意识,恰恰相反,他的君民论中充满了极端的贵贱等级思想。在流传至今记载着朱皇帝思想的明代文献中,专制魔头眼里的君民关系就是主子与奴才的关系,他说:"食禄之家与庶民贵贱有等,趋事执役以奉上者,庶民之事。若贤人君子既贵其身,而复役其家,则君子野人无所分别,非劝士待贤之道。"(《明太祖实录》卷 111)"为吾民者,当知其分,田赋力役出以供上者,乃其分也,能安其分,则保父母妻子,家昌身裕,斯为仁义忠孝之民,刑罚何由而及哉。"(《明太祖实录》卷 150)

既然趋事执役和供奉田赋是小民的本分,那统治者就只管享受? 朱元璋却不这么认为,他说:"治理天下百姓就好比是驾驭马匹,如果一味地快马加鞭,只顾前进速度而不顾马的死活,那么这个骑在马背上的人就很容易摔下来,既然摔下来了,人还会不受伤?"(《明太祖实录》卷 76)后来朱元璋回忆起自己苦难的童年、少年时代,那时元朝统治者只知道穷奢极欲,只知道横征暴敛,不顾人民死活,弄得天下百姓没有生活,于是就天下大乱了。(《明太祖实录》卷 176)

朱皇帝还曾跟手下的军中武臣们这样说道:"且如人家养个鸡狗及猪羊,也等长成然后用。未长成,怎么说道不喂食,不放? 必要喂食看放有条理,这等禽兽畜生方可用。如今军官全家老小,吃着穿着的,这见受的职事,都是军身上来,这军便似他家里吃饭的锅子一般,便似仓里米一般,又似庄家种的田一般。……似他这般害军呵,却便似自家打破锅子要饭吃么道? 却似露天地里放着米,眼前吃一顿,别的都烂了,明日再要米吃,有也无? 却似庄家种田,本是一百亩,足本家食用,内卖去十四五亩,荒了数亩,尚且要饱饭吃,得也不得? ……害得军十分苦楚,望长远受用,如何能勾?"(【明】朱元璋:《御制大诰武臣》序,《全明文》第 1 册,上海古籍出版社 1992 年第 1 版,P729~730,以下省略版本,只标页码)

一句话,在朱元璋看来老百姓生计都没了,你这个皇帝还能当下去吗? 因此他主张对于民生问题要宽厚一点,否则的话,就等于是杀鸡取卵,败亡是迟早的事情。就此而言,朱元璋的"宽仁"还不是一般意义上的宽仁,而是有着特定的含义。

洪武元年正月即大明开国的当月,朱元璋与刘基等近臣一起讨论治国之道。朱元璋说:"过去群雄角逐,生民涂炭,死亡的太多了,即使休养一下也难以恢复啊! 现在国家大势已定,各地割据势力也会被大明军一一平定,你们说说看,日后我大明应该采取什么样的休养生息之道?"刘基说:"休养生息之道的关键点就在于宽仁……"听到这话,洪武皇帝朱元璋似乎觉得刘大臣讲得还不够贴切,他立马插话:"治国理政采取休养生息之道,不给老百姓来点实惠而泛泛而言宽仁,这是没用的。

'以朕观之,宽仁必当阜民之财而息民之力。不节用则民财竭,不省役则民力困,不明教化则民不知礼义,不禁贪暴则民无以遂其生。'如果像这样的话讲宽仁,那是徒有其名而老百姓一点实惠都没得到啊!所以说宽仁养民,必须要务本,从根本上做起,就好比是种树的一定得从根基培植做起!"(《明太祖实录》卷29)

由此可见,阜民之财、息民之力、节用、省役、明教化……这才是朱元璋治国指导思想中的"宽"的真正含义。但"宽"还不是洪武帝治国指导思想的全部,他还主张"宽猛兼济"或言"宽猛相济"。

洪武十八年七月的一天,朱元璋在处理完政事后问身边的近臣:当今天下如何?左春坊左赞善老学究刘三吾立马应对道:"托皇帝陛下您的福,当今天下四方无虞,盗贼屏息,五谷丰登,百姓安逸幸福。"朱元璋听后很不以为然,他说:"天下这么大,老百姓那么多,怎么敢说他们都能安逸幸福?身为天下之主,朕常常挂记着天下黎民苍生,惟恐他们流离失所,所以时不时地加以询问,几乎没有一天会忘记的。"刘三吾回答说:"圣心拳拳,陛下您的洪恩仁德早已泽被民众,且相当之深了!"听了刘三吾的这番话,朱元璋还是觉得其中有问题,他马上纠正道:"君主的洪恩仁德不应该是一般的泛泛而言,就像圣医扁鹊给人治病,如果他不用药,那病人的病会好吗?就像木匠之祖公输班给人做木器,如果他不用绳墨,那木材能被纠直吗?就像尧舜那样的君主治理国家,如果不实施纪纲法度,只是一味地讲讲洪恩仁德,那也是徒劳之仁善,不足以为政!"(《明太祖实录》卷174)

其实朱元璋的这种"宽猛相济"的治国思想早在大明建国前后就已经形成且表达出来了。至正二十四年、宋龙凤十年(1364)在南京城里称吴王没多久的朱元璋就向左相国徐达等人发表了这样一番治国"宏论":"建国之初,当先正纪纲。元氏昏乱,纪纲不立,主荒臣专,威福下移,由是法度不行,人心涣散,遂致天下骚乱。"(《明太祖实录》卷14)

洪武元年朱元璋在给刘伯温的手书中再次表示:"胡元以宽而失,朕收平中国,非猛不可!"(【明】刘基:《诚意伯文集》卷1,《四部丛刊初编》第317册,P64)

由此看来,在朱元璋的治国指导思想中"猛"是断然不可缺少的,这是鉴于元朝末年纪纲不立、法度不行,终致人心涣散,天下大乱而得出来的经验教训。那么,怎么"猛"?洪武帝认为,当务之急就要"立纲陈纪"或言"立法定制"。(《明太祖实录》卷49)

"立纲陈纪"最早是朱元璋在《北伐宣言》中提出的:"驱逐胡虏,恢复中华,立纲陈纪,救济斯民!"(《明太祖实录》卷26)后来这样的建国理政的指导思想成为洪武君臣的共识,并贯彻于洪武朝的始终。如洪武元年八月大将军徐达在上《平元都捷表》中就首先重述了朱皇帝的"立纲陈纪"的治政精神,歌颂当时的大明"治具毕张,发政施仁,民心大悦"(《明太祖实录》卷34);洪武二年八月中书左丞相宣国公李善长等在进表中也竭力歌颂大明"立纲陈纪,用夏变夷,肆宏远之规模,成混一之基业"(《明太祖实录》卷44)。而朱皇帝更是时不时地将其挂到了嘴边上:洪武十一年正月己卯日在进封中山侯汤和为信国公的赐诰里,洪武十三年八月丁未日在向全国郡县守令的诏戒中,洪武二十四年三月和洪武二十七年三月策试礼部会试中式举人的制策中,他一而再再而三地强调"立纲陈纪"(《明太祖实录》卷117;卷133;卷208;卷232),那么究竟如何立纲陈纪?

## 参酌唐宋立纲陈纪　损益元制构建新体

　　"立纲陈纪"或言"立法定制",换成今天话来说就是建章立制,也就是给新王朝建立一整套新的典章礼仪和法律规章制度。洪武皇帝从小就是元朝的子民,后来以反元起家,夺得了元朝的江山,因此他最熟悉的当然是元朝的典章礼仪和风俗习惯了,其接手和继承的"遗产"当然也就是这些了。但元朝是以马背民族入主中原而建立起来的王朝帝国,以绝对少数实行对绝对多数的军事统治,加上它的风俗礼仪迥异于汉民族,又实行残酷的民族压迫政策,这样就使得原本以儒家理论为指导思想的居于世界领先地位的中华帝国农耕文明,受到了前所未有的大挑战,甚至是大颠覆。于是就出现了一个个社会畸形怪胎:"中国衣冠坏于胡俗","僧道之教……男女溷杂,饮酒食肉自恣","豪强之家多以他人子阉割役使",最令人诟病的是大元帝国"本末倒置",时人记载说:"我大元制典,人有十等:一官、二吏,先之者,贵之也;贵之者,谓有益于国也。七匠、八娼、九儒、十丐,后之者,贱之也;贱之者,谓无益于国也!"(【元】谢枋得:《叠山集》卷6;【元】郑所南:《心史·大义略叙》)"儒"即今天所说的知识分子,大元帝国社会居然将脑力劳动者或言精神文明的创造者置身于社会的末端,与乞丐同埒,这样的帝国王朝再怎么说也好不到哪里去。因而当朱元璋通过参加和领导红巾军起义进而建立自己政权以后,就不无感慨地对元帝国统治秩序发出了"冠履倒置之叹"。(《明太祖实录》卷26)

　　说元朝人将帽子穿到了脚上,将鞋子当做帽子戴到了头上。虽说这样的说法有着很大的夸张,但元帝国统治对中华帝国传统农耕文明的冲击所带来的社会秩序紊乱这是不争的史实。那么怎样激浊扬清、正本清源?

　　洪武元年(1368)十一月甲子日,朱元璋在"诏定乘舆以下冠服之制"中首先正式提出了"参酌唐宋之制而定之"的口号。(《明太祖实录》卷36)随后在洪武四年四月制定皇太子纳妃礼仪和洪武五年六月定内命妇冠服制以及洪武九年五月议定

宫廷丧服之制时,朱元璋君臣多次予以强调。(《明太祖实录》卷64;卷74;卷106)

"参酌唐宋"即以中华文明经典时代——唐宋时期的典章礼仪与规章制度为根本,适当地做一些变通。这样的例子在洪武五年制定宫廷命妇冠服制操作过程中再典型不过。当时遵循朱皇帝"参酌唐宋"精神制礼作乐的礼部官员说:"唐制贵妃一品、昭仪二品、婕妤三品、美人四品、才人五品,冠服并用花钗翟衣;宝林六品、御女七品、采女八品,冠服同尚宫等,并佃钗礼衣。宋内命妇贵妃一品、太仪二品、婕妤三品、美人四品、才人五品、贵人无视品,冠服并用花钗翟衣,自国夫人县君及充司、簿司宾者,并赐冠帔。今内命妇增设贵人一等、才人二等,参酌唐宋之制,自三品以上,宜用花钗翟衣,贵人视四品,才人视五品,并同尚宫等用山松特髻大衫,以为礼服。于是以贵人为三品,以后妃燕居冠及大衫霞帔为朝会礼服,珠翠庆云冠鞠子褙衣缘襈袄裙为常服"(《明太祖实录》卷74),朱元璋当即予以准允。

因为唐宋规制并不完全一样,朱元璋君臣对此没有过于刻板,而是适当地做了一些变通。所以有人说朱元璋是个绝对保守的君主,看来还不能完全肯定地那么说。那么对于眼前的一切直接"遗产",早就对元朝深恶痛绝的洪武君臣就完全抛弃了?也不见得!洪武十三年朱元璋在"讲求官制"的诏书中还是委婉地表达洪武初年开国建章立制继承了元朝的很大一部分"遗产"的:"远稽汉唐,略加损益,亦参以宋朝之典,所以内置中书省、都督府、御史台、六部,外列都指挥使司、承宣布政使司、都转运盐使司、提刑按察司及府、州、县,纲维庶务,以安兆民。"(《明太祖实录》卷129)"内置中书省"一语就有很大问题,唐宋时代中央实行的是"三省制",绝不是元朝的中书省"一省",朱元璋在洪武初年实际上很大部分继承的是元朝的典章礼仪制度,这个过程用朱元璋的话来说也叫"立纲陈纪",那么在洪武开国之初朱元璋君臣又是如何"略加损益"地"立纲陈纪"、构建新体的?

南京开国时的大明帝国是以先前朱元璋的吴政权机构为基础的,而吴政权又是以龙凤政权的地方分支权力机构发展而来的。有意思的是,龙凤政权又是基本上抄袭了元朝的体制结构。因此说洪武初年的大明官僚权力机构在很多方面采用了元朝体制,但又没有完全照搬,而是有所损益。

## ● 朱元璋说:"国家新立,惟三大府总天下之政"

### ○ 中书省——以总天下之文治(《明太祖实录》卷129)

元至正二十四年(宋龙凤十年,1364)朱元璋在南京称吴王,"建百司官属,置中书省：左、右相国为正一品，平章政事从一品，左、右丞正二品，参知政事从二品……"（《明太祖实录》卷14）这套体制在1368年洪武开国时大体上继续照用。当时御史中丞刘基、学士陶安就向朱元璋上奏说："中书省和都督府官员曾议论，按照元朝旧制，我朝中书省应该设个中书令，恳请皇帝陛下任命皇太子朱标出任中书令一职！"（《明太祖实录》卷29）

元朝中书省就是古人所称的丞相府衙，其左右丞相之上还设有中书令，即第一宰相，"典领百官，会决庶务，太宗以相臣为之，世祖（始）以皇太子兼之"（《元史·百官志一》卷85）。但皇太子要是与皇帝不一心，那就问题多了，元末朝廷中元顺帝与皇太子爱猷识理达腊之间的关系就是这么个情况。

朱元璋似乎看到这个毛病，当有人提出要设立中书令时，他是这样回答的："建章立制取法于前朝古制，一定要有所选择，凡是好的我们就继续实行，要是不好的而又盲从，就像登高要望远但你又有恐高症，想横渡长江但你又不会用船桨，你说怎么能指望天下得以大治？元朝人做事不向古人学好，设官建制不以任人唯贤，而是唯我族类，名不副实，威信不服众人，怎么能治好天下？我们又怎么能照学他们呀？再说朕的皇太子现在年纪还小，学识不广，经历的事情也少，还需要多多学习，博通古今，识达机宜。今后凡是军国重务都向他报告报告，让他知道一下该如何处理就行了，何必一定要模仿元制设立中书令呢？"（《明太祖实录》卷29）

明初不设中书令，中书省的丞相就成为了政府最高的行政长官了。而中书省之下则设立负责具体行政事务的六部，洪武元年八月大明正式开始设置吏、户、礼、兵、刑、工六部之官。（《明太祖实录》卷34）

而在地方上洪武初年则继续推行朱元璋称吴王时抄用元朝的行中书省制，行中书省以下地方上设立府和直隶州，再以下就是县一级的地方行政机构，相比于元朝少了路一个行政级。（参见《明太祖实录》卷11—卷50）

## ○ 御史台——以振朝廷之纪纲（《明太祖实录》卷129）

有行政官僚就必须设立官僚监察机构，这是汉唐以来中国古代政治文明的一大特征。明初开国时曾注意到了这方面问题。洪武初年朱元璋开创大明时沿用了吴元年十月设立中央御史台制度和地方按察司制度，"御史台设左、右御史大夫，从一品；御史中丞，正二品；侍御史，从二品；治书侍御史，正三品；殿中侍御史，正五品；经历，从五品；都事，正七品；照磨、管勾，正八品；察院监察御史，正七品。各道按察司按察使，正三品；副使，正四品；佥事，正五品；经历，正七品；知事，正八品；照磨，正九品"。（《明太祖实录》卷26）

中央除了实施御史台监察制度外,洪武六年三月,朱元璋又下令设定六科给事中制度,"定设给事中十二人,秩正七品,看详诸司奏本及日录旨意等事,分为吏、户、礼、兵、刑、工六科。每科二人,凡省、府及诸司奏事,给事中各随所掌,于殿庭左右,执笔纪录,具批旨意可否,于奏本之后仍于文簿内注写本日给事中某钦记,相同以防壅过欺蔽之弊,如有特旨,皆纂录付外施行,铸给事中印一,推年长者一人掌之;置钦录簿三,中书省一文职官录之,大都督府一武职官录之,御史台一监察御史录之,凡奏本用厚白纸楷书纸,后必书纸若干,并字若干起某字止某字背书,该吏并书写人某于皇太子、亲王前,谓之启本,其式皆同,但易奏为启;若系边报及钱粮、机密重事不待朝会合奏闻者,于给事中处报知引奏,省、府、台各置铜匮,凡所录旨意文簿收贮于内,以凭稽考"。(《明太祖实录》卷80)

六科给事中是朱元璋建国立制的一大创举,它与御史台相并立,两者相互监察、相互制约又相互补充,明代的官僚监察大为加强。

## ○ 大都督府——以统天下之兵《明太祖实录》卷129

与中书省、御史台一起被洪武皇帝称为"三大府"的另一个中央机构叫大都督府。大都督府在朱元璋政权"三大府"中设立得可能最早。元至正二十一年、宋龙凤七年(1361)朱元璋将仿制元朝的枢密院改为大都督府,任命原枢密院同佥朱文正为大都督,节制内外诸军事。该年年底,增置大都督府左右都督、同知、副使、佥事、照磨各一人,大都督府机构才渐趋完整(《明太祖实录》卷9)。元至正二十四年、宋龙凤十年(1364)定大都督府衙门官制:大都督从一品,左、右都督正二品,同知都督从二品,副都督正三品,佥都督从三品,经历从五品,都事从七品。(《明太祖实录》卷14)

明朝地方都司、卫所不仅掌管军事事务,而且还要兼管卫所辖地的行政事务,这是明代地方上军事机构的一大显著特征。在内地和沿海地区,人口稠密,卫的辖地一般都比较小,大致相当于一个县的范围。但在明朝西南边疆和从东北到西北的整个北疆,卫所辖地范围就很大,要远远超过内地的州县。因为大明帝国在卫所辖地不再另外设立行政管理机构,所以说当时的卫所本身就是军政合一的管理机构,管理辖区内不仅仅有军事和军屯,还有民屯和民事。这样一来,从中央到地方,明朝军事组织自成一大系统:大都督府——都指挥司(简称都司,包括行都指挥司、直接隶属于大都督府的卫)——卫(包括直接隶属余都司的守御千户所)——千户所——百户所。与此相对应,从中央到地方,明朝行政管理则为另一大系统:中书省——行中书省(简称行省,包括直隶府和直隶州)——府(直接隶属于行中书省的州）——县。在这两条垂直管理系统中间还有一大系统，那就是监察管理系统：中央御史台……（明初御史台似乎不直接领导地方上的按察司）提刑按察司——提刑按察分司。

在这三大系统中，军事、行政两大垂直管理系统可谓蔚为壮观，相对而言监察系统无论中央还是地方似乎都直接听命于皇帝朱元璋，因此在洪武十三年前后的大明"废相改制风暴"中改动最大的也就是这两大系统，监察系统动得不多。不过，这些都是后来的事了，大明开国时期的朱元璋还不这么看，当时的他对于三大系统还寄托着厚望，"国家新立，惟三大府总天下之政。中书，政之本；都督府，掌军旅，御史台，纠察百司，朝廷纪纲尽系于此"。（《明太祖实录》卷26；【明】《大明会要·职官五·都察院》卷33）

当然除了三大府外，洪武开国前后还曾构建了其他一些官僚机构，譬如吴元年十一月确定盐运司官制，"盐运司使为正三品，同知正四品，副使正五品，运判正六品，经历正七品，知事正八品，照磨、纲官正九品，盐场司令从七品，司丞从八品，百夫长省注"。（《明太祖实录》卷27）洪武二年（1369）四月，朱元璋诏令中书省编撰《祖训录》，制定诸王分封制和官属制（《明太祖实录》卷25）；洪武四年确定用宝金牌制度（《明太祖实录》卷65～67）和新式吏员制度等，其中最有新意和影响的可能就要数新式吏员制度的建立。

## ◉ 整饬与改革吏员制度，严防奸吏坏政害民

吏员，用今天话来说就是衙门里的非领导职务的普通工作人员。在中国古代文明的经典时期，官是官，吏是吏，官和吏有着很大的不同。官相当于现代所称的领导干部，一般由科举出身的人担任，所以说那时的官一般都很有文化水平，甚至有的还是学术领头人，他们一般都不具体管事，掌握大局和方向；具体管事的是衙门里的吏员，他们做的都是具体事务，含金量不高，所以不必有多少文化，只要略通文墨的人就能担当。唐宋之际中国古代文明进入黄金时代，在政治制度文明中尤为注意官和吏的区别。

可随着契丹和女真等少数民族的入侵和辽、金政权的建立，只会弯弓射大雕的军事征服者哪儿懂得官、吏不同治的深远意义，于是以吏代官成为了这几朝官僚政体的政治时尚。元朝攻灭宋朝后继承的正是"尚吏治而右文法"的辽、金弊政，他们以吏治国，将国家治得一塌糊涂。元朝的吏十分吃香，那时官僚体系中吏员出身的占据了官员总数的85%（【元】姚燧：《牧庵集·送李茂卿序》卷4），甚至出现了"虽

执政大臣亦以吏位之"。(【元】余阙:《青阳集·杨君显民诗集序》卷4)

元朝吏员吃香还有一个重要原因,那就是整个元朝都没能制定出一部像样的帝国法律,其执政实践中"取所行一时之例为条格而已"(《明史·刑法一》卷93)。就是说定罪量刑和执法行政主要依据的是皇帝临时颁布的单行敕令,而这样的敕令条格又极其繁杂重出,公文堆积如山,一般人们难以摸得着头脑,即使"吏非积岁,莫能通晓,欲习其业,必以故吏为师,凡案牍出入,惟故吏之言是听",从而造成了"斜文繁词多为奸利"(《明太祖实录》卷126)与吏治愈来愈糟的不堪局面。这加速了元王朝覆灭的进程。

大明开国时军事战争尚未取得完全胜利,国家百业待举,尤其在建章立制时官员奇缺,洪武政权不得不暂时沿袭元朝的一些旧制,"进取不拘资格,有掾吏而置身青云者"(【明】徐爌:《徐氏笔精》卷3)。吏员充斥大明各级政权机构,但曾经是大元子民的朱元璋还是充分领教了元朝吏治腐败所带来的切肤之痛。衙门中的官即所谓的领导干部不懂业务、也不管业务,管事的是正吏,"自正吏外主之者,曰主文,附之者曰贴书、曰小书生……"(《明太祖实录》卷126)没有多大的文化修养与道德自律的吏员一多,问题就来了,"奸吏得以舞法,为害滋甚"。从洪武四年(1371)开始朱元璋着手整顿吏员制度。

首先他禁止诸司滥设贴书等吏员,规定内外诸司衙门视政事之繁简而定掾史、令史、书吏、司吏、典吏等吏员的数额;倘若有滥设贴书等吏员的,依律治罪。(《明太祖实录》卷65)

其次,制定案牍减繁式样,颁示诸司,减少奸吏舞弊的可乘之机。鉴于元朝官府文移案牍甚为繁冗,奸吏们上下其手,百姓们深受大害,洪武十二年八月朱元璋"命廷臣议减其繁文,著为定式,镂版颁之,俾诸司遵守"。(《明太祖实录》卷126)

复次,坚决打击奸吏舞弊,加强法礼治理。洪武九年九月一天,中书省官员向洪武皇帝朱元璋请示:"福建参政魏鉴、瞿庄在惩治一个舞弊奸吏时一不小心将人打死了,陛下您看这事该怎么了结?"朱皇帝毫不犹豫地"赐玺书劳之"。在玺书中朱元璋做出这样的指示:"福建两参政惩治舞弊小吏,干得好!朕观自古天下之治乱就在于君臣能不能驾驭下面,如果主能以礼法驾驭臣下,臣下又能以相应的礼法驾驭胥员小吏,那么这个国家就能大治;要是做不到这样,国家就会乱了。有人说就那么些小吏哪来那么大的能量? 此话差矣,'吏诈则蠹政,政既隳矣,民何由安?'朕曾三令五申'上官驭吏,动必以礼,而严之以法',就是要用礼法来治理胥员小吏,倘若为官理政没一点礼法章程去驾驭、约束吏员,那么什么事也别想办成;倘若驾驭得法,威立令行,则没什么事办不成的。"(《明太祖实录》卷108)

为了实行以法礼来治理吏员的目标,除了因事制宜限定吏员数额和坚决打击奸吏舞弊外,朱元璋还制定了吏员人士管理、考核与升迁等一系列相关的制度。在人士管理方面,吏员统一由大明吏部即国家人事部掌管,按照吏员享受的"薪水"多少分为大二石五斗、大二石、大一石、小二石和小一石五等,然后再按这样的级别转拨到一品衙门、二品衙门……九品衙门任职。这九品衙门又分为两等,一等叫有出身衙门,二等叫无出身衙门。一等有出身衙门相对地位要高,在那里供役或任职的吏员如果表现好,在役期期满后可升为官员行列;二等无出身衙门地位就比较低,在那里工作的吏员如果不犯错,期满后要先转到一等有出身衙门,然后再依次升迁。吏员供役每三年考核一次,九年考满,考满时确实不错,由吏部审核后再授予一定的官职,这样的考核方法与大明官员考核是相一致的。(《吏部职掌·检讨·实拔》;万历《大明会典·吏部·吏员》卷7;《明太祖实录》卷179;卷256)

通过这一系列的制度构建,加上科举制的成式化与常规化,到洪武末年时,随着大明新的吏治制度的完善,因袭元朝以吏代官和以吏治国的不堪局面终于得到了改变,大明帝国正朝着相对理性的文官制方向前行。

## ◉ 简明立法,颁布中国最早的普法教材——《律令直解》

贯彻参酌唐宋损益元制精神,洪武初年立纲陈纪中还有一项突出的制度建设,那就是删繁就简编撰《大明律》。吴元年年底朱元璋以中书省大臣为班底组织人马开始编撰律令,并做出了这样的指示:"渔网过分细密,那么打渔时就不可能会打到大鱼;法网过于繁密,那么我朝百姓就不太可能有守法的子民了。所以说立法贵在简当,法律条文应该简洁明了,使得人人都能明白;如果法律条文过于繁多,一种罪行有两个量刑标准,可轻也可重,这岂不给奸贪之吏狼狈为奸、营私舞弊创造了机会?岂不是以盗贼视为良民,将良民当做了盗贼?故而立法'务求适中,以去烦弊'"。(《明太祖实录》卷26)

务求适中不仅仅反映在法律条文的制定上,而且体现在法律制定的程序上。在《大明律》修撰、颁行前,国家治理总不能没有法律纲纪,于是朱元璋令人撰著简约易行的《大明令》,"国初未制律之前,首著为令,以颁示天下"(《大明律·杂犯篇·违令条》卷26)。不过事后朱元璋想想还是有所不妥,律令条文专业,老百姓要是一时不知法意,或误犯律条那怎么办?草根皇帝马上将大理卿周祯等人找来,做出这样指示:"我朝制定律令就是为了让大家不犯法,但乡间田野草民一般不太懂法意,要是有人误犯了,赦免他罪行吧,就等于废弛了我朝法令;要是严格执行法律呢,那就可能见不到不犯法的子民了。你们以前编撰的律令,除了礼乐典章制度和钱粮选法之外,凡是涉及民间所行之事,将它们单独理出来,译成通俗的口语,按类汇编,然后下发到各地府、州、县,使得老百姓家喻户晓。"这就是明初通行的简明法律文书《律令直解》。(《明太祖实录》卷28)

不仅如此,"法贵简当"的精神还体现于后来的多次修订的《大明律》中。从流传至今的《大明律》来看,它的"篇目一准于唐",但条例又简于唐律,精神严于宋律,贯彻了朱元璋立纲陈纪中的"参酌唐宋"的指导思想。

构建以三大府为主干的新王朝官僚机构,厘定新式吏员制度,制定简洁明了的大明律令……洪武初年这些立纲陈纪的着力重心在于外朝,那么对于向来有"外朝内廷"合称中的内廷构建又将如何?

## ● 严肃大明后廷制度,开创一代宫闱"新貌"

"明太祖鉴前代女祸,立纲陈纪,首严内教"(《明史·后妃一》卷113)。有一次朱元璋在朝中与侍臣们谈话,总结前朝的亡国因素,发现其不外乎女宠、宦官、外戚、权臣、藩镇、夷狄之祸。有个侍臣说:"自古以来凡是亡国失天下的末代君主,没有不栽在这些祸根上的。女宠之祸常常开启于干预政事,外戚之权常常开始于怙恃君恩,宦官之威又往往起始于其掌握了兵权,权臣之专常常起始于蒙蔽君上……汉唐以来这样的例子可谓多得不能再多了,最终都导致了亡国,实在是令我等后人作为借鉴啊!"朱元璋听后这般说道:"树木一定是自身有了蛀虫蛀损,遇到大风后一吹才会折断;人的身体一定是自身很虚弱才会使得疾病得以侵入,国家之事也是如此啊。假如汉朝没有外戚、阉宦专权,假如唐朝没有女宠之祸、藩镇割据和夷狄作乱,何至于最终亡国? 我看古往今来,这样的历史覆辙着实让我们引以为鉴啊!不过话得说回来,对付这样的祸源不是没办法,假如做君主的不受美色的迷惑,严格宫闱之禁,贵贱有体,恩不掩义,女宠之祸,从何而来? 假如做皇帝的治国理政,不带个人好恶情感,任人唯贤,发现有外戚干政的苗头或事情,一断于公,那么外戚之祸又能从何而来? 宦官本是刑余之人,供职于内廷,干些洒扫庭院一类的活儿,假如不让他们有机会接触到军事、掌握兵权,哪来什么宦寺之祸? 至于朝廷政治,要是建章立制时就能做到上下相维,大小相制,既能防耳目之壅蔽,又谨威福之下移,哪会还有什么权臣专权之患?"(《明太祖实录》卷110)

○ 宫中美眉再漂亮至多也就为皇帝提供性服务,因为朱元璋颁有《女戒》……

正是出于这样的认知,洪武皇帝朱元璋在开国初就命令翰林儒臣撰修《女戒》,

并敕谕学士朱升等人说："治天下者,修身为本,正家为先。正家之道,始于谨夫妇。皇后与妃嫔虽说在名分上是母仪天下,但不可让她们干预国家政事;至于嫔嫱以下的宫中美眉,说白了不就是让她们陪皇帝睡个觉、提供一些私密服务罢了,如果做皇帝的对她们太过于宠爱,其必定会骄恣起来,超越自己的本分,这样一来,上下等级就失序。我仔细考量了历代王朝的宫闱与政事,发现国家政事决策一旦由内廷发出,没有不会引起祸乱的!后宫美人诱惑人君,其危害甚于剧毒药物啊!只有贤明的君主能洞悉其祸端,一般人君没有不被这些美眉弄得鬼迷心窍的。你们这些大臣为我撰修了这部《女戒》和汇集了古代一些贤妃的良德美事,这就很好,为我朝后宫提供了学习、处事的典范与规则,也应该要让我们后代子孙们世代坚持遵守!"(《明太祖实录》卷31;《明史·后妃一》卷113)

　　鉴于元朝后期宫禁松弛所造成的乱象:后宫妃嫔美人与外臣暗中勾结,贿赂猖獗,或者对和尚、道士大施金银财帛,或引入藏传佛教僧人到宫中做法事,施行戒礼,或有奸佞大臣物色美貌贵妇人进献宫廷,专为皇帝提供性服务,以至于元宫淫渎亵乱,礼法荡然,最后招致大元帝国的覆亡。洪武三年五月开国皇帝朱元璋刊著严禁宫闱令典,其中规定:皇后虽拥有天下妇人最高地位,但她只管内宫嫔妇之事,宫门之外即使再细微的事情也不得参与;内宫中自皇后、妃嫔以下直至嫔侍女仆所有的衣食起居花费、金银钱帛器用等,统统由尚宫局负责先奏请,而后再由内使监覆奏,取得同意后才可赴相关部门去领取、分发;尚宫局要是不及时上奏而随随便便叫内官去办了,内使监主管事务官员要是不覆奏而擅自去领取财物的,都按照死罪论处;倘若有人私下出具书面单据,不走正常程序的,也以死罪论处。宫中嫔以下美眉一旦生病了,即使是医生也不能直接入内为皇帝专用的女人看病诊断,内宫相关人员可根据医生听闻病人病情而开出的药方出去抓药,回宫给病人治病。外廷臣僚家的命妇即贵妇人只有每月初一、十五按例入宫朝见皇后,其他时间,没有什么特殊缘由,不能屁颠屁颠地老往宫里跑,皇帝也没有接见外廷朝臣家贵妇人之必要。皇帝及皇帝的龙仔亲王之配偶即皇后、妃嫔等,一定要从良家女子中谨慎选择聘娶,不能接受大臣私下进献的女人,以防止他们内外勾结,狼狈为奸,亵渎与危害国家朝政。"至于外臣请谒寺观烧香禳告星斗之类",更是属于严厉禁止和打击的范围了。(《明太祖实录》卷52)

　　为防患于未然,朱元璋还严格限制提供性服务的后宫美人人数,位居后宫上层的妃子"位号亦惟取贤、淑、庄、敬、惠、顺、康、宁为称,闺房雍肃,旨寓深远",他甚至命令"工部制红牌,镌戒谕后妃之词,悬于宫中"。明代自永乐开始虽然后宫美女急剧增加,大有可能突破10 000人大关,但后宫之禁却一直没被破坏,后宫干政的历史之祸没有重现，应该说朱元璋功不可没。故《明史》高度评价说："是以终明之代，宫壸肃清，论者谓其家法之善，超轶汉、唐。"（《明史·后妃一》卷113）

不过话得讲回来，后宫美人不是从地里长出来的，她们有爹妈，有七大姑八大姨，这就是人们常说的外戚。外戚干政为祸在历史上也屡见不鲜，不处理好就会导致王朝的覆灭，对此，朱元璋严厉禁止外戚干预政事，对于皇后嫔妃亲族要么赐予金银财帛，要么拨地让他们做大财主，就是不让他们掌权干预政事。朱元璋外祖父陈公和马皇后父亲马三在洪武初年就被追封为扬王和徐王，因为他们两家都绝后了，外戚没有气候，明初形成的这等格局一直为后世所沿袭。对此清初史学家曾赞叹道："明太祖立国，家法严。史臣称后妃居宫中，不预一发之政，外戚循理谨度，无敢恃宠以病民，汉、唐以来所不及。"（《明史·外戚传》卷300）

## ○ 洪武开国严抑宦官——宫中竖有铁牌："内臣不得干预政事，犯者斩！"

消除了后宫与外戚干政之患果然令人欣喜，但与此相伴的另一大烦恼也得予以解决。美女能带来无比的快乐，可光有美女还不行，美女"集中营"后宫中还有不少粗活要男人来干，而皇帝的美人归皇帝专门享用，绝不允许任何别的男人染指，否则就要乱套了。为此我们的老祖宗很早起就聪明地"发明"了解决此类烦恼的"绝招"，那就是将男人阉割。男人一旦被阉割，活下来的那些不男不女者既没有男人的骚味，也就没有染指宫中美眉的能力，但又能干起那些女人所干不了的重活、粗活，真可谓一举两得。如此祖宗遗产从上古流传到了明代，每朝每代人们都乐此不疲地使用着。但阉割后的男人有时也叫人不省心，带来的祸害绝对不亚于后宫与外戚。对此，一向主张"参酌唐宋，损益元制"的朱元璋有着充分的认识。洪武元年四月他跟侍臣说："我看历史上有着赫赫威名又曾相当长寿的汉、唐两朝，后来都是因为宦官祸害而一发不可收拾，不能不为之扼腕叹息啊！要说宦官这类人，他们常常伴随在君主身边，时间一长，就有可能取得君主的赏识和信赖，他们小心谨慎又能吃苦耐劳，像吕强、张承业一类的还真不少。只是君主开国立制时就得特别留心，宦官一类的小人绝对不可重用，这也是自古以来圣人们所殷切告诫的啊！阉割之人服务于宫中，只能让他们干些洒扫一类的粗活或其他重活，或者叫他们跑个腿，传递一下消息等，但无论怎么也不能让他们参与政事和接触军事！汉唐之祸虽说是宦官做的孽，但也是人主宠爱宦官、姑息养奸而最终酿成大祸的啊。假如不能让宦官参与政事和接触军事，我看他们即使想作乱，也不可能办到！"（《明太祖实录》卷32）

后来朱元璋又跟大臣们一再强调："阉寺之人，朝夕在人君左右，出入起居之际,声音笑貌日接乎耳目,其小善小信皆足以固结君心,而便辟专忍其本态也;苟一为所惑而不之省,将必假威福窃权势以干与(通"预")政事,及其久也,遂至于不可抑,由是而阶乱者多矣。"(《明太祖实录》卷112)宦官"此辈自古以来,求其善良千百中不一二见,若用以为耳目,即耳目蔽矣,以为腹心,即腹心病矣!驭之之道,但常戒教,使之畏法,不可使之有功,有功则骄恣,畏法则检束,检束则自不敢为非也"。(《明太祖实录》卷44)

正因为出于这样清醒的认识,从开国起朱元璋就严格宦官之禁。首先从人数上控制宦官。洪武二年八月他命令大明吏部为内侍诸司制定官制,将有头有脸的当官宦官人数定在200人以内(《明太祖实录》卷44)。后来可能宫中美女多了,与为朱皇帝提供更多性服务的相关附带服务也要求增加,朱元璋就令人在宫中设置女史,"皆选良家女充之",让她们分担一部分宦官的工作,同时担当起后宫扫盲教育的职责,洪武五年六月朱皇帝命令礼臣议定宫官女职之制。鉴于汉朝设立内官14等,总计人数达数百人,唐朝设立六局二十四司,内官人数190人,女史50多人,朱元璋亲自裁定设立六局一司,六局为尚宫局、尚仪局、尚服局、尚食局、尚寝局、尚功局,一司为宫正司,品秩皆为正六品,"每局领四司,其属二十有四,而尚宫总行六局之事。戒令责罚,则宫正掌之"。内官即有头有脸的内官为75人,女史18人,比起唐朝内制减少了140余人,"凡以服劳宫寝、只勤典守而已"。(《明史·后妃一》卷113;《明太祖实录》卷74)

整个洪武年间宦官品秩与人数略有变化,但从总体上来看,宦官队伍控制在数百人的范围,宦官最高品秩不超过三品,月薪在1石米左右。朱元璋还立制:从严治理宦官,不许宦官读书识字,不许宦官穿戴外廷官员的衣服、帽子,不许宦官兼任外廷文武各类官职,不许宦官干预朝廷政事,洪武十七年铸造一块铁牌,放置宫门口,上面刻着:"内臣不得干预政事,犯者斩!"不许内官监与外廷各衙门有公文往来,并敕令内外诸司严格执行,等等。(《明史·职官志三》卷74)

要是有人违反了,那将会受到极为严厉的处置。按照洪武五年六月制定的宦官禁令,"凡内使于宫城内相骂詈,先发而理屈者,笞五十;后骂而理直者,不坐;其不伏本管钤束而抵骂者,杖六十,内使骂奉御者,杖六十;骂门官、监官者,杖七十。内使等于宫城内斗殴,先斗而理屈者,杖七十,殴伤者加一等;后应理直而无伤者,笞五十;其有不伏本管钤束而殴之者,杖八十;殴伤者加一等;殴御奉者,杖八十;殴门官、监官者,杖一百,伤者各加一等;其内使等有心怀恶逆、出不道之言者,凌迟处死;有知情而蔽之者,同罪;知其事而不首者,斩;首者,赏银三百两"(《明太祖实录》卷74)。之所以要这么严厉甚至可以说是严苛,朱元璋的目的是"使之(宦官)畏

法,不可使之有功,有功则骄恣,畏法则检束,检束则自不敢为非也",进而也就遏制住宦官之乱。(《明太祖实录》卷44)

从洪武时期的实际来看,朱皇帝的目的达到了,明朝的这般良好的祖制到了第二位君主建文时还能严格执行,可到了自诩为高皇帝"好儿子"篡位皇帝朱棣时就开始大肆破坏了。我们将在《大明帝国》系列⑦《永乐帝卷上》中再作详述。

## ● 重振纲常礼法　洗涤蒙元胡俗陋习　构建等级秩序

内廷、外朝建章立制,新兴帝国政权日趋完备,不过在那个时代的人们看来,上述这些活动与传统意义上的开国建邦和"立纲陈纪"还有一点的距离。因为自古以来我们中国人常常将礼法纲常规制也纳入了治国之本。大明开国皇帝朱元璋就曾说过:"纪纲法度,为治之本。"(《明太祖实录》卷28)那么,为什么讲礼法纲常是治国的根本?开国前朱元璋就曾这样表达:"礼立而上下之分定,分定而名正,名正而天下治矣。"(《明太祖实录》卷14)"礼法,国之纪纲,礼法立则人志定、上下安。"(《明太祖实录》卷14)建国后朱元璋跟手下大臣又这般说道:"'礼者,国之防范,人道之纪纲。朝廷所当先务,不可一日无也'。元朝统治近百年间,中国原有的纲常礼教几乎被破坏殆尽。现在朕开创了大明,日日夜夜就想重振纲常礼教,以此来洗涤元蒙胡俗陋习。"(《明太祖实录》卷80)正因为以传统纲常礼教的"救世主"而自居,从洪武初年起朱元璋就投入了很大的精力,开展拨乱反正与重建纲纪的工作。

"明太祖初定天下,他务未遑,首开礼、乐二局,广征耆儒,分曹究讨。洪武元年,命中书省暨翰林院、太常司,定拟祀典。乃历叙沿革之由,酌定郊社宗庙仪以进。礼官及诸儒臣又编集郊庙山川等仪,及古帝王祭祀感格可垂鉴戒者,名曰《存心录》。二年,诏诸儒臣修礼书。明年告成,赐名《大明集礼》。其书准五礼而益以冠服、车辂、仪仗、卤簿、字学、音乐,凡升降仪节,制度名数,纤悉毕具。又屡敕议礼臣李善长、傅瓛、宋濂、詹同、陶安、刘基、魏观、崔亮、牛谅、陶凯、朱升、乐韶凤、李原名等,编辑成集。且诏郡县举高洁博雅之士徐一夔、梁寅、周子谅、胡行简、刘宗弼、董彝、蔡深、滕公琰至京,同修礼书。在位三十余年,所著书可考见者,曰《孝慈录》,曰《洪武礼制》,曰《礼仪定式》,曰《诸司职掌》,曰《稽古定制》,曰《国朝制作》,曰《大礼要议》,曰《皇朝礼制》,曰《大明礼制》,曰《洪武礼法》,曰《礼制集要》,曰《礼制节文》,曰《太常集礼》,曰《礼书》"。(《明史·礼志一》卷47)

洪武年间制定的礼乐规范可谓是包罗万象,什么都有。归纳起来大致在以下几个方面:

## ○ 整肃朝廷礼仪，凸显君主、朝廷、皇家、帝国和京师南京的尊贵地位

明朝开国前后朱元璋就命李善长等制定了一系列的朝廷礼仪，有皇帝登极仪、大朝仪、常朝仪、皇太子亲王朝仪、诸王来朝仪、诸司朝觐仪、中宫受朝仪、朝贺东宫仪、大宴仪、上尊号徽号仪（《明史·礼志七·嘉礼一》卷53）、册皇后仪、册妃嫔仪、册皇太子及皇太子妃仪、册亲王及王妃仪、册公主仪、皇帝加元服仪、册皇太子皇子冠礼、品官冠礼、庶人冠礼（《明史·礼志八·嘉礼二》卷54）、天子纳后仪、皇太子纳妃仪、亲王婚礼、公主婚礼、品官婚礼、庶人婚礼、皇帝视学仪、经筵、日讲、东宫出阁讲学仪、诸王读书仪（《明史·礼志九·嘉礼三》卷55）、颁诏仪、迎接诏赦仪、进书仪、进表笺仪、藩王朝贡仪、遣使之藩国仪、藩国遣使进表仪、品官相见礼、庶人相见礼等。（《明史·礼志十·嘉礼四》卷56）

通过制定与推行这一系列礼仪制度，整肃朝廷礼仪，凸显君主、朝廷、皇家、帝国和京师南京的尊贵地位。可这样的重建纪纲工作在实际执行过程中并不尽如人意，首先碰到的一个问题是朱元璋与他淮右地区出来的农民兄弟本身就是草根、大老粗，哪能懂得那么多的礼仪规制？除了像开国大典那样的特别重大礼仪活动中稍加留心外，平日里朱元璋君臣似乎并不太注意这些方面。

当时大明百废待兴，为了掌握各部门的具体信息和各地的民情、政情，了解历史典章礼仪制度，原本几乎为文盲又无所不能的朱元璋，即使想参加神效的硕士班、博士班或 CEO 培训速成班也来不及了。于是他就大体上沿袭以前自己当农民领袖时代的做法，凡是有人来议事或汇报工作什么的，不论其官大官小，皆可直接上殿，来个近距离对话。

到了洪武三年时，或许由于儒臣提醒，或许草根皇帝顿悟上下贵贱等级礼制的重要性，他发出了这样的最高指示："朝廷之上，礼法为先，殿陛之间，严肃为贵。以前朕为了多了解情况才不计较众臣觐见论事礼仪，但仔细想想，这样做就使得朝纲班序失次了。现在朕宣布整肃朝仪，自今开始，文武百官入朝，除侍从、中书省、大都督府、御史台、指挥使、六部尚书和侍郎等高品秩官员仍然可以上殿外，其余五品以下的文武官员就并列于大殿之外的丹陛左右，谁要是再违反了，监督礼仪的官员有责任将他纠察过来。"（《明太祖实录》卷48）

可朱元璋政权中的大多开国将帅们实在太土了，很多人过去与朱皇帝一样草根出身，斗字不识一个，要他们知礼守礼还真不是件容易的事。这时有个叫袁凯的监察御史看出了朱皇帝的烦恼，于是便上奏说："我大明荡平四方，全靠了这些出生入死的将帅们。如今我朝已开国三年了，各地大的战事基本上也没什么，将帅们大

多都在京师,他们可都是精悍雄杰之士,虽然人人都十分聪明,但对于君臣之礼恐怕没时间研究过吧。因此小臣恳请陛下下令,每月的初一、十五早朝结束后,在都督府大堂上将将帅们集中起来,由3～5个挑选出来的通经学古之士给将帅们讲讲儒家经典、中国历史和礼仪规制等,这样一来既培养了他们忠君爱国之心,二来也能让他们懂得不能胡来和全身保家的重要,天长日久,他们会知礼守分的。即使有个别不知天高地厚的小人图谋不轨,稍稍治他一下也不费什么事。至于那些老成将帅,如果长期接受文化教育,即使一不小心犯了错误,只要陛下您宽恕他一下,他也会自觉惭愧,而后更加卖力地为我大明冲锋陷阵,保家卫国。到那时人才辈出,岂不乐哉!"朱元璋一听完袁凯的话,当即不停地夸赞他的主意好,随后敕省台官员延聘儒士上明皇宫午门,为将帅们讲述经史礼仪,明朝历史上十分独特的高级干部扫盲工作由此开展起来。(《明太祖实录》卷57)

## ○ 以品秩高低确立等级秩序,规范人们言行举止,强化"官为本"传统观念

洪武开国那一年朱元璋就祀典和官民服制、服色和房屋住宅等方面的等第对中书省大臣做出这番指示:"自古以来,凡是帝王治理天下,必会制定礼制,用以辨贵贱、明等第。想当年汉高祖刘邦建立汉朝时,就有服色等级和军事级差等方面的规制,后来历代沿袭。只是到了近代以来,风气逐渐变坏,奢侈盛行。街头巷尾、乡间地头的小民们穿的、吃的和住的几乎与公卿权贵没什么两样,贵贱无等,僭越礼制法度没了分寸,这就是元朝败亡的主要原因啊。你们中书省应该将官民房舍、服色这一方面的等第列出来,明立禁条,颁布天下,使各色人等遵守执行,以此来正天下名分"。(【明】宋濂:《洪武圣政记·定民志》第6)

朱皇帝的谕旨就是要在新兴的大明帝国中,对元朝遗留下的紊乱社会秩序做个全面的整顿,以品秩高低为准绳,确立等级秩序,规范人们的言行举止,"凡揖拜、序立、行走、回避",都有严格、细致的规制,违反者将会受到严惩。(万历:《大明会典·礼部·官员礼》卷59)譬如官员揖拜,洪武二十年定制:"公、侯、驸马相见,各行两拜礼。一品官见公、侯、驸马,一品官居右,行两拜礼,公、侯、驸马居左,答礼。二品见一品亦如之。三品以下仿此。若三品见一品,四品见二品,行两拜礼。一品二品答受从宜,余品仿此。如有亲戚尊卑之分,从行私礼。三十年令,凡百官以品秩高下分尊卑。品近者行礼,则东西对立,卑者西,高者东。其品越二、三等者,卑者下,尊者上。其越四等者,则卑者拜下,尊者坐受,有事则跪白。"倘若因为公事而官员相见,那么就以官员的品级次序而坐立;倘若相见官员品秩相同,那么就以其所在的衙门等级而定坐立次序;倘若王府官与朝官相会,也以品级次序定坐立。(《明史·礼志十·嘉礼四》卷

56)就连官员外出时随带的随从与乘用的交通工具都作严格的规定:公爵外出可带随从 10 人,侯爵外出可带 8 人,伯爵外出可带 6 人,一品官到三品官外出可带 6 人,四品官到六品官外出可带 4 人,七品官到九品官外出可带 2 人。(《大明会典·舆服·百官仪从》卷 23)官员外出乘用交通工具也以官品而论,三品以上官员乘轿子,四品以下官乘马,"在外自大使以下皆乘马,武官勋戚也如之,惟年老公侯及拜三公者,赐轿然后得乘"。(【清】赵翼:《陔余丛考·官府乘轿》卷 27)

官员之间如此等级森严,那么官民之间呢?就更加讲究贵贱有别了。洪武初年朱元璋令人制定了庶民相见与官民相会之礼,其规定:凡民间没有官位的士、农、工、商各色人等平时相见或年底欢宴聚会,在所行谒拜之礼时应该是卑幼者先行礼,坐在次位,尊长者后还礼,坐上位。要是有官员退休回乡了,与当地百姓相遇施什么礼呢?洪武十二年规定:退休官员在家族内行家人礼,在家族外的筵宴或乡饮酒礼上,当地人应该为该退休官员另行设立坐席,不得坐在无官平民的下位。要是退休官员之间相会了,那么就以他们的爵位定座次;要是他们的爵位相同,就以年龄大小来定座次;老百姓要是与退休官员相见,则以官礼拜谒,不得凌辱退休官员,否则就要按律论处。洪武二十六年又规定:"凡民间子孙弟侄甥婿见尊长,生徒见其师,奴婢见家长,久别行四拜礼,近别行揖礼。其余亲戚长幼悉依等第,久别行两拜礼,近别行揖礼。平交同。"(《明史·礼志十·嘉礼四》卷 56)

## ○ 以尊卑贵贱为准绳,为人们服饰、饮食、房舍、器用等方面制定等级规范

构建尊卑贵贱等级社会除了在人们日常言行举止上予以严格规范外,还在官民服饰、饮食、房舍、器用等方面作出等级限制。譬如服饰,上自皇帝下至黎民百姓洪武时期对其颜色、式样、图饰都有极为繁琐的规定。百官冠服就有三种:第一种叫朝服,一般是在朝廷举行重大活动、过节、皇帝颁诏和向皇帝进表等时候才穿;第二种叫公服,公服是每日早晚朝奏事及侍班、谢恩、见辞时百官穿服;第三种叫常服,"以乌纱帽、团领衫、束带为公服",一般在常朝视事时穿服。官品不同,冠服有别,就连冠服上的服饰也有很大的区别。以官员常服上的腰带为例,其腰带"一品玉,二品花犀,三品金钑花,四品素金,五品银钑花,六品、七品素银,八品、九品乌角"。(《明史·舆服志三》卷 67)

而老百姓的冠服又不同于官员了,"洪武三年,庶人初戴四带巾,改四方平定巾,杂色盘领衣,不许用黄。又令男女衣服,不得僭用金绣、锦绮、纻丝、绫罗,止许紬、绢、素纱,其靴不得裁制花样、金线装饰。首饰、钗、镯不许用金玉、珠翠,止用银。六年,令庶人巾环不得用金玉、玛瑙、珊瑚、琥珀。未入流品者同。庶人帽,不

得用顶,帽珠止许水晶、香木。十四年令农衣绅、纱、绢、布,商贾止衣绢、布。农家有一人为商贾者,亦不得衣绅、纱。二十二年,令农夫戴斗笠、蒲笠出入市井不禁,不亲农业者不许。二十三年,令耆民衣制,袖长过手,复回不及肘三寸;庶人衣长去地五寸,袖长过手六寸,袖桩广一尺,袖口五寸。二十五年,以民间违禁,靴巧裁花样,嵌以金线蓝条,诏礼部严禁庶人不许穿靴,止许穿皮札(鞝),惟北地苦寒,许用牛皮直缝靴"。(《明史·舆服志三》卷67)

就连房屋住宅在洪武时期起也有严格规定:"明初,禁官民房屋不许雕刻古帝后圣贤人物及日月、龙凤、狻猊、麒麟、犀象之形。凡官员任满致仕,与见任同。其父祖有官,身殁,子孙许居父祖房舍。洪武二十六年定制,官员营造房屋,不许歇山转角,重檐重栱,及绘藻井,惟楼居重檐不禁。公侯,前厅七间、两厦,九架。中堂七间,九架。后堂七间,七架。门三间,五架,用金漆及兽面锡环。家庙三间,五架。覆以黑板瓦,脊用花样瓦兽,梁、栋、斗栱、檐桷彩绘饰。门窗、枋柱金漆饰。廊、庑、庖、库从屋,不得过五间,七架。一品、二品,厅堂五间,九架,屋脊用瓦兽,梁、栋、斗栱、檐桷青碧绘饰。门三间,五架,绿油,兽面锡环。三品至五品,厅堂五间,七架,屋脊用瓦兽,梁、栋、檐桷青碧绘饰。门三间,三架,黑油,锡环。六品至九品,厅堂三间,七架,梁、栋饰以土黄。门一间,三架,黑门,铁环。品官房舍,门窗、户牖不得用丹漆。功臣宅舍之后,留空地十丈,左右皆五丈。不许那移军民居止,更不许于宅前后左右多占地,构亭馆,开池塘,以资游眺。三十五年,申明禁制,一品、三品厅堂各七间,六品至九品厅堂梁栋只用粉青饰之。"至于老百姓的房屋规制那就"级别"更低了,"洪武二十六年定制,不过三间,五架,不许用斗栱,饰彩色。三十五年复申禁饬,不许造九五间数,房屋虽至一二十所,随基物力,但不许过三间"。(《明史·舆服志四》卷68)

甚至连日常器用也做了严格的等级限定:"洪武二十六年定,公侯、一品、二品,酒注、酒盏金,馀用银。三品至五品,酒注银,酒盏金,六品至九品,酒注、酒盏银,馀皆瓷、漆。木器不许用朱红及抹金、描金、雕琢龙凤文。庶民,酒注锡,酒盏银,馀用瓷、漆。百官,床面、屏风、槅子,杂色漆饰,不许雕刻龙文,并金饰朱漆。军官、军士,弓矢黑漆,弓袋、箭囊,不许用朱漆描金装饰。建文四年申饬官民,不许僭用金酒爵,其椅棹木器亦不许朱红金饰。"(《明史·舆服志四》卷68)

## ◉ 洪武时期立纲陈纪重建等级秩序的历史意义

如果仅仅从洪武时期的这些立纲陈纪的制度层面和冷冰冰的戒条来看,我们不能不对那时人们所经历的要倒抽一口冷气,这也是长期以来朱元璋威猛治国为人所诟病的部分层面。不过如果我们站在历史的理性角度来看待这一切的话,恐怕事情就没那么简单了。在笔者看来,朱元璋的如此举措还是有着积极意义的。

## ○ 洪武初年立纲陈纪,稳定了新兴大明帝国,奠定了明朝近 300 年的根基

洪武初年朱元璋立纲陈纪所面对的形势很特别:除了四川的明氏夏国和云南元皇室梁王政权等尚未归附大明外,北方尚有强劲的顽敌即故元残余势力,仅其"引弓之士"就"不下百万众"(【清】谷应泰:《明史纪事本末·故元遗兵》卷 10)。对此,洪武君臣前后进行了 10 次"清沙漠"军事打击,但与此同时又对其展开了政治"统战",其根本目的就在于缓解建国之初大明所面临的紧张民族关系,减缓外在压力,以便将精力放在对帝国内部整顿与根基稳定上来。以当时朱元璋的决策思路来看:稳定新兴的大明帝国根基,做好与故元劲敌长期作战的准备。历史证明,朱皇帝这种的判断与应对举措是正确的。大元帝国之所以覆灭果然有着许许多多的原因,譬如,将军队重兵放在西北,对付元皇室"老冤家"察合台帝国,以致元末农民大起义在各地爆发时,元朝军队应接不暇。但从根本上来说,元朝灭亡的关键性因素还在于整个大元帝国内部上下腐败、奢靡成风,终致民不聊生,激发了民变。

元王朝灭亡了,但它那个时代形成的奢靡时尚与腐败之风却并没有因此戛然而止。在大元废墟上新兴帝国如果不加以全面整治、立纲陈纪和拨乱反正的话,很可能会重蹈前朝的覆辙。这样的事情在历史上有着很多的前例,譬如唐亡后,五代十国的统治者几乎没一个好好地加以整治,于是那 50 来年时间内,王朝与皇帝如走马灯似地更换不歇。朱元璋没文化,但他身边汇聚了很多的鸿儒硕士,经常听讲历史文化,所以从很早起他就十分看重道德礼法和注意立纲陈纪。

## ◎ 严惩违制娶"小三"的"第一大学"校长和奢靡的"富二代"

有个叫许元的文臣曾经很为朱元璋喜欢,出任国子监祭酒即校长。有一次朱元璋听说许元有个愿望:好几年没回乡,连做梦也想回家去扫扫墓。大臣有这样的孝心,朱元璋当即就准许了,并加以厚赏。太子朱标听说后,也对许校长赏赐了一番。哪知这个许校长回到浙江老家后,顿时就逍遥快活起来,家里置办了象牙床。象牙床得有佳人睡啊,否则多没劲! 许校长有的是办法,有的是钱财与精力,他立马娶了一房美人小妾,乐哉乐哉! 当时南京城里的朱元璋还不知许校长的这等"好事",可负责当地监察的浙江按察佥事孔昭知道后却一点也不含糊,马上将事情上奏上去。朱元璋获讯后十分恼火,觉得这许校长太无耻、太没章法了,本来批准他

回去祭祖扫墓的,按照规矩,尽孝期间不说娶妾,就与原配一起乐乐都是违制的。现在倒好,他干出这等事来,这还了得!当即朱元璋下令将许元许校长全家发配到南雄去。好几年后皇帝发出大赦天下的诏书,许元回到了浙江老家,这事本来也就过去了。谁知浙江有个官员受命祭祀胡大海后上南京去向朱元璋汇报,顺便说到他在浙江看见了许元。朱元璋一听就火了:"朕大赦天下,许元属于发配中最严重的一种——安置,那就是永久居住在那个地方的,怎么现在他回来了? 来人,给我上浙江去,捉拿许元来京!"许元被押到南京后关在牢里,最终死在狱中。(【明】刘辰:《国初事迹》)

违制娶了个"小三",最终落得个"安置"和瘐死狱中的结局,大明开国前后对于这样的腐化整治还有许多的例子。

洪武初年有个叫沈瑁的浙江地方官到南京来汇报工作,朱皇帝询问他杭州地方上治理得怎么样? 沈瑁说:"不太好,一些做生意家的'富二代'整天不干事,穿着花花绿绿的衣服,招摇过市,出入官府衙门,使银子花钱,结交官吏,坑害百姓。"听到这里,愤怒的朱元璋当即这样说道:"浙江等直属的府、州、县市民商人不是有钱摆阔吗? 叫他们出钱去购买马匹,让他们的'富二代'上北方当官府衙门里的养马倌去!"(【明】刘辰:《国初事迹》)

洪武年间这样的整治奢华腐败的例子还有许多许多,通过刚性皇权的运行和一系列的立纲陈纪,元末明初的奢靡风气得到了遏制,败坏的道德礼法逐渐被修复,社会空气得以净化,加上洪武中期起朱元璋重拳出击,严厉治贪,这就扩大和巩固了大明立国的民众基础,也为大明帝国近300年历史奠定了良好的根基。

## ○ 从"驱逐胡虏,恢复中华"到"立纲陈纪",朱元璋给汉民族找回了自尊

元朝以前我们中华帝国虽然有着民族之间的冲突与碰撞,但像异族入主中原,全方位变易汉风的,元朝头一回。我们坚决反对民族歧视或民族偏见,但又不能不从理解历史的角度来看待元帝国统治下的人民究竟是处在一个怎样的生存状态。有一段史料很容易引起争议,即描述元帝国统治下的社会各阶层:"一官、二吏、三僧、四道、五医、六工、七匠、八娼、九儒、十丐。"(【元】谢枋得:《谢叠山全集校注·送方伯载归三山序》卷2)但元朝将全国各族人分为四等:即蒙古人、色目人、汉人和南人,推行民族压迫政策,这是不争的史实。

元世祖忽必烈建立元朝时立制:"官有常职,位有常员,其长则蒙古人为之,而汉人、南人贰焉。于是一代之制始备,百年之间,子孙有所凭借矣。"(《元史·百官志一》卷85)被人称为元朝治世之君的元成宗在大德八年十一月时居然发出了同

罪异罚的诏令："内郡、江南人凡为盗黥三次者，谪戍辽阳；诸色人及高丽三次免黥，谪戍湖广……"（《元史·成宗本纪四》卷21）元顺帝在至元三年四月发布诏令，规定元帝国中央权力机构长官只用蒙古人与色目人，禁止汉人与南人染指，甚至还禁止汉人、南人学习蒙古、色目文字。（《元史·元顺帝本纪二》卷39）

这样的民族歧视与民族压迫还渗透到了社会底层，例如，不许南人夜里点灯、不许习武、不许举办大型庙会与娱乐活动等等；最让汉族人感到耻辱的可能是，元蒙统治者在"城乡遍设甲主，奴人妻女，有志者皆自裁"（【元】徐大焯：《烬余录》），南方汉族人家里的妻子、女儿成为元朝统治者任意玩乐的对象，我想有心有肺的汉族人都会感到羞辱难当！就如眼下有人弄得村村或家家都有"丈母娘"一样，引发民怨是再正常不过了。

所以当朱元璋当年在《北伐宣言》中打出了"驱逐胡虏，恢复中华，立纲陈纪，救济斯民"16字口号和方针时，他实际上是喊出了汉民族的心声，喊出了汉民族的自尊！

前面说过，"驱逐胡虏"就是要用军事手段推翻元朝蒙古人的统治，而"恢复中华，救济斯民"则就不仅要使我们汉民族从社会底层的奴仆地位走上自主自立的道路，而且还要洗涤"胡俗陋习"、恢复中华传统道德礼法文化，这在当时的朱元璋看来最好的方法就是立纲陈纪，才能"救济斯民"。

正因为出于这样的认知，就在大明军一路北伐的同时，朱元璋君臣在"参酌唐宋"和"斟酌损益"的前提原则下，开启了恢复中华礼仪纲纪活动："初元世祖起自朔漠以有天下，悉以胡俗变易中国之制：士、庶咸辫发、椎髻、深襜；胡俗，衣服则为袴、窄袖，及辫线腰褶。妇女衣窄袖短衣，下服裙裳，无复中国衣冠之旧。甚者易其姓氏、为胡名、习胡语，欲化既久，恬不知怪，上（指朱元璋，本书笔者注）久厌之。至是，悉命复衣冠如唐制：'士民皆束发于顶，官则乌纱帽、圆领袍、束带、黑靴，士庶则服四带巾、杂色盘领衣，不得用黄玄，乐工冠青卍字顶巾，系红绿帛带。士庶妻首饰许用银、镀金，耳环用金、珠，钏、镯用银，服浅色团衫，用丝绫罗绢，其乐妓则戴明角冠、皂褙子，不许与庶民妻同。不得服两截胡衣，其辫发、椎髻、胡服、胡语、胡姓，一切禁止。斟酌损益，皆断自圣心，于是百有余年胡俗，悉复中国之旧矣！'。"（《明太祖实录》卷30）

"于是百有余年胡俗，悉复中国之旧矣"，有人认为这是朱元璋保守的体现，其实不然。一个民族有一个民族的礼法道德标准与审美情趣，如果一个民族压迫着另一个民族时，除了政治、法律、经济、军事方面实行绝对专制外，在道德礼法方面也对其来个脱胎换骨的话，那么这就更大程度上是伤害或羞辱了被压迫民族的自尊。因此说朱元璋当年的 16 字方针和洪武初年的立纲陈纪活动,给我们汉民族找回了自尊、自爱的灵魂,影响着后世的人们。

## ○ 倡导廉洁朴实的社会时尚,力矫奢靡堕落与腐烂的元朝遗风,移风易俗

大明是在元朝废墟上建立起来的,因而当时的帝国上下还弥漫着元末遗留下来的奢靡、堕落和腐烂的社会风气,生活在那个时空里的人们往往会习以为常,即使是"天生圣人"朱元璋似乎也不例外。譬如说嫖娼,本是件说不出口或言绝非能登大雅之堂的事情,民间一直流传朱元璋年轻时曾嫖过娼,还与沐英他妈私通(【明】黄景昉:《国史惟疑·洪武·建文》卷 1)。正因为有着如此经历,朱元璋在荣升吴王后的相当一段时间,似乎对于这类问题还是没有很高的政治认识。

为了配合徐达大军围攻东吴张士诚,朱元璋特地派遣指挥傅友德带领军马300 人火速北上,绕道到张士诚苏北势力的北方,发起突袭,顺便警告一下中原的割据势力。傅友德出色地完成了任务,朱元璋心里乐开了花,赐宴傅友德,并命令徐达手下的一员中高层军事领导干部叶国珍作陪,还叫上了 10 多个歌妓在酒宴上助兴,让两位从死人堆里爬出来的军中领导边饮酒边品美色。但疑心病特重的朱元璋却在暗中又派了几个贴身宦官偷偷地观察两位军中英雄的反应。(【明】刘辰:《国初事迹》)

按照当时的风俗,正儿八经地嫖嫖妓女可能不算什么,可哪想到那个叫叶国珍的军中英雄,见了穿了黑短衫、戴了黑帽子的歌妓,觉得看不过瘾。于是命令歌妓脱去黑衣黑帽,穿上耀眼、性感的华丽衣服,然后叫她们坐到自己的身旁,这样他就方便地左搂右抱,顿时浪声四起,淫语不断。(【明】刘辰:《国初事迹》)

看到这激动人心的一幕幕,宦官偷偷地赶回去作了汇报,朱元璋听到竟然有这样的事情,顿时就火冒三丈,堂堂军中将领、战斗英雄岂能与妓女一般贱人同坐饮酒作乐,成何体统?于是下令将叶国珍与妓女一同锁到马坊去,你叶国珍不是喜欢妓女美色,我现在让你时时刻刻都能看到什么叫美,朱元璋令人将妓女的鼻子给割了。

再说酒醒后的叶国珍见到自己与没鼻子的妓女给关在了一起,顿时感到奇耻大辱,开始骂骂咧咧:"死就死,何必要将我与这等贱人丑八怪关在一起?"朱元璋回答他:"你没记性,不遵我制定的贵贱有别的规章,所以我要将你与贱人丑八怪关在一屋,以此来羞辱你,让你长长记性。"事后朱元璋还没放过叶国珍,对他实施了鞭刑,再将他发配到瓜州去做看坝人。(【明】刘辰:《国初事迹》)

朱元璋当初惩治叶国珍倒不是因为叶有嫖娼的嫌疑,而是因为叶不知贵贱等

级羞耻,但人欲横流所带来的社会空气霉变似乎在日后的生活中也让"天生圣人"朱元璋给觉察到了。洪武开国后,朱元璋将南京城里的妓女集中到了城南的乾道桥,单独设立了一个叫富乐院的性爱欢乐场所。为了防止淫风蔓延和性工作者挑逗正常男人,朱元璋规定:专门负责拉皮条的妓院"龟孙子"(打手与跑腿一类的男人)头戴绿帽子,腰缠红搭膊,脚穿带毛猪皮靴,让人们一看便知其为绿帽龟孙子,绿帽龟孙子要是上街办事什么的,朱皇帝规定其不准在大街中央行走,只能走道路的左右两侧,说到底就是要让人们知道:从事性服务行业是令人不齿的。那么对于妓女呢,朱皇帝规定:妓女严禁穿红戴绿,更不能捋胳膊露腿,挑逗男人的底线,而是要头戴黑帽子、身穿黑褙子。(【明】刘辰:《国初事迹》)

富乐院开业后生意火红,可惜的是有一夜不知怎么的发生了火灾,火势很大,局面迅速失控,火一直烧到了沿街店面,前来救火的人发现了这里男欢女爱的一些脏物,并上明皇宫作了汇报。朱元璋听后大怒,下令将相关男女一律治以重罪,同时还考虑位于乾道桥的富乐院太接近明朝开国功臣生活区,时间长了会腐蚀我大明栋梁的,于是决定将富乐院迁往武定桥等处。同时下令将全国各地的官府掌控的妓女全部集中到南京,以免继续污染地方风气,同时规定只许商贾和外国使臣出入妓院,而"禁文武官及舍人不许入院"。(【明】刘辰:《国初事迹》)因此说,最近网络上疯传有关朱元璋鼓励或默许官员嫖娼之说完全没有什么依据,或者说是胡说八道。

朱元璋集中管理妓女、禁止大明官员嫖娼的原因虽然不能完全确定,但其目的则可以肯定,那就是营造新帝国的良风美俗。试想一个社会淫风四起,大伙儿都想去嫖娼,不说性病蔓延,就是经济开支也够大的,你要是没钱就进不了那个大门的,于是做什么事都会向钱看,这岂不有害于道德法纪!

由男女之事就让人想到了婚丧嫁娶,朱元璋原本是元朝的子民,目击了元末这类风俗的弊端,洪武五年五月他在下发的诏书中就一针见血地指出:近世以来,我们民间婚嫁风俗大为变质,婚姻本来是家庭未来的根本,可现在人们老将眼光盯在聘礼钱财上,相互攀比,越来越奢侈;丧葬礼俗也有相似的特点,本来家里有了丧事,生者当以哀悼为本,葬祭所用量力而行。可现在富有人家越来越摆阔,贫困人家不甘落后,借了债务也想迎头赶上,或者相信什么迷信,陈年累月停尸不葬,甚至还有连尸首都暴露在外,但就是不肯下葬,这是恶俗,非得整治一下不可!(《明太祖实录》卷73)

由死再说到生,朱皇帝讲:道教、佛教,都以修身养性与清静无为为本,但自元朝以来每每举办斋荐法会时,人们却男女杂居一处或一室,喝酒吃肉毫无顾忌,这哪是做法事?还有南方省份,尤其是福建、广东一带的富民豪贵常常将别人家的男孩子阉割了做使唤,名为火者。所有这些统统给我禁止,违者严厉治罪,特别是将别人孩子私自阉割的,一旦发现,官府将他也给阉割,再没官为奴!(《明太祖实录》卷73)

朱元璋如此移风易俗,力矫奢侈、堕落与腐烂的元朝遗风,倡导廉洁朴实的社会时尚,为新兴的大明帝国营造了一个良好的统治秩序与社会生态环境。

## ○ 参酌唐宋、构建新体,为洪武时期"使厚民生"提供了一定的保证

在洪武初年的立纲陈纪或言建章立制过程中构建起来的中书省、御史台和都督府三大府新体制发挥着重要的作用。虽说朱元璋自建国起没多久就对中书省产生了反感、甚至恶感,并最终在洪武十三年宣布废除丞相制,但不可否认,明初的立纲陈纪、关注民生的许多举措,都是通过中书省贯彻实施下去的;而御史台和各省按察司在这个过程中的作用也不容忽视。譬如,洪武年间对官员出外乘用的交通工具曾做了限制规定,但在实际执行过程中会产生什么问题呢?日理万机的洪武皇帝当然不会很快了解到,但有一位监察官就向他讲述了官用轿子带来的危害。草根出身的朱皇帝听后深有感触地说:"虽说人有贵贱之分,但身体都是肉做的。从今以后有使者与官客来往,一般情况下,只准用 2 人轿夫。负责省里监察的按察司官和出使外国的官员,虽说为了体现我大明朝廷的威势与颜面而要用轿,但也只能用 4 人轿子,且其轿夫雇佣费要由田粮多的富户出,我大明官府绝不可擅自奴役普通百姓,劳其筋骨,妨碍农事;至于老百姓谁要是愿意受雇,拿钱做事就行!"(【明】刘辰:《国初事迹》)

都督府为首的大明军队在洪武初年的建章立制中所起到的作用那就更不用说了。一方面大明军不断北伐和"清沙漠",追击元朝残余,扫清地方敌对势力,为洪武初年的立纲陈纪创造了安定的环境;另一方面利用和平休整时机,大明军还参与到了地方清丈土地等经济秩序构建当中去。(【明】刘辰:《国初事迹》)

就此而言,以三大府为主干的大明新体构建、政治秩序重组与政治环境净化以及社会风尚之改变,为洪武时期的"使厚民生"或言关注民生提供了相当程度上的保证。

## 雄主力治"三农"问题　下"猛药"除民生之疾

"使厚民生"最早是明太祖朱元璋在开国之初就提出的:"上帝命为天下生民主,任以司牧,使厚民生,惟恐弗胜,日怀忧惧。"(《明太祖实录》卷40)整个这段话

的意思是:"承蒙上天老人家您看得起,让我出任天下之主,并任用官吏来进行管理,这就要使得天下黎民苍生的生活能够得到很好的保障。惟恐不能担当此重任,我日夜忧虑着。"从这段话的语境来看,朱元璋所说的"使厚民生"就相当于今天所讲的"宽厚民生"或言关爱民生。

看到这样的字眼,可能有朋友不禁要问了:有没有搞错啊,一向尚武尚刑的"暴君"洪武大帝朱元璋会"宽厚民生"?

## ○ 天旱了,草根皇帝不敢碰美眉们,却带了她们同吃草蔬粝饭昼夜求雨

其实这里边就存在着历史的误读,朱元璋不是对所有的社会阶层都充满了敌视并大开杀戒的,尤其是对中国社会中占据人口98%以上的农民兄弟,还是充满了"阶级感情"的。之所以如此,这就恐怕首先要归结于朱皇帝的草根出身了。

洪武二年入春后久旱不雨,本来与此并无直接关联且可安逸享乐的洪武帝朱元璋却焦灼不安,前后长达10多天都未曾睡过一个安稳觉,与宫中美眉们一起吃"草蔬粝饭",祭祀先祖与父母,代民祈雨。在祈文中朱皇帝这样说道:"去年各地都发生了严重的旱灾,老百姓衣食不保。谁想今年开春以后又连连干旱,要是再这样持续下去的话,恐怕子民们的生活就更加艰难了。朕想起少年时那场大灾荒,父亲、母亲大人那么拼命忙活,可最终还是食不果腹,一家人饿得实在撑不下去,只得弄些野草,拌几粒米充充饥,日子过得好艰难啊! 现在朕尽管富有天下,但逢上如此天灾,我子民百姓又有什么罪过,或许是朕得罪了上苍? 因此朕决定与后宫妻子们一起来斋戒素食,与民共渡艰难,以此来回应上苍对朕的责罚!"(《明太祖实录》卷40)

## ○ 朱元璋认为:"保国之道,藏富于民","四民之业,莫劳于农"

"触景生情",这样的事情常常发生在草根皇帝身上,《明实录》中有着许多的记载。尽管当年的朱元璋不可能知道500多年后的现代人本主义心理学大师马斯洛的人类七种基本需求理论——生理需求、安全需求、归属和爱的需求、尊重的需求、认知需求、审美需求和自我实现的需求(马斯洛:《人性能达到的境界》,1972年英文版,第316页,见刘恩久主编:《社会心理学简史》,江苏教育出版社1988年5月第1版,P180~181)。但对于曾经徘徊于地狱边缘的他来说,人类最为基本的生理与安全的需求,可能比任何权位高势能者都有切身的感受。他曾跟侍臣说过这样的话:"朕经常想起早年苦难岁月,兵荒马乱,饿殍遍野,日食藜藿。现在虽然贵为天子,富有天下,但从未有过一天忘记过去,所以宫室器用一切从简,吃的穿的也就

普普通通,惟恐过奢,糟蹋了钱财又伤害了百姓。"说到底,朱元璋由己及人,想到了老百姓最为基本的生存需求若得以满足,也就如他当年一样,有饭吃了,就不会起来造反。由此,他提出了"藏富于民"的理论:"保国之道,藏富于民,民富则亲,民贫则离,民之贫富,国家休戚系焉。"(《明太祖实录》卷176)

朱元璋的"藏富于民"理论提出有个反面例子,那就是以元亡为历史之鉴,"自昔昏主恣意奢欲,使百姓困乏,至于乱亡"。那么有没有正面的好例子? 朱皇帝也找到了,"自昔先王之治,必本于爱民,然爱民而无实心,则民必不蒙其泽,民不蒙其泽,则众心离于下,积怨聚于上,国欲不危难矣。朕每思此为之惕然"。(《明太祖实录》卷231)

想到老百姓得不到实惠就会上下离心,终致天怒人怨,国家岌岌可危,朱皇帝就惴惴不安,因为他十分清楚"军国之费所资不少,皆出于民"(《明太祖实录》卷19),而"民贫则国不能独富,民富则国不至独贫"(《明太祖实录》卷253);"大抵百姓足而后国富,百姓逸而后国安,未有民困穷而国独富安者"。(《明太祖实录》卷250)为了使得百姓即当时所称的"四民"富和足,那就首先得解决农民以及与农民相关的问题,因为在他看来:"四民之业,莫劳于农,观其终岁勤劳,少得休息,时和岁丰,数口之家犹可足食,不幸水旱,年谷不登,则举家饥困。朕一食一衣,则念稼穑机杼之勤。"(《明太祖实录》卷250)百姓之中最为辛苦的就数农民,国家财税收取最大的源头也是农民,加上自身本来就与农民有着一种不言而喻的天然感情,因此朱元璋在立国前后就开始想方设法解决农民及其相关问题,由此他也成为了中国历代真正致力于解决"三农"(农业、农村、农民)"顽症"的第一皇帝。

朱元璋解决中国传统社会的"三农"问题可以用这样的几个词语来概括:不遗余力经营农业问题;殚精竭虑解决农民问题;别出心裁实行"农村自治"。

## ◉ 不遗余力经营农业问题

朱元璋认为"为国之道,以足食为本"(《明太祖实录》卷19),再说开来,那就是作为天下之主,你就一天也不能不拥有天下子民。而要拥有天下子民,你就不能不让那些子民们吃饱穿暖,"君天下者不可一日无民,养民者不可一日无食"!(《明太祖实录》卷53)由此而言,"今天下初定,所急者,衣食! 衣食给,而民生遂……(而)足衣食者,在于劝农桑"。(《明太祖实录》卷26)"农桑,衣食之本"(《明太祖实录》卷77)。换言之,"农为国本"(《明太祖实录》卷42),即洪武皇帝将农业视为了立国的"国本"。

农民出身的朱元璋十分清楚:解决农业问题最为重要的就是要首先解决好土地问题和农业税收问题。土地是农业的命根子,土地没有了,什么农业都成了一句空话;而有了土地,国家税收又很重或者是无休止地敛财摊派,再好的农业也要被窒息。所以从洪武立国起,朱元璋就开始不断地下发诏令和文告,免征受灾各地农民的赋税,密切关注农民疾苦,努力解决农业问题。综合起来看,洪武帝在大明帝国建立前后采取了如下几个方面的措施医治元末战争创伤,恢复农业生产:

## ○ 调整土地关系——根据实际耕种能力重新"分配"土地

经过元末大动乱,明初土地关系发生了很大的变化,重新"分配"土地成为当时解决农业问题的当务之急。朱元璋下令,根据实际耕种能力重新"分配"土地:第一种情况,凡遗弃的田土即无主田地,谁垦种了就归谁所有,但不可以无休止地占有土地,要以自己的耕种能力作为占有的条件。第二种情况,如果以前田主回来,那么所谓的遗弃田土就得要"还"给原来田主,全还? 不是的,总该有个标准吧? 也是以原田主的人丁多少与耕种能力为标准。第三种情况,如果以前田主回来,但田主家的人口又在这几年中增长了,回来后成了田多人少的"困难户",那么办呢? 政府允许田主占据荒地,不过也不许多占,也以耕种能力为限。(《皇明诏令·大赦天下诏》卷 1;《皇明诏令·正礼仪风俗诏》卷 2;万历《大明会典·户部田土》卷 17)

## ◎ 将"狭乡"之民迁徙到"宽乡"

上述政策是针对全国的,但中国领土太广了,各地情况差异又很大,理论上说战争后留下了好多无主地、荒地,这种情况可能对本来就田多人稀的北方更适合;而中国南方自宋元以来由于经济大发展,人口密度大大超过了北方,尤其是江南苏松地区是有名的地狭人稠的"狭乡",要让这个地区的老百姓都有农业生产最基本的物质资料——土地,似乎不容易做到,于是朱元璋强令将"狭乡"之民迁徙到"宽乡"。哪里是"宽乡"? 朱元璋老家凤阳一带以及北方地区。明初这类移民对象大致分为两种:第一种是"狭乡"的无地之民,如洪武三年(1370),朱元璋下令将苏、松、杭、嘉、湖等两浙五郡狭乡中无田的农民 4 000 多户迁到临濠去垦荒,明政府发给耕牛、种子和粮食等,帮助他们迁徙,并免除其 3 年的赋税(《明太祖实录》卷 53)。洪武二十二年四月,朱元璋再次下令将杭、湖、温、台、苏、松诸郡无田的农民迁往淮河迤南滁州、和州等地垦种,官府给予每户人家配备农具和 30 锭的钞币,免除其 3 年的赋役(《明太祖实录》卷 196);另一类是占有大量田产的"豪强富民",如吴元年十月朱元璋下令,"徙苏州富民实濠州"(《明太祖实录》卷 26);洪武七年,大明"徙江南富民14万(人)田濠州,以善长总理之"(《明史·李善长传》卷127;《明史·俞通源传》卷133)。当然后一种移民还带有政治色彩,因为这些江南豪强富民过去或明或暗地支持过朱元璋的敌对势力张士诚或方国珍,他们盘踞当地,是大明帝国长治久安的心腹之患。朱元璋意识到解决这个问题的最好办法就是"迁徙豪民",来个连根铲除,这在很大程度上又缓和了"狭乡"地区的人地矛盾和社会矛盾,且使得地荒人少的"宽乡"地区的经济也得到恢复和发展。

◎ 鼓励农民垦荒,承认荒地开垦者的土地所有权

朱元璋在解决"狭乡"问题时,又对"宽乡"地区的人地矛盾问题相当重视并予以解决。"宽乡"主要是在北方,将"狭乡"之民迁徙到"宽乡"是能解决一些问题,但后遗症也不少,主要是"狭乡"之民不太愿意到风俗和生活习惯与南方有着很大差异的北方地区去,这就带来了一些社会问题。最好的办法是就地垦荒。洪武元年朱元璋下诏:"各处荒闲田地,许令诸人开垦,永为己业,与免杂泛差役三年,后并依民田起科税粮。"(《皇明诏令·大赦天下诏》卷1)洪武三年朱元璋定制,对于"宽乡"的北方地区实行鼓励垦荒政策。具体的办法是:在北方郡县的荒芜之地,每户分配给15亩种庄稼,另给2亩种蔬菜;如果家有余力,可以多占荒地,不限田亩数,政府还进行奖励,奖励办法是免除三年的租税,"其马驿、巡检司、急递铺应役者,各于本处开垦,无牛者官给之,守御军屯远者亦移近城。若王国所在,近城存留五里,以备练兵牧马,余处悉令开耕"。(《明太祖实录》卷53)洪武二十八年,朱元璋又"令公侯大官以及民人,不问何处,惟犁到熟田,方许为主。但是荒田,俱系在官之数,若有余力,听其再开"。还"令山东概管农民,务见丁著役,限定田亩,著令耕种,敢有荒芜田地流移者,全家迁发化外充军"。同年朱皇帝又令山东、河南等地开垦荒田,"永不起科"。(万历:《大明会典·户部田土》卷17)

朱元璋下令奖励垦荒的政策,不仅对于农民开荒种植、恢复和发展社会经济具有很大的促进作用,而且还在很大程度上承认荒地开垦者对土地的所有权,使得明初自耕农数量激增。大明帝国的财税收入有了更加广泛的来源。

○ 减免租税,赈济灾民

理性而言,中华大一统帝国占据的地理位置不算好,地理跨度大,自然条件不算优。中国历史上的灾变时有发生,而历代的帝皇们总免不了要表表姿态,体恤天下苍生,什么免除灾变地区百姓的租税,赈济灾民,等等。但中国历史上几乎没有哪个帝皇像朱元璋那样心系天下苍生,做得那样真诚。

洪武二年五月南京"火炉"正当时,朱元璋从紫金山回来,远远望见"热气腾腾"中有几个农民正弯着腰、曲着腿在田地中艰难地抓什么。农民出身的朱皇帝边看边走,从紫金山的独龙阜一直走到了淳化门,虽然已经汗流浃背,可他浑然不觉,最终看明白了,原来远方田地里的农民正在冒着酷暑耘耕水稻呐!少年时代的生活刹那间仿佛又出现在眼前,朱元璋指着远方的农民,十分感慨地跟随从说:"农业是国家的根本,国家开支都要取自于农业。农民们如此辛苦,有关管理职能部门的官员能对他们动恻隐之心吗?你们说说看,我们大家都是爹妈生的,身居富贵的却不知道贫贱者的艰难。古人常有这样的训诫:当你穿上衣服的时候就应该想到织女的勤苦,当你吃到米食的时候就应该想到农田中耕夫的辛劳,朕就不知不觉动了恻隐之心了!"(《明太祖实录》卷42)

## ○ 天下大旱,朱元璋在南京城南暴晒整整三天代民祈雨,不全是作秀吧?

洪武三年,即公元1370年,天下大旱。时值农历的六月,天空中骄阳似火,南京城内热浪滚滚,好像要把地上一切人与物都得烤焦了。可谁也没想到,大明开国皇帝朱元璋却在此时率领所有的皇子,经过斋戒沐浴后,穿上素衣草鞋,步行来到城外的山川坛,在六月的烈日下暴晒了整整三天,就连夜里也不回宫,将草席铺在地上,累了就在那上面坐坐,夜卧于地,衣不解带,祈盼老天降雨。同时他还命令马皇后,率领所有宫中妃嫔下厨,用野菜糙米制作斋戒之食,供宫内宫外之人一同食用。朱皇帝的此番举动着实感动了上苍,五天后天降大雨,大明旱情迅速得以缓解。(《明太祖实录》卷53)

或许有人认为这是朱皇帝自编自导的一出作秀"闹剧",但我认为并不全是。领导干部要是作秀的话,一天走过场也就够了,何必一而再、再而三呢?朱元璋之所以能做得如此"动之以情",不仅因为他自己早年悲惨的生活遭遇,而且还在于他亲自参加并领导了元末农民大起义,深知绝望中的底层百姓一旦真正行动起来,其发出来的能量是无比巨大的。所以为了大明帝国江山的长治久安,即使是"作秀",他也必须这么做。

除此之外,他还要拿出更多的实际行动,为天下苍生"做主"。他时常蠲免遭灾地区的税粮,并对灾区加以赈济。于是一个个免税赈济诏谕不断地从南京明故宫里发出,传到了大明帝国的四面八方……(《明太祖实录》卷231等)

朱元璋的减免租税、赈济灾民的政策绝不仅仅停留在口谕或官样文件上,他还有几招有力的措施相配套:

第一,确立有司飞奏灾异制度和先赈济后奏报制度。

大明开国之初，各地官员时常奏报祥瑞，其真实的目的无非是对上拍马屁，好皇帝君临天下，各地才会不断地出现祥瑞。不断接到各地祥瑞的报告，大明礼部向洪武皇帝请求，是否要颁布一个祥瑞奏报办法。但草根出身的朱皇帝很实在，他对臣下说："你们只谈祥瑞，不及灾异。殊不知灾异是上天对地上人间的惩戒，其关系尤为重大。你们下文下去，告诉地方官员：今后各地只要发生灾异，不论大小，一定得飞速快奏！"（《明太祖实录》卷45）

灾异是坏事情，人的本能都喜欢听好话，如果不是从"动之以情"角度出发，朱元璋绝不会"自找"这种苦茬吧！

还有一种情况，地方发生了灾荒，上面与中央朝廷闻讯后往往要先派出专门官员前去核实，然后再发放救济粮。朱元璋认为，这样做速度太慢，会饿死人的，要简化程序，急速赈济。洪武三年正月，陕西西安、凤翔两府发生大灾，灾民代表宋升直奔南京求救。洪武皇帝命令大明户部迅速派人前去赈济，可户部官员接命后十分为难，他们告诉朱皇帝："陕西那一带早就没什么余粮了，要想赈济灾荒，只有通过水路从别的地方运过去了！"朱元璋一听这话，心里就很不舒服，当即指示："灾民们嗷嗷待哺，日日夜夜盼望着我们去救济，就好比是干涸河里的鱼儿盼望河水一般，如果等到我们那慢悠悠的水路运送过去时，不知他们还有几个活着了。赶紧启动驿道运输，马上赈济！"听到皇帝这般急促的命令，户部当即派出主事李亨驰驿陕西，给每户灾民赈济1石粟，共发放赈济粮36 889石（《明太祖实录》卷48）。洪武二十六年，朱元璋命令户部通告全国："自今凡遇岁饥，则先发仓廪以贷民，然后奏闻，著为令。"（《明太祖实录》卷227）

第二，设定"坐视民灾"之罪，严惩报喜不报忧的地方官吏。

在专制主义政治下官吏的个人前途取决于"上面"，因此他们可以毫不关心百姓的死活，只要糊好"上级领导"，照样可以升官发财。因此专制底下常见的"政治景观"是官吏们为了个人的升迁往往不择手段，有时甚至是丧尽天良，譬如发生灾难了，捂盖子；死了人，不报或少报死人数；政府发了赈灾款、赈灾粮、扶贫款等被官员们中间截留。但洪武年间，在朱元璋的重刑治国下，很少有官员敢于这样胡为。洪武二十七年（1394），河南祥符、阳武、封丘三县连续三年发生水灾，当地地方官吏为了个人的仕途拼命地捂盖子，不上报。朱元璋知道以后，立即派出了"工作组"，进入河南进行实地调查核实，最后不仅免去了受灾三县老百姓的田租，而且还给三县官吏定了一个"坐视民灾"之罪，按律论处，并告示天下（《明太祖实录》卷234）。朱元璋还规定了"旱伤州县，有司不奏，许耆老申诉，处以极刑"。（《明史·食货志》卷78）

地方发生灾荒,官员捂盖子固然十分可恶,但在中国传统社会生活中还有比这更加可恶的政治"景观"——克扣与私分赈灾款。对于这样性质极为恶劣的官场腐败,朱元璋又是如何处置? 洪武十五年、十六年、十七年河南府连续三年发生严重水灾,洪武皇帝朱元璋闻讯后前后两次敕令驸马都尉李祺、梅殷负责赈灾。两位皇帝女婿干得十分认真,非常到位,三年水灾期间河南府百姓们有惊无险、有灾不困。转眼到了洪武十八年,老天似乎还是与河南府百姓过不去,再次发生了大水灾。皇帝朱元璋接报后命令户部派专员带了救灾款前往河南,会同当地布政司、按察司和地方府州县等衙门官员一起讨论救灾方案。可就在这年的年底,从河南不断传来凄惨的消息:张三家卖儿子,李四家卖闺女,王五家卖妻子……洪武帝感到十分纳闷:前三年赈灾后没发生这样的事情,怎么今年特别? 想到这里,他立即派人奔赴河南进行秘密调查,终于查明了真相,原来中央朝廷下发的赈灾款被地方父母官们克扣、私分了。郑州知州康伯泰分得赃款 1 100 贯,原武县丞柴琳 200 贯,布政使杨贵 700 贯,参政张宣 4 000 贯,王达 800 贯,按察使知事谢毅 500 贯,开封府同知耿士能 500 贯,典史王敏 1 500 贯,钧州判官弘彬 1 500 贯,襄城县主簿杜云升 1 500 贯,布政司令史张英 1 500 贯,张岩 500 贯。朱元璋获悉真相后极度愤怒地说道:"贪匪之后,天寒地冻,其严凝之气御非其宜,则有堕指裂肤。其灾民腹饥,被体之衣且薄,更兼日无可炊之粮,老幼艰辛,未免号呼于天。其贪婪之徒,岂不天讨有罪乎!"最终他下令,除了参政张宣等因为是"老干部"的后代免死充军外,其余涉案官员一律处死。(【明】朱元璋:《御制大诰续编·克减赈济》第 60,P660)

洪武九年湖北荆州、蕲州等地发生大水灾,洪武帝闻讯后任命户部主事赵乾前去赈济。不料赵乾磨磨蹭蹭,从上一年的年底出发一直弄到第二年的五六月才到达湖北灾区,当时已经有好多的灾民给饿死了。朱元璋闻讯后火冒三丈,令人迅速逮捕赵乾,以"坐视民灾"之罪将其处死,并颁敕给中书省,说:"发生自然灾害了,老百姓饥寒交迫,做君主的不救济,这是君主的不仁,罪责在上;官员接受君命后不及时向灾民传输君主的恩德,那么这样的官员就犯有'坐视民灾不救'之罪。朕杀了赵乾,就是给那些不体恤百姓的官员作个警戒!"(《明太祖实录》卷 112)

朱元璋对漠视百姓疾苦的官吏处罚实在到位,绝没有来个不痛不痒的什么行政处分,或调离原地前往他地继续为官。朱元璋大有"谁与我的老百姓过不去,我就让他一辈子不好过"之架势。

## ○ 推广屯田制度,恢复与发展农业生产经济

朱元璋体恤百姓之苦是实实在在的。早在战争年代,为了减轻百姓的负担,同

时也为了保证军队的粮食供应,朱元璋实施了屯田政策,让军队自行解决军饷问题。由此,也就开启了明朝的屯田史。

明朝屯田有三种:军屯、民屯与商屯,以军屯历史最悠久。

## ◎ 明代的"建设兵团"——军屯

朱元璋攻下南京后不久,为了解决军饷不足问题,就任命了康茂才等军中将领率领部分兵士,在南京郊外的龙江等地进行屯田。从当时领导屯田的几个将领来看,只有康茂才这一支取得的成绩最大,宋龙凤八年(1362)康茂才屯田收获谷子15 000石,充作军饷8 000石后,尚余7 000石。朱元璋十分高兴,号召大家向康茂才学习。鉴于当时战争尚在进行,"民无宁居,连年饥馑,田地荒芜",朱元璋申明将士屯田之令,也就意味着他将屯田之法在军中推广开来。(《明太祖实录》卷12)

不过当时的军屯还不是职业性的,将士们"且耕且战",即遇有战事立即投入战斗,一旦空闲下来就下地干活。随着明朝的建立,原来的军屯形式发生了变化。洪武元年,朱元璋下令在凤阳、滁州、和州和庐州等开设屯所,规定军士70%屯田,30%守城,以50亩作1分,设都指挥1人具体负责,就此开始了大明朝新军屯。同年在北平府设置北平都指挥司,统领燕山诸卫,又于兀良哈地设立大宁都指挥司,各置屯田所,推行新军屯。(万历:《大明会典·户部·屯田》卷18)

这样一来明朝的军屯由南方地区逐渐地推行到了北方地区,范围不断在扩大。洪武三年,郑州知州苏琦给洪武皇帝上奏说:"我大明开国后陆续平定了各地割据势力,海内晏宁,唯独西北蒙古残余势力尚未完全歼灭,而我大明现在北疆关辅、平凉、北平、辽右一线又与他们接壤,一旦战火燃起,急调兵力和军饷,恐怕都来不及啊!因此小臣敬请皇帝陛下在北疆边线地区实行'屯田积粟,以示久长之规'。"(《明太祖实录》卷50)

朱元璋当即采纳了苏琦的建议,命令中书省官员"参酌行之",于是大明北疆地区开启军屯。洪武四年,明廷为已行屯田的河南、山东、北平、陕西、山西及直隶、淮安等府制定相关的屯田规章制度,其中规定:"凡官给牛种者请十税五,自备者十税三,诏且勿征三年,后亩收租一斗。"(《明太祖实录》卷69)随后军屯又逐渐地向其他边地推广开来,大约到洪武中晚期时,军屯差不多已经覆盖了大明帝国所有的边疆地区。

不过当时各地军屯实行得好差不一。针对如此情势,洪武二十一年九月,洪武皇帝朱元璋向大明最高军事领导机构五军都督府发出了指示:"养兵而不病于农者,莫若屯田。今海宇宁谧,边境无虞,若但使兵坐食于农,农必受弊,非长治久安之术。其令天下卫所督兵屯种,庶几兵农兼务,国用以舒。"(《明太祖实录》卷193)

即要求各地进一步落实做好军屯工作,并于第二月命令五军都督府更定屯田法,完善军屯制度。(《明太祖实录》卷194)。洪武二十六年朱皇帝再次下发圣旨:"那北边卫分都一般叫他屯种,守城军的月粮,就屯种子粒内支。"(【明】陈子龙、徐孚远:《明经世文编·潘简肃公文集·请复军屯疏中引》卷198)这就向北疆卫所守军提出了明确的要求:军饷必须自给自足!

那么明初这种军屯制度的实行到底效果如何? 洪武时期对全国人口进行了分类登记编册,即人们熟知的明代"黄册"制度,屯田军人被编入"屯田黄册"。一般来说,屯田军士取得屯地一分50亩(各地并不太一致,也有20亩、30亩、70亩、100亩等等),由正军屯种,但也有余丁屯种。按照明代的军政制度,每一军户由1名正军和户下余丁1名组成,正军与余丁都是拖家带口,正军屯田生产、甚至打仗,余丁随营辅助,供给正军费用。也就是说一分50亩地不是一家人家耕种,而是至少由两户以上人家一同耕种,这样下来劳动力问题还是基本上能够得到解决的。但也有地方的余丁与正军一同领种一分地,如福州府"明初之制,一军一余,各受三十亩而耕"(【清】顾炎武:《天下郡国利病书·福建》卷91)。这样的话,劳动力就显得相对紧张些了。因为明初荒地较多,官府"给予"土地时显得很"大方",有时还会发放农具和耕牛等生产资料来扶持军屯。

当然,这些都不是白给的,屯田军士必须要承担政府规定的许多义务。在这些义务中最为主要的就是缴纳屯田子粒,即人们俗称的屯粮。那么军士要交多少屯田子粒? 军屯实施初期一般是免征的,后来稍稍适当变相征一些,例如洪武三年,明廷就"命内外将校量留军士城守,余悉屯田。其城守兵,月给米一石,屯田者减半,在边地者,月减三斗,官给农器、牛种"。(《明太祖实录》卷56)总的来说,洪武前期还是以免征或少征来鼓励军士屯田。后来大明帝国规定,从洪武七年起屯田税粮征收标准为"亩收租一斗"(《明太祖实录》卷69)。但实际上洪武时期各地征收军队屯田税粮不至这个数额,全国军屯平均在每亩3斗左右,这个赋额要远远高于地方民田,但军屯兵士不承担徭役了。所以从整体上来讲,其大体与民相当。

大明军屯税粮统一征收标准一直到了永乐二年朱棣当政时才制定出来,不过这个暴君制定的标准很高,每军田一分要缴纳12石,"其军除余粮至十二石入仓而复有余者,听其自用"。(《明太宗实录》卷27)军屯税粮从洪武时期的3~4石之间在历经10年左右时间后一下子跳到了12石。不知那些摇头晃脑大唱永乐赞歌的所谓学者专家对此又有何解释? 说到底,军屯制本身就是一种落后、残暴的农奴制度,老朱皇帝或许看出了其中的弊端,所以他定的税粮标准比较低。相比之下,小朱皇帝就显得格外的浅薄与凶狠了。

以上我们讲的是1个军户,由100个军户组成的军事屯田单位就叫"屯"(《明太祖实录》卷236),明朝设立"屯田百户所"来管理,这可能相当于后世的"建设兵团"。那么,屯守将士中到底有多少人守城、多少人屯田呢?从明代留下的史料来看,洪武时期全国屯守将士的比例还不一致,一般为三七开,"军士三分守城,七分屯种,又有二八、四六、一九、中半等例,皆以田土肥瘠、地方冲缓为差"(万历:《大明会典·户部·屯田》卷18)。从军屯在全国范围的分布来讲,几乎各地都有。有这么多的军队在搞屯田,国家的收获肯定很可观?目前为止我们缺乏确切数字的史料依据,但老朱皇帝得意洋洋地跟人说的一席话倒是给我们道出来个大概:"吾京师养兵百万,要令不费百姓一粒米。"(【明】陆深:《俨山外集·同异录》卷34;【清】傅维鳞:《明书·戎马志》卷70)

百万大军的军饷不要老百姓来出,这当然算得上是洪武皇帝惠民的一大善政了,还有其更深远的意义那就是促进了各军屯地区农业经济的发展,巩固了大明的国防,开发了帝国的边疆。

◎ 被强制迁徙的国家农奴——明代民屯"主流"

与军屯有着一定相似的洪武屯田中还有民屯。《明史》列举了明代民屯的三种形式:"其制,移民就宽乡,或召募或罪徙者为民屯,皆领之有司"(《明史·食货志一》卷77)。我们在前面的土地关系调整中讲到的将狭乡之民移向宽乡为明代最为主要的一种民屯形式,这种形式是由明政府组织强制迁移。详见《洪武时期主要几次大规模移民简表》

**洪武时期主要几次大规模移民简表**

| 时 间 | 移出地 | 移入地 | 史 料 摘 要 | 史料来源 |
|---|---|---|---|---|
| 吴元年(1367)十月 | 苏州 | 濠州 | 徙苏州富民实濠州 | 《明太祖实录》卷26 |
| 洪武元年(1368)九月 | 北平 | 汴梁 | 命徙北平在城兵民于往汴梁 | 《明太祖实录》卷35 |
| 洪武三年(1370) | 江南 | 临濠 | 令苏、松、嘉、湖、杭五郡民无田产者四千余户往临濠开种,就以所种田为己业,官给牛种舟粮以资遣之,仍三年不征其税 | 《明太祖实录》卷53 |
| 洪武四年(1371)三月 | 陕北 | 北平 | 徐达令都指挥使潘敬左、傅高显徙顺宁、宜兴州沿边之民皆入北平州县屯戍……计户万七千二百七十四,口九万三千八百七十八 | 《明太祖实录》卷62 |

| 时　间 | 移出地 | 移入地 | 史　料　摘　要 | 史料来源 |
|---|---|---|---|---|
| 洪武四年(1371)六月 | 沙漠 | 北平 | 魏国公徐达驻师北平,以沙漠既平,徙北平山后之民三万五千八百户,一十九万七千二十七口散处卫府,籍为军者给以粮,籍为民者给田以耕……又以沙漠遗民三万二千八百六十户屯田北平府管内之地,凡置屯二百五十四,开田一千三百四十三顷 | 《明太祖实录》卷66 |
| 洪武五年(1372)七月 | 河北长城边 | 北平附近 | 撤妫川、宜兴、兴、云四州,徙其民于北平附近州县屯田 | 《明太祖实录》卷75 |
| 洪武六年(1373)八月 | 朔州 | 内地 | 大将军徐达等师至朔州,徙其边民入居内地 | 《明太祖实录》卷84 |
| 洪武六年(1373)九月 | 山西北边 | 中立府(临濠府) | 上以山西弘州、蔚州、定安、武、朔、天城、白登、东胜、澧州、云内等州县北边沙漠,屡为胡虏寇掠,乃命指挥江文徙其民居于中立府,凡八千二百三十八户,计口三万九千三百四十九 | 《明太祖实录》卷85 |
| 洪武六年(1373)十一月 | 绥德庆阳 | 内地 | 绥德、庆阳之境胡寇出没无常,民多惊溃。迁民入内地,听其耕种,有胁从诖误者招抚之 | 《明太祖实录》卷86 |
| 洪武六年(1373)十二月 | 瑞州抚宁 | 滦州洋河西 | 以瑞州逼近虏境,宜罢州治,迁其民于滦州,徙抚宁县治于洋河西,民之近边者皆徙内地 | 《明太祖实录》卷86 |
| 洪武七年(1374)四月 | 山西 | 塞内 | 大将军徐达招致河曲府山谷军民二千九百二十户,计五千九百八十人,徙居塞内 | 《明太祖实录》卷88 |
| 洪武七年(1374) | 江南 | 濠州 | 徙江南富民十四万田濠州,以善长总理之徙江南豪民十四万田凤阳 | 《明史·李善长传》卷127;《明史·俞通源传》卷133 |
| 洪武九年(1376)十一月 | 山西真定 | 凤阳 | 徙山西及真定民无产业者于凤阳屯田,遣人赍冬衣给之 | 《明太祖实录》卷110 |
| 洪武十一年(1378) | 甘肃 | 平凉 | 徙甘肃故元降人一千九百六十口于平凉府,给粮赡之 | 《明太祖实录》卷117 |

| 时 间 | 移出地 | 移入地 | 史 料 摘 要 | 史料来源 |
|---|---|---|---|---|
| 洪武十三年(1380) | 江南 | 京师 | 起取苏、浙等处上户四万五千余家填实京师,壮丁发给各监局充匠,余编为户,置都城之内外,爰有坊厢 | 【清】顾炎武:《天下郡国利病书·江南》卷14 |
| 洪武十五年（1382）九月 | 番禺、东莞、增城 | 泗州 | 迁广东番禺、东莞、增城降民二万四千四百余人于泗州屯田 | 《明太祖实录》卷148 |
| 洪武十六年（1383）九月 | 清远县 | 泗州 | 广东清远县猺民起义,降贼众一千三百七十人被送京师,命给衣粮,发泗州屯田 | 《明太祖实录》卷156 |
| 洪武二十一年(1388)八月 | 山西 | 河南 | 迁山西泽、潞二州民之无田者往彰德、真定、临清、归德、太康诸处闲旷之地,令自便置屯耕种,免其赋役三年,仍户给钞二十锭,以备农具 | 《明太祖实录》卷193 |
| 洪武二十二年(1389)四月 | 江南 | 淮河迤南滁、和 | 命杭、湖、温、台、苏、松诸郡民无田者,许令往淮河迤南滁、和等处就耕 | 《明太祖实录》卷196 |
| 洪武二十二年(1389)九月 | 山西 | 大名、广平、东昌 | 山西贫民徙居大名、广平、东昌三府者,凡给田二万六千七十二顷 | 《明太祖实录》卷197 |
| 洪武二十五年（1392）二月 | 崇明 | 江北 | 命徙苏州府崇明县滨海民之无田耕种者二千七百户于江北屯种 | 《明太祖实录》卷216 |
| 洪武二十五年（1392）二月 | 登州莱州 | 东昌 | 徙山东登、莱二府贫民无恒产者五千六百三十户就耕于东昌 | 《明太祖实录》卷216 |
| 洪武二十五年(1392) | 山西 | 彰德等七府 | 山西无地或少地庶民迁徙彰德、卫辉、广平、大名、东昌、开封、怀庆七府者,凡五百九十八户 | 《明太祖实录》卷223 |
| 洪武二十七年（1394）二月 | 崇明 | 昆山 | 迁苏州府崇明县无田民五百余户于昆山开种荒田。时昆山县民上言,其邑田多荒芜而赋额不蠲,故有是命。复虑其重迁乏费,命本处卫所发军船递之 | 《明太祖实录》卷231 |
| 洪武二十八年(1395)闰九月 | 湖南靖州 | 大同 | 徙靖州会同县蛮洞民常通猺贼者往戍大同,计男女一千二百五十二人,各赐衣三件 | 《明太祖实录》卷242 |

明基奠立

《大明风云》系列之 ③

民屯第二种形式为罪徙屯田。罪徙屯田开始于洪武八年，那年二月朱元璋敕令大明刑部："自今凡杂犯死罪者免死，输作终身；徒流罪限年输作；官吏受赃及杂犯私罪当罢职役者，谪凤阳屯种；民犯流罪者凤阳输作一年，然后屯种。"(《明太祖实录》卷97)朱皇帝这道命令发出后一年左右，在凤阳屯田的犯有笞罪以上的劳改官员就达 10 000 人以上(《明史·韩宜可传》卷139)，真可谓发展迅猛；不过在凤阳劳改的有些犯罪官员有时碰到朱皇帝发善心，还能回来继续当官。例如洪武九年正月，梅圭等 580 名在凤阳渠象屯屯田的劳改官员受命回京，听由大明人事部吏部重新安排工作，不过大多数犯罪官员可没这么幸运了，有的可能终身服役甚至老死于凤阳。(《明太祖实录》卷103)

与上述两种强制性屯田有所不同的第三种民屯形式，那就是招募老百姓屯田。洪武时期政府利用赐钞或免去多年赋役为条件公开招募流民或无地、少地百姓前往宽乡地区去屯种，譬如洪武二十九年山西沁州百姓张从整等 116 户就是响应政府号召，自告奋勇地上北平、山东和河南等地去屯种。朱元璋闻讯后十分高兴，厚赏了张从整等人，还令人给他们安排了屯种的土地。(《明太祖实录》卷197)在这以后不久，还有一些山西狭乡无地农民也应募来到山东东昌、高唐等宽乡地区进行屯种，朱元璋免除了他们四年的租税。(《明太祖实录》卷253)

但从洪武时期整体来看，招募生产这种形式在民屯中不占主导，民屯中占据大头的还是前两种，即将狭乡之民移向宽乡和罪徙屯田。因此说洪武时期的屯田带有极大的强制性，所谓"有旨遣贫民无田者至中都凤阳养之，遣之者不以道，械系相疾视，皆有难色"(【明】胡翰：《胡仲子集·吴季可墓志铭》卷9)。洪武法制又严酷，一般被强制迁移的百姓到了迁徙地后就永世不得回去，他们被编入了当地的里甲，即所谓"迁民分屯之地以屯分里甲"(一屯等于一里，下有十甲)。首先碰到的问题是当地"社民先占亩广，屯民新占亩狭，故屯地谓之小亩，社地谓之广亩"(《明史·食货志一》卷77)，即经济上受到当地人的挤压，其次还有当地人的歧视与欺负，可他们又不能回老家。因此明中叶后发泄对明洪武不满的凤阳花鼓曲首先在朱皇帝的老家逐渐地流行起来了。

不论洪武时期的民屯遭到多少诟病，有一点不容忽视，那就是朱元璋通过移民屯田，一定程度上调整了全国不同地区土地与劳动力的关系，使得一些荒芜的土地得到了开发，农业经济得到了恢复发展。就拿当时北方山东宽乡东昌等地来说，洪武末年在那里的屯田移民就达 58 124 户，向国家上缴租税 3 225 980 石，棉花 2 480 000斤；河南宽乡彰德屯田移民 381 屯，缴纳税粮 2 333 319 石，棉花 5 025 500斤。由此可见，民屯成效还是十分显著的。(《明太祖实录》卷243)

◎ 在治边过程中用活"国企"这盘棋——明代商屯与开中法

洪武屯田中还有一种形式叫商屯。要想讲清楚商屯，就必须要从"开中法"说起。

尽管洪武时期边疆地区普遍推行军屯，但军队里的兵士除了屯田，还有繁重的战守任务，加上军屯的产量一般都不高，所以要完全做到军饷自给自足还真不那么容易。碰到这样的情况，明廷只好拿出大笔钱来就近购买粮饷，以满足军队之需求。但即使这样，还是有问题呀，一来政府花费太大，譬如洪武四年北方、山西、北平一带缺饷，朱元璋命人去购置，花费白金 30 万、棉布 10 万匹（《明太祖实录》卷67）；二来军饷买到后还要运输到边疆军队所在地，由于路途遥远，运输不易，来个二次"消费"不说，还往往耽误时间。

针对这样的问题，洪武政权在经过一番调查研究后决定，利用宏观调控的经济手段——食盐专卖法着力予以解决。具体的做法是，商人将粮食运到政府指定的边疆粮仓后，政府就按照该商人运粮的数量与远近距离发给一定数量的盐引，这个盐引大致相当于我们上世纪计划经济时代的粮票、布票一般，由国家专控。商人取得盐引后上官府指定的国营盐场去支取食盐，然后再到官府指定的地区去贩卖，以此获利，这就是明代经济史上的"开中法"。较早的开中法行之于洪武初年的大明北疆，鉴于"大同粮储自陵县、长芦运至太和岭，路远费重"，明政府"令商人于大同仓入米一石，太原仓入米一石三斗者，给淮盐一引二百斤，商人鬻毕，即以原给引自赴所在官司缴之"。（《明太祖实录》卷53）

可能是开中法试行的效果不错，没多久明政府就将其逐渐推开来。为解决陕西、河南军粮储备问题，洪武三年九月朝廷下令："凡河南府一石五斗、开封府及陈桥仓二石五斗、西安府一石三斗者，并给淮浙盐一引。河东解盐储积甚多，亦宜募商中纳（商人运米输送至陕西或河南支边，然后回河东解州领取盐引）。凡输米西安、凤翔二府二石，河南、平阳、怀庆三府二石五斗，蒲、解、陕三州三石者，并给解盐一引。"（《明太祖实录》卷56）

由于运输终结地不同，运输难易程度也不同，商人运粮到边疆取得的盐引及其所换取的食盐数量也不同。为了使得开中法能够顺利实施，洪武四年二月，大明户部颁布淮浙山东中盐之例，明确制定出了每一盐引在各地输粮的具体标准，大约在1～5石。（《明太祖实录》卷61）

可即使这样，边疆运粮这活还是不易干好。为此明朝政府不断降低运输边粮的定额标准,洪武二十年十一月,明廷户部在云南毕节卫招募商人纳米中盐,"每米二斗给浙盐一引,三斗给川盐一引"。(《明太祖实录》卷187)

而从商人角度来讲,无论政府怎么降低运输边粮的定额标准,要从外地运输到指定的边疆军需粮储地总得要花去不少的费用;最为节省成本的做法就是在边疆军需粮储地附近招募各色人等进行开垦种地,这样收获来的粮食可以就地入仓换取盐引,明朝历史上商屯也由此而生。

商屯的出现贡献很大,不仅对大明帝国的边疆国防粮饷供给而且还对边疆地区的开发与经济的发展都起到了积极的促进作用;更有其潜在的影响,那就是减缓了人民的负担,增添了大一统帝国国库的经济血液。由此而言,朱元璋治国确实奇特。

## ○ 兴修水利,疏通农业命脉

水利是农业的命脉,作为老农民的儿子朱元璋比谁都懂。洪武五年五月,朱元璋外出祭祀皇地刚回明皇宫中的乾清宫,马皇后与妃嫔们都来向他问候与慰劳。可他全然没听到,木木地坐在龙椅里,且说了一些让所有宫中女人们都没有想到的话:"已经五月了,天气又热又干旱,好久都没下雨,秧苗还没有插到田里,甚为堪忧啊!"众美眉无言以对。朱皇帝也不管这些,他下令从今以后后宫的美眉们跟他一起吃素,真诚地向上苍求雨。直到求到雨为止。巧了,据说当天夜里天就降了大雨。(《明太祖实录》卷73)

如果我们摒弃旧史中的天人感应成分,理性看待的话,就不难发现:朱元璋确实是心系天下农民——住在雄伟气派的明皇宫里本来可以衣食无忧乐哉乐哉的一代雄主却时时刻刻挂记着农业,这实在是难能可贵! 更令人敬佩的是朱元璋对农作物的用水之"论述"十分精到,他真不愧为农业水利行家。

"明初,太祖诏所在有司,民以水利条上者,即陈奏"(《明史·河渠志六》卷88)。这是说明初朱元璋曾颁下诏令:大明官府一旦接到老百姓有提议兴修水利的"报告",随时奏报给朝廷,不得延误。洪武中晚期,朱皇帝又"特谕工部,陂塘湖堰可蓄泄以备旱潦者,皆因其地势修治之",并"分遣国子生及人材(通"才"),遍诣天下,督修水利"(《明史·河渠志六》卷88)。也正因为有着这样一位懂农、喜农和爱农的草根皇帝,洪武时期的大明农业水利取得了很大的成就,详见下表:

**洪武时期修筑的大规模水利工程与水利设施简表**

| 修筑年份 | 水利工程名称 | 用工情况 | 工程范围 | 史料出处 |
|---|---|---|---|---|
| 洪武元年(1368) | 和州铜城堰闸 | | 周回二百余里 | 《明史·河渠志六》卷88 |
| 洪武四年(1371) | 兴安灵渠 | | 为陡渠者三十六 | 《明史·河渠志六》卷88 |
| 洪武六年(1373) | 上海胡家港 | 发松江、嘉兴民夫二万 | 自海口至漕泾千二百余丈,以通海船,且浚海盐澉浦 | 《明史·河渠志六》卷88 |
| 洪武六年(1373) | 开封府18水闸河道疏通 | 计工二十五万 | 河南开封府自小木至陈州沙河口一十八闸淤塞者六十三处 | 《明太祖实录》86 |
| 洪武八年(1375) | 泾阳洪渠堰 | | 溉泾阳、三原、醴泉、高陵、临潼田二百余里 | 《明史·河渠志六》卷88 |
| 洪武九年(1376) | 彭州都江堰 | | 彭州都江堰地区 | 《明史·河渠志六》卷88 |
| 洪武十二年(1379) | 宁夏汉唐旧渠 | | 引河水灌田数万余顷 | 《明太祖实录》卷245 |
| 洪武十四年(1381) | 浙江海盐海塘 | | 浙江海盐地带 | 《明史·河渠志六》卷88 |
| 洪武十七年(1384) | 磁州漳河决堤 | | 磁州漳河流域 | 《明史·河渠志六》卷88 |
| 洪武十九年(1386) | 福建长乐县海堤 | | 长乐沿海地带,使长乐田无斥卤之患,而岁获其利 | 《明太祖实录》卷178 |
| 洪武二十三年(1390) | 修崇明、海门决堤 | 发淮安、扬州、苏州、常州四府民丁二十五万二千八百余人 | 修筑崇明、海门堤岸二万三千九百三十三丈 | 《明太祖实录》卷203;《明史·河渠志六》卷88 |

| 修筑年份 | 水利工程名称 | 用工情况 | 工程范围 | 史料出处 |
|---|---|---|---|---|
| 洪武二十四年(1391) | 通州并海圩岸 | 苏州府长洲、常熟、吴县民丁三万八千余人 | 通州并海圩岸 | 《明太祖实录》卷207 |
| 洪武二十四年(1391) | 绍兴上虞县海堤 | 计工万六千一百六十 | 上虞县海堤四千丈及改造石闸 | 《明太祖实录》卷207 |
| 洪武二十四年(1391) | 浙江宁海海堤 浙江奉化海堤 | 宁海用工凡七万六千;奉化用工凡五千六百 | 宁海堤:三千九百余丈 奉化堤:四百四十丈 | 《明太祖实录》卷208 |
| 洪武二十四年(1391) | 定海鄞县东钱湖疏通 | | 东钱湖周回八十里,灌田数万顷 | 《明太祖实录》卷208 |
| 洪武二十五年(1392) | 疏凿溧阳县银墅东坝河道 | 计役嘉兴等府州民丁三十五万九千七百人 | 银墅东坝河道四千三百余丈 | 《明太祖实录》卷221 |
| 洪武三十一年(1398) | 泾阳县洪渠堰 | | 洪渠堰一十万三千六百六十八丈 | 《明太祖实录》卷256 |

除了大型水利设施之外,洪武时期还修筑了许多中小型水利工程,在朱元璋及其派遣的国子监生以及各级官吏的督促下,各地兴起了兴修水利的热潮。到了洪武二十八年(1395)时,全国总计共开修河道 4 162 处,陂渠堤岸 5 048 处,塘堰40 987处,陂渠堤岸 5 048 处。(《明太祖实录》卷243)

水利工程的广泛兴建,不仅提高了农田抵御水旱灾害的能力,而且还将许多被海潮、洪水淹没的荒地变成了良田,扩大了耕地面积。这就为明初农业经济的恢复与发展创造了极好的条件。

## ○ 奖励种植经济作物,搞好农民的钱袋子

也不愧为老农民出身,朱元璋对农业经济可谓花足了心思,甚至不厌其烦;在

努力解决农业生产的同时，他极为周全地为农民设计经济生活，鼓励农民种植经济作物。朱元璋说："如今天下太平，你们老百姓除了按照自己的本分交公粮和当差之外，并没有什么其他的麻烦。因此，你们务必要用心打理好自己的事情，做到丰衣足食。每户务必要按照国家号令，栽种桑树、枣树、柿子树和棉花。这样可以每年有蚕丝和棉布，可以丰衣；枣、柿子可以卖钱，遇到歉收年景也可当作粮食。做好这些事情对你们老百姓有好处，乡村里甲老人务必要经常监督检查。若胆敢违背者，家迁化外，即流放到边疆去！"（正德：《大明会典·州县二》）

当时大明帝国为每户农民所必须种植的桑、麻、柿、枣及棉花等农业经济作物的比例与数量都作出了硬性规定。洪武元年朱元璋重申他在宋龙凤十一年（1365）的命令："凡农民田五亩至十亩者，栽桑、麻、木绵各半亩，十亩以上者倍之，其田多者率以是为差。有司亲临督劝，惰不如令者有罚，不种桑使出绢一匹，不种麻及木绵使出麻布、绵各一匹。"并规定其起科额数：麻每亩征收 8 两，棉花每亩征收 4 两，种植桑树的 4 年后起科收税。但即使这样，还是有农民嫌政府定的科额太高了一点，于是到了洪武十八年时，朱元璋再次下令："今后以定数为额，听从种植，不必起科。"（万历：《大明会典·户部·农桑》卷 17）到了洪武二十七年三月时，朱皇帝又一次命令大明工部即相当于建设部劝谕百姓，利用空隙之地，种植桑、枣，"又令益种绵花，率蠲其税"，官员在尽到监督作用，年底要向朱皇帝汇报具体的种植数额。（《明太祖实录》卷 232）

正因为如此，明初棉花等类的经济作物种植有了广泛的推广。除此之外，朱元璋还提倡利用空地种植一些在今天看来并为人所看重的经济作物，这或许得益于他一次不经意的京郊巡视。

洪武二十四年初朱元璋上南京东郊巡视回来，走到朝阳门即今天的中山门时，忽然发现那里怎么会有那么一大块空地，农民出身的他顿时觉得这样浪费土地资源实在可惜，于是令人在那里种桐、棕、漆树五十余万株，以此作为造船所用（《明太祖实录》卷207）。一年后的洪武二十五年，朱皇帝下令给大明军事最高领导机构五军都督府："天下卫所分兵屯种者，咸获稼穑之利。其令在屯军士，人种桑、枣百株，柿、栗、胡桃之类随地所宜植之，亦足以备岁歉之不给。尔五府其遍行程督之。"（《明太祖实录》卷215）而后他又下令在全国范围内广泛推行空地种植桑、枣、柿、胡桃、苜蓿等多种经济植物。用朱元璋的原话来讲："朕深知民艰，百计以劝督之，俾其咸得饱暖……但有隙地，皆令种植桑枣，或遇凶歉，可为衣食之助。"（《明太祖实录》卷232）

草根皇帝的理由是这类经济作物种好了，好处多多，一来可以解决农民的钱袋子——零花钱问题，二来是如果遭遇灾荒，像柿子和枣子之类的作物还可以直接充饥度日。由此我们就想到朱元璋早年要饭时快饿死了，就是一棵柿子树救了他的性命。朱元璋以自己底层的生活经验为现在处于底层的人民设计了如此详尽的生产与生活方式，这恐怕在中国历代帝王中也是绝无仅有的，也只有底层出身的平民皇帝朱元璋才会进行如等详尽地设计并予以制度上的保证。

　　而从洪武时期推行督劝、奖励种植经济作物政策的实际效果来看,成绩还是相当明显的。洪武二十八年十二月,湖广省向明廷上奏说:省内各地种植的果树如桑、枣、柿、栗、胡桃等总计有 84 390 000 株(《明太祖实录》卷 243)。如果以此作基数,我们大致可以测算一下,当时大明帝国共有 12 个布政司即省(不含直隶南京等地),全国果树应该在 10 亿株,这是何等的规模!

## ○ 洪武时期大明帝国农业方面取得的成就

　　其实除了果树数目蔚为壮观外,洪武时期其他经济数据也令人振奋,请看下表:

表 1　洪武时期每年新增垦田亩数(洪武十六年后史料缺)

| 当年纪年 | 公历纪年 | 田地种类与所在地 | 垦田数目 | 史料来源 |
|---|---|---|---|---|
| 洪武元年 | 1368 年 | 天下州县垦田 | 77 000 亩 | 《明太祖实录》卷 37 |
| 洪武二年 | 1369 年 | 天下州郡县垦田 | 89 800 亩 | 《明太祖实录》卷 47 |
| 洪武三年 | 1370 年 | 山东、河南、江西府州县垦田 | 213 520 亩 | 《明太祖实录》卷 59 |
| 洪武四年 | 1371 年 | 天下郡县垦田 | 10 662 242 亩 | 《明太祖实录》卷 70 |
| 洪武六年 | 1373 年 | 天下垦田 | 35 398 000 亩 | 《明太祖实录》卷 86 |
| 洪武七年 | 1374 年 | 天下郡县垦荒田 | 92 112 400 亩 | 《明太祖实录》卷 96 |
| 洪武八年 | 1375 年 | 直隶、宁国诸府山西、陕西、江西、浙江各省垦田地 | 6 230 828 亩 | 《明太祖实录》卷 102 |
| 洪武九年 | 1376 年 | 天下垦田地 | 2 756 027 亩 | 《明太祖实录》卷 110 |
| 洪武十年 | 1377 年 | 垦田 | 151 379 亩 | 《明太祖实录》卷 116 |
| 洪武十二年 | 1379 年 | 开垦田土计 | 27 310 433 亩 | 《明太祖实录》卷 128 |
| 洪武十三年 | 1380 年 | 天下开垦荒闲田地 | 5 393 100 亩 | 《明太祖实录》卷 134 |
| 洪武十六年 | 1383 年 | 垦荒田 | 126 544 亩 | 《明太祖实录》卷 158 |

　　(笔者注:本表的数据来自《明太祖实录》,但垦田数目已经折算成亩数,也可参考梁方仲:《中国历代户口、田地、天赋统计》,上海人民出版社 1980 年 8 月第 1 版,P331)

表2 洪武时期天下官民田增长数据与增长率

| 当年纪年 | 公历纪年 | 天下官民田数 | 数据来源 | 增长率 |
|---|---|---|---|---|
| 洪武元年 | 1368年 | 180 394 729 亩 | 据表1洪武1年到13年总计数 | |
| 洪武十四年 | 1381年 | 366 771 549 亩 | 《明太祖实录》卷140 | 与洪武元年相比增长了103% |
| 洪武二十四年 | 1391年 | 387 474 673 亩 | 《明太祖实录》卷214 | 与洪武元年相比增长了114% |
| 洪武二十六年 | 1393年 | 880 462 368 亩 | 《后湖志·黄册事产》卷2 | 与洪武元年相比增长了388% |

表3 洪武时期与元朝岁征粮食数据比较表

| 当年纪年 | 政府征收天下税粮数 | 史料来源 | 增长率 |
|---|---|---|---|
| 忽必烈中统年间 | 12 114 780 石 | 《元史·食货志一》卷93 | |
| 洪武十四年 | 26 105 251 石 | 《明太祖实录》卷140 | 与元朝全盛时相比增长115% |
| 洪武十八年 | 20 889 617 石 | 《明太祖实录》卷176 | 与元朝全盛时相比增长72% |
| 洪武二十三年 | 31 607 600 石 | 《明太祖实录》卷206 | 与元朝全盛时相比增长160% |
| 洪武二十四年 | 32 278 983 石 | 《明太祖实录》卷214 | 与元朝全盛时相比增长166% |
| 洪武二十六年 | 32 789 800 石 | 《明太祖实录》卷230 | 与元朝全盛时相比增长170% |

表4 洪武时期与元朝鼎盛时期全国人口数据比较表

| 当年纪年 | 户数 | 人口数 | 史料出处 | 增长数 | 增长率 |
|---|---|---|---|---|---|
| 元世祖中统年间 | 11 632 281 户 | 53 654 337 口 | 《元史·食货志一》卷93 | | |
| 洪武十四年 | 10 654 362 户 | 59 873 305 口 | 《明太祖实录》卷140 | 6 218 968 口 | 与元全盛时相比增长11% |
| 洪武二十四年 | 10 684 435 户 | 56 774 561 口 | 《明太祖实录》卷214 | 3 120 224 口 | 与元全盛时相比增长5.8% |
| 洪武二十六年 | 10 652 870 户 | 60 545 821 口 | 《诸司职掌·户部·民科》 | 6 891 484 口 | 与元全盛时相比增长12.8% |

洪武时期之所以能取得如此辉煌的农业经济成就,原因很多,不过有一点是绝

明基奠立 《大明风云》系列之 ❸

不可忽视的,那就是与农民有着天然情感联系的草根皇帝朱元璋不遗余力苦心经营农业、发展经济。

## ● 殚精竭虑解决农民问题

大凡中国历史上经过农民战争以后登上皇帝宝座的开国皇帝一般都会比较注意立国之初推行轻徭薄赋和与民休息的政策,这或许主要是出于帝国王朝的长治久安的考虑,朱元璋当然也不例外。但曾经在地狱边缘踯躅、且有着极度苦难经历的洪武皇帝与历朝列帝有所不同的是,他对于底层的农民与弱势群体却赋予了更多的同情心。因此在建国之初,朱元璋及其大臣就确立了大明帝国的当务之急为"阜民之财,而息民之力"。(《明太祖实录》卷29)

"阜民之财"就是要使老百姓有余钱余粮,日子好过,"息民之力"就是要减轻老百姓的赋役负担,具体内容为:

第一,关注农民弱势群体,爱惜民力。

朱元璋曾经这样生动而形象地描绘了农民的辛苦与勤劳:"农夫寒耕暑耘,早作夜息,农妇缲丝绩麻,缕积寸成,及登场下机,公赋私债索取交至,竟不能为己有。食惟粗砺(通"粝"),衣惟垢弊。"中国有句古话叫"高处不胜寒",作为帝国金字塔塔尖的皇帝,要不是来自社会底层和受过极度苦难的,如何能这样透彻地了解弱势群体与农民的这般生计呢?朱元璋曾告诫臣下:"天下一家,老百姓与君主本该是一体的。要是他们中有谁吃不饱、穿不暖和没地方住,我们做官员的就得要好好地考虑如何解决问题!昔日我在民间时曾看到饥寒交迫的鳏寡孤独、老弱病残,心里常常会产生一种厌世的心情,恨不得能够马上替他们去死。战乱年代常遇到这种情形,也只能徒生恻然之心!所以最终我就决定'躬提师旅,誓清四海,以同吾一家之安'。如今,我已代天治民十余年了,倘若天下还有流离失所的人,那就不但有悖于自己拯救百姓的愿望,而且也没有尽到代天的责任。所以说你们务必要体谅我的心情,要好好地安置那些贫苦无靠之人,不可使天下任何人流离失所,生活无着!"(《明太祖实录》卷96)

第二,节省政府开支,减轻农民负担。

洪武初年为了及时了解各地的民情事务与经济发展情况,朱元璋曾规定:"天下府州县官一岁一朝"。就是说各地州县官及其主要衙门吏员每年都要上一次南京,去向朱皇帝汇报工作与地方情况,就这一项规定不知要增加老百姓多少负担!朱元璋后来发现了问题的严重性,随即做出规定并以此为定制:自洪武十五年起,各地州县官赴京汇报工作不用每年一次，改为三年一次；来京时州县官必须各自带上地方上的纪功图册文移薹簿，到吏部即组织部先去接受考核，考核完了再到明皇宫来朝见天子。地方衙门主要吏员就不必一起来京了，他们的考评工作由各省的布政司和按察司两个衙门共同组织进行。(《明太祖实录》卷173)

发现制度有问题及时改正，要是发现机构有问题呢？不用说也立即予以调整。洪武八年，有人向朱元璋报告了四川行省所属的州县里有好多人吃干饭不做事，因为四川地处相对偏僻，行政事务比较少也属于正常。可朱元璋听后却不这么认为，多个国家公务员就多一个吃干饭的，也就多一份百姓的负担，于是下令给四川，淘汰冗官29人(《明太祖实录》卷96)。洪武二十三年十月，兵部官员向洪武皇帝朱元璋报告说："太仆寺丞李秉彝等官员上班不做事，混日子，请皇帝陛下将其治罪。"太仆寺是专门为皇帝养马的机构，据说朱皇帝当年十分喜欢它，但管理养马的中央朝廷官员可不用天天忙的——一旦各地养马机构建立了，余下就是可问可不问，所以说这样的机构设置养了一大帮子闲人，岂不增加百姓的负担么？朱元璋听了兵部奏报后，觉得这太仆寺确实人浮于事，干脆来了个机构大减肥，一次性"罢(李)秉彝等官及汰监群官王道安、江治等四十三人"(《明太祖实录》卷205)，另作工作安排。

第三，严厉打击贪官污吏，除暴安良。

在朱元璋看来，解决民生问题的一个重要条件是"严明以驭吏，宽裕以待民"(《明太祖实录》卷54)，即严厉禁止官吏的贪暴，用今天时髦话来说，就是要管好干部，才能名副其实地做到对老百姓的宽仁。这是朱元璋解决国计民生的关键，也是他的治国理念的核心所在。

说实在的，这样的理念不仅务实而且还十分精到。但光有理念是治理不好国家的，还必须要通过相应的制度执行下去。为此，朱元璋花足了心思，制定了一个个奇特的政策与措施：

## ○ 开出四服猛药力除历代顽疾，从制度上入手确保对农民的轻徭薄赋

在中国传统社会里，农民最大的负担莫过于赋税、徭役及摊派。这三个名字实际上包含了五项农民负担，下面我们分别做个简单的介绍：

### ◎ 历代压在中国农民头上的"五座大山"

先讲第一项赋税。赋税，用今天话来说就是农民要缴纳的土地税、财产税及人口税。在这三项中，如果从单项来看，在中国历史上可能没有一个朝代的赋税是重的。比如，被历代统治者一向吹捧的"文景之治"，光从"赋税"中的"税"即土地税而

言,是相当之轻的。汉高祖刘邦时是十五税一,即在土地收入中缴纳 1/15 的土地税,比起重税的秦朝来说简直是轻了好几倍。文帝、景帝时进一步降低土地税,实行三十税一,甚至有段时间还不收土地税,得实惠的当然是老百姓了。这里顺便说明一下,汉代缴的都是实物税。

以上所讲的仅仅是"土地税"一项,除了它还有"赋税"中的"赋","赋"又分为"算赋"和"口赋"。汉代以后不怎么分清楚了,反正我们就统称它们为"人头税",这是最没有道理的一项税收。帝国政府不管你家有没有土地和其他财产,反正你家只要有人,就得上缴人头税。或许有人说,我们家既没有什么收入,也没有土地资料进行再生产,实在没有钱缴人头税。那可不行,这人头税天下人人都得要缴。那么人头税要缴多少呢? 各个朝代不一样,各个皇帝也不一致,即使是一个皇帝统治前期与统治后期也有可能不一致。文景之治时大约每人每年要缴 120 钱,这叫成丁(成年人)算赋。或许有人说,我家有个上了岁数的老爷爷,什么也干不了,天天叫人伺候着,那老爷子也得要缴人头税? 要缴! 要是有人说,我家有小孩还没成年,小孩也要缴人头税? 也要缴! 只是老人与小孩减半而已。

中国老百姓的第三项大负担就是财产税。这是从汉代开始新征收的税收。汉代财产税的税率大约为 1.27%;有人说,还好啊,不重。可问题是收了土地税又来收财产税,重复性收税,即使是有土地的农民,日子也不会好过啊!

中国传统社会中农民第四项大负担就是徭役。现在人好多都不懂这一项是什么? 我打个类似的比方,这个徭役就好比德国、日本法西斯当年抓劳工去筑城池、修工事,国家只供应不饿死你的粮食吃,其他就不会管你了。这种徭役的强盗性就在于帝国君主想要搞什么工程,按"规制"到民间去找丁力抓来"义务劳动",就有点像皇帝到民间去选美女,可没那么多的美妙爱情故事,什么乾隆爱上某某江南女子,如何缠绵悱恻,爱意浓浓,其实全是狗屁文人为了迎合专制君主的口味而杜撰出来的。说白了,皇帝选美就是掠色,而帝国征发徭役就是一种掠"力",不要有什么理由,叫你干就得干。你说我不行,家中有农活,家中有孩子,家中有老母,统统地滚到一边去,皇命如山,你必须去服徭役,从事无偿劳动。有人说那要是在服徭役时出了工伤怎么办? 活该! 不是有孟姜女哭长城么,孟姜女为什么要哭长城? 不就是她新婚丈夫被抓取服徭役,累死在长城根底下。孟姜女又找不了秦始皇去评理,搞个什么工伤赔偿,专制底下,百姓人命如草芥。所以明末清初大思想家黄宗羲就极为愤慨地抨击道:君主为"天下之大害者"(【清】黄宗羲:《黄宗羲全集》第 1 册,P3,浙江古籍出版社 1985 年第 1 版)!

除了上面四项法定的义务外,中国传统社会历来还有一项说不清道不明的负担——杂役、摊派，用时髦话来讲就是官府"创收"。这更是一种强盗似的掠夺，只要上面想到，有时有个名目，有时连名目也不需要，父母官们会派出一些如狼似虎的衙役来到你家，开口就向你要这要那。你要是不给，他们就抢。

上述这五项负担中，最不合理的就是人头税和摊派。不管有地没地，不管有财产没财产，都要交人头税和完成摊派，这样一来就造成一个严重后果，那就是既没有土地也没有财产的贫困农民只好外出流浪，成为"流民"。这就给大一统帝国社会统治秩序带来极大的动荡甚至王朝的覆灭

◎ 中国历代王朝的"绝症"

因此，出于长治久安的考虑，历代帝国政府尤其是每个王朝的开国君主一般都十分注意调整土地关系，力求解决农民等社会阶层的生计问题。也有尝试废除人头税，专以土地税和财产税作为国家向农民征收的主要税收收入。唐朝中后期的两税法就是这样的一种税收改革尝试。但说实在，在两税法实行时并没有彻底根除人头税，加上在征收土地税和财产税时遇到了阻力与困难，帝国政府官员往往与占有大量土地与财产的地主豪民们相勾结，将税收转移到老百姓的头上，没地的农民在政府的花名册上一下子变成了有地者。所以，即使人头税名义上被取消了，但实际上还存在着。尤其到了王朝的中后期，常常出现这样的一种局面：占有帝国人口 10% 的富民豪强承担了帝国微不足道的税收负担，而占据人口 80%～90% 的无地或少地农民却支撑了帝国 80%～90% 的财政负担。社会已经滑向了严重的财富分配不平衡和经济崩溃的边缘，重税底下的农民活不下去，只得起来造反。

对于这样的社会现实，来自社会底层的朱元璋可能比中国历史上任何一个皇帝都看得清楚。中国历代王朝的"绝症"之症结所在，就像现在医院里的医生能查出癌症病人的病症，却无法铲除癌症病人的病根，最多也就给病人进行化疗化疗，让他在世上多活几天罢了。朱元璋就是这么一个王朝帝国的白衣天使，他当然懂得此类病症不除，就意味着传统中国社会的主体人群——农民的民生问题就得不到解决。从农民起义中起来的朱皇帝甚至更清楚，农民的民生问题得不到解决所产生的社会后果将是什么。因此他在纵观中国历代王朝的"癌症"病相以后，将病症诊断为：田产不均、赋役不匀（《明太祖实录》卷163）。为此，他开出了四服猛药想根除帝国王朝的"癌症"，从而在制度上确保对农民的轻徭薄赋，用一句时髦话来讲，就是"减轻农民负担"。

①编定"黄册"与"青册"，建立纳税服役相对合理的依据。

因为来自民间，当上皇帝后的朱元璋就十分清楚社会不安定因素的一个关键，

就在于贫富不均。不过这是现象,是历代王朝"癌症"病发的一大症状,而要想医治这种病症就得要找到"病根子"。其实这"病根子"就是历代帝国税收政策的"劫贫济富"。这就产生了一种"悖论":明明是有钱人却反而少交甚至不交"赋税",而少地甚至没地的平民百姓却成为了"税收大头"。朱元璋看得懂这其中的奥妙,不就是官吏与豪强富民勾结作弊么。于是他就运用绝对皇权,对贪官污吏和使奸耍滑的豪强富民予以严厉的甚至可以说是残酷的镇压,这在前面已经讲过,在此不再赘述。那么对于豪强富民隐匿田产怎么办呢?朱元璋在借用中国历代帝国政府的经济政策基础上,加大国家控制的力度,强制推行户籍登记和人口管理。这就是明初的户帖制度和"黄册"制度。

◎ 户帖制度

朱元璋对户口管理一向就十分重视。洪武元年,徐达大军攻克北平,朱元璋当即就下令收集元朝帝国政权掌控的典籍和户口版籍,且宣布"其或迷失散在军民之间者,许赴官送纳"(《皇明诏令·克复北平诏》卷 1;《明太祖实录》卷 35)。洪武二年,朱元璋又下令:因战乱等因素脱漏户籍者要及时到官府去自首,并向全国做出规定:凡军、民、医、匠、阴阳诸色户,许各以原报抄籍为定,不许妄行变乱;违者治罪,仍从原籍。(万历:《大明会典·户部·户口》卷 19)可能就在这个时候,南方宁国知府陈灌在当地首先试行户帖制,试行下来的效果不错,皇帝朱元璋就将它逐渐地推广开来。(《明史·循吏·陈灌传》卷 281)

洪武三年十一月,朱元璋下令给中书省官员,核定天下户籍人口,由"户部制户籍户帖,各书其户之乡贯、丁口、名岁,合籍与帖,以字号编为勘合,识以部印,籍藏于部,帖给之民"(《明太祖实录》卷 58)。这就是说由户部向地方下发统一的"户籍户帖"或称"由贴",再由地方政府进一步落实到户。当时规定:"户籍户帖"到户时就必须如实填写本户的户主、人口数、各人的籍贯、名字、性别、岁数、事产等等,然后按号字编为勘合,加盖骑缝章。户帖发还给老百姓自己保存,户籍则收藏在南京的户部。朱皇帝明确说了:"如今天下太平了也,止是户口不明白哩,教中书省置天下户口的勘合文簿、户帖。你每户部家出榜,去教那有司官将他所管的应有百姓,都教入官附名字,写着他家人口多少,写的真。著与那百姓一个户帖,上用半印勘合,都取勘来了。"(【明】李诩:《戒庵老人漫笔·半印勘合户帖》卷 1)

由户帖制度的实施情况来看,倒是类似于当今的户口普查和家庭财产收入登记。这种制度在明朝以前的历史上早有了,像隋代的"大索貌阅"和"输籍定样",即类似的人口与财产普查,那时还将人的长相都写在"户口簿"上。但实际上隋代搞得很不理想,因为好多官僚与豪强富民勾结起来作弊,而这样的历史丑象在中国历代都有。朱元璋吸取了历史经验教训,从严执行,他下令:"我这大军如今不出征了,都教去各州县里下著,绕地里去点户比勘合,比著的,便好百姓,比不著的,便拿来做军。比到其间,有司官吏隐瞒了的,将那有司官吏处斩;百姓每自躲避了的,依律要了罪过,拿来做军。"(【明】李诩:《戒庵老人漫笔·半印勘合户帖》卷1)叫军队去乡间地头一户一户地核对户籍人口,发现户帖记载与哪家人家的实际情形不相吻合的,就把这家人抓起来,送去当兵;要是有官吏从中舞弊的话,朱皇帝说了,要砍他们的头。(也可参见《续文献通考·户口考》卷13;谈迁:《枣林杂俎》卷1《逸典·户帖式》)

◎ 黄册制度——"稳定压倒一切"的中国人上代祖宗的情结

毋容否认,洪武做事确实严酷了点,但就此建立起来的户帖制度,为大明帝国徭役金派和赋税征收提供了相当可靠、准确的依据。不过从当时户帖制度所涉及的社会阶层来看,主要还是农民,加上赋役不均问题没有得到根本性解决,于是在推行了10年后的洪武十三年,朱元璋君臣就酝酿推出新的户籍管理与赋役制度,当时出任宫廷四辅官之一的范敏提议:"百一十户为里,丁多者十人为里长,鸠一里之事以供岁役,十年一周,余百户为十甲。"(《明史·范敏传》卷138)综合先前实施的户帖制度、小黄册制度(下文笔者将述)和范敏的意见,朱元璋在洪武十四年(1381)正月下令给全国,在建立基层里甲制度的基础上编造《赋役黄册》。由此开始全面推行比户帖制更为详密、涉及范围更为广泛的黄册制度。(《明太祖实录》卷135)

黄册制度仍以一家一户作为单位,要求每户如实填写《清册供单》,其包括户主籍贯、姓名、年龄和全家丁口以及所谓的"事产"即房屋、土地、山林、河塘等不动产的面积和动产牛、羊等牲畜数,应该缴纳的税粮数,等等。其中事产与丁口两栏里头又分为四项:上次登记之数额叫"旧管",上次登记后增加的叫"新收",上次登记后减掉了的叫"开除",现有的数额叫"现在"。内容极为详尽,政府看了这个《清册供单》,便可将天下小民状况完全掌控起来。各户供单填好后交给甲首,甲首在核实无误后交里长,里长在核实无误后将一里的供单集中起来,开始编订成册,每册开篇有一张里甲人户总图,鳏夫、寡妇、孤儿等不能承担国家赋役的,则被列在总图后面,成为"畸零"。成册后,一式四份,然后里长将其呈送给当地的县衙,县衙留下一册保存,将其余三册连同该县里的丁口、事产统计总册一同交到上一级衙门——府里头,以此类推,府、布政司直至中央户部,各衙门各自保存一册。每本黄册长宽为 40 厘米,重约 2 千克,内有 1 里 110 户。地方政府的那几份"黄册"的封面是用青纸包起来的,所以有人喊它为"青册",但习惯上我们将之与中央户部的那份一起统称为"黄册"。送中央户部的那一份户籍册是用黄纸做册面的,所以叫做"黄册",或者叫"户口黄册",用今天话来表达。那就是"户口簿"。黄册是大明帝国向人民征收赋役的最主要依据,所以又被人们称为"赋役黄册"。(《明太祖实录》卷 135;《明太祖实录》卷 203;【清】乾隆敕修:《续文献通考·田赋考》卷 5)

正因为黄册的编造关系到大明帝国的人口管理、赋役金派和百姓的生计,所以洪武皇帝朱元璋对此极为重视。他曾下令:每户的《清册供单》必须由各户自己填写,当时叫"亲供",不许别人包揽。那要是有人说:我不识字怎么办?就本户自报,请人代写,填写好了以后,有关衙门的官吏进行核查,确认无误后收缴起来装订成册。绝不允许弄虚作假,各户也不能隐瞒人口与田产。如果发现有官吏私通人户作弊,官吏一律处死,人户家长也处死,其余户内之人迁往边疆地区。当时朱皇帝是这样说的:"若官吏、里甲通同人户,隐瞒作弊,及将原报在官田地、不行明白推收过割,一概影射、减除数额者,一体处死;隐瞒人户,家长处死,人口迁发化外。"(万历:《大明会典·户部·黄册》卷 20)

其实编造黄册不仅仅涉及人口管理和赋役金派,而且还事关大明帝国子民的谋生职业与社会稳定问题。按照黄册制度的要求,除了卫所现役将士之外的所有人都应该被编入里甲,其大致分为民户、军户、匠户、灶户等,在册籍上一一注明每户的户类,也就是该户谋生的职业,说白了这是户口赋役总册。如果按照职业分类的话,当时还编造了各种不同户类的专业户口簿,交给对口的上级主管部门保管,如军户的专业户口簿叫军籍册,叫大明兵部保管,匠户的专业户口簿叫匠籍册,交大明工部(相当于建设部)与内官监保管,灶户的专业户口簿叫灶籍册,交盐运司保管,只有民户没有再造册。民户中除了当时社会群体主干农民外,还包括儒、医、阴阳等户,军户中又分校尉、力士、弓、铺兵;匠户中分厨役、裁缝、马船等,"濒海有盐灶"(《明史·食货志一》卷 77)。这种分类有点像当今我们的户籍管理,不过不像现在户籍管理大致将人分为两大类:农业户口和非农业户口,而是分成了许多种类。

明代黄册户籍管理中有个很特别的,那就是军队专业化。而军队专业化主要体现在军籍世袭制化与勾补定向化。为了说明清楚问题,我们就从明朝军队卫所中的军士来源讲起。朱元璋是以造元朝的反而起家的,因此其军队中最早一部分人马就是当初的"从征"将士,即跟随他造反闯天下的那部分人;第二类为"归附",就是收编元朝投降部队和各地割据势力队伍;第三类"籍屯田夫为军":譬如洪武十一年四月，朱元璋下令将先前没有田粮而被强制迁徙到凤阳进行农业生产的屯田夫，全部落籍为军，并将其发往湖北黄州卫补充军力（《明太祖实录》卷118）；第四类为"谪发"，即"以罪迁隶为兵者"（《明史·兵志二》卷90），说得白一点就是将罪犯罚作军士，譬如，洪武二十七年四月朱元璋就曾"诏兵部，凡以罪谪充军者，名为恩军"（《明太祖实录》卷232）。罪犯不作别的处罚，充入军队当兵，这是皇帝的恩赐，所以命名其为恩军或"长生军"（【明】陆容：《菽园杂记》卷8），但由此也可以反观明代军士地位之低了。地位低，战争一旦发生还要死人，可军队人数可不能少啊，于是就出现了第四种军士来源"垛集"，也就是我们今天话讲的征兵。那么征兵怎么个征法？

明初规定：民户中3户人家合为1个垛集即征兵单位，其中1户为正户，其他2户为贴户，即起到候补作用的。正户出正军1名，承担军役，一旦该正军参军，便被编入军籍，与民籍分立。入了军籍就不能轻易变动，除非当上兵部尚书才可脱离军籍；那么要是军士死了，就由该军士儿子替补；要是军士没儿子或逃亡了又该怎么办？必须马上补上，要是逃军的话，政府着力追捕，要是死了没法补时，官府就到军士原籍追补其家属；如果该军户户下只有1丁，那么就得上另外两个有丁的贴户内追补，这就是明史上有名的"勾军"。（《明太宗实录》卷15；万历《大明会典·兵部·勾补》卷154）

不过这"勾军"可有名堂了，一旦卫所队伍中缺失军士，就差人上缺失军士原籍去勾补。

但因为明代军士地位实在低下，应该承担军役的有钱人家往往会买通前来勾补的军队人士，军队人士收了人家的钱就到别的人家那里去乱勾补，这样就会引起地方百姓的骚动。鉴此，洪武二十一年八月，朱元璋下诏规定："自今卫所以亡故军士姓图籍送兵部，然后照籍移文取之，毋擅遣人。违者坐罪。"军队卫所乱来的源头治理了，但地方军士候补一头却还是存在问题，于是朱元璋又下令："天下郡县以军户类造为册，具载其丁口之数，如遇取丁补伍，有司按籍遣之；无丁者止。"（《明太祖实录》卷193）

军队卫所的兵籍送到兵部，要有勾军也得由兵部等机构核实后下文下去，另外派人专门勾军，地方衙门专门编造军户户口册。到了该年的十二月，朱元璋又命令大明兵部置军籍勘合，专门设计了一种军籍户由，可能就相当于民籍中的《清册供单》，然后派人拿了这种军籍户由上各地的军队卫所中去，叫士们如实填写；从哪里来当兵的，调补何卫何所，这都是什么时间的事情，还有在营中的丁口数，等等，"如遇点阅，则以此为验，其底簿则藏于内府"（《明太祖实录》卷194）。这就是明史上的军籍黄册,简称其为军黄或军黄册;而相对的其他专业黄册如匠籍册、灶籍册等则被称为民黄或民黄册。

与编造专业黄册相配套,大明政府规定:"(各)人户以籍为定","以其业著籍"(《明史·食货志一》卷77)。即使民户等因灾荒、贫困和役重等因素而被迫逃亡外乡的,"所在有司必穷究所逃去处,移文勾取赴官,依律问罪,仍令复业"(万历《大明会典·户部·黄册》卷20)。就是说你一旦落籍后不可随便更改户籍职业,否则的话要被处以严厉的责罚。《大明律》中就有这样的律条:"凡军、民、驿、灶、医、卜、乐诸色人户,并以籍为定。若诈冒脱免,避重就轻者,杖八十;其官司妄使脱免及变乱版籍者,罪同。"(《大明律集解附例·户律·户役》卷4)

◎ 黄册与南京玄武湖里的湖神庙

黄册制度的实施与推行,使得大明对帝国各地各色人群的统治和帝国社会的稳定得以了强化。不可否认,其带有一定的冷酷性,但同时也给帝国政府征收赋税和金派徭役提供了比较精确又相对合理的依据。正因为如此,自黄册编订起明朝政府就予以高度的重视,黄册编好后送到中央户部,户部将它们存放在有着严密看守的南京玄武湖。玄武湖在明代时还是叫后湖,湖域很大,比现在的玄武湖要大多了,它的北边与东北原来都是水域。玄武湖位于明南京城北,只有湖中有几个"洲"是陆地。明洪武二十四年(1391),全国第一次黄册编造工作结束,当时的黄册库就在旧洲(今玄武湖的梁洲)等地开始建造。但南京民间有个说法,后湖原来是由一些渔民在此居住并以打鱼为生,朱元璋要在后湖建造黄册库,这就等于要将后湖的渔民从自己的家园赶走,渔民们一下子急了起来,他们一起去找同在后湖打鱼为生的一个德高望重的毛姓老人商议怎么办? 毛老人想了一下,决定去找朱元璋说说。他见了朱元璋不说后湖里渔民不同意造黄册库,而是机智地"启发"朱元璋,他说:"皇上,您要在后湖里造什么册,就是放那账本,不合适啊!"朱元璋惊奇地问:"为什么?"毛老人说:"我们世代在后湖生活,皇上你有所不知,这后湖的老鼠特多,你要将什么账册放在后湖还不叫老鼠天天饱餐一顿!"朱元璋一听,觉得老人的话也很有道理,但要放弃人们说的后湖这块风水宝地,朱皇帝还真舍不得,他转了一下脑筋,然后皮笑肉不笑地对毛老人说:"老人家,这就不难啦,有劳你老人家帮忙了!"毛老人不解地问:"我怎么能帮你的忙?"朱元璋说:"你不是姓毛? 这'毛'还不就是那个'猫',留你在后湖不就可以镇住老鼠啦!"毛老人还不怎么理解,朱元璋又说了:"老人家,你辛苦一辈子,也没享过一天的福,今天我就封你一个黄册库总监当当!"说完就命令手下人将毛老人抓了起来,关到梁洲的地窖里去,然后让士兵们赶走所有的后湖渔民,并随即在梁洲等地建造黄册库。造着造着,朱元璋忽然想起了梁洲地窖里还关着那个毛老人,他可好几天没人管了,会不会饿死?想到这儿,立即叫人去看看。果然不出所料,那毛老人早就饿死了。朱元璋突发慈悲,心想这毛老人一辈子也没做什么坏事,就这么死啦,不免有点可惜。于是他下令叫人在梁洲盖一座庙,多多上香,让毛老人在地下管好那些老鼠。从此以后南京后湖上就多了一个"毛老人庙"。"毛"成为"猫","猫"不仅镇住老鼠,也要吃湖里的鱼,于是毛老人庙就变成了神祠,以后又改名为湖神庙。(【明】郎瑛:《七修类稿上·国事类》卷9)

◎ 南京玄武湖的黄册库——曾是世界上户口簿存放最多的地方

不过也有人说,这个民间传说丑化了朱元璋,真实的情况不是这样的。朱元璋与毛老人好得很,原因就是在建造黄册库时,毛老人出了金点子,他要朱元璋将黄册库的房子造得与一般的房子的朝向不同——东西朝向,这样就可在旭日东升时就开始将黄册间接地晒晒,太阳西向时又可将黄册间接地晒晒,如此一来黄册就不会发霉变烂,可以保留好久好久(《后湖志·神祠记》)。朱元璋一听这个主意不错,马上予以采纳,并敕令毛老人为后湖的湖工,做起大明"公务员"了。毛老人死后葬在梁洲,朱元璋为了纪念他,下令盖了一座神祠,祠旁建一个方台(【明】郎瑛:《七修类稿上·国事类》卷9)。据说前些年在梁洲还发现了毛老人用过的帐钩——铜钩,其旁有一井,就叫铜钩井。湖神庙在梁洲一直存在了500年,清朝咸丰年间被毁,后同治年间重建。民国时它成为南京市政府园林管理处,现为玄武湖金秋菊展的主要展地。

传说归传说,但玄武湖的梁洲最早成为黄册库,这是有史记载的。存放洪武十四年(1381)的黄册53 392本,以后逐渐增加,到明朝中叶时,整个梁洲已经放不下了。明弘治十五年(1502)起,黄册被存放到中洲(今玄武湖的环洲)。到明嘉靖初年中洲又放不下了,自嘉靖十一年(1532)起,黄册库房扩展到了新洲(今樱洲),这个新洲的黄册库里一直储存着直到明代末年崇祯年间的黄册。所以说整个玄武湖的黄册库曾是世界上户口簿存放最多的地方,据史料记载,最盛的时候总共有库房960余间,内藏黄册达170万本以上,而且它还与大明王朝相始终,存世达260多年。

◎ 南京玄武湖存世达250多年的明代户口簿突然被人烧了,为何?

整个明代黄册制度相当受重视,黄册存放地后湖更是被视作禁地,与世隔绝。

大明帝国曾设立"巡湖职役",专门守护和保卫黄册库。不仅如此,还对进出后湖人员及其在黄册库工作的人员进行严格的安全管理。一般人员是根本无法进入后湖的,除非取得特许。但即使被批准进湖的人也不是想进就进的,他必须在一大早赶往太平门外的湖口检阅处,去接受严格的盘查,作好登记,然后乘上指定的班船入湖。一般进出后湖的班船定在逢一、逢六的日子,要是在湖工作人员得了什么急病怎么办?对不起,谁叫你运气不好,要生病也得挑一、六的日子啊!除此之外,黄册库内严禁火烛,即使是晚上,人们也不许点灯。那怎么办?早早给我睡觉呗。有人可能要说,库内工作人员总要生火烧饭吃?那也得将厨房建在没有册库的荒洲上。

后湖黄册库由于管理这么严格,所以在 260 多年的历史中从来也没有失火的事情。但祖宗再努力,碰上了不肖子孙,再多再好的遗产也会给毁了。明末福王南下,在南京建立弘光政权,他们只顾自己方便,开始将后湖黄册当作"造甲点火药"的原料,黄册开始遭受劫难。清军南下,数百万的黄册毁于熊熊战火之中。(**李朝润:《玄武新志》,南京出版社 2006 年 6 月版**)

我们再回头来看看,自朱元璋建立严格的黄册制度起,整个大明王朝征收赋税、金派徭役就有了比较准确的依据了。黄册十年造一次,这倒也符合实际,人口有增减、田产也有变化,十年造一次,大一统帝国还是能比较及时地掌握社会经济信息(万历:**《武进县志·钱谷》卷 3**)。以朱元璋的初衷,编定黄册是基础,"**右贫抑富**"(**《明史·食货志一》卷 77**)、"**均工夫**"(**《明太祖实录》卷 26**)才是目的,最终是为了在制度上确保对农民的轻徭薄赋,解决好民生问题。

明初洪武年间,黄册编定和黄册制度的推行产生的影响很大,成果也明显。洪武二十四年大明帝国更造黄册完成,全国总计人口数 10 684 435 户,56 774 561 口(**《明太祖实录》卷 214**),比元朝最盛时的人口总数增加了 3 120 224 口。这一方面反映了明初黄册制实行卓有成效——国家掌握的户口数量有了显著的增加,另一方面也反映了明初社会经济已开始得到了恢复与发展。

②编定"鱼鳞图册",建立"富者多出,贫者少出"的纳税服役依据。

朱元璋在编定黄册之后并没有住手,他还要编造全国性的"土地簿"。见此有人可能要说,有这个必要吗?不是有那户口、事产极为详尽的黄册,政府就可按图索骥似地收税了。那可不行,尤其像前面讲过的压在农民头上五座大山之一的人头税断然不可再收了,不说现在不可再收了,就是 500 年前唐朝中后期统治者就已经开始觉得,按照人头收税确实很容易做到,一抓一个准;但抓住了人,人家确实是个穷光蛋,什么也没有,最多也就罚他去当兵,发配他去服苦役。但国家的税收还是没有落实啊!怎么办?当时有个宰相叫杨炎的人很聪明,他"发明"了两税法,大致的意思是,不论你家人多人少,国家就按照你家的财产来收税,一年分夏粮和秋收两次来征收,故名"两税法"。尽管两税法后人头税没有彻底被根除,并时有"隐现",但在一般王朝的大经大法之"正典"上,人头税是上不了台面的。朱元璋来自民间,对此十分了解,他当然不会搞这么糟糕的税收政策。这倒也不是朱皇帝心慈,而是他怕第二个、第三个、第四个、第 N 个早年的"朱元璋"活不下去起来造反,所以人头税绝对不能收。但国家总得收税啊,否则大明帝国从上到下的"人民公仆们"吃什么? 朱元璋想想还是唐朝定的法子好,就按"两税法"去收税。但这个两税法从唐朝、经宋朝再到元朝,用了 500 来年,好像老百姓的日子并没有好过,照样有农民活不下去,朱元璋自己就是活不下去才去参加农民起义的。在纵观历代王朝所患过的"绝症"后,洪武皇帝终于开出了第二服医治中国历代王朝"绝症"的良药,并把它作为解决民生问题的一把好钥匙,那就是严格、准确地编定"鱼鳞图册"即土地簿。

说到这里,有人可能要问了,鱼鳞图册什么时候开始编订的? 怎么编的? 又为什么叫它鱼鳞册?

要想说清这些问题,我们就势必要追溯元末明初那些事。宋龙凤四年(1358)朱元璋军队攻占安徽徽州,随即号令徽州境内的老百姓"自实田";龙凤九年,朱元璋又"使民自实田,集为图籍,核盈朒,验虚实,而定科徭"(【明】宋濂:《宋文宪公全集·端木府君墓志铭》卷 19)。就是让老百姓自报家里的田产状况,然后集中起来绘制成图册。这图册中记载每块土地的方圆四至、田主姓名、亩数等信息,由于绘制成的图册上土地一块又一块地紧挨着,形状好似鱼鳞一般,故当时就被人称为鱼鳞图册或鱼鳞册。

洪武元年(1368)正月刚刚称帝没几天的洪武皇帝朱元璋跟中书省大臣这般说道:"历经多年战乱后,各地的户籍图册大多亡佚,田产赋税不可能不有所增损。如果我们按照'老黄历'去向人征税,人家老百姓肯定要叫苦不迭。所以说从现在开始,我们要从源头上给理一理,不能瞎收税,也不能重赋于民。这就是人们常说的'善政在于养民,养民在于宽赋'啊!"随后朱元璋派遣周铸等 164 名大明国子监生奔赴浙西地区去核实土地田亩之数(《明太祖实录》卷 29),同往浙西的还有济宁府教授成彦明等受命"分履松之三十八都二百一十五图,阅岁终,鱼鳞图册成"(【明】杨维桢:《东维子文集·送经理官成教授还京序》卷 1)。与此同时,浙江地方官员也"钦承旨意,檄命新具图籍"(【明】郑真:《荥阳外史集·赠昌国典史马君德明序》卷 28)。所有这些可视为明王朝在全国范围内大规模开始清丈土地的开始。

◎ 乡里骗县里，县里去骗州里，州里骗省里，省里去骗"中央"

清丈土地，说白了类似于当今网民们强烈要求的官员富豪晒晒个人财产，这项举措的最直接"受害者"当然就是那些占有大量土地的富豪与官僚了。据相关史料记载：江南巨富沈万三"亩产遍吴下"（【明】董谷：《碧里杂存·沈万三秀》卷上），义乌富民楼士祥赀产无数（【明】方孝孺：《逊志斋集·楼君墓志铭》卷20），镇江丹徒豪民曹定占地"万亩有奇"（【明】朱元璋：《御制大诰·妄告水灾》第63）。一户人家占有如此多的地产财富岂会老实巴交地任由政府来清丈，循规蹈矩地交税纳赋？就如当今的"房姐""房嫂"和"房祖宗"那般，总想方设法逃避或消极对抗国家政策，于是历史丑剧一幕幕地上演了。

第一类舞弊手段叫"铁脚诡寄"，就是富民们通常将自己的田产诡托亲邻佃仆，七拐八绕，造成自己不是"大户"，而是一般普通平民的假象；第二类舞弊手法叫"通天诡寄"，就是富民们用金钱开道，"结交"官吏甚至基层领导。他们从里甲贿赂起，往上一级级地用钱财作弊，造成了乡里骗县里，县里去骗州里，州里骗省里，省里去骗中央朝廷，最后弄出来的全都是一笔"鬼账"，出现了"富者愈富而贫者愈贫"的不堪局面。（《明太祖实录》卷180）

◎ 明代"大学生们"的功绩——"鱼鳞图册"

朱元璋知道后很生气，但他不可能将所有的官员全杀了。最后他采取一个奇特的办法，用今天话来说，就是叫更多的大学生们到农村去，与当地的政府官吏一起搞鱼鳞图册的编定工作。朱元璋不是一次而是多次派国子监生会同政府官员到全国各地去丈量土地，核实田亩。以清丈土地作为征税依据的方法在历史上有过，北宋王安石变法中"方田均税法"就是这么做的。但王安石搞了一段时间搞不下去了，为什么？因为在官场上混的那些官员个个都是老奸巨猾，他们往往与被清丈的富户豪民相勾结，营私舞弊。后来王安石发现了，他想用学校里的学生来参与变法工作，可为时已晚，他不久就被罢相了。王安石为什么会要想撤换官员而用上一无经验的学生呢？一是因为学生年轻，心灵比较单纯，没有官场上的官吏那么污浊、黑心；二是在校学生受到社会污染比较少，他们接触的就是儒家圣人的教诲，并对未来充满了憧憬——要实现圣人提出的理想。因此说，让学生来参加这类官方活动不仅仅是学生的政治实践与锻炼，也为大一统帝国提供了准确的经济信息和课税的依据。朱元璋究竟怎么会想到这么个高招，今人不得而知，但事实是国子监的大学生们"躬履田亩以量度之，图其田之方圆，次其字号，悉书主名及田之丈尺四至，编类为册"，干得相当之认真；他们将丈量的土地画好，写上田主姓名及土地丈尺四至，依次排号，然后编成一本本鱼鳞图册。（《明太祖实录》卷180）

鱼鳞图册制度的确立意义重大：

第一，鱼鳞图册制度的实施与推行，表明了大明帝国对当时已有土地所有权的确认。

第二，由帝国政府全力编造的鱼鳞图册是大明征收税收的最主要的依据。据《明太祖实录》、《明史》等史料记载：洪武二十四年（1391），全国官民田数已达到3 874 746顷73亩，洪武二十六年（1393）经过核实，全国的耕地为8 507 623顷（《明史·食货志一》卷77）。这是大明帝国277年历史中见于记载的耕地数额最多的一次，它远远超过了汉朝和宋朝的耕地数，但它没有超过隋唐和元朝，因而有人认为可能还有较多的豪强隐匿田土没有被清丈出来。我认为这种观点是值得商榷的，有个事实我们不能忘记了：洪武时的版图没有隋唐和元朝那么大，甚至还没有朱元璋的儿子朱棣永乐年间版图那么大。所以我认为上述数字应该是比较精确的，这也充分地说明了洪武年间的鱼鳞册制度执行得卓有成效。

第三，通过鱼鳞图册制，在很长一段时间内大明帝国可以"按图索骥"地征收税收。这既可避免豪民富户偷税漏税，同时也可减轻一般农民的负担，较大程度上起到了限制滥肆摊派的作用。这是确保对农民实行轻徭薄赋和解决民生问题的重要依据。

③沿袭两税法，确立"富者多出，贫者少出"的税收体系。

黄册有了，鱼鳞图册也有了，大明帝国征收赋税、金派徭役的相对合理的依据找到了。那么，大明真的就按照这个为当时法律所认可的依据来建构其自己的赋税徭役体系吗？

是的，不过大明帝国在洪武年间实行的赋税徭役制度比以后的哪个时候都要认真。我们先来讲讲明代的赋税制度。

首先得说明代赋税制度的依据——鱼鳞图册，它比较准确，不仅运用传统的表达方法——文字，而且使用了地图，让人看了一目了然，标好某户田土的四至和它的"邻居"。这样就比较有效地抑制了土地诡寄之历史顽疾的"复发"，不仅使得大明帝国的财政收入有了可靠保障，而且也使得大多数普通农民的赋税负担保持在一定的合理范围内。

明代的赋税制度主要沿袭了唐朝以来的两税法，以征收田赋为主体形式，一年分两次征收，夏税不超过八月，秋粮不超过第二年的二月。农民缴纳田赋以米麦为"本色"，以丝绢和钞折算缴纳为"折色"。朱元璋开国之初以实物地租为主，"洪武九年,天下税粮,令民以银、钞、钱、绢代输。银一两、钱千文、钞一贯,皆折输米一石,小麦则减直十之二。棉苎一疋(匹),折米六斗,麦七斗。麻布一疋(匹),折米四斗,麦五斗。丝绢等各以轻重为损益,愿入粟者听"。洪武三十年重定税额折算比例:钞一锭,折米一石;金一两,二十石;银一两,四石;绢一疋(匹),石有二斗;棉布一疋(匹),一石;苎布一疋(匹),七斗;棉花一斤,二斗。(《明史·食货二》卷78)

朱元璋时期的田赋率是:凡官田亩税五升三合五勺,民田减二升,重租田八升五合五勺,没官田一斗二升(《明史·食货二》卷78)。据此,我们来看看当时民田的税率:官田五升三合减二升,即为三升三合,这倒与历史上闻名的"文景之治"时期的三十税一很接近了。因此说朱元璋对待农民还是很宽厚的。当然这种"宽厚"对象是有一定的范围,并不是针对全体人群,有三类人群可没这么幸运:

第一类为租种官田的农民。他们上缴的田赋税额就比较重,就以上面所引的《明史》记载来看,租种官田的农民比自耕农每亩要多交二升。不过有人认为:明初租种官田的农民会得到官府的生产扶持,如农具、牛车等均由官府提供资给,还会减免一部分差役。因此这样算下来,其大致与民田百姓上缴税额比例相当,不能算重。(【清】阎若璩:《潜邱札记》)

第二类为富民豪强。对于他们来说,因为拥有土地多,缴纳的赋税也应该多,这就是明初赋税制度的精神核心——"富者多出,贫者少出甚至不出"。

第三类为江南地区的子民。朱元璋优惠了大一统帝国的其他地方的农民,唯独对江南地区的老百姓很苛刻,这当中苏、松尤其倒大霉。"惟苏、松、嘉、湖,(朱元璋)怒其为张士诚守,乃籍诸豪族及富民田以为官田,按私租簿为税额。而司农卿杨宪又以浙西地膏腴,增其赋,亩加二倍。故浙西官、民田视他方倍蓰,亩税有二三石者。大抵苏最重,松、嘉、湖次之,常、杭又次之。洪武十三年命户部裁其额,亩科七斗五升至四斗四升者减十之二,四斗三升至三斗六升者俱止征三斗五升,其以下者仍旧。时苏州一府,秋粮二百七十四万六千余石,自民粮十五万石外,皆官田粮。官粮岁额与浙江通省埒,其重犹如此。"(《明史·食货二》卷78)

史学家们对朱元璋时期苏松地区的重赋进行了专门研究,得出了这样的结论:明初苏州府(下辖七个县)每年要向大一统帝国交纳290万石左右的税粮,约占了全国的10%,"苏州之田居天下八十八分之一弱,而赋约居天下十分之一弱"(【清】顾炎武:《日知录·苏松二府田赋之重》卷4);与苏州成为一对难兄难弟的是松江府,松江府的辖地大致相当于今天的上海市,包括其附近的郊县在内。据史料记载,南宋绍兴年间,松江税粮18万石,洪武年间一下子"涨"到了98万石,其纯增长率约为45%。有人将其他杂费也加在一起通算,那么洪武年间松江上缴的税粮总计要达到 120 多万石，其纯增长率约为 57%（【明】谈迁：《国榷》卷 7）。换句话来说，就仅下辖两个县的一个松江府，它要承担大一统帝国的 4% 的税收，苏州府要承担大一统帝国的 10% 的税收，两者合在一起，苏松这个在大一统帝国的版图上所占不到 2% 的地区，承担了 14% 的重赋，高出其他地方赋税的 100%~200%。这就为后世大一统帝国开创了重赋于江南的恶例，严重地摧残了宋元以来快速发展的江南地区社会经济，来个全国性大平均，挫伤了江南地区人民发展经济的积极性。

至此，有人可能就要问了：朱元璋如此重赋于苏松，苏松人民如何生计的？说来这也挺滑稽的，朱元璋重赋于江南，造成了江南经济只有"死路一条"。但聪明的苏松人民"钻了朱元璋政策的空子"，或者说是将朱元璋"给的政策用足用宽了"，那就是勤劳的江南人民向棉纺织业和丝织业方向发展。这恐怕是当初朱元璋主张农业经济结构多样化的"歪打正着"的效果吧！

◎ 棉花种植的推广，惠及明清帝国 500 余年——睡到暖被窝想到朱元璋？

在农学史上，棉花是何时传入中国的？从哪些路线传入的？至今在学术界尚未取得一致意见。有的说是魏晋南北朝时棉花就已经传入中国，有的说是隋唐时代，还有的说是两宋时期。之所以出现这么大的时间分歧，原因固然很多，但有一个很重要的因素或者说是事实，那就是棉花种植在中国一直没有推广开来。也正因为如此，有关棉花的传入线路也有几种说法，有的说是从新疆即当时所讲的西域地区传入内地的；但目前更多的研究者倾向于从海外传到了海南岛，从海南岛再传到了江南的松江等地区。

从这条线路的传入来讲，我们得首先归功于元朝时江南松江女纺织家黄道婆。黄道婆，松江乌泥泾人，童养媳出身，因为不堪忍受公婆的殴打虐待而外逃，误搭了元朝的外贸商船，途经海南岛时，被商船上的人撂在了海南岛，就此她有机会从海南黎族人民那里学到了棉花种植和棉纺织技术。年老时黄道婆返回了家乡松江，从此棉花种植和棉纺织技术随着黄道婆的回乡就率先在松江"落户"，不过似乎当时还没推广开来。换句话来说，黄道婆在松江传播棉花种植和棉纺织技术时，中国其他地方还是以麻布作为主要衣料，遇上数九寒冬季节，有钱、有地位的北方人主要穿着用毛皮所制的裘衣来过冬，而南方人则要用丝绵袍御寒。棉布衣被至少说在黄道婆之前是相当珍贵的，有人说它比羔羊皮、狐狸皮还要珍贵，以至于只有蒙元大汗与皇帝这样九五之尊的人才能穿得起。（《元史·英宗本纪二》卷 28）

元代除了松江地区外，其他地方只有零星的棉花种植试验。据《农桑辑要》所载,元朝从中西亚地区引进了棉花种子进行了试种,但到元朝灭亡时还没有在全国真正推广开来。到了明初,出于那朴实的民本思想,朱元璋大力提倡农业经济结构的多样化,鼓励棉花种植,当时规定:"益种绵花,率蠲其税。"(《明太祖实录》卷232)。这样一来,洪武重赋之下压得几乎无法喘息的松江农民有了新的生机,头脑本身就灵活的松江人开始"钻朱元璋政策的空子",你皇帝不是说多种植棉花不收税么,我们大家就来个大力种植,发展棉纺业。如此下来,在很大程度上舒缓了松江府人民由于重赋所带来的苦难,使得当地的社会经济滑向崩溃之势得到一定的遏制,松江逐渐成为了全国的棉纺织中心,以至于出现了松江"衣被天下"的局面。(【明】徐光启:《农政全书·木棉》)

与松江同为难兄难弟的苏州可没这么幸运。那里的棉纺织业发展不够快速,重赋之下的苏州人民只好背井离乡,流落四方,国家直接掌控的自耕农数量急剧减少,如:苏州府下属的太仓州洪武二十四年编造黄册时,在籍户数为8 986户,到了宣德七年时只剩下1 569户。(《明宣宗实录》卷6,可详见笔者的《大明帝国》系列《洪熙、宣德帝卷》下)

不过从全国范围角度来讲,由于朱元璋大力提倡植棉,各地的棉花种植和棉纺织业也有了一定的发展。棉布、棉衣、棉被等棉纺织品逐渐普及,甚至可以说是给大明帝国的子民们"送"来了价廉物美的"温暖"品。过去贫穷的人现在在寒冬季节也能睡在暖融融的棉被里了,当然,知道这是朱元璋客观上做了一件大好事的人恐怕就不太多了。此外,还有明初推广植棉所产生的一个潜在影响,那就是在一定程度上活跃了农村经济,增加了农民的收入。由于棉花种植的推广和棉纺技术的提高,棉织品不再是"昔日王谢堂前燕",而是纷纷进入寻常百姓家。更远的意义在于,它不仅影响到了明清帝国500多年农业经济发展的基本格局,而且对中华帝国后期社会经济格局的变化起到了关键性的作用。

在顺便讲了朱元璋推广植棉所带来的歪打正着的效果与潜在的影响后,我们还是回归到前面讲的明初洪武年间贯彻赋税征收政策的核心宗旨,那就是"富者多出,贫者少出甚至不出",因此,在一些人看来,朱元璋的这种赋税制度倒是颇似当代税收累进制(李亚平:《帝国政界往事·大明王朝纪事》,北京出版社2005年10月版)。但还有人认为,这样的类比是将古人拔高了。但不管怎么说,我们都应该看到,明初的这种赋税制度不仅仅是朱元璋推行黄册和鱼鳞册的最为主要的目的之一,而且更是体现了洪武皇帝对广大农民实行轻徭薄赋的"爱民"之精神。

④创立三等人户法,确立"富者多出,贫者少出"的徭役佥派制度。

其实,朱元璋的这种"富者多出、贫者少出甚至不出"的"爱民""均平"思想不仅体现在大明赋税制度里头,而且还贯彻于徭役制度中。明初徭役制度的演变分为两步:第一步叫"均工夫役",第二步就是确立"入户三等徭役金派"制度。我们先讲"均工夫役"。

明初徭役分为三类:第一类叫均工夫役。这种徭役一般来说都用于国家比较大的工程建筑项目,譬如像明初修筑南京城墙就搞了许许多多的"均工夫役"。但这种徭役金派方式最早萌芽于元末,那时元朝有些地方官员看出了"赋役不均"的弊端,就开始试行按照田地亩数额来金派徭役。朱元璋攻占江南时就曾在徽州、婺州等地试行了此法(【明】宋濂:《宋文宪公全集·行中书省王公墓志铭》卷5)。吴元年(1367)徐达大军攻占松江等地,并传"檄各府验民田,征砖甃城",有人将其视为朱元璋政权实施均工夫役的开端。(《明太祖实录》卷23)

《明史》对朱元璋开国建立法度的精神吃得很透,说他"惩元末豪强侮贫弱,立法多右贫抑富"(《明史·食货志一·户口 田制》卷77)。大明开国后制定的徭役制度当然也不例外。

洪武元年(1368)二月,洪武皇帝命令中书省制订了"均工夫"的役民办法,即明朝最早规范的徭役制度。该"均工夫"法规定:以家中拥有的田地作为出役的依据,田1顷出丁夫1人,田2顷出丁夫2人,以此类推。可世界上的事情总不会这么巧吧,有的人家田地不满1顷,那么就以其他人家的田土合起来算,只要满1顷就得出1个丁夫,这就叫"均工夫"。(《明太祖实录》卷30)

洪武三年,朱元璋又令直隶、应天等十八府州及江西九江、饶州、南康三府,按照田土的分布,先绘制出《均工夫图册》,然后按照"均工夫"的原则进行征调役夫。每年农闲时征调役夫到南京来"义务劳动"30天,然后放回去。田多但丁夫少的人家,就叫他家的佃户来代替田主充作役夫,田主出米一石作为其代充役夫的费用。如果代替充作役夫的人不是佃户的话,那么每亩出费用米二升五合,百亩出米二石五斗。(《明太祖实录》卷54;《明史·食货志》卷78)

这种按田亩来计算进行金派徭役的做法即人们俗称的"验田出夫",充分体现了朱元璋关注农民、"右贫抑富"的平均主义思想理念。但这种方法核算起来过于"精确",而为它服务的《均工夫图册》又编得比较草率,加上当时大明帝国尚未全国统一,所以最终无法大规模、大范围地推广,只能在南京和江西等江南地区实施。

第二类叫杂役。名目繁多,譬如像水上码头、马站、驿站、递运所、急递铺等类似于今天的公共服务机构所需的劳力,包括衙门里伺候官员的祗候、看监狱的禁子、兵马司与巡检司当差的弓兵等等,十分庞杂,故也被称为杂泛。洪武开国后对于杂役金派实行的与"均工夫役"一样的原则,也是按照田粮的多少来点当的,只不过前者叫"验田金差",后者叫"验田出夫"。目前能看到的史料中较早出现"验田金差"的是洪武元年正月,大明在各地设置水驿、马站及递运所、急递铺等公共机构时确立"验民田粮出备"的原则,然后征发百姓来服役。其中规定水驿"每船水夫十人,于民粮五石之上、十石之下者充之,不足者众户合粮并为一夫",水递运所力夫"皆选民粮五石以下者充之",陆递运所力夫"选民粮十五石者充之;如不足者,众户合粮,并为一夫"。(《明太祖实录》卷29)驿站马夫"必以粮富丁多者充之"。(《明太祖实录》卷76)

第三类叫正役,也名里甲正役。里甲正役说得通俗一点就类似于上世纪60～80年代初人民公社时代的大队与生产队领导,这些领导是不拿钱为国家催办税粮和维护地方治安的。因此出任里甲长领导的必须家底要好,否则就得喝西北风了。

明代的里甲制度最早行使于南方地区,"洪武三年为始,编置小黄册,每百家画为一图,内推丁力田粮近上者十名为里长,余十名为甲首。每岁轮流,里长一名,管甲首十名,甲首一名,管人户九名,催办税粮,以十年为一周"(《永乐大典·湖州府·田赋》卷2 277)。从明代永乐时代编撰起来的类书记载来看,里甲正役也是以丁力田粮多寡来作为是否服役的前提,这就与"验田出夫"的均工夫役和"验田金差"的杂役佥派是一脉相承的,所以我们今人完全可以"均工夫役"来概称或代称明初的徭役。

洪武初期的均工夫役为代表的徭役佥派原则果然很好,但再好的政策也要靠人去执行,在这个执行过程中难保不出问题,尤其那丁粮最多人户的评定可没那么简单,还在大明天子的眼皮底下,"应天府民间乡司专与乡村书算田粮,增减诡寄,躲避差役",朱元璋知道后十分恼怒,下令将舞弊者抓起来,处以黥刑即脸上刺字,用黑墨涂黑,再来除去示众(【明】刘辰:《国初事迹》)。可朱皇帝发泄完愤怒后,问题还在那里呀,小黄册制度必须要有所改革。洪武十八年(1385)正月,朱元璋"命天下府州县官第其民户上、中、下三等为赋役册,贮于厅事。凡遇徭役,则发册验其轻重而役之,以革吏弊"。(《明太祖实录》卷170)

根据朱皇帝的最高指示而制定的新徭役佥派法核心精神就是按照丁粮多少将民户划分为三等,故又被称为"三等人户法"。其具体划分标准是:"其如有父子三丁以上,田粮十石以上,或虽止一、二丁,田种不多,而别有生理,衣食丰裕,以仆马出入者,定为上丁;其有三丁以上,田种五石上下,父子躬耕足食,及虽止有一、二丁,田种不多,颇有生理,足勾衣食者,为中丁;其有一、二丁,田种不多,力耕衣食不缺,辛苦度日,或虽止单丁,勤于生理,亦勾衣食者,为下丁;若其贫门单丁,或病弱不堪生理,或佣工借贷于人者,为下下丁。"(【明】陈子龙、徐孚远:《明经世文编·胡上述的这种划分法,我们作个现代诠释,很类似于上世纪五六十年代将农民划分为地主、富农、上中农、下中农、贫农五个等级,不过朱元璋没有将三个等级直接与阶级斗争联系起来。"三丁"中的第一等是"上丁",上丁户人家应该是家中有3丁以上(成年男人),田粮10石以上;或者是家中只有1~2丁,田粮也不多,但可能是经营商业或手工业等,就是说有其他经济收入的,穿用阔绰,出入都用车马并有仆人相随的,这些人户都应该定为"上丁",这就大概相当于当年的地主和富农;第二等叫"中丁",中丁人家应该是家中有3丁以上,田粮在5石上下,自给自足,丰衣足食的,就可定为"中丁",大约相当于中农;第三等叫"下丁",下丁人家应该是家中只有1~2丁,田也不多,尽力耕种了但仍衣食不足,或者是家中只有1丁,辛勤劳动,勉强维持生计的,这些都叫做"下丁",大概相当于下中农或贫农。至于"下下丁"那就根本不在金派徭役所要考虑的范围了,相当于雇农。

8年后的洪武二十六年洪武皇帝下令定制:"凡各处有司,十年一造黄册,分豁上、中、下三等人户,仍开军、民、灶、匠等籍,除排年里甲以次充当外,其大小杂泛差役,各照所分上、中、下三等人户点差。"(万历:《大明会典·户部·赋役》卷20)

从朱皇帝的这道命令来看,除了里甲正役外,洪武前期实施的以"验田出夫"为原则的均工夫役、以"验田金差"为原则的金派杂役都被"三等人户"徭役金派法代替。自从有了三等人户法后,各地都以此作为依据,编定好赋役册。这赋役册就收藏在全国各地的府、州、县之衙门,而各地官府以此作为征发役夫服徭役的依据。(《明太祖实录》卷170)

洪武时期创立的这种根据人户、丁口和产业的多少来编定的三等人户徭役金派制度,既用上了黄册制、鱼鳞图册制和里甲制,又参照了人户的经济与生活的实际。因此说,它是相对比较客观和公正的金派徭役依据和标准。不仅如此,朱元璋还规定在金派徭役具体"任务"时也要贯彻"富者多出,贫者少出甚至不出"的"右贫抑富"的精神。

当时官府是根据民户的"丁粮多寡"来金派徭役"任务"的,丁粮多的,徭役就重。譬如充任马驿的马夫就是一个重役,因为服马夫徭役,就得要自己准备马匹、鞍辔、毡衫(雨具)等各项费用,可能相当于现在买得起高级轿车那一类档次的家庭才能堪任,不过当时的说法是金点粮数百石以上的人户去充当。按照朱元璋的逻辑:谁叫你富裕的,你富了就叫你多出点"血"。有人说我富裕,但我家人力少,身体又不好,怎么办?朱元璋就会叫你掏钱雇人代役。丁粮中等的,徭役也是中等,像水驿的水夫就是中役。丁粮少的,徭役就轻了。像府州县的皂隶、祗候、禁子等是轻役,即在附近地方州府县里当个跑腿的差使,应由征纳税粮二石至三石的人户来承当。(《明太祖实录》卷 203;万历:《大明会典·兵部·皂隶》卷 157)

将上面全部换成现在人的说法,那就是地主、富农、资本家、老板、大款、总经理、董事长你们就得出钱多、干重活。有老板说,我人胖干不了活。对不起,大明帝国就叫你去请人代干,也有人开着"宝马"向官方哭穷说没钱,朱元璋肯定会先把"宝马"给没收了再说;也有董事长说,我的产业全是别人的,不信的话,他会翻出一大堆人包括他的二奶、三奶在内的股份公司花名册,对此朱元璋就可能会找人在牢里跟他谈谈话;至于中农、中等收入者、普通白领阶层,朱元璋就会叫他们出钱不多不少,干不轻不重的活;而对于占了人口大多数的下中农、贫农、下岗工人、农民工、刚毕业的大学生等,朱元璋也是讲道理,会叫这些弱势群体出钱最少,干最轻的活。因此有人认为明初朱元璋实行的这种以"富者多出,贫者少出""右贫抑富"为核心思想的以黄册制、鱼鳞图册制为基础的赋税制和三等人户徭役金派制度颇有些当代税收累进制的味道。

总之,黄册制、鱼鳞图册制、两税制和三等人户徭役金派制度,这四服朱元璋开出的医治大一统帝国历代王朝"癌症"的良药,确实找对了历代大一统帝国的病因——田产不均、徭役不匀。尽管这四服良药的处方在明朝以前已经断断续续地有人开过了,但历史上还没有任何朝代任何人设计得如此环环相扣、周密细致,不可否认它们是套在人民头上的一道道锁链,但同时也对豪强富民隐瞒土地、规避赋税徭役起了很大的限制与打击作用。正如明末清初大思想家顾炎武所说的:自此以后,"凡百差科,悉由此出,无复前代纷更之扰"(【清】顾炎武:《天下郡国利病书·浙江》卷 87)!

顾炎武的话讲得到位,朱元璋开出的四服猛药更大的影响还在于,从洪武开始较长的一定时期内,大明帝国绝大多数农民的赋税徭役负担得到了极大地减轻。

在这里,还要特别强调的是,朱元璋的"富者多出,贫者少出甚至不出"或言"右贫抑富"的赋税、金派徭役制度,不仅体现了中国传统社会中普通底层老百姓的"劫富济贫"的平均主义思想,而且在某种程度上具有相当的合理性。如果我们将其徭役所涉及的范围扩大到整个国家与社会的公共事业的话,那么"富者多出,贫者少出甚至不出"的思想无疑是一种极其先进的理念。

## ○ 构建"政治绿色通道",鼓励老百姓造贪官污吏的反,营造"宽民"环境

来自社会底层的朱元璋可能比其他历朝历代的皇帝都知道,哪个朝代开国时候所确立的规章制度不是好的? 可执行了一个阶段以后,就不对劲了。王朝的制

度明明说官吏不准贪污、不准敲诈勒索、不准欺男霸女……可是官场上的人有几个照此执行的？尤其是在天高皇帝远的广大农村地区，那些口含天宪的地方官吏，要是在大官面前个个都会把腰弯得像拉满的弓似的，口口声声说是"爱民如子"，可是真要见了老百姓，却都是凶神恶煞、活阎王和魔鬼。朱元璋从小见过，甚至还可能被那些活阎王欺凌过。所以，朱元璋比中国历史上任何一个皇帝的伟大之处，就在于他敢于为天下农民为主体的弱势群体做主，采取非常规措施，构建政治"绿色通道"，鼓励老百姓造贪官污吏的反，以此来确保农民等弱势群体的权益。这就是朱元璋在《大诰》中发布的在当时具有法律效率的三项指示：严禁官吏下乡、鼓励百姓进京上告、捉拿滥设政府衙门机构的官吏。换成现在话来说，即发动群众运动，肃清地方贪官污吏。于是在洪武年间出现了中国历史上从未见过的老百姓扬眉吐气地惩治贪官污吏的奇特景观。

◎ 老朱皇帝发布"三项最高指示"，构建"政治绿色通道"

洪武十八年(1385)朱元璋在《大诰》中指示："凡布政司、府州县耆民人等赴京面奏事务者，虽无文引(相当于现在的特别通行证)，同行人众，或三五十名，或百十名，至于三五百名，所在关津把隘去处，问知面奏，即时放行，毋得阻当。阻者论如邀截实封罪"。【明】朱元璋：《御制大诰·文引》第46，P606)

朱元璋大致是这样说的："为了清除民间的祸患，自今以后，乡里德高望重者或年长者，可以百来人，或者五六十人，或者三五百人，或者千余人，年底到京城南京来向本皇帝当面奏明，对好坏地方官吏都可以说说。好的我要表扬、要奖励，不好的要处罚，该发配的发配，该杀头的杀头！"看到这里，有读者朋友可能要为进京告御状的老百姓有可能遇到的麻烦与安危担忧了：会不会地方政府专门成立什么工作组，专门开着车子到处寻找进京告御状者及做其家属"思想工作"？或专门给这些"刺儿"找茬儿？或将他们整成"疯子"，关他们几年？或在他们上南京告御状的路上，地方官吏相互勾结，设路卡、不放关，围追堵截上告人员？请你们放心，人家草根皇帝就是想得周到，朱元璋命令各地关津、隘口的守关人员及地方官员："你们只要问清是赴京面奏的，即使没有通行证也要立即放行，不得阻挡。如果谁胆敢阻挡，阻挡者以'邀截实封罪'(即扣押弥封奏章罪)加以论处。"【明】朱元璋：《御制大诰·耆民奏有司善恶》第45，P606；《御制大诰·乡民除患》第59，P612)

朱元璋还严禁官吏擅自下乡，如果有谁胆敢违反禁令的，地方耆老可以率领乡村青壮年将其绑缚起来，押赴京师南京，朱皇帝必将对其严加惩处。【明】朱元璋：《御制大诰续编·民拿下乡官吏》第18，P633)

在朱元璋鼓励老百姓"造反"的三项指示中最令人叫绝的可能要数:捉拿滥设政府衙门机构的官吏。中华帝国自古以来就有这么一个"治国法宝",头疼医头脚疼医脚,王朝刚建立时气象万新,官场比较清正,机构也比较简洁。但稍稍过了一段时间,问题就纷至沓来,而政府也随即架屋叠床地增设机构,且美其名曰:加强管理,为民服务! 有人搞腐败,官衙就成立整风廉政办公室;有人欺行霸市或占道经营,官衙就组建"城管";有人向农民乱摊派,官衙就成立清理农村三费办公室;有人盗印书籍或贩卖春宫画,官衙就成立"扫黄办";有人乱倒垃圾与渣土,官衙就成立"渣土办"……不过这样的事情在洪武时代行不通,人家草根皇帝心系百姓,老鼠窝似地成立了那么多的机构岂不增加我大明子民的负担,于是朱皇帝发出最高指示:"诸司衙门官吏、弓兵、皂隶、祗禁,已有定额,常律有规,滥设不许。"谁要是违反此令,坑害百姓的,当时乡村良民豪杰可以组织群众将这些害人者给抓起来,押赴京城。本皇帝要好好地奖赏你们,抓一人,我就赏你们大明宝钞20锭(可能相当于现在10 000元);抓2人,赏40锭;抓3人,赏60锭,最好将这些害人虫全扫除了。(【明】朱元璋:《御制大诰续编·滥设吏卒》第16,P632)

◎ 常熟农民陈寿六捆绑县吏顾英到南京告御状

朱元璋的"最高指示"发出后不久,在京城南京东面四百里左右的常熟就出现了这么一出历史上从没有上演过的"好戏":常熟有个叫陈寿六的农民带领了自己的弟弟和外甥,一共3个人,将"害民甚众"的常熟县吏顾英捆绑起来,并把他带到了南京,向洪武皇帝告御状。

朱元璋当时高兴啊,在南京城里大张旗鼓地表扬了陈寿六3人,并赏给陈寿六钞20锭(有人对此进行了折算,说这20锭钞大约相当于今天的1万多元人民币),同时还赏给3个人各两件衣服,免除他三年的一切杂役。陈寿六一下子成了全国子民中敢于造贪官污吏反的积极分子和样板。见此,有人可能要担心了,这个陈寿六会不会遭到与被捆绑县吏顾英的同僚、同事、亲属或其他看不顺陈寿六这类"刁民"的官吏的"报复"与加害呢? 人家平民皇帝就是想得细致、周到,为防止日后的不测,朱元璋发布谕旨:今后要是有谁胆敢无事生非地给陈寿六找茬或迫害的话,本皇帝就杀他的全家全族! 换言之,陈寿六是农民等弱势群体的代表,谁要是与这些弱势群体过不去,朱皇帝就与他过不去!(【明】朱元璋:《御制大诰续编·如诰擒恶受赏》第10,P630)

如果说上述这个案子是农民响应皇帝朱元璋的号召,多少还是让人感觉狗拿耗子多管闲事的味道的话,那么下面这个也是在朱元璋的《大诰》中记载下来的案

件却是地地道道的弱势群体农民在遭受不法侵害后,借助官方特殊的"救济"通道,采取非常规措施维护自身权益的典型案例

◎ 河北乐亭农民赵罕辰等人捉拿主簿汪铎押送到南京

　　明初北平布政使司(即后来的北京)下辖的乐亭县(即今天的河北省所属的乐亭县)的主簿汪铎(可能相当于县委办公室主任)在"金派徭役"时没控制住自己的私欲,乘机捞了一把,不曾想招来了大麻烦。按照大明规制,县主簿的工作是具体落实和布置上级下派的工作,因此说,这是个很敏感、焦点很突出的工作岗位。如果你做人坦荡荡,即使再复杂的工作、再复杂的人脉关系,总不会引起官场大地震吧。问题就出在汪铎自己不正,前面已经讲过明代的三等人户徭役金派制度,那是一项极其复杂的工作。从朝廷的政策来看,徭役金派就是按"上丁、中丁、下丁"不同户等分别派遣到不同的地方从事"重役、中役和下役"的徭役,问题出在:第一,"上丁、中丁、下丁"不同户等定出来谁能说是百分之百的正确。譬如介于"中丁、下丁"之间的人户给定了"中丁",就好比上世纪五六十年代的一户"富农",它原本介于"中农"与"富农"之间,可最后定成分时给他家定了"富农",结果在后来的政治运动中倒大霉了,人家能对你官方的人不反感吗? 第二,在户等成分本身定得不容易合情合理的前提下,再派这些不同成分的农民去从事对应的徭役,就会出现很多状况。譬如这些农民中本身家境不好却因定了高户等,无法去完成徭役,或者家中不能走掉这个"丁"即青壮年人,或者这个"丁"最近身体不适,等等,各种非正常情况有时很可能都集中在一起。大明帝国也有规定,如果自己应服徭役但又无法应役,那就出钱雇人。但雇人是由官府出面去雇的,各地价格不一,即使是同一个县不同时间段的雇价也不一样,一般就由县主簿去操作;问题的第三个焦点出现了,乐亭县的主簿汪铎是个贪婪的人,想乘机捞一把,于是就作出了这样的"价目规定":凡是自己不能去服役的农民,每人要交纳5匹绢的费用。这5匹绢按照当时洪武年间的官方银、绢、粮折价的话,就相当于大约6石米,而当时一个知县(正七品)的每月工资收入有人折算下来大致是7.5石米,县主簿这个当时最低级别的公务员每月工资也只有5石米。乐亭主簿汪铎贪就贪在这里,要每个不能服徭役的农民缴纳相当于他们一年甚至几年的收入和积蓄,这些面朝黄土背朝天的农民怎么能一下子拿得出来呢? 人们愤怒了,在一个叫赵罕辰的耆老带领下,乐亭县三四十个农民一起行动起来,将主簿汪铎为首的几个贪官污吏捆了起来,押送京师南京。在走出乐亭县城40里地时,汪铎终于后悔了,他向赵罕辰求饶:"我从14岁开始读书,十年寒窗好不容易考了出来,当了个最小的公务员,你们这么一搞,我这一生全给

毁了,你们就饶了我这回吧。"但长期受气结怨甚深的赵罕辰等农民岂肯买账,他们坚持将汪铎等八九个贪官污吏押赴到了南京,交予朱元璋处理。(【明】朱元璋:《御制大诰三编·县官求免于民》第17,P708)

可以这么说,洪武年间在朱皇帝的倡导与支持下,通过采取非常规措施,构建特殊的政治"绿色通道",鼓励大家造贪官污吏的反,从而使得农民等弱势群体的权益得以确保和维护,大明也由此出现了相对的"宽民"环境。毋庸置疑,这是中国历史上罕见的政治奇景。

## ○ 构建常规性救济通道,对弱势群体实施有效救济

洪武时期朱元璋还构建了其他一些常规性的救济通道,对社会弱势群体进行官方的、有效救济,其主要有以下四种:

第一,设立养济院,"收养鳏寡孤独废疾贫民",官府置房给他们住,每月还供给他们粮食。这倒很像现代的收容所和救济站。(《明太祖实录》卷93)

第二,在京师设立漏泽园,地方府、州、县建义冢,专门收葬孤苦伶仃的老人、穷人。洪武三年朱元璋跟大明礼部官员说:"元朝胡俗:人死了一把火烧了,然后再将骨灰投到河水里头,弄得活人全喝的是死人的水,又伤风败俗。古人有言:入土为安,人死了不安葬,弄得到处都是孤魂野鬼。你们礼部下令下去,各级官府衙门选择靠近城镇的空闲之地,设立义冢,专门收葬那些无依无靠的贫穷者;要是有人当官客死外乡,当地衙门应该及时给他就地安葬。"(《明太祖实录》卷53;《明英宗实录》卷168)

第三,建立预备仓制度,救济受灾民众。朱元璋在全国范围内建立了两种预备仓:一种叫军储仓,主要设立在京师南京(20所,后增至41所)、中都临濠、北平等天下重镇地方以及边境要地。军储仓,顾名思义就是满足军队需要。社会意义更大的就是后一种叫预备仓,它纯属为救济灾民而设置的。这种预备仓在全国各地都设置,但在各个省(当时叫布政司)设立的预备仓主要是供支付官吏俸禄之用的,而只有四散在全国各州县乡村的预备仓,才是真正专业的救济灾民的仓储府库。"洪武间各府州县皆置东、西、南、北四仓,以贮官榖,多者万余石,少者四五千石,仓设老人监之,富民守之"。(《明宣宗实录》卷91)

这种仓储举措很像我们上个世纪70年代农村中普遍设立的椭圆屯粮仓库制度,其最早可能是由一个叫张致中的工部当差者在洪武十年提议的,朱元璋当即予以接受,并开始了实施,到洪武二十七年时全国各地的预备仓救济体系已经十分完善。生怕官衙里的官吏乘机中饱私囊,朱元璋要求各地在置办预备仓仓储粮时要

特别注意:在丰年粮食低价时由地方百姓推选德高望重的耆民出去买粮,粮食买回入仓后还要看护,那就得由地方富民来负责(《明太祖实录》卷 111;《明太祖实录》卷 231)。这样一来就减轻了大多数普通百姓负担,一旦遇到灾荒,开仓赈济,使"民得足食,野无饿夫"。朱元璋的这项工作做得很到位——各地都有,也很有成效,洪武二十六年(1393),就湖广德安府孝感一个县的预备仓粮就达 11 000 石。(《明太祖实录》卷 227)

第四,实行大灾害中央直接救济制。洪武年间对于各地大的自然灾害往往采取随时紧急救济,蠲免赋役或发放粮食、布帛、钱钞等等,朱元璋甚至要对遇灾不报的官吏进行严厉处置,而且对延误救灾的官吏也要实行处罚。上文已讲,在此不再赘述。

第五,在各地府州县设置惠民药局。药局主管领导在府叫"提领",在州、县叫"官医","凡军民之贫病者,给之医药"。(《明太祖实录》卷 53;《明宣宗实录》卷 40)

洪武时期遍布全国的惠民药局的设立,倒是很像我们大陆内地上个世纪实行的公费医疗与农村合作医疗、赤脚医生制度。所不同的是朱元璋要求这种公费医疗服务对象不是当官人、也不是开着"宝马"哭穷的富翁,而是没钱看病的穷苦人。

总之,洪武年间朱元璋充分运用了皇权的巨大能量,采用了正常和非正常的措施,对以农民为主的弱势群体进行了有效的救济,其"爱民如子"之心彰显无疑。它使得社会弱势群体的生存权和生命权等权益得到了有效的保护。

## ○ 政治上管教官吏爱民,营造关心农民疾苦的氛围

洪武皇帝自己出身农民,心系农民,除了上面说到的方方面面,他还在政治上管教官吏爱民,营造关心农民疾苦的氛围。

### ◎ 听说地方官巧立名目科敛百姓,朱元璋愤然说道:害民之奸,甚如虎狼!

浙西本来就在南京的边上,现在只需几个小时的路程,600 年前虽然交通远没有现在发达,但即使这样的路程,以古时最常见的运输工具与交通工具——船舶来看,一天的路程也就差不多了。就这么点路程,当时浙西的官吏借着押运官粮赋税的机会捞"油水",各衙门官吏巧立名目,向农民收取什么车脚钱 300 文,什么水脚钱 100 文,什么口食钱 100 文,仓库经办者索要什么办验钱 100 文,什么竹篓钱 100 文、蒲篓钱 100 文,沿江过路要祭祀神灵,还得向农民们要神佛钱 100 文,就差点没要治安费和卫生费了。如此名目繁多的"费"加在一起,浙西的一石粮运到南京就要花四石的运费,也就是说运费高达 400%。朱元璋知道后非常同情农民之苦,于是同意浙西将粮食改换成钞。当时粮与钞的换算是一石米折钞二贯,原来一个县

的税粮现在只要几个人拿了麻袋什么的装一下就可上南京了,由此先前运输带来的所有"费"也该统统废了。但事实上并没有,地方官府照着运粮的办法向农民苛敛,有人挖苦说总不至于拿了蒲篓钱用来买蒲篓装大明宝钞吧! 但牢骚归牢骚,农民们的各种费还得照缴不误,朱元璋听说后痛心疾首地说:"害民之奸,甚如虎狼",其"罪可宥乎!"他下令严查贪官污吏。(【明】朱元璋:《御制大诰·折粮科敛》第41,P603)

◎ 军队里的领导勾结地方官吏害民,朱元璋一下子处死了28人

　　朱元璋确实比其他皇帝对农民倾注更多的感情。洪武二十一年(1388),朱元璋在《大诰武臣》中讲个这么一件事情,有个叫耿良的人被朱元璋派到广西去做都指挥(即相当于广西军区司令员)。这个耿良你是管军队的,与地方有多大的关联? 嗨,他还真喜欢"凑热闹",与广西官场上的"哥儿们"搅在一起,共同欺压百姓,肆意科敛。广西的老百姓活不下去,起来造反。朱元璋一边派兵镇压,一边差人到广西去查问,这一查就查出了耿良等涉案省部级领导干部28人。28人被处决后,广西"叛乱"自然平息。闻讯后朱元璋感慨道:"那(哪)是百姓每要反,则是被他逼凌得没奈何了,所以如此!"(【明】朱元璋:《御制大诰武臣·耿良肆贪害民》第3,P732)

　　在大明帝国社会各阶层中,朱元璋关爱最多的是农民、甚至可以说偏爱最多的也是农民。他一直要在大明帝国的官场上营造出关心农民疾苦的氛围。但有时他所表现出来的是一种蛮不讲理的急切心态。有两个州县的学政、教谕到南京去朝见大明天子,朱元璋就问起他们地方上的农民生活怎么样? 庄稼长得如何? 这两位仁兄是主管教育的教官,学政、教谕可能类似于我们现在的县教育局局长之类,可不是什么主管农业的"副县长"或农业局"局长",所以当朱皇帝问起农民之事时,他们答不上来。这下可把朱皇帝给激怒了。以他的逻辑:哪有长期居住在民间而不知民间事情的道理呐? 眼前这两个地方官分明就是不称职的糊涂官。于是,朱元璋随即命令"来人啊,将这两个文教官员给革职,并发配到边疆去服役。"(《明史·门克新传》卷139;《明太祖实录》卷219)

　　尽管读到这样的史料时,我们的心情怎么也轻松不起来,不过从中也能看出洪武皇帝朱元璋关爱农民的急切心态了。

## ◉ 别出心裁实行"农村自治"

　　明初开国皇帝朱元璋不仅在农业、农民问题上的解决方法与举措极富特色,而且在农村建设问题上也别出心裁。农村问题的解决,朱元璋首先是在构建农村基

层组织里甲制的基础上进行的。

# 明代的乡村基层组织——里甲制度

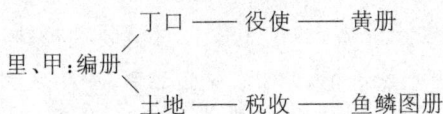

```
        丁口 —— 役使 —— 黄册
里、甲:编册
        土地 —— 税收 —— 鱼鳞图册
```

## ○ 里甲制度——主要负责农村税粮征收与徭役佥派工作

前文已述,里甲制度最早是洪武初年在南方一些地区试行,后来才逐渐推广开来。洪武十四年,大明帝国在编造黄册时对农村基层组织的构建做了统一的规定:"以一百一十户为里。一里之中推丁粮多者十人为之长,余百户为十甲,甲凡十人。岁役里长一人,甲首十人,管摄一里之事。城中曰坊,近城曰厢,乡都曰里。凡十年一周,先后则各以丁粮多寡为次,每里编为一册(黄册)。册之首总为一图,其里中鳏、寡、孤、独,不任役者,则带管于一百一十户之外,而列于图后,名曰畸零。"(《明太祖实录》卷135)

我们将其通俗化一点,里甲制度大致是这样构建的:由110户人家编为1里,1里之中挑选丁粮最多的10人为里长,其余100户人家编为10甲,1甲共有10户人家组成。每年由10个里长中推1人为轮值里长,甲首10人也如此,里长甲长轮值时管一里之事。城市中的基层单位为坊,城市附近的城乡结合地区叫厢。由于明代的城与厢"紧邻",后人不再分得清楚城市与近郊的区别,往往就将城市叫城厢了。乡的经济文化与集市贸易中心叫都。以10年为1周期,以丁粮多少为次序,将每里内的人户编造成册。在10年为1个周期编造黄册的差役中,当年轮到编造差役的就叫"见役",依次轮上编造黄册差役的叫"排年"。(【明】丘浚:《大学衍义补》卷31;《明史·食货志》卷77)

里甲制度之妙处就在于,它首先将基层的一切人户都编置到里甲之中,然后在此基础上编定黄册。有了黄册,帝国政府就通过它来征收赋税和佥派徭役。因此说,里甲制度是大明帝国推行黄册制度的组织保证,也是明王朝征收赋役的最为基层的组织结构。(汤纲、南炳文:《明史》,上海人民出版社2003年4月版)

那么,作为中国社会最为基层的组织单位——里甲制度到底具有什么样的功能?

第一,完成帝国政府下派到基层的"差役"。这"差役"是里甲最为主要的工作,其范围很广,如编定黄册(户口簿)、协助编定鱼鳞图册(土地簿)、接待上面下来的官员、上各家各户去催租逼粮、调解和处理乡间甲里的民间纠纷与争斗及勾摄公事等等。因此有人说,明代里长和甲长之职责相当于现在的行政村主任和乡长,可惜的是他们没有现在乡长、村长那么舒服,也没有出门都要坐豪华小汽车的现代村长那么神气(至少南方地区是如此),因为其从事的"公共事业"都是义务劳动。也正因为是义务劳动,所以朱元璋规定:选里甲长时就要选那些丁粮多的人户,也就是说只有家底殷实的人户才能承担,"凡其一里之中,一年之内,所有追征钱粮,勾摄公事,与夫祭祀鬼神,接应宾旅,官府有所征求,民间有所争斗,皆在尔役者所司"。(【明】丘浚:《大学衍义补》卷31;《明史·食货志》卷77)

第二,督促生产的责任。"凡里长部内,已入籍纳粮当差,田地无故荒芜,及应课种桑麻之类而不种者",里长都要受到责罚。(万历:《大明会典·户律》卷163)

第三,组织基层宗教祭祀的义务。自古以来我们中国人的宗教意识不浓,因而始终没有形成一神教。换言之,一般中国人的宗教信仰范围极其广泛,各地都有自己的地方神、土地神等。对于这些地方性的鬼神祭祀,一般来说也由里甲长组织进行。

第四,组织合作社。洪武二十八年二月洪武帝朱元璋接受南京上元县典史隋吉的建议,命令户部通告全国各地成立乡村(合作)社。关于成立合作社的缘由,隋吉在上朱皇帝的奏章里讲得很明白:农民一家一户受田百亩或四五十亩,碰上春夏农忙时节,要是丈夫不幸染病卧床,做妻子的就得给他喂汤吃药,这样一来农务就得给耽误了,土地也易荒芜,弄不好最终会出现这样不堪的局面:不仅国家的税粮缴不上了,就连家里的老人、小孩也养不活,穷困潦倒。鉴于此,朱皇帝通令全国各地乡村,由里甲长牵个头,一里之间的农民20来家或40家、50家组成一社,凡是遇到婚丧嫁娶和生老病死之类的事情,一社的人家通力合作,有钱的出钱,有力的出力,即使是农忙季节一家无力,百家相助了,一切问题便可迎刃而解(《明太祖实录》卷236)。两年后的洪武三十年,洪武帝再次下令:"民凡遇婚姻、死葬、吉凶等事,一里之内,互相赒给,不限贫富,随其力以资助之,庶使人相亲爱,风俗厚矣。"(《明太祖实录》卷255)

从上述中我们可以看出,里、甲尽管是大明帝国最小的基层组织单位,但其在基层的权力与义务之范围却极为广泛,涉及行政、生产、治安、宗教等方方面面。里、甲长虽然是选出来的,但选举要件是人户中丁粮最多者充当,也就是说经济上他(们)是"大户"。这些"大户"一旦被选出来当上了里、甲长以后,还是有着一定的权势,对于嗜好集权的朱元璋来说当然不喜欢了,而中国的版图又这么大,不可能每个乡里皇帝都派亲信去管理,即使派了,这笔开支也不小。于是朱皇帝就想到了"就地取材"的原则,在各地基层将"人力资源"充分地运用起来,形成了另外两套与里、甲长权力并行的"机制",即为乡间里老制度与粮长制度,构建了很有中国特色的"乡村自治"。

## ○ 耆老与教化制度——主要解决乡村教化问题

确切地说,洪武年间与里、甲长权力有所重叠的是粮长(粮长制主要实行于南方地区,我们将在下文中详述),而与其权力并行的则是以"教化"为主要职能的乡间里老或言老者。里老主要负责如下事情:

### ◎ 击铎劝谕

洪武三十年朱元璋命令户部通告全国:各地每个乡村都要置办一个木铎,然后选出一个耆老或瞎子,黄昏时刻拿了那个木铎在道路上边敲边走边喊着口号:"孝顺父母,尊敬长上;和睦乡里,教训子孙;各安生理,毋作非为"。这样的事情每月要进行 6 次。(《明太祖实录》卷 255;《教民榜文》;【明】董谷:《碧里杂存·铎角》下卷)

说到这里,现在 50 岁以上的人可能都会想起上个世纪 60 年代的"喊口号"与之有点类似。不过明初这个口号只是一个老人喊的,按规定一个月要 6 天这样喊口号,其目的就是把皇帝的最高指示传达到乡村每个角落,甚至是每个人,教化人们在家为孝子,出门做顺民。

### ◎ 丽谯画角

朱元璋还令人制作一种叫画角的乐器。大约在五更天的时候(凌晨 3～5 点间)让人在城楼上吹起这哀厉高亢的乐器,伴随之有人喊着:"为君难,为臣又难,难也难;创业难,守成又难,难也难;保家难,保身又难,难也难。"据说"其声甚悲",无非是要人们谨始慎终,居安思危,以免不慎而饱受颠沛之苦(【明】董谷:《碧里杂存·铎角》下卷)

### ◎ 鸣鼓劝农

朱元璋规定:全国各地每个村庄都要备置一个鼓,由一位老人负责擂鼓。擂鼓不是一年四季都擂的,否则人人天天心惊肉跳,弄不好要得神经病的,而是在每年的春秋农忙季节,由那位公推的老人在每天清晨五更左右开始擂鼓。听到鼓声,全村成年男人都要到田野,及时劳作。按朱元璋的理论:勤能致富,懒惰就会变穷。

那有人说：我家的事不碍别人，我几时起床，几时下地，都是我个人的私事。可在朱元璋看来不是的，要是有人成为懒汉，荒废了田地，最终变贫，生活无着落，从而偷鸡摸狗甚至走上违法犯罪的道路的话，一旦被官方逮住，就要追究那老者的"失职"之罪。（《明太祖实录》卷255；【明】吕毖：《明朝小史·洪武纪·村鼓劝农》卷1；正德《大明会典·州县二》）

## ○ 南京的"打春"与"春饼"

上述讲的朱元璋采取的方法主要是"劝农"。除此之外，他还倡导"打春"等民间活动，目的也是劝农。洪武年间，朱元璋在南京的郊区邂逅了一次民间的"打春"活动。这个"打春"就是三五成群，"鸣锣跳唱"，用今天话来说，就是在立春期间举行的小型民间欢娱会，人们说说唱唱，吹吹打打，欢迎一个新的春天的来临，同时也提醒人们：新的一年春耕开始了，故名为"打春"。皇帝朱元璋见了这等民间农家娱乐活动，顿感其亲切且寓意深刻，回宫后便叫翰林院按照旧的曲调填上新的词，命令南京城里人人传唱。由于皇帝的推崇，一般在京师南京及周围地区从立春前十来天起就要举行"打春"活动，到了立春那天，应天府尹（相当于南京市市长）就要率领官员前往郊区烧香"接春"，接过有人事先准备好的"五花棒"（用五色纸裹的假的芦梗）来鞭打"春牛"。这个"春牛"并不是真正的耕牛，而是用泥塑成的泥牛，应天府尹棒打泥牛表示官方重视农业，春耕开始了，所以也有人认为"打春"应该是这么来的。棒打泥牛结束，"五花棒"散落，鼓乐齐鸣，迎春、打春活动进入高潮，有人将"春牛"抬往南京城里的闹市去，供大家赏悦，这叫"送春"。

整个立春期间，打春活动很是热闹，南京老百姓家里要举行"拜春"，就是小辈的要向长辈行拜谒礼，表示全家和睦康乐；拜谒礼完后全家团坐吃一种里边包了冬笋肉丝等、外面用面粉制成的"薄如蝉翼"的"春饼"，这叫"咬春"。这是南京地方风俗，后来流传到其他的地方去。整个"打春"活动由于大明天子朱元璋的倡导，在南京历经600多年未辍，至今还在南京郊县高淳等地流行。

朱元璋之所以积极倡导"打春"之类的民间娱乐活动，最主要的目的还是劝导人们积极劳作，不误农时，搞好农业，做好大一统帝国忠君之顺民。

## ◎ "旌善亭"与"申明亭"制度

朱元璋还要求大明帝国府、州、县及乡之里社即各地每个角落每个乡村都要建两个"亭子"：一个叫"旌善亭"，一个叫"申明亭"。旌善亭是专门用来表扬村里所发生的好人好事，即所谓"善人义举"，主要是由乡村的"老者"负责，将那些好人好事和大明礼部选录的循官良吏比较突出的事迹都摹写在亭中,鼓励人们积极向善(《明太祖实录》卷172)。而"申明亭"正好相反,它是要求村里的"老者"将乡村中所发生的"坏人坏事"和刑部选录的全国各地官吏违法犯罪影响比较大的事情都摹写在亭中,以达到警醒人们不要重蹈覆辙。(《明太祖实录》卷72;《明太祖实录》卷147)

"申明亭"还是一个处理村里民事纠纷和轻微刑事的场所,"若户婚、田宅、斗殴者,则(著老)会里胥决之"(《明太祖实录》卷232)。这就是说,民间发生了田产纠纷、订了婚的姑娘不嫁了(赖婚)、有人小偷小摸、有人恶语骂人、有媳妇不孝公婆、有人毁土地庙或偷了庙里的东西等等,凡是此类民事纠纷和轻微刑事案件都由村中年高望重者会同里长等一起出来予以仲裁和处理。对于轻微犯罪的就要加以体罚,"老者"一般有权用刑条或竹条对案犯进行抽打,但村里不许设监狱。有些案子审起来挺费时的,那就白天审,夜晚将案犯放回去,第二天接着再审。但这类刑事审案只适应于轻微犯罪,就地审案,教育意义可能更深远。而对严重的刑事犯罪就不适用了,一般都要由县级官衙来处理。有一个现代人不可理解的、在今天看来是属于道德范畴的问题——通奸,尤其在不同辈分男女之间发生性关系在古时是严重的犯罪,只要有人告官了,一般是不能在乡村申明亭处理的。(《明太祖实录》卷255;《教民榜文》)

◎ "乡饮酒礼"制度

朱元璋强化乡间教化还有一种做法,那就是推行乡饮酒礼制度。乡饮酒礼在中国历史上的周代时就已经盛行。明朝开国后参酌唐宋之制,兼"采周官属民读法之旨"而定乡饮酒礼。

洪武五年四月,朱元璋诏告天下举行乡饮酒礼,其具体的做法是:"在内应天府及直隶府、州、县,每岁孟春正月、孟冬十月,有司与学官率士大夫之老者,行之于学校;在外行省所属府、州、县亦皆取法于京师,其民里社以百家为一会,粮长或里长主之,百人内以年最长者为正宾,余以序齿坐,每季行之于里中,大率皆本于正齿位之说,而宾兴贤能《春秋》、习射亦可通行焉。所用酒肴,毋致奢靡,若读律令,则以刑部所编申明《戒谕书》,兼读之其武职衙门,在内各卫亲军指挥使司及指挥使司,凡镇守军官每月朔日亦以大都督府所编《戒谕书》,率僚佐读之,如此则众皆知所警,而不犯法矣。"(《明太祖实录》卷73)

后来明朝农村乡饮酒礼仪式大致演变成这样:每村每年举行两次全村集体会餐,其中一次在正月(春耕即将开始),有点像是新年全村迎春会,还有一次是在十月(秋收之后),这十月份的"乡饮"倒是很像我们现在的单位年终团聚会。不过明朝的这种乡饮酒礼团聚会没有现在这么轻松,而是充满了严肃的政治色彩。

首先由一个年高望重者主持,在就餐前他要宣读最新颁布的法令文件,发表训词,对于一年内发生的好人好事进行表扬和鼓励;对于坏人坏事要进行严肃的批评和教育。如有屡教不改者或态度恶劣者,那就会被当场宣布为"顽民"。一旦被"定"为"顽民",后果是极其可怕的,"顽民"本人将被扭送到官府去,接着他本人与全家将要被发配到人烟稀少的边远地区去。所以,这样的"团圆酒宴"一点也不好喝,要是有人被宣布为"顽民",赶紧得跟着老去说说情,都是本乡本土的,网开一面,得饶人处且饶人,不发配了。有人讲这样的乡饮酒礼也不用办了,那可不行,假如被推举出来的"老者"不好好地履行职责,他很可能要受到惩罚,严重失职的将会被发配到边疆去。(《明太祖实录》卷 255;《教民榜文》)

里、甲长选出后"轮流坐庄",德高望重的老者选出后实施教化,粮长负责税粮征缴……这大概算得上是大一统帝国下的"乡村自治"。一提到乡村自治,有些人特别兴奋,这是中国农村民主改革么,是吗?我们从上文可以看出:里甲长、耆老和粮长确实是选出来的,但那是帝国政府圈定的范围,譬如要丁粮多的人户才能"当选"里甲长,丁粮特多的"当选"粮长,"当选"了以后也不是自己可以推行"施政纲领",而是要以皇帝的诏谕等作为行动的指南,所以说没有实质意义上的地方自治。这里有一个问题似乎一直被人们忽视了,那就是家族势力。在朱元璋的"乡村自治"中没有过多地依靠中国历代王朝一直所倚重的地方家族势力。我的看法是朱元璋对他们似乎很"感冒",一些地方大家族、豪门世家是洪武年间的打击对象,所以朱元璋不可能过多去依靠他们。

## ○ 朱元璋致力的"乡村自治"之多轨制

还有一个问题,这些"自治的乡村"要是"铁桶"一般,自己搞自己的一套,那怎么办?朱元璋是个细致之人,他对农民、农村和农业的关怀真可谓"无微不至"。他还曾设计出乡村自治的多轨制,什么意思呢?就是"乡村自治"中的许多事情,地方官府都不干涉,他们只做旁观者,然后将看到的或听到的如实向皇帝朱元璋汇报;如果地方官员肆意干涉"乡村自治"和乡村事务,乡村的里甲长、粮长和"老者"都有权力和义务向皇帝直接汇报,皇帝再将这些肆意干涉地方乡村自治的官员抓起来治罪。这就是明初"乡村自治"中的多轨报告机制。

里甲长、粮长和耆老各司其事,权力并行,地方官府监督,中国乡村自治的"分权与制约"的合理因素初露端倪,这大概是朱元璋致力于"乡村自治"的最大"功绩"

吧。不可否认这种在专制主义皇权下的"乡村自治"尽管存在"分权与制约"的成分,但它的前提是以专制主义的皇权为依托、为宗旨、为终极目标的,且这种"乡村自治"是要将中国每个乡村角落里的农民都有效地固定在大一统帝国的机器上,充当君主专制主义机制下永不懈怠的劳作机器、生育工具和专制君主所极易驾驭的愚夫顺民。

农业问题、农民问题和农村问题等中国历代王朝中一直无法治愈的"顽症",经过朱元璋三十余年精心出招、痛下猛药的认真治理后似乎出现了逐渐好转的迹象。洪武年间大明帝国的农业不仅从战争创伤中恢复过来,而且走上了稳健的发展之路,譬如耕地数量的增加就是一个很有说服力的例子。

《明史》沿袭了万历版《大明会典》的记载,说洪武二十六年(1393)全国的耕地为 8 507 623 顷(《明史·食货志一》卷 77);而明代的《诸司职掌》则记载为 8 496 523 顷,《后湖志》记载为 8 804 623 顷,但三个数据中无论哪一个都创造了大明帝国近 300 年历史中的最高纪录。(参见梁方仲:《中国历代户口、田地、田赋统计》,上海人民出版社 1980 年 8 月第 1 版,P185~199)

朱元璋以其出身为思维的原点,充满了对农民兄弟的同情之心,通过采取非常规措施,构建特殊的政治"绿色通道",鼓励大家造贪官污吏的反,营造相对"民宽"的环境,以及建立常规性救济通道,对弱势群体实施有效救济……这些都使得洪武年间农民的生活有了很大的改善。人口的增长是最能说明问题的,据吴晗先生的考证,洪武二十四年全国总人口数为 56 774 561 人,这个人口数比起元朝最盛时的人口数增加了 600 余万口(吴晗:《明初社会生产力的发展》,《历史研究》1955 年第 3 期)。试想,农民生存状态要是出了问题,即使多生育了,人口也不会有这么大的增长吧。

朱元璋出身农民,对农村了如指掌,他别出心裁地构建"乡村自治",推广教化,大明帝国的"新乡村建设"开展得有声有色,以至于有人揶揄地说:"朱元璋把自己指导下的乡村建设推到了极致,在某种时刻,会令人油然想起那遥远世代的梦想,那日出而作、日落而息,鸡犬之声相闻、老死不相往来的田园诗般的理想画卷。"(李亚平:《帝国政界往事·大明王朝纪事》,北京出版社 2005 年 10 月版;李治亭、林乾:《明代皇帝秘史》,山西人民出版社 1998 年 1 月版)

但必须指出的是,朱元璋"三农问题"的解决是建立在"一朝天子一朝政"的高度专制君主制为其原动力的基础上的,又以大一统帝国中央集权为其贯彻执行的权力依托,这种格局的最大的好处是充分运用了专制皇权的刚性,在较短时间内就能取得比较明显的成效。但刚性的另一面就是脆性,也就是不可持久性。随着朱元璋洪武朝的谢幕和"后朱元璋时代"的到来,大明帝国的"三农"差强人意了。到了明朝中期起,历代"顽症"在大明帝国的机体上又迸发了,且一发不可收。朱元璋没有也不可能彻底根治"三农"的"病根"!

不过,我们也不能因此而忽略了朱元璋创造性贡献的价值。如果将当年朱皇帝精心出招、痛下猛药力治"三农"问题的历史遗产做个整理的话,仍会感觉受益良多,尤其值得一提的是朱元璋别出心裁地实行"富者多者,贫者少出甚至不出"的农村政策和"农村自治",其合理内核不能不令人叹服。现不妨将上述洪武时期"农村自治"的有关内容作个简化性归纳:

①里甲制度——主要负责农村税粮征收与徭役佥派;

②耆老制度——主要解决乡村教化;

③地方官府——主要负责引导与监督。

如等架势颇有专制底下三权或多权分立的意味,这就不能不引起人们对中国历代基层管理的理性思考。其实朱元璋的贡献远不止于此,他还通过绝对皇权推出奇招,强化了自唐后期以来中华帝国社会一直存在的基层管理盲区的治理,这就是上文提到的影响有明一代的粮长制。

## 以良治良创设粮长　君权延伸乡村四方

### ◉ 中国历代基层赋役征收的利弊与传统社会中央集权的盲点

现代西方思想家马克斯·韦伯曾一针见血地指出:中华帝国高度中央集权制最直接的后果是,国家无法提供必要的公共产品,特别是无法保障个人的产权;这在中国农村尤其突出——对于广大农村地区直接有效的控制和统治,始终是中国传统社会中央集权的一大盲点。

中国的政治行政官职设置制度的变化以唐朝的安史之乱作为一个历史分水岭。从秦汉开始至唐朝"安史之乱"之前,中国有政府认可的属于国家行政级别最低的乡村"公务员",历史上称之为"乡官",其有两类:大乡的叫"有秩",一般由郡来委任,管理5 000户人家,负责刑事案件审判和征收赋税,年俸禄为100石;小乡的乡官叫啬夫,一般由县来委任,负责的也是刑事案件审判和征收赋税,年俸禄100石以下。(【汉】班固:《汉书·百官公卿表上》卷19)

唐朝前期100户为1里,5里即500户为1乡。1个里设里正1人,1个乡设乡长1人。里正、乡长所从事的工作也是刑事案件审判和征收赋税,因此说他们是那时享有俸禄的国家行政级别最低的乡村"公务员"。(【唐】杜佑:《通典·食货》卷3)

总之,从秦汉到隋唐,中国乡一级和乡以下(村、里、社等)的刑事案件的审判和征收赋税的主管是属于"有秩""啬夫"或"里正"之类的乡官。这类"乡官"是有官秩和俸给的大一统帝国正规"公务员"。

但从唐末至元末,这类"乡官"的职能逐渐为县衙门的"差役"所替代了,而这些"差役"是衙门里金派来服徭役的,官府衙门当然不会给他们发薪水了。如此下来"差役"们只有靠自己"创收"了,因而其身份和地位都远赶不上唐朝以前的乡官。宋朝承继唐朝后期做法,不单独设立"乡官",其目的很明确,就是不让地方长官拥有基层官员的任命权,防止他们搞地方割据分裂,于是宋朝就开始采用差役制,后来又改为募役制,最后确立为义田助役制。专制主义中央集权确实得到了加强,而中国基层的"乡官"也随之"消失"了,或言"乡官"已与衙门里的胥役混合不分了。(【元】脱脱:《宋史·食货志》卷177~178)

元朝是由经济、文化落后的少数民族贵族建立起来的政权,自登台起,蒙古人可能压根儿就没搞清楚"官"和"吏"的区别,故而他们就一直沿用宋朝乡村管理的做法,以衙役来兼任"乡官"。"乡官"没了,可中国基层的行政管理与财税的催征可得继续呀,于是衙役成了大一统帝国乡村管理的"万能胶"了。自身低贱又没素质加上没有官俸的衙役们乘此机会,大搞"创收",肥了自己,苦了百姓,社会基层矛盾激化,最终还得由大一统帝国自己来买单——元末农民活不下去了,就只有走上起义的一条路了。

朱元璋生在元末,长于乡下,对于中国基层乡村衙役的横行不法,不仅亲眼目睹,而且深受其害,但又无可奈何。如今他登上大明君主之位了,拥有绝对的权力,该是对基层管理盲区下手的时候了,这就是朱元璋独创的粮长制,实现"农民治国"的理想。至此,读者朋友可能会好奇了:朱元璋为什么不去恢复唐朝以前的乡官制度或构建其他的制度而"奇思妙想"地创建和推行粮长制?

## ◉ 朱元璋为什么想到要搞粮长制?

### ○ 从理想出发,消灭役吏为患这颗"毒瘤"

元末明初的朱元璋所直面的中华文化遗产很厚重,但自身武夫出身又没有多少文化涵养，自然也就无法真正地接受和很好地加以传承。不过生活于此方土地又悟性甚高的"天生圣人"还是有所感受，甚至有时还有着强烈的反应：在洪武十八年颁行的《大诰》中，朱元璋就曾这样说道："胡元入主中国（指中原，本书作者注）非我族类，风俗且异，语意不通，遍任九域之中，尽皆掌判。人事不通，文墨不解，凡诸事务，以吏为源。文书到案，以刊印代押，于诸事务，忽略而已，此胡元初治焉。三十年后，风俗虽异，语言文墨且通，为官任事者，略不究心，施行事务，仍由吏谋，比前代贤臣，视吏卒如奴仆，待首领官若参谋，远矣哉。朕今所任之人，不才者众，往往蹈袭胡元之弊，临政之时，袖手高坐，谋由吏出，并不周知，纵是文章之士，不异胡人。如户部侍郎张易，进以儒业，授掌钱谷，凡诸行移谋出吏，已于公廨袖手若尸。入奏钱粮概知矣，朕询明白，茫然无知，惟四顾而已。吁！昔我中国先圣先贤，国虽运去，教尤存焉，所以天命有德，惟因故老，所以不旋踵而雍熙之治，以其教不迷也。胡元之治，天下风移俗变，九十三年矣。无志之徒，窃效而为之，虽朕竭语言，尽心力，终岁不能化矣。呜呼艰哉！"（【明】朱元璋：《御制大诰·胡元制治》第3，P587～588)

◎ 由官员原籍回避而引发乡官"海选"

虽说在这段最高指示中，草根皇帝很不文雅地将自己提拔的财政部副部长骂做活死人，但他痛恨吏害顽疾的心情却是再明白不过了。其实早在大明开国之初，"天生圣人"就已经意识到吏患了。洪武四年在《蠲两浙秋粮诏》中他就表明了自己的态度，要"除奸蠹，更用善良，革旧弊而新治道，以厚吾民"。（《明太祖实录》卷65)

鉴于地方官吏腐败，当时南京城里的朱元璋和廷臣商议解决方案。廷臣们认为，要遏制地方上吏治的腐败，须继续沿用东汉以后中国历朝历代的规制——地方长官原籍回避，即地方上的长官不能由本地人担任，否则的话，官府衙门就成了这个本地人他家的"自留地""责任田"。更为可怕的是，他一旦与家族势力相勾结的话，不仅会出现父亲是县令，儿子或外甥是县丞（县政府办公室主任）的"家族店铺"，而且还会引发地方割据称霸的潜在危险。由此大明官僚任职制度内设有一条最为根本的底线，即地方长官必须本籍回避！但这样会带来另一个问题，由外地人来到本地当了"一把手"后，这个"一把手"很可能不熟悉本地情形，甚至刚开始时连语言都不通，因此他就很容易受手下办事员、秘书一类统称为胥吏的蒙蔽，吏胥乘机作弊，利用到农村去催缴税粮敲诈勒索，中饱私囊。为了除去这个社会毒瘤，大家认为：地方治理者只有从广大农村中"海选"出来。因为三个选项中：官不熟悉本地,吏害民又坑国家,剩下的也只有民了。但"海选"起码也得有个要求么？大家认为:他必须是个"良民",否则的话,不就是赶走了恶狼又迎来一只饿虎;他必须要有一定的经济实力为政府做事。用朱元璋的话,最终达到"此以良民治良民,必无侵渔之患矣"的理想目的。(《明太祖实录》卷68)

## ○ 大户管小户,利官又便民

明基奠立

《大明风云》系列之❸

朱元璋设立粮长制用最简洁的一句话来表达,那就要在某个产粮地区由一个缴纳税粮最多的大户来当粮长,让他自掏腰包来负责中、小户税粮的征缴,朱皇帝管它叫"大户管小户"。如此做法有•三大优点:

第一,在制度上将衙役胥吏挤出国家税收队伍,根绝了衙役胥吏借着征收税粮机会进行贪污——明明收到了税粮,有的衙役说他没收到,或说还差多少多少。

第二,粮长自掏腰包负责税粮征收缴纳,省去官府层层收缴的劳务费用。

第三,"便于细民"。自古以来,中国老百姓怕官和官衙里的人。现在帝国政府就在农家周围设粮长,农家人不必远赴县府,尤其对那些经济实力差的畸零附户特别受用,人们可就近直接向粮长缴纳税粮,细民小户也免得与官府打交道,方便又实惠。

用朱元璋的话来说:"往为有司征收税粮不便,所以复设粮长。教田多的大户管着粮少的小户。想这等大户,肯顾自家田产,必推仁心,利济小民……"(【明】朱元璋:《御制大诰续编·水灾不及赈济》第86,P674)

## ○ 打击并取缔税粮揽纳户,根绝"空手套白狼"的惰民现象

在粮长制实行之前,帝国政府将税粮标准下发下去,原意是让农民自己缴纳税粮,但是中国广大农村里的好多农民可能一辈子也没有走出过他们的家乡。于是官府就派出衙役下乡征缴税粮,可好多农户却不愿意与这些如狼似虎的衙役打交道,即使有人不怕衙役,也不愿意与衙役打交道。衙役们下乡催征税粮一般不会一家一户上门收取,往往在村口或某一地方设个点,然后命令村上人主动前去缴纳。可是不是每家每户都有劳动力和运粮工具的,譬如李寡妇家有田、有工具,但一个妇道人家干不了;王老五家薄地有几亩,但没有缴粮的运输工具,怎么办?有人打起了主意,专门做这种生意,谁?"税粮揽纳户"或称"揽纳户"。"揽纳户"有两种:一种是只单纯上门为粮户收粮,然后代粮户纳粮给政府,他们往往自己备些运输工具,向粮户收取一定的劳务费和运输费;另一种是,一边为粮户承办代纳税粮,另一边两只眼睛瞄准农村市场,在丰年以低价将粮食买进,等到荒年再高价抛出;或者

将粮食倒卖到发生灾荒的地方,赚取高额利润;还有人趁着农户有难放高利贷。

从表面来看,现代人可能觉得上述这两种形式都说得过去,甚至感觉他们还为农村"困难户"解决了难题,这是问题的一面。问题的另一面,这些税粮揽纳经营者往往是社会上的地痞、流氓和无赖,他们什么事都干得出来。一种情形是他们上门收了税粮,回头就将税粮全部给倒卖了,根本没交给政府(【明】朱元璋:《御制大诰·籍没揽纳户》第37,P603);还有一种情形,有的税粮揽纳户大放高利贷,农户还不上,他们就抢农户家的田产,田产不够,就抢人,于是欺男霸女的事情出现了。

这样的事情从两宋到明初一直存在着,它不仅使得广大农户遭受了沉重剥削,也扰乱了农村的正常经济秩序和社会治安。对此朱元璋极为"感冒",下令制定相关的法律法规,严厉打击揽纳税粮者。当时有令:"凡揽纳税粮者,杖六十,著落赴仓纳足,再于犯人名下追罚一半入官。若监临、主守揽纳者,加罪二等。"(《大明律例集解·附例》7)。情节恶劣者甚至还要被处死,家产被没收。但事实上税粮揽纳户始终没有被根绝。问题主要在于基层税粮征缴环节出现了"真空",由此洪武皇帝朱元璋决定要搞粮长制,凡是粮长"管辖区"内的征收税粮事务都由粮长负责。这样就可消除了税粮揽纳户,根绝"空手套白狼"的惰民现象。

## ○ 拉拢一部分乡村大户,巩固大明帝国对农村统治的基础

朱元璋开创的大明帝国初期,有许多文人知识分子、地方经济实力人物、乡村"大户"、故元遗民耆老等,不愿意出来为新政权服务。比如广信府贵溪县有个儒生叫夏伯启,他与叔叔一起故意将各自的左手大拇指给截了,不料给人告官。夏家叔侄随即被逮到了南京,朱元璋亲自审问:"以前天下大乱时,你们在哪里?"夏伯启回答说:"红巾军起义时,我们逃到了福建、江西交界处去避难了。"朱元璋问:"你们一家全去?"夏伯启说:"侍奉着父亲一起逃难。"朱元璋又问:"既然你们是带着老父亲一起逃难的,少不了要爬山越岭什么的,总要用手扶持吗?"夏伯启回答说:"那自然要用手了。"朱元璋又问:"那再以后你们居住在什么地方?"夏伯启说:"我们回了家乡重操旧业。"朱元璋问:"再以后干什么?"夏伯启说:"教教书,维持生计而已。"朱元璋又对夏伯启说:"现在天下太平了,你就不必担心有武力来凌辱你,也不用担心你家中财产被人抢掠,你靠的谁呀? 还不是我大明天子。可你倒好,将自己的手指给截了,目的就是不让我使用,这是违背我的教令,真是罪该万死! 我要将你斩首示众,抄没你的全家,以此来猛杀狂人愚夫的仿效之风!"(【明】朱元璋:《御制大诰三编·秀才剁指》第10,P702~703)

这是朱元璋在《大诰》中自己讲的一段故事,从这个事情的前因后果来看,秀才

想以剁指的形式来逃避大明的征用,谁知最后却被枭首、籍没全家。朱元璋如此严酷地对待不合作的知识分子,其目的就是杀杀当时的那股社会风气。由此也可看出洪武年间一部分知识分子的不合作态度了

◎ 儒生剁手指,不肯合作,朱元璋想起了理想的"人才库"

连乡村里的知识分子都有不合作的,胥吏下三滥,根本不能用;马上办教育,开科举,培养人才,又谈何容易,古人云:十年树木,百年树人。这些朱元璋都明白,但大明帝国政权刚刚建立,亟须大批的经世之才,怎么办? 他很自然地将目光投向了自己十分熟悉的广阔天地——农村。中国广大的农村真是资源丰富,包括人力资源。元朝长期停开科举制,造成明初尤其在乡村积压了大批的没有"名分"的"隐逸之士",他们大多出身"耕读之家",有知识有文化素养,又有基层生活经验与社会阅历,这倒是一个较为理想的"人才库"。朱元璋最终打定主意就在这个"人才库"里寻找。

在粮长制快要建立的前夕,洪武帝朱元璋就与大臣们多次讨论,准备征召"遗逸"和启用"业农而有志于仕,才堪任用者"(《明太祖实录》卷64)。从后来朱元璋启用的这些粮长的社会阶层来看,他们是地主,更确切地说应该是属于中等收入以上的乡村地主,因为就当时大明对粮长的经济要求来看,一般平民及其以下的穷苦人是断难以"胜任"的。朱元璋出身贫寒,对豪门富户有着一定的偏见,因而其治国方略就贯彻了十分浓烈的"右贫抑富"之宗旨。不过话得说回来,洪武治政又离不开经济大户的支持,于是在对待农村大户的问题上洪武帝朱元璋表现出极端的两极:对于曾经对抗或有碍于自己的大户,他利用洪武年间的大案要案予以坚决地镇压和打击,还有就是迁徙豪强富民;对于那些愿意合作的大户他还是竭力地加以利用和保护,尤其是对中等以上的地主以笼络为主,把这些原本在大元帝国时代"闲置"了的社会阶层的积极性调动起来,叫他们充作粮长,由此使得大明帝国在农村地区的统治基础得以巩固。

## ● 明初粮长制究竟是怎么一回事?

洪武四年(1371),朱元璋下令开设粮长制度,主要实施于浙江、直隶(指南京)、湖广、江西、福建等省。有人认为,明初粮长制并未普行全国,但也有人认为曾经在全国实行过,只不过在其他地区的效果不好,似乎在江南地区有一定的影响。

按照洪武四年九月设立粮长制的朝廷指令规定:凡是纳粮一万石或接近一万石包括数千石的地方划为一区,在这区内由政府指派一个田地最多的大户充当粮

长,一区只设一个粮长(《明太祖实录》卷68)。这项朝廷规定我们在史料中找到了实例印证,洪武四年年底的《明实录》记载说:那年浙江行省共有民1 487 146户,缴纳税粮933 268石,设立粮长134人(《明太祖实录》卷70)。浙江省缴纳税粮93万石,粮长134人,万石粮区设1粮长,看来大致相当。粮长制运行两年后,朝廷发现粮长设1人根本就忙不过来,于是在洪武六年九月又下令,允许在粮长之下增设知数(计算员)1人、斗级(也称门斗,是指用容器或衡器来检验米谷及其等级的人)20人、运粮夫1 000人(《明太祖实录》卷85)。洪武十年五月开始在粮长之下增设副粮长1人(《明太祖实录》卷112),洪武三十年七月,洪武帝又下令,各地"更置粮长,每区设正副粮长3名,以区内丁粮多者为之,编定次序,轮流应役,周而复始"。(《明太祖实录》卷254)

粮长从1名增到3名正副粮长,可见粮长的职责工作之繁重了。那么粮长到底有哪些职责?

按照原本设立粮长制的宗旨,就是要粮长负责好税粮的征收与解运,但粮长的活动经费得由自己解决。因此说,最初的粮长制是一种本着民收民解精神而建立起来的税粮委托、代办制度;换句话来话,也是中国历史上的一种税收委托代理制度。从这个角度来看,粮长的性质应该是私人身份的粮长受政府委托办理公务,因此他又属于半公职人员。

## ○ 粮长的工作流程

第一步:到南京领取勘合:每年的七月二十日以前,各地的粮长必须要到京师南京的内府户科去领取勘合。所谓勘合,就是一种二联单式的文册,在两联中间的骑缝的地方加盖官府的公章,使用时撕剪下来,双方各执一纸;日后粮长工作完成时就拿了被剪下来的那一联,与户科校"勘"对"合"。

第二步:回乡催办春秋粮:粮长从南京户科领得勘合以后,便回乡催办秋粮。他会将本粮区的任务分派给粮区内的各个里长,里长接着又把本里内的税粮任务分派给里内的各个甲长,甲长又会将本甲内的税粮任务分派到本甲内的各个粮户,这叫催征,这是自上而下的过程;接着就是"汇解",什么意思呢? 就是各家各户按照指派的任务将税粮汇解到甲长那里;各甲长又将本甲内的税粮汇解到里长那里;各里长又将本里的税粮汇解给粮长,由粮长负责保管;再接下来就是"开始解运"了。开始解运不是让粮长一个人或粮长自费垫付本粮区内所有税粮的运费,而是由各粮户各掏自己的腰包解决运费与人力。具体的做法是这样的:运费包括雇船、雇车的费用及运输路上的费用等,运费不是平摊到户的,而是按照一定的比例,即各粮户再拿出自己税粮总数 30% 作为运费。前提是税粮额度不能少,然后公推几人作为"领队",粮长作为总领队,带了他们一起起运税粮。

第三步:解运税粮:粮长率领解运税粮的目的地有远有近,近的叫"存留",即存留在本地,供地方政府开支所用;远的叫"起运",主要是运往本地以外的地方。比如苏州的某粮长,将税粮运到苏州府衙的就叫"留存";运出苏州,即使运往近在苏州边的上海金山卫,这样的解运也叫"起运"。"起运"又分为两种:运到京师南京的,叫"京运";拨运到其他府州县或拨运到军队卫所作为大明军粮的,统称为"对拨"(《明太祖实录》卷 200)。在所有的起运中以"京运"最为重要,粮长必须亲自押送。征缴税粮分为两种:以春秋两季粮食收获米麦来上缴的,叫做"本色";以金银绸缎或他物来折合米麦之价而上缴的,就叫"折色"。本色上缴仓,折色上缴库。

第四步:通关与注销:各粮长将税粮解运到官府指定的仓库后,各仓库验收和清点税粮,然后粮长拿出从户科领到的"勘合",各仓库负责人在勘合上填写并盖印,证明其粮数已交足,这叫"通关"。接着粮长拿着"通关"后的"勘合"到南京内府户科去注销,如此下来,粮长的一个周期工作就算完成了。但有的粮长却不能完成,如查出粮长拖欠,勘合不完整,那就要追究他的责任了。(万历:《大明会典·征收》卷 29;《明太祖实录》卷 141)

在所有这些工作中最为重要的、也是最麻烦的是秋粮之解运京仓(简称"京运")。因为当时的交通运输主要是水运,所以朝廷对各地京运相当重视。当时大明帝国的税粮重点地区在江南,即我们平常所说"苏(州)、松(江)、杭(州)、嘉(兴)、湖(州)",苏南的苏州与松江京运相对问题不大,倒是浙江尤其是浙东南地区往南京运粮可不太方便,起初有两条运输线:一条是浙江人在本地雇船,将税粮运到镇江丹阳,再走陆路,用车辆转运到南京,"转输甚艰";另一条路是先运达太湖流域,然后绕到外江,溯流而上,往西到南京,但一路上多有"风涛之险,覆溺者多"。如果能开凿一条贯通两浙地区的运河,那么上述这些困难便可迎刃而解了。而要"西达大江,东通两浙,以济漕运",只有从南京的南边入手开河,这才是最近的路线。洪武二十六年(1393)八月,朱元璋任命崇山侯李新到南京南郊县溧水去督开那里的胭脂河。(《明太祖实录》卷 229;《明史·李新传》卷 132)

## ◎ 李新督开南京胭脂河

关于李新这人,在大明开国史上,他的地位似乎不突出,可能是当时将星如云的缘故吧。他倒是朱元璋正宗的老乡,也是安徽凤阳人,早年他跟随朱元璋参加反元战斗,应天大捷、攻伐陈友谅、消灭张士诚他都有功劳,大明开国后的洪武十五年,他被朱元璋封为崇山侯(《明太祖实录》卷150)。其间他负责营建了明孝陵,在鸡笼山改建帝王庙。李新似乎很有建筑工程方面的天赋,每个大工程都干得很好,赢得了朱皇帝的多次赞誉。洪武二十四年,李新告老引退。洪武二十六年,朱元璋要在南京南郊开河运粮,找了一圈的人,还是没有找到满意的,突然想起了已经退休的老乡崇山侯李新。李新受命后就奔赴南京溧水,在一个叫胭脂岗的山冈上开河,花了很大的代价,最终这河开好了,但作为有功之臣的李新却被朱元璋给杀了。这是为什么?

◎ 南京溧水美丽的胭脂河与"江南小三峡"

我们先讲李新花了巨大代价开凿的胭脂河。胭脂河位于南京溧水县南边的"十里高岗",总长度约为五六华里,深达30多米。在600年前中国爆破施工技术缺乏的情况下,开凿这么一条"大河"可以说是工程技术上的一个奇迹。那么李新是怎样进行开凿的?据史料记载说,他主要是采取前人"火烧水激"的传统工艺。先在高岗岩石上凿缝,将麻嵌入石缝中,浇以桐油,点火焚烧,待岩石烧红,然后再用冷水浇上去,即运用我们今天物理学上讲的热胀冷缩的原理,最终逐渐使巨石开裂,然后再令河工开凿。为此好多河工死于开凿工程之中,有的书上说总共死了一万多人。最后这条河终于开成了,在山冈上挖了一个隧道似的,让新开凿的胭脂河流淌而过。因为是在山冈"挖"出的河流,人们就将那保留在山冈上跨越河流的一大石块叫做"天生桥",意思是这桥颇似天生的,也因为此,这胭脂河也被叫做"天生桥河"。天生桥河南接洪蓝埠,通往石臼湖,北连秦淮河的沙河口。它的开凿成功,解决了两浙税粮的运输困难,也便利了南京与两浙地区的经济往来。由于胭脂河蜿蜒于十里高岗叠阜之间,船行于其中,如入"小三峡"之中,故有人将其称为"江南小三峡",风景优美、独特。即使是600年后的今天,人们前去观瞻和游览,也莫不为之望而兴叹,它已被列为金陵新四十景之一。

◎ 督开胭脂河的退休老头李新为什么被杀,是因为接受了"性贿赂"?

但问题是督开了这么一条利民利国的人工山冈运河的李新最终却被朱元璋处以极刑,这似乎讲不过。《明史》记载李新"以事诛",但没说具体什么事(《明史·李新传》卷132)。《明实录》也说得十分简单,洪武二十八年九月,"崇山侯李新有罪伏诛"(《明太祖实录》卷241)。那么,李新到底为什么被杀呢?目前关于李新被杀的原因有两种说法:

第一种说法,就是说李新被杀与督开胭脂河有关。民间传说,李新在开胭脂河的选址时舞弊了,原本可以在胭脂岗东边的平地上直线开河,这样工程量可以节省30%以上;但胭脂岗东边的这块良田是当地一个严姓大财主家的,严大财主听说以后,急坏了,要是真在胭脂岗东边的平地上开河的话,我老严家的田产岂不全给糟蹋了!严大财主舍不得地,但他舍得将自己的黄花闺女让人糟蹋,"以女贿李"。什么意思?即相当于现在的"性贿赂",叫女儿当了崇山侯的"小三"。李新满意了,将河道改行在十里高岗即胭脂岗上,因此死了很多的民工,也花费了巨大的钱财。对此,老百姓怨言四起,朱元璋微服私访,得知其事后杀了李新。(【清】查继佐:《罪惟录·启运诸臣列传中·李新传》卷8中,P1433;《溧水县志》;《高淳县志》)

第二种说法是明末查继佐所编的《罪惟录》中记载说,李新被杀是因为被牵连到蓝玉谋叛案中去。(【清】查继佐:《罪惟录·启运诸臣列传中·蓝玉传》卷8下,P1441)

我个人的看法是:从整个洪武末年的大杀功臣的形势来看,杀红了眼的朱元璋多杀几个也无所谓;再说李新还真可能干了什么缺德事,否则的话,他为溧水和高淳等地的人民做了大好事,怎么最终反被当地老百姓误传呢?

但不管怎么说,明初为了方便两浙的税粮解运而开凿的胭脂河,至今还是南京南郊重要的运输通道和美丽风景。这一点恐怕是当年仅为解决粮运问题的朱元璋所不曾想到的吧。

## ○ 粮长工作范围的扩大与粮长的待遇——没有官服和官府编制的"乡官"

刚开始实施时,粮长的工作范围大致就是上述这"四步骤":领取勘合、回乡催办春秋粮、解运税粮、通关与注销等。洪武皇帝朱元璋原本是想用粮长来取代为非作歹的衙役胥吏,初步施行下来发现其效果不错,于是就加大授予粮长的工作范围:他要求粮长们带领粮区内的乡民开荒;参加赋役黄册与鱼鳞图册的编制工作(事后朱皇帝会适当给点费用);利用空闲之际集合乡里中的"长者",宣传中央与地方政府的"爱民"思想;劝谕豪强富民遵纪守法,行仁义讲信用;及时向皇帝报告粮区内的荒地与灾情;如实举报粮区内抗粮顽民,经皇帝批准后,将顽民迁往边疆地区,等等。(【明】朱元璋:《御制大诰续编·粮长妄奏水灾和议让纳粮》P46,P78)

粮长的工作范围越来越大,而且这些工作几乎都是自费的,干一回两回人们可能还乐意,要是干长了,有哪个大傻子愿意呢?洪武帝也懂得人们的心思,于是就在利用粮长展开工作的同时给予他们较高的待遇。什么待遇?

第一,政治上大明皇帝给粮长们大官做。

明初粮长制规定,粮长领取勘合时要直接面见皇帝,聆听皇帝教谕;缴销勘合时,粮长又必须亲自到南京去办理,这些规定表明了粮长是直接对皇帝负责。由此,历史上少有的奇特景象出现了:粮长们解运税粮至京师南京时,朱皇帝往往会在百忙之中予以召见,一来他想听听乡间民情与农事;二来他要对粮长们进行"训谕"。要是粮长中有人回答得体、办事精干为朱皇帝赏识,他就马上被超擢为高官。(《明史·食货志二·赋役》卷 78;万历《大明会典》卷 29)

浙江乌程有一个粮长叫严震直的,被朱元璋看中后,一夜之间由一介布衣擢升为通政司参议,三年后又当上了尚书(《明史·严震直传》卷 151;【明】吴宽:《匏翁家藏集·尚书严公流芳录序》卷 43);上海有一个粮长叫夏长文的,也是由平头百姓擢升为监察御史,后在洪武二十三年又超升为左金都御史(相当于监察部副部长)(《明太祖实录》卷 204)。洪武年间粮长当官且当大官的还真不少,就洪武三十年八月一次录用粮长为省部级高官的就有 7 人,"以税户人才汤行为吏部右侍郎、严奇良为户部左侍郎、潘长寿为都察院右金都御史、王聪为左通政、丘显为右通政、沈成为湖广左布政使、盛任为山东左布政使"(《明太祖实录》卷 254)。洪武皇帝的这般做法在社会上产生了很大的影响,人们在教育子女时,不是让儿孙们好好读书去考科举,而是要争取将来去当个粮长。由此可见,明初粮长多神气!(【清】顾炎武:《天下郡国利病书》)

第二,经济上皇帝给粮长们发奖金。

当然上述这种政治待遇不是人人都能"摊"得上的,有的粮长嘴笨说不来,那就"运气"不好了。可朱皇帝没有忘记这些没当上官的粮长们,他往往采取经济上补偿的办法予以安慰——赐钞,即今天讲的发奖金。洪武十四年(1381)二月,浙江、江西两省 1 325 名粮长输粮到南京,受到了朱皇帝的亲切接见,当场"赐钞为道里费"(《明太祖实录》卷 135)。洪武十九年六月,鉴于各地粮长在编造赋役黄册中所作出的很大贡献,朱元璋下令赐钞,凡编造黄册 5 000 户以上的,赐钞 5 锭,其余"随其户之多寡而加损"。(《明太祖实录》卷 178)

第三,法律上皇帝给予粮长们法外特权。

起初洪武皇帝给粮长们的法外待遇就很优厚,只要不是与粮长本职工作有关而犯下的罪行(古称"杂犯"),从最严厉的死刑到流刑都可以换成杖刑(俗称叫打屁股);但后来拟定成文时竟规定:粮长"杂犯"任何等级的罪行都可以用钱来赎罪。(《明太祖实录》卷 102)

但要不是"杂犯",即在粮长本职工作范围内违法犯罪的,那么朱皇帝就会毫不留情地予以严惩。在洪武十九年颁行的《御制大诰续编》中,朱元璋给全国臣民讲了两个科敛害民粮长被处置的故事。朱皇帝说:"设立粮长,就是为了便于官方征粮,其次也为了方便良民。所以当初设立粮长时,就定下规矩,只有家底殷实的人才能当粮长。而每次粮长们来南京领取勘合时,朕总是当面教谕,再三叮嘱他们不要科敛害民。去年颁行的《大诰》中也已经讲得十分明白,岂料各地的粮长中还是有人阳奉阴违,利用自己的工作机会,上下其手,害我良民。譬如嘉定县有个粮长叫金仲芳的,还有两个同伙,三人狼狈为奸,巧立名目向粮户收取额外费用,居然多达18种,有定船钱、包纳运头米、临运钱、造册钱、车脚钱、使用钱、络麻钱、铁炭钱、申明旌善亭钱、修理仓廒钱、点船钱、馆驿房舍钱、供状户口钱、认役钱、黄粮钱、修墩钱、盐票钱、出由子钱等等,真是挖空心思,无奇不有。这等粮长哪是什么良民,分明比恶徒还要可恶,朕已经下令严刑处置。"(【明】朱元璋:《御制大诰续编·粮长金仲芳等科敛》第21,P634)

随后朱皇帝又讲了一个科敛害民的粮长故事:"上海县粮长瞿仲亮,被纳户宋官二连名状告,科敛太重,纳粮既毕,拘收纳户各人路引(通行证),习蹿不放回家为农。致令告发,差人拿至。朕谕粮长瞿仲亮曰:汝除尖跌斛外,更科使用神福钱10 000贯,尔如何使用? 对曰:神福钱,其纳户密迩近拜。问粮长,又是支吾,各各当面对奏。官二等粮起松江,本府烧愿一次,至苏州一次,无锡一次,皆是官二等自备。直至出江,方才照船俵钞,每船6贯。朕谕粮长:余钞何用? 曰:船钱用。纳户曰:官二等117石,葛观1(石)、黄观二二户各10石,皆系自挑赴仓。呜呼! 当面的对如此,为纳户所艰,支吾不行,惟俛首而已。呜呼! 既已富豪,朕命办集钱粮,为朕抚恤细民,无生刁诈,广立阴骘,以待子孙绵远,岂不善哉! 何本户该纳粮储,众户已行包纳,犹且无厌,巧立名色,需索百端,以致告发,身亡家破。临刑却乃神魂仓皇,莫知所知,惟唏嘘而乞免。可免乎!"(【明】朱元璋:《御制大诰续编·粮长瞿仲亮害民》第22,P635)

不过像上述这样的不法粮长在洪武年间还不算多,那时大明政治严酷,绝大多数粮长都能遵纪守法,勤于"本职",因而他们也就享受到了很多的特权与利益。

也正因为拥有许多的法外特权,所以平日里粮长们在乡村里十分威风,简直就与官儿差不多,当时的地方豪民富户都争先恐后要当粮长。所以说,粮长是没有官服和官府编制的"乡官"。当然,朱元璋更为精明,他将这些原本是基层的有浓厚经济实力的"良民"的积极性给调动起来了,国家的税收就可无忧了。

◎ 惨! 8岁的女儿诸娥滚钉板为哪般?

高回报意味着高风险。朱元璋给予粮长们这么高的待遇,其目的无非是要粮长们做好"征缴税粮"的本职工作。但一旦皇帝认定某粮长玩忽职守了,那么不仅该粮长本人,就连他的家族可都要倒大霉。《明史·烈女传》中就记载了这么一件事:山阴县有个粮长叫诸士吉,因为上粮户家催粮,碰上了个粮户是无赖。无赖不仅百般推延不缴税粮,而且还来个恶人先告状。这下可害惨了粮长诸士吉一家,诸士吉本人被处死,他的两个儿子也被株连罹罪,家中只剩下一个8岁的女儿诸娥。好端端的一个家庭刹那间家破人亡,8岁的诸娥不分白天黑夜,号啕大哭。她的舅舅陶山长实在看不下去,就带了小诸娥前往京城南京告状诉冤。根据当时的法令规定:定了死罪的要翻案的话,上告者(一般是死罪案犯的直系家属)要滚钉板,这是一项极其残忍的规定,但小诸娥为了要让父亲回家——一个8岁女孩再简单不过的要求,却付出了极为惨重的代价,真的滚起了钉板。冤狱上告成功,案件改判,可年仅8岁的小诸娥因流血过多而亡。(《明史·列女一·诸娥》卷301)

◎ 杨粮长狂妄的代价:"霎时便到"变成了"杀时便到"——朱元璋杀富翁

高回报意味着高风险,在粮长制的实施过程中还表现为中国人常说的"伴君如伴虎",也就是说,粮长们出不得半点差池。浙江金华首富杨粮长,是个迅速致富的新贵。暴富者最大的一个心理特征就是喜欢表露出自己的富裕,且十分狂妄。杨粮长就是这么个暴富新贵,他曾狂语:"皇帝征收万石税粮,还不及我一个田庄的收入。"这话传到朱元璋的耳朵里,可就惹上了大麻烦。因为平时太狂妄了,杨粮长总不太注意细节。有一次,解运税粮上南京,税粮船还在后头,杨粮长自己却先进了南京城。洪武皇帝听说金华首富来了,马上予以召见,并开口问了:"听说你是金华首富,好啊,你的税粮呢?"杨粮长回答说:"霎时便到!""霎时"这个词在浙江金华方言里可能是马上的意思。谁知,朱元璋听后却"哼"了一声,随即反问:"杀时便到吗?"马上盼咐手下人,将杨粮长拉出去砍了。听到杨粮长被杀,金华杨家人赶紧逃命,其家产顿时被人抢劫一空。(【明】佚名:《九朝谈纂》卷1,引《冶城客论》)

朱元璋在对待粮长"本职"工作的要求上还不仅仅是"严格"两字所能概括,有时简直到了不近情理的苛刻地步。据说,有一次他做了个梦,梦见100个没有人头的人在阶下跪着求饶。几天后,刚好有100个粮长解运税粮到南京,而在这100个粮长中,有的解运税粮不足额,有的属于延期交纳,暴怒之下的朱元璋下令,将他们全给杀了。据说朱元璋一次最多杀粮长有160人。所以我们说粮长既是一项高回报又是一项高风险的"职业"。

## ● 粮长制的历史影响

朱元璋实行粮长制的目的无外乎两个:第一,保证大一统帝国的财税收入;第二,实现"以良民治良民"的治国理想,加强对乡村基层的管理。为了实现这两个目标,自洪武四年起朱皇帝就不遗余力地推行粮长制。那么,粮长制到底产生了什么样的影响呢?

## ○ 粮长制的推行给大明帝国的经济收入带来了最大化

粮长制最大的"亮点"就在于政府不掏钱,由粮户与粮长自筹经费为政府办公事。难怪有人说,洪武皇帝朱元璋抠门抠到家了。当然,羊毛出在羊身上,即使是国家掏了腰包,可最终还得由老百姓来买单,这是无疑的。所以草根出身的洪武皇帝朱元璋从减轻老百姓的负担角度出发,推行粮长制,无疑是一项善举。其内还隐含潜在的理性成分,叫粮户与粮长自己掏钱运粮,肯定要比政府行为省多了,因为粮长与粮户们在操作过程中总会追求成本最小化,由此也就带来了大明帝国经济收入最大化。

## ○ 粮长制的实施在一定程度上减轻了广大南方地区农民(尤其江南地区人民)的负担

朱元璋设立粮长的本意,就要将国家的税收负担让有实力的中等以上的富户来解决,这倒是部分地实现了自古以来中国底层百姓"劫富济贫"的理想。也与洪武开国后实行"右贫抑富""富者多出,贫者少出"的赋役国策精神相吻合。因此,从根本上来讲,粮长制的推行减轻了中低层百姓的负担。我们以元、明两代的京运为例做个对比:元代定都大都,其粮食完全依赖于江南,元顺帝元统以后,大元帝国每年海运粮食额数增至 300 万石以上,当时"公私俱困,疲三省(江浙、江西、湖广)之民力,以充岁运之恒数……有不可胜言者矣"(《元史·食货志》卷97)。因为是官方负责运输,其费用自然全由普通百姓一起负担了。按照南粮北运 100% 的运费来计算的话,300 万石南粮运往北京,起码还得花上 300 万石运费,这样实际用粮可得花去 600 万石;而明初开始推行粮长制,粮长、纳粮户自掏腰包,"富者多出,贫者少出甚至不出",政府行为的乱花费得到有效制止,加上明初定都南京,税粮京运相当之短,比起元朝运往北京,可能要节省几十倍甚至上百倍的开支。因此说,明初粮长制下,广大底层农民尤其是江南地区人民的负担在很大程度上减轻了。

## ○ 粮长制的实行是对中国乡村建设的一次有效的尝试

朱元璋对政府衙门里的衙役胥吏深恶痛绝,但国家的税收又不能不派人去征收。乡村中的"老者"已被朱皇帝布置了好多"教化"任务,且老者中既老又有财力的有几个?所以不能再派任务给他们了。里、甲长本身就有不少工作了,忙是一个因素，但朱皇帝也怕他们权力太大，进而会危害一方，所以也不叫他们去完全承担税收重任。而地方官府本身权力已大，管一个县的知县老爷够忙的了，不能再给他增加职能。还是老农民儿子的朱皇帝最熟悉农村，自己苦孩子出身，叫穷苦的阶级兄弟去干那些自己掏腰包的公家差使，一来于心不忍，二来不切实际，所以绕了一大圈，他就想到了，富户豪民也不全是坏蛋啊，想当年我朱元璋要饭时还曾受到富民郑大户的热情款待呐。再说，要"大户"出点"血"，也是天经地义的，谁叫你是大户呢？也正因为是大户，办坏了皇差税粮，我朱元璋找你赔，也有那个家底在呀；进一步说下去，你们这些地方大户，场面上都是当地社会的头面人物，但实际上还是乡下人，与小民们天天生活在一起，是因为要缴纳税粮才来京城的。我朱元璋在南京城里忙得很，没办法到乡下去到处转转，有你们来我这里，我也好问问。所以朱皇帝最终认定，粮长是中央与各地乡村最为便捷的连接通道，通过接触、控制粮长，进而也就控制了广大的农村地区，历代的盲区就会变为了非盲区。

正因为拥有这样的认知，在推行粮长制后不久，洪武皇帝就不断地增加粮长们的职责：按时上缴税粮、带领乡民垦荒、拟订田赋科则、编制鱼鳞图册、申报灾荒蠲免成数、检举不法官吏和逃避赋役的"顽民"、附带劝导和教化老百姓，甚至默许其拥有对乡村诉讼案件的审理权，等等。如此下来，粮长几乎成了没有"官服"但又直通朝廷的"大官"，或言成为皇帝维护中央集权统治与基层社会秩序的有力助手。进一步说开来，粮长制还是朱元璋实行"抑制豪强"和"许拿下乡官吏"政策之延伸，其实施目的就在于消除政府官员们假借税粮鱼肉百姓的一切可能性，用"来自民间之良民"的粮长来监督地方官吏和豪强，劝导与治理地方良民百姓。因此可以说，朱元璋实行粮长制是对中国乡村制度建设的一次有效的尝试。不过其最终的结果却不尽如人意，甚至后来发生了严重的异化。为什么？因为一开始朱元璋在制度设计上的指导思想就有逻辑错误：胥吏坏，官员腐败，里甲长权力太大，让人不放心……只有找"良民"，"以良民治良民"。换句话来说，用老百姓管自己人。表面看来似乎没错，还很前卫。但理性而言，逻辑上出了大问题，世界上没有哪个阶层天生就是坏蛋，没有制约的权力在魔鬼手里当然会作恶，在"良民"或"先进阶层"那里同样也会作恶，这就是权力的"魔力"。所以人们不必大惊小怪，某人没当官还是个"人"，现在当官了就不是"人"啦！

○ 朱元璋的粮长制在政治上给粮长大官做，客观上进一步混淆了"官"与"吏"的差别，以权位高势者的个人意志为价值取向，践踏了已经逐步理性化的官僚制，以吏作官，以吏任官，加剧了中国政治文化向着不良的负面方向恶化

中华传统文化在唐宋时代达到了空前绝后的鼎盛，中国政治文化中的"官"、

"吏"之别不仅仅是行政级别的差异问题,而是隐含了丰富的政治与法制文明的智慧。"官"是领导干部,要主持一个衙门的工作,所以对其知识与文化素养方面的要求也高。由这两者所决定:"官"是断然不能从"吏"当中选拔出来的,只能从熟读儒家经典的知识分子中考选出来。这样的格局是权利与义务对等,儒生十年寒窗最终考出来做官时,岁数也不小,总不能再叫他从"吏"干起。因此从儒士的最终仕途去向来看,应该实现了"投入与产出"相对应的关系。"吏"作为低级的办事员,进入衙门的门槛就很低很低,只要不是智商低能儿,谁都能混,因此对他的要求也低,最终他获取的也不可能高。这就体现了一种公平的原则,也是另一种权利与义务的对等关系。

正因为唐宋时代的传统文化中有如此多的合理成分,那时的人们尤其是知识分子的积极性空前地被调动起来,他们才创造和完成了四大发明,将中华传统文明推向了顶点。

前文已述,自辽、金、元入侵并入主中原以后,情况大变,传统的中华政治文明就不再有昔日的那般辉煌了。尤其那个年代的"官""吏"不分,以吏代官,以吏取官,以吏任官,以吏治国,在中华政治文化史上开了一个极坏的恶例。中国官员的素质从此大大地降格,昔日的文书、秘书、司机甚至伙夫等,只要会拍马屁的、只要会迎合上级领导的,都可以摇身一变,成为领导。而这些低素质、没品位的"吏"一旦进入官场,占据了原本是"官"的岗位,不仅将饱读经书的知识分子的出路给断了,而且还给中国官场政治带来了极坏的风气。如果读者朋友稍稍留意一下辽、金、元三代历史的话,就会发现其有这么一个历史特征,即政治上都不清明,开国没多久就急剧腐败。辽、金、元三代立国寿命都不长,就是与此大相关联。

当然辽、金、元的社会政治快速腐败与短寿的原因还有很多,但吏的地位上升无疑是一大公害。因为吏本身就没有素养,他们也不像由"儒士"考出来的"官"那样,不仅拥有相对比较好的素养,而且还有一定的道德操守。吏什么也不讲究,没有信念与理想价值,往往认定有奶就是娘,曲意迎合权位高势能者,于是中国政治权力领域的马屁文化、奴才哲学到处弥漫;在经济领域,以吏代官所带来的直接后果就是国家赋税征收领域极度腐败。这就是朱元璋开创大明帝国时所直接面对的现状。

在明初朱元璋口口声声要摒除元朝的"胡风",参酌唐宋,恢复古制。就实而言,他搞了一些,如严抑吏员、开科举、建学校等等。如此举措似乎表明,大明正在向传统的理性官僚制逐步走近。但滑稽的是,或许是朱元璋本身素养有问题,乡下和尚功力不深的缘故吧,在开始重建理性官僚制的同时,他又将官僚制的对立面

"吏制"或者说是"类吏制"引入了政治文化权力圈。粮长原本由政府委派民间富户担任,论其地位与职务实际上与传统意义上的"吏"十分接近,与"官"反倒相去甚远,因此粮长制的盛行造成了明初的政治局面十分尴尬:"进取不拘资格,有掾吏而置身青云者。"(【明】徐燉:《徐氏笔精》卷3)。这就客观上进一步混淆了"官""吏"的差别,以朱元璋个人喜好任意擢升近似于"吏"的粮长为高官,在事实上强化了以权位高势者的个人意志为官场政治的价值取向。这虽然加强了君主专制主义的中央集权,但同时也践踏了已经逐步理性化的官僚制,加剧了中国政治文化向着马屁文化、奴才哲学等负面方向恶化,并长期影响了以后的中国社会。

## ● 粮长制的异化

洪武时期的粮长们一般来说都能够洁身自好,在许多地方往往几十年内粮长固定在某家族的某族长身上或在某一家族里父子兄弟之间"流转"——这就是人们常说的"永充制"(主要是以丁田来计算)。粮长一当便好几十年,且有子孙相承,如昆山石浦乡周南家任粮长就达百年(【明】吴宽:《匏翁家藏集》卷62);又如苏州长洲县沈孜,他的曾祖、祖、父三代接着当粮长,"世掌田赋于乡"(【明】吴宽:《匏翁家藏集》卷62;卷63)。但到了永乐皇帝朱棣迁都北京后,粮长"永充制"发生了异化。

大明国都北迁,税粮运输路程大为延长,其全程长达5 000余里,江南税粮运输成本高达被运税粮价值的100%,两项总计高达800万石,是迁都之前的800%(参见本书第4章)。负担如此之重,有哪个傻子愿意一直干粮长?再有,洪武中晚期开始,科举逐渐恢复并成式化,粮长入仕之途逐渐被堵塞;加上永乐以后的官场政治逐渐腐败对永充粮长制造成了致命的破坏。譬如编派粮长的主持人一般是地方行政长官和耳目胥吏、里老人等,在洪武年间政治清平的情势下,无论哪一方,大多都能依法执行公务。但随着明朝政治的逐渐腐化,各阶层的人员都能做到不贪赃枉法吗?这是应该重重打上问号的。比如洪武十三年就有规定,只有功臣之家才可免充粮长,而一般官宦家庭却是不能免役的(《明太祖实录》卷134)。但实际上多数地方官都怕得罪豪门巨室,进而也就不将他们编为粮长之列。既然大户碰不得,那只有碰"小户"。由于国都北迁,当粮长花费太厉害,厉害到什么地步呢?我们不妨给大家举个例子,正德年间,苏州长洲县有个退休的二品大官尚书刘缨,因为与本县知县郭波有仇,郭知县就将刘缨一家7个人全编为粮长,最终刘缨被搞到身亡家破。(【明】朱国祯:《涌幢小品·编役连拜》卷13)

一个朝廷二品大员尚且被人搞得家破人亡,更不要说一般百姓了。因此,自正德(1506～1521)以后,永充制已沦为了轮充制。因为当粮长实在是负担太重了,豪门富民有门路的可以免当粮长,剩下只有没有门路的普通粮户当粮长了,但细民小户人家干一年可能还能撑撑,连干几年肯定要破产了。于是就有了这样的做法,以数户轮流充当粮长,这就是历史上的"轮充制"。但"轮充制"实行了一段时间后,由于明朝中后期赋税以外的摊派太多,一年一换的"轮充制"下的粮户独自维持一年也吃不消了,于是就出现了众户集合来供应粮长一役的"朋充制"。(参见梁方仲:《明代粮长制度》,上海人民出版社 2001 年 7 月版)

　　明初一项利国利民的国策逐渐异化成了害民制度,不知已经长眠于南京明孝陵的朱元璋知道了会有何想法?

## 工商有序和谐公平　崇本抑末宽厚生民

　　事实上在基本解决"三农"问题和初步实现"以良民治良民"之理想的同时,大明开国皇帝朱元璋又开展对工商业的大力整顿,以期解决好国计民生的大问题。不过,或许是因为自己出身于农家,或许是因为当时中国社会中的工商经济实在是"微不足道",朱元璋在面对它们时全然找不到感觉,只能借助中国传统社会里长期存在的、但在那时已经开始不再吻合时代发展要求的传统做法:那就是建立君主专制帝国官府控制下的工商"有序"的经济秩序。

### ◉ 重建有序与平和的工商经济秩序——轮班制与不与民争利、不劳民

　　经过元末农民战争,明初社会经济全面萧条。中国本来就是个农业大国,朱元璋又是从农家出来的。几十年的战争生涯或许使他长了不少见识与智慧,但在对待战后工商业的恢复与秩序重建的问题上,朱元璋出招就显得极为简单甚至是笨拙了。

　　明朝开国建都南京,为了营建明皇宫、京城、明孝陵等,朱元璋先后从全国各地征发了大量的手工工匠和农民工。那么这些手工业者和农民工来南京后的劳动和生存状态如何?

#### ○ 600 年前的"农民工"兄弟生存状态好吗?

　　《明史》对征集到南京进行劳作的工匠有所描述:"明初,工役之繁,自营建两京

宗庙、宫殿、阙门、王邸、采木、陶甓、工匠造作，以万万计。"(《明史·食货二·赋役》卷78)万万是个什么概念？就是我们现在所说的上亿。真的有这么多人在两京干活吗？第一，古代中国人一般对数字概念不太讲究精确，即使现在我们国人还有这么一个习惯，张三对李四说："我们过两天再联系。"要是李四在两天后苦等张三的话，在很多国人看来，那简直就是大傻子；第二，"万万"可能是指人很多，但也不是一下子从全国征发过来的，很有可能是十几年总计在一起算的，那就比较合乎实际了。不过，不管怎么说，朱元璋征发工匠与"农民工"来南京为他与大明帝国服役的确是很多很多。那么这些"农民工"兄弟来了南京后的劳动与生活状态好吗？从明初的史料记载来看，朱皇帝起初似乎并不太清楚，直到有一天，他目击了揪心的一幕。

那是洪武五年冬季，朱元璋在南京城里视察"农民工"们修浚城濠，一路走着一路看着，并没有什么引起他特别注意。当走到三山门时，他看见一个"农民工"光着身子，扑通一下跳进了冰冷的水里，来了个裸游，本以为农民工兄弟是冬泳，但看了一阵子，朱元璋发现不对劲，那个"农民工"好像不是在冬泳，他一会儿一会儿地往水里钻，像是找什么东西。洪武帝终于忍不住了，派了手下的人去问工地上的监工小吏："那裸游者是在找什么东西？"小吏说："锄头弄到水里去，找不到了。"朱元璋叫人从别处取来一把，问那小吏："这水中要找的是不是这样的锄头？"小吏说："有点像，但那把要比你手里这把好，还要短些。"一听是这样，朱元璋就命令壮士下水去，帮着寻找那把丢了的锄头。找啊找，最后壮士终于找到了水中的锄头。朱元璋将两把锄头放在一起，仔仔细细观察了一遍，发现果然如小吏所讲的那样，但他心中气还没消，瞪着眼跟小吏说："农夫来这里服役一月多，手脚都冻裂开，这已经是相当劳苦和疲惫了，你怎么还忍心加害于他？"话音刚落，他立即吩咐随行警卫，将那小吏抓起来，痛打一顿。随后他回过头去，跟右丞相汪广洋说："今天我们都是穿了厚厚的裘皮出来的，可直到现在还感到浑身发冷。何况这些役夫本身就贫困无衣，他们所受的苦和遭的罪是说也说不出来的啊！"说到这里，洪武帝立即下令，叫农民兄弟停止应役，只留下临濠的那些窑冶及烧石炭工匠，其余工匠役夫全部放回家去！(《明太祖实录》卷77)

自从三山门农民工裸泳事件发生后，应役工匠的生存状况更多地引起了朝廷的关注和重视。洪武八年(1375)十月，朱元璋命令中书省："今后凡是有工匠死亡的，官方一律给予棺木，送他回老家，并免除他家三年的徭役。"(《明太祖实录》卷101)

当时大明定都南京，营造宫殿和修筑城池工程非常浩繁，工匠们吃得不好，生活待遇差，有好多人因忍受不了繁重的劳作而死于非命。洪武九年五月，朱元璋命令工部即建设部，给死难者购置槽椟，再让大明国子监生将死难者的灵柩护送回家,赐以钞币,抚恤下葬,并蠲免死者家三年的徭役;与此同时,对于活着的现役工匠,朱皇帝则大发奖金,当时共发了宝钞 60 360 余锭。(《明太祖实录》卷 106)

这样的事例还有不少,尽管在工程事故或"过劳死"发生后洪武帝不惜厚金予以抚恤、安慰或奖励,但从整体上来看,当时大明的工匠与"农民工"兄弟的生存状况还是很不好的。这样的格局一直延续到了洪武十九年(1386)南京官殿、城池建设得差不多时才有了根本性的改变。

## ○ 将工匠的坐班制改为轮班制

那年朱元璋对手工业工匠做了一件大好事,那就是改革工匠的服役制度。

洪武初年,朱元璋沿袭了元朝的工匠制度。元朝工匠另立户籍即匠籍,人称"系官人匠"。他们没有人身自由,就连婚姻也不能自主,往往子孙相袭,没有官府的放免,不得脱籍。更为可怕的是,他们在官府的严格监视下从事繁重的劳作,其得到的收入微乎其微,大概每人每月只能领到 3 斗米、半斤盐,其家属只能获得 4 口的口粮,多出人口官府不给;一般来说,大口每月获得官府口粮 2.5 斗,小口 1.5 斗,勉强维持生命。即使这样,还经常遭受官吏克扣,于是不少工匠只得卖儿鬻女,生活十分悲惨。(《通制条格·工粮则例》卷 13)

明初朱元璋一开始大体上沿用了元朝的工匠制度,不过在使用当中他不断地加以改善。首先他没有像元朝人那样将工匠当做奴隶一般,其次他改变了些工匠的生活与经济待遇,上文已述。洪武十一年(1378)五月,朱元璋又下令给工部:"凡在京工匠赴工者,月给薪米盐蔬,休工者停给,听其营生勿拘。"(《明太祖实录》卷118)。这段最高指示的意思是工匠们除了上京城服役要听从官府的安排外,其余时间可以自己支配,也就是说,工匠们有了自主营生的自由。这无疑是民生的改善与社会历史的进步。洪武十九年(1386)四月,大明正式确立工匠轮班制度。其具体内容为:全国各地工匠"量地远近,以为班次,且置籍为勘合付之。至期赍至工部听拨,免其家他役","定以三年为班,更番赴京,输作三月,如期交代,名曰轮班匠"。(《明太祖实录》卷 178)

我们将上面这段话说得更加直白一点:打开黄册,哪家是工匠,一目了然,政府就根据他们的丁力状况,规定 3 年为一班,定期到京师服役,以住地远近排班次;政府制定勘合(类似于用工状况证明)为凭,工匠按期领了勘合到南京的工部去报到,听从工部的具体用工安排,从事劳作。服了役的工匠,他家的其他徭役一律给免了。这就是经济史上人们常说的"轮班制"。

轮班制的优点显而易见,一来它不像元朝的坐班制——工匠几乎是官府的奴

明基奠立 《大明风云》系列之 ③

仆,没有什么人身自由;轮班制三年轮一次,干完了,泥瓦匠还可以在老百姓家造房起屋,赚钱养家糊口,木匠也这样,所以工匠们的经济生活就有了改变;二来轮班制下的工匠人身是自由的,这样就一改以前几乎一直处于被支配的地位,使得工匠们低下的身份有了一大提升。

但三年一轮班开始实施后不久,意想不到的问题冒了出来:工匠一律三年轮班服役3月,各地工匠按期风尘仆仆地赶往京师。可到了京师却发现没那么多的工役要做呀,无奈之下,各地工匠只得返回。这一来一回无端造成了浪费。鉴于此,明廷于洪武二十六年十月改进轮班制,制定工匠轮班勘合制度,"令先分各色匠所业,而验在京诸司役作之繁简,更定其班次,率三年或二年一轮"(《明太祖实录》卷230)。工部根据各部门工役的实际情况与行业特征确立了五种轮班制度,即五年一班、四年一班、三年一班、二年一班和一年一班,并给全国62种行业的232 098名工匠重发了勘合(万历《大明会典·工部·工匠》卷189)。这样就"使赴工者各就其役而无费日,罢工者得安家居而无费业"(《明太祖实录》卷230)。轮班制终于成为当时一项名副其实的"惠民""厚民"工程了。

除了轮班匠,朱元璋还对住坐匠的生活与经济状况做了改善。据明末清初大思想家顾炎武的记载:洪武十三年,朱元璋"起取苏、浙等处上户四万五千余家填实京师,壮丁发给各监局充匠,余编为户,置都城之内外,爰有坊厢"(【清】顾炎武:《天下郡国利病书·江南》卷14)。这些被发给各监局充匠的壮丁即为住坐匠。住坐匠的存在实际上可视为元朝工匠奴隶制的延续,这些人在明初归内府内官监直接管理,但他们的匠籍和用工之类的事情却归工部主管。从地位与自由角度来讲,住坐匠不如轮班匠,但在洪武晚期他们受到了些政策"实惠":"例应一月上工一十日,歇二十日,若工少人多,量加歇役。"(万历《大明会典·工部·工匠》卷189)。由此可见,住坐匠的地位也比元朝时的匠户要高多了。

总之,明初洪武皇帝改革工匠制度,给近似于奴隶的工匠以相当程度的松绑,使得他们有更多的时间自由劳动、营业,也有利于技术的交流与改进。所有这些,都是历史的大进步。

## ○ 洪武时期工矿业开发原则:不与民争利,不劳民,够用就行

除此之外,洪武时期还对工矿业的开产实行"不与民争利,不劳民,够用就行"的实用主义经济国策,其影响甚为深远。明初工矿业的经营主要有两种形式:民营和官营,当时民营力量单薄,唱主角的还是官营即我们现代人俗称的国营。就明初官营而言,朱元璋主要限定在金银之类的贵金属开产和食盐、火药火器等生产领

域,而对于其他行业基本上是放开来的。老百姓在取得官府批准后只需要交纳一定的税金就可开产营利了。之所以如此,关键还在于洪武年间朱元璋比较注意与民休息和"藏富于民"。

洪武十五年五月,河北广平府吏员王允道上奏说:"河北磁州临水镇产铁,元朝时就曾在此设置铁冶都提举司,征发了 15 000 户人丁开矿冶铁,当年铁的年产量就达 100 多万斤,恳请皇帝陛下在此置炉冶铁。"朱元璋听后十分生气,随后这样说道:"朕闻治世天下无遗贤,不闻天下无遗利,且利不在官则在民,民得其利,则利源通,而有益于官,官专其利,则利源塞而必损于民。今各冶铁数尚多,军需不乏而民生业已定,若复设此,必重扰之,是又欲驱万五千家于铁冶之中也。"(《明太祖实录》卷 145)说完,朱皇帝就令人将上言与民争利和驱民牟利的王允道施以杖刑,然后再将他流放到海外去。

这样的事情在洪武年间还不止发生一次。洪武二十年,府军前卫老校丁成上奏说:"河南、陕州一带原有银矿,前朝都曾在此进行开采,每年收入颇丰。可惜现在已经被荒弃了,恳请皇帝陛下下诏重置机构,实行开采,也好增添一些国家费用资本。"洪武皇帝读完奏章后,跟近侍大臣说:"君子好义,小人好利。好义者以利民为心,好利者以戕民为务。故凡言利之人,皆戕民之贼也。朕尝闻故元时,江西丰城之民,告官采金,其初岁额犹足取办,经久民力消耗。一州之人,卒受其害。盖土地所产,有时而穷民,岁课成额征取无已。有司贪为己功,而不以言朝廷。纵有恤民之心,而不能知此可以为戒,岂宜效之?"(《明太祖实录》卷 180)

从上面朱元璋的两次讲话中,我们不难发现,这位奇特的大明开国皇帝对于工商业总的态度是:言义不言利,不与民争利,不劳民,够用就行。这样的工商治政管理思想反映在洪武年间治国实践中最为典型的例子,那就要数冶铁业的开采了。

明朝开国初期,百废待兴,各地官营铁矿纷纷开工、生产。经过十多年的发展,到了洪武十八年时,铁矿生产已经满足了官府的需要,朱元璋下令给各地布政司罢停"煎炼铁冶,以其劳民故也"(《明太祖实录》卷 176)。两年后的洪武二十年三月,由于制造兵器所需大量的特种生铁——山西云子铁,洪武朝廷下令重设太原府交城县大通铁冶所,开矿冶铁(《明太祖实录》卷 181);五年后的洪武二十五年,鉴于国库内现存的生熟铁日渐减少,朱元璋又不得不下令给各地"复置冶煎炼,以供国用"(《明太祖实录》卷 231);洪武二十八年闰九月,大明国库内的储铁已经相当丰盈,多达 3 743 万余斤,洪武皇帝再次"诏罢各处铁冶,令民得自采炼,而岁输课每三十分取其二"。(《明太祖实录》卷 242)

帝国政府需要了就开采,开采的数量满足需要了,便要停止。开开停停,停停开开,洪武年间的如此举措是与朱元璋的"藏富于民"、不与民争利和不劳民等"使厚民生"国策指导思想相一致的,也是朱元璋"宽猛相济"的治国策略中"宽"之层面一项具体的外在体现,十分有利于明初社会经济的恢复和民生的舒缓。遗憾的是,"美妙佳境"在明初洪武年间并没有立即完全显现出来。随着社会与经济的发展以及专制皇权控制的逐渐松弛,人们才真正地感受到了明初朱元璋制定国策的"实惠"。这倒应了民间的一句俗话:祖上种树,子孙乘凉。

之所以出现如此局面,原因固然很多,但有一个重要因素不可忽视,那就是洪武时期的手工业政策的进步带有一定的局限性。除了前面讲过的保留了住坐匠外,朱元璋着力构建手工工匠与其他社会人群所组合起来的社会是一种静态下的秩序体系,具有阻碍社会发展的副作用。由于草根皇帝接受的是中国传统农业社会制度的理想,并以此作为他的治国理念——士、农、工、商"各守本业","各安其生"(《明太祖实录》卷178),由此带来了洪武立国中工商业整体被放在大一统帝国的"末业"位置。虽然工匠从坐班制改为了轮班制,一定程度上解放了手工业生产力;帝国政府原则上又不与民争利,不劳民,够用就行,这确有宽民与藏富于民的积极意义。但他们又在十分紧要的盐业、金银等行业实行绝对的国家专控垄断制度,这就在原点上将工商业挤压到了十分不利的地步;加上朱元璋的理念中工商"言利"性行业被视为有悖于民安、国安的非正业,原则上不予提倡,只是大一统帝国需要时才可适度地开采一下。诚然这种观念对于保护民族自然资源和生态环境不无合理成分,但问题是朱元璋时代,我们的民族在工商业方面的开发尚处于萌生和刚刚起步阶段,洪武皇帝却如此地"保守"和抑制。这对一个民族的工商业勃兴可谓极为不利。

因此说,朱元璋的工商业国策是不适合宋元时期以来中国工商贸易发展的整体态势与客观实际的。与其说是朱元璋想在工商业方面有什么大的建树,毋宁说他是在修复宋元以来已经局部破坏了的传统自然经济结构,重建士、农、工、商各级"有序"的社会秩序。

## ◉ 建立严控有序的商业秩序

作为帝国最高统治者的朱元璋,他的治国经济思想基本上还是传统的自然经济主义,对工商业的要求首先是服务于君主专制下的大一统帝国的需要;其次是保持社会安定。这种思想也反映在他对待商业经济政策上。

商业比起手工业来说具有更大的流动性,而流动性对于一个以农业为本的传统社会和农耕经济来说构成了巨大的潜在威胁。因此,中国历代的统治者基本上都奉行"崇本抑末"的国策,而大明帝国的开国皇帝朱元璋对其尤为热衷,甚至可以说到了痴迷和癫狂的地步。明朝初年对商业的管理可谓是到家了:做生意的商人要有官方颁发的商引,没有商引就要以奸盗论处;做贩盐生意的要有盐引,做卖茶生意的要有茶引,否则皆以走私论,处以死刑。总而言之,凡是有可能赢大利的都被官方垄断了、控制了,"×引"说白了就是帝国政府搞的"计划票",盐引相当于盐票,茶引相当于茶票(《明太祖实录》卷56;《明太祖实录》卷9)。商引也称"关券""路引""物引"(【明】丘浚:《大学衍义补·征榷之税》卷30),相当于"商票",就差一点当时没发肉票、粮票和布票了。

## ○ 现在的房地产商要是碰上洪武皇帝恐怕要去"建设祖国边疆"了

但帝国政府不可能将一切商业经济活动都"包"了,都给"占"了,事实上这也是不可能的事。那么,对于民间日常的普通的商品经济活动,朱元璋又是怎样管理的?

洪武元年十二月,他下诏给中书省,命令"在京兵马指挥司并管市司,每三日一次校勘街市斛斗秤尺,稽考牙侩姓名,平其物价。在外府州各城门兵马,一体兼领市司"。(《明太祖实录》卷37)

这就是说朱皇帝让在南京和外地的各兵马指挥司兼管市场,规定军队中的大兵们每三天到市场上转一圈,校勘街市斛斗秤尺,查处短斤缺两的奸商,考察记录经纪人的姓名,标定合适的物价。所以说,生活在朱元璋时代,尤其怕小贩短斤缺两的大爷大妈们上菜市场去可省心了,根本就不用自己带电子秤,也不用担心有注水肉和有毒奶粉,因为朱皇帝派人冷不丁地来查了。一旦查到,洪武皇帝他老人家可不会不痛不痒地处罚呐。所以有人怀念洪武时代,不能不说这其中还真有些道理。

不过可能也有人还是十分好奇:那真要是奸商犯法了,老拿"鬼秤"来害人,除把他抓起来,还有没有别的什么方法处置?当时的《大明律》对奸商的行为是有界定和处罚标准的:私造斛、斗、秤、尺,并在市场上使用了,要杖六十即打六十下屁股,事情至此还没有完,朱元璋的"除恶务本"的思想在此又一度体现了——为奸商私造度量衡工具的工匠也要问罪,也是打六十下屁股。

《大明律》还规定:"凡诸物(牙)行人评估物价,或贵或贱,令价不平者,计所增减之价,坐赃论。入己者,准窃盗论,免刺……受财者,计赃以枉法从重论。"商业中经纪人与行内人相互串通,故意虚抬物价或者压低物价,要按贪赃罪来论处;要是

《大明风云》系列之 ③

相互串通作假了,自己又从中拿了"好处费",要按盗窃罪来论处。(《大明律例·户律·市廛》卷10)

洪武三年朱元璋下令严禁牙侩(即经纪人),规定全国各地市场不许设有官牙和私牙,一切商品货物只要照章交纳税收后,听由商人自由交易,"敢有称系官牙、私牙,许邻里坊厢拿获,以凭迁徙化外。若系官牙,其该吏全家迁徙"(万历:《大明会典·户部·商税》卷35)。洪武三十年三月,朱元璋再次"命户部申明牙侩朘剥商贾私成交易之禁"。(《明太祖实录》卷251)

我在想,现在有好多所谓的古董鉴宝"大师"与古玩商店一起作假,虚抬古董价或者作贱古董,还有地方官员炒地皮、房地产商虚抬房价。这类人要是碰到了朱元璋治国,那么他们不仅仅要蹲大牢,而且极有可能全家被发往边疆,成为新的一代"上山下乡"。正因为洪武时期对待不法奸商与贪官污吏处置十分严厉,那时的商业秩序治理得很好,物价比较平稳,市场有序和社会安定,老百姓得到了实实在在的实惠。

## ○ 收税高手要是晚生几百年可能要当上税务局局长了

朱元璋对商业活动的第二个方面的有利政策是适度地征税,反对重税。这主要表现如下:

第一,规定商税为三十税一,超过者以违令罪处置。

洪武开国后,朱元璋对于宋元以来繁琐的关市之征做了整顿,规定商税为"三十而取一,过者以违令论";还有"农具、书籍及他不鬻于市者"也勿征税(《明史·食货志五·商税》卷81)。相对而言,明初的商税还是比较轻的;因此说经商者尽管在社会地位上比较低,但他们的生活却不难过。

第二,反对将官吏考核与收税指标挂钩。

洪武九年(1376),山西平遥县主簿(办公室主任)成乐,因为任职满期进京入朝,当时地方州政府给成乐写的评语是"能恢办商税",就是今天所说的收税有他的一套。吏部(人事部)向朱元璋奏报了这件事,大家都以为这样的人才难得,可是朱元璋却不这么看,他说:"一个地方所产的东西不是无限的,总有个常数。官府从中所取也应该有个合适的定数,不能今天要这些,明天再加。商税自有定额,为什么要等到一个县主簿去办理呢?如果额外加税,一定得不剥削老百姓?再说,主簿的职责应该是辅佐县长,处理一个县的地方政事,安抚百姓,怎么能以善于办理收税作为官员的一项政绩来上报?而且这个主簿的评语上没有其他方面的政绩,是他的失职,还是州政府失察?"(《明太祖实录》卷106)说完,朱元璋命令吏部"移文讯之",即向山西发公文,问问这个叫成乐的主簿收税人到底用的是什么方法?算成乐活该,要是他晚生几百年保不准当上税务局局长。可惜他早生了几百年,因为洪武时期反对重税于民。

第三,反对什么都征税。

朱元璋认为:"贾,以通有无。"(《明太祖实录》卷178)也就是说他肯定了商业的地位,因此他主张保护合法经商,对于商业活动不要苛取税收,坚决反对什么都征税。可自古以来中国的地方"父母官"就擅长阳奉阴违,非要搞出点地方政绩来给上级领导看看,这样就好迅速地升官发大财!彰德府税课司的领导就是这么一些"挺有本领的人民公仆",当时他们向农民们征收瓜果税、蔬菜税、柿子税、枣子税、畜牧税、饮食税,等等,无奇不有。朱元璋听到后非常愤怒地说:"古人说聚敛之臣比强盗还要凶残,说的就是像彰德府税课司里的这等官员啊,来人啊,派人上彰德去,将税课司的那批人给逮来好好问问罪!"(《明太祖实录》卷88)

第四,保护纳税后的商业活动。

洪武八年三月,南雄有个商人带了一批货想贩到南京来赚一笔,不料就在南京边上的长淮关被守关官吏给扣住了。商人交了税,但守关官吏还没将没收的货物还给他,且一扣扣了一个月,货物也快坏了。商人没办法,只好向官府告状。刑部受理了这个案子,最终判定守关官吏有罪,应该记过处分。皇帝朱元璋认为处理得太轻了,既然人家把税都交了,就应该给人家做生意啊。可守关官吏将货物一扣扣了一个月,货物全变质了,应该得狠狠处罚。于是他就命人对守关官吏施以杖刑,并将他的工资也给扣了,作为对商人的补偿。(《明太祖实录》卷98)

第五,撤销全国各地好多税务局。

朱元璋不仅主张适度征税,藏利于民,而且还积极做到轻税。洪武十年,户部(财政部)向洪武帝上奏说:全国共有178个税课司局(即税务局)征税没有达到原定的定额指标,恳请皇帝陛下派人前去核实。朱元璋随即派了太监和国子监生以及朝廷部分官员等前往各地去一一核查,最后做出决定:今后这178个税课司的征税数额就以不足额的数据为新定额,废弃原来的高数额税收(《明太祖实录》卷111)。洪武十三年正月,朱元璋又下令将全国共计364处税收额不超过500石米的税课司局都给撤销了(《明太祖实录》卷129)。同年六月,在与户部大臣讨论减税问题时,洪武帝不无深情地这般说道:"过去我大明奸臣当道,肆意聚敛,深为民害啊。诸位不妨想想,我们的税收遍及天下,就连纤细之物也没放过,朕想起来就觉得着愧万分啊。从今以后,不仅书籍、农具一类免税,就是'军民嫁娶丧祭之物,舟车丝布之类,皆勿税'。"就此大明取消了元朝以来一直实行的嫁娶丧葬等物类的不合理收税。(《明太祖实录》卷132;《明史·食货志五》卷81)

朱元璋严控商业秩序、适度收税、轻税和免税等政策使得广大的老百姓享受到真正的实惠，也有利于明初社会经济的恢复和发展，促进了社会的稳定与大明帝国统治的巩固。当然朱元璋的这些政策所围绕的核心还是他的那个士、农、工、商等级"有序"的社会秩序，控制和限制工商业的发展，使士农工商各守其业了。洪武十八年他跟户部大臣这般说道："朕思足食在于禁末作，足衣在于禁华靡。尔宜申明天下四民各守其业，不许游食。庶民之家，不许衣锦绣。庶几可以绝其弊也。"(《明太祖实录》卷175)

在洪武帝看来，大概只要做到上述那般，这大明帝国才会稳如磐石。因此说，朱元璋的经济政策的本质比起历史上的其他朝代和皇帝带有更强重农抑商之精神，这是不合时代发展潮流的。

## ◉ 改革币制，推广"大明通行宝钞"

农业、工商业的发展与人们的日常生活都离不开货币，明初朱元璋在恢复社会经济的基础上，对大明帝国的币制也曾做了一定的改革尝试。不过，他没成功，原因很简单，就是洪武时代大明帝国最高阶层的"精英们"都不懂货币的经济规律。现在我们就来看看明初发行的两种主要货币及其命运：

### ○ 明初铜钱流通不畅，大明朝为什么一直用"通宝"而没有"元宝"？

在货币制度方面，很奇怪的是，明朝推翻了元朝，应该继承元朝比较先进的纸币制度，但大明开国前后似乎对纸币并不"热情"。这是为何？

我认为其原因是这样的：元朝末年农民大起义的直接导火线是"开河变钞"，"开河"就是修治黄河，前面讲过了；"变钞"就是元顺帝时变更了忽必烈时的"中统宝钞"，实际上是学了点货币皮毛知识就开始改革了，最终招致了亡国。因此纸币"钞"在元末明初的名声很不好，而草根出身的朱元璋和他的淮右集团的重臣们压根儿就不懂得纸币的内在规律性；另一支朱元璋谋臣系列浙东文人圈全是书生，也没有精通经济的。所以说从元末明初的实际来看，确实也没人出来指点货币"迷津"。朱元璋与他的智囊们只好抱着祖祖辈辈传习下来的"宝贝"——跟着感觉走，反正元朝亡国一半亡在这个该死的"纸币"上，所以大家都不愿走元朝的老路，宁愿效法唐宋。

1361年朱元璋在今天南京杨公井附近的"钱厂桥"一带设置宝源局，专门铸造"大中通宝"铜钱，与历代的铜钱一同流通使用，以此来代替日益贬值的元朝纸币。

大明开国后的第三个月即洪武元年(1368)三月,朱元璋下令铸造、发行"洪武通宝"铜钱,其分为5等:"当十钱重一两,当五钱重五钱,当三钱重三钱,当二钱重二钱,小钱重一钱。"(《明太祖实录》卷31)与此同时他诏令全国各布政使设立宝泉局,与中央户部的宝源局一起铸造铜钱,严禁民间私铸,"凡私铸者,许作废铜送官,每斤给官钱一百九十文。诸税课内如有私钱,亦为更铸"。(万历:《大明会典·户部·钱法》卷31)

说到这里,细心的读者朋友可能发现了:无论是"大中通宝"还是"洪武通宝",明朝使用的货币好像都叫"通宝"。这不是朱元璋君臣一再表示要效法唐宋的,而唐宋的铜钱上"写"的是"××元宝"。为什么明朝要将"元宝"改成"通宝"?这主要是从明初开始实行对开国皇帝朱元璋名字的避讳,所以整个明朝一直是在用"通宝"而没有用"元宝"。

既然元末明初的"大中/洪武通宝"是应运而生的,那它们必将很受欢迎?

实际上恰恰相反,铜钱铸造与发行一段时间后,朱元璋君臣发现人们并不欢迎铜钱,时"以鼓铸铜钱,有司责民出铜,民间皆毁器物以输官,鼓铸甚劳而奸民复多盗铸者,又商贾转易钱重,道远不能,多致颇不便"(《明太祖实录》卷98)。因此大家宁愿沿用元代之旧钞,而多不用洪武铜钱。为此,朱元璋很为恼火,但也觉得铜钱确实不方便使用,于是决定改革币制。"钱法既绌,于是又转而承元之钞法,以为元代用钞百四十年,其制可因也"。(吴晗:《记大明通行宝钞》,载《读书札记》,三联书店1956年2月第1版,P303)

## ○ 没有金银本位的"大明宝钞"

洪武七年(1374)九月,朱元璋下令建置宝钞提举司(类似今天的中国人民银行),设提举(行长)、副提举(副行长)等官职,着手进行大明纸币的印制,即后来人们熟知的"大明宝钞"(《明太祖实录》卷93;《明史·食货志五》卷81)。纸币有纸币的优点,如携带方便;但也有它的缺点,如有高手的话,更容易伪造,纸币还易磨损,用不了多久就坏了。即使600年后我们的科学技术很先进了,人民币一旦忘在衣服口袋里,要是放到洗衣机里洗了,恐怕也好不到哪里去。更何况600年前我们的造纸技术就那个水平,连不易磨损的牛皮纸还不会造,怎么能造出好的、易磨损的纸币?据说洪武皇帝朱元璋为此操碎了心,就是想不出个好办法来。

◎ 600年前的"教材"循环使用朱元璋要挖秀才心肝,马皇后说你搞错了

有一天夜里,朱元璋做了个梦,梦见一个神仙。神仙指点说:你要是用秀才的

心肝造币的话,就能造出好纸币来。第二天朱元璋醒来后,一直在想,怎么用秀才的心肝来造币?但就是想不通,于是他就把昨夜的梦说给了马皇后听。马皇后一听,心想:坏了,丈夫已杀了那么多人,现在又要杀书生了,这是作孽啊!但他那股臭脾气,还不能直接劝。于是,聪明的马皇后这般说道:"神仙所说的秀才心肝,你当真是用一个个书生的心?怎么也弄不出来的!你想想,这些读书人的心肝宝贝是什么?还不就是他们读的课本,没了课本,读书人什么也没有了。"朱元璋一听到这儿,顿时恍然大悟,马上下令:每年都把学校里学生读过的课本送到上级部门来造币。后来明朝有个规定,就是国子监的学生按季度上交课业簿(【明】祝允明:《九朝野记》卷1;【明】董谷:《碧里杂存·贤人心肝》上卷)。如果我们要找一个世界之最的话,这下又有了。如今欧美发达国家不像我们国家这么大方——每年都要有几亿人民币的教材与教辅进入废品收购站,反正现在中国有的是钱,GDP 年年往上跳;人家老外就抠门,居然实行教科书循环使用。不过在这方面他们落后于我们又有几百年了——因为我们的祖先在明初时就已经注意到了教材与课业本的"循环使用了"。

以上是有关朱元璋造纸币的民间传说,不足为信。但自明洪武七年(1374)朱元璋下诏设宝钞提举司起,明朝的经济却实实在在地进入了纸币时代。洪武八年即 1375 年大明中书省在今天南京的"钞库街"一带正式印制"大明通行宝钞",并发行于全国使用。

◎ 为什么"大明通行宝钞"不值钱?

"大明通行宝钞"上下高 1 市尺,左右宽 6 寸左右,底色为青色,外为龙形花纹边栏,上面横额写有"大明通行宝钞",其内栏两旁又刻有篆文"大明宝钞"和"天下通行"八字,中图钱贯状,十串为一贯,下方块图内有:"中书省奏准印造,大明宝钞与铜钱通行使用,伪造者斩,告捕者赏银二百五十两,仍给犯人财产。"纸币如此之大,创中国印钞史之最。明初印制的"大明通行宝钞"面额有六种:1 贯、500 文、400文、300 文、200 文、100 文。(《明太祖实录》卷 98)

据洪武九年的《明实录》记载:大明宝钞与其他货币财物的换算是这样的:1 贯＝铜钱 1 000 文＝白银 1 两＝1 石米,1 两黄金＝4 贯＝4 两白银(《明太祖实录》卷105)。但明朝洪武时期是禁止使用金银的,"违者治其罪,有告发者就以其物给之,若有以金银易钞者听。凡商税课程钱钞兼收,钱什三,钞什七,一百文以下,则止用铜钱"(《明太祖实录》卷98)。因此上述换算仅限于民间与缴纳租税时使用。明初官方大力提倡用"钞",洪武十八年开始,全国所有官员的禄米都以宝钞来支付,大

约换算是这样的：二贯五百文(2 500文)折米一石。(《明太祖实录》卷176；《明史·食货志五》卷81)

但明朝的纸钞使用得很不尽如人意,洪武八年(1375)开始发行,到洪武二十三年(1390),15年间大明宝钞贬值到了面额(即规定可兑铜钱数)的1/4,到洪武二十七年(1394)即将近20年的时间,贬值到面额的1/6以下。永乐元年(1403),官兵俸米1石已可折支纸币10贯,当时米价1石不足1贯,则纸币贬值已到了面额1/10以下。洪熙元年(1425),1石俸米可折支纸币25贯,贬值程度较前又加倍了,约为1/25；景泰元年(1450)官兵俸银每两折支纸币500贯,当时铜钱1贯可兑白银1两有余,则可知这时纸币贬值已到面额的1/500以下；弘治元年(1488),官兵俸银每两折支纸币数又达700贯,约为1/700,纸币1贯这时大约只能兑铜钱1文了；到万历四十二年(1614),"海军士给钞数百贯,计值不过数十文"(【明】程开祐：《筹辽硕画》卷8,李汝华：《权时通变酌盈济虚疏》)。纸币10贯纸钞才能兑1文铜钱,贬值已达面额的1/10 000,也就是相当于一堆废纸了。(汪圣铎：《中国钱币史话》,中华书局1998年4月版)

那么为什么明朝的纸币贬值这么快？关键在于朱元璋君臣及其子孙们对货币经济一窍不通,我们不妨来看看洪武皇帝他老人家是如何认识纸币的："钞无古制,始宋用元,兼行子母,大利天下。然制造之法不难,欲人无犯,岂不艰哉！所以不难者,一蔡伦之工,于今之时,孰不为之？国之用行天下,改色饰文,禁民勿伪,故设抄纸局。"(【明】朱元璋：《明太祖集·抄纸局大使敕》卷9；《全明文·朱元璋九》卷9,P133)

吴晗先生诊出了洪武君臣在宝钞制度上的毛病："(朱元璋君臣)顾仅承其制度(指元钞)之表面而忽其本根：元钞法之通以有金银或丝为钞本,各路无钞本者不降新钞；以印造有定额,量全国课程收入之金银及倒换昏钞数为额,俭而不溢,故钞尝重；以有放有收,丁赋课程皆收钞,钞之用同于金银；以随时可兑换,钞换金银,金银换钞,以昏钞可倒换新钞；以钞与金银并行,虚实相权。且各地行用库之颁发钞本也,以行用库原有金银为本,新钞备人民之购取,金银则备人民之换折,故出入均有备,钞之信用借以维持。其坏也以无钞本,以滥发,以发而不收,以不能兑换,以昏钞不能倒换新钞。明太祖及其谋议诸臣生于元代钞法沮坏之世,数典忘祖,以为钞法固如是耳,于是无本无额有出无入之不兑现钞乃复现于明代。行用库之钞本成为无本之钞,不数年而法坏。又为剜肉补疮之计,禁金银,禁铜钱,立户口食盐钞法、课程赃罚输钞法、赎罪法、商税法、钞关法等法令,欲以重钞,而钞终于无用。"(吴晗：《记大明通行宝钞》,载《读书札记》,三联书店1956年2月第1版,P303~304)

我们今天将其再说得直白一点,那就是朱元璋君臣及其子孙光注意了大明宝钞的面值与防伪,但是没有像元世祖忽必烈时代的精英们看到了货币背后的无形之手。纸币的发行是以一个国家的金银储备量为基准,不能滥发,一旦发行出去,就得考虑它们是否能以金银或丝兑换过来;要是发现兑换有困难了,就得赶紧刹车,否则就成了滥发纸币,最终导致纸币的彻底贬值,废纸一堆。但明初数朝的君臣们就是一直没弄懂这些,与他们十分讨厌的政敌元顺帝一个水准,所以到了明英宗时大明已经实在没办法使用"大明通行宝钞"系统了。天顺四年(1460)朝廷公开解除钱禁,但铜钱并没有就此复兴;因为当时明朝统治者不愿废了纸币,那可是祖宗的规制呀。明英宗时代还解除了银禁,使得白银逐渐成为了明朝的主要货币。由此宝钞在流通领域的作用就越来越弱。

不过话得说回来,明朝中后期的这些不是,我们不能全怪罪到朱元璋的头上。理性而言,洪武时期的大明帝国老百姓的生活还是过得去的,就以上述讲到的洪武20多年间大明宝钞的贬值率1/6为例,这个16%是由洪武八年开始首先发行大明宝钞到洪武三十一年总计23年时间内的总通货膨胀率,我们给它平均折算一下,得出洪武时期每年的通货膨胀率大致在7‰,这7‰在日常的生活中简直就可以忽略不计。再看我们现在的通货膨胀率:据网上报道:中国2010年的通货膨胀率在4%~5%,全年居民消费价格指数(CPI)涨幅在3%左右(360网站搜搜问问)。这样的专业术语,我们普通老百姓都不懂,来点通俗的,即我们现在的实际通货膨胀率等于(4%~5%)+3%,也就是在7%左右。相比于当今天价房价和每天都在攀升的菜价,可以推想洪武时代应是物价平稳,大明帝国的子民们恐怕早就过上了小康日子了吧?

回想洪武开国起,朱元璋参酌唐宋,损益元制,立纲陈纪,构建新体,精制狠招,直指"三农",四服"猛药",力解顽疾,以良治良,首创粮长,构建农村自治,建立公平有序的工商秩序,崇本抑末……不难看出,朱元璋的每一招每一式都在实实在在地落实他的"宽猛相济"的治国理念;也不难看出,在朱元璋的治理下,大明帝国的子民们生活逐渐稳定,社会经济有了发展。这一切更多地体现了洪武治国"宽厚民生"或言关注民生的精神。不过在当年朱皇帝的眼里,治国理政光有"宽"还不行,必须得"猛"。那么朱元璋在对待民生和顺民"宽厚"的同时又在哪些方面施予"威猛"了呢?请看下章。

# 下章
# 躬自庶政　高度专制

中华传统政治文明发展到唐宋时代应该说已臻于完全成熟状态，而元以后尤其明清时期则属于过分成熟或曰烂熟阶段。这就好比植物过分成熟或烂熟都属于不正常。洪武皇帝朱元璋在承继元朝政治遗产的基础上竭力推行高度中央集权的君主专制主义，由此传统中国进入了君主极权主义强化的非理性时代。这对以后的历史产生了深刻的影响。

## 纵观元亡横看现状　躬览庶政唯此为纲

洪武三年(1370)十二月戊午日(应为农历腊月初三)，这是个普通得不能再普通的日子，虽说数九腊月里的南京城天寒地冻，勉强温饱的首都人民大多都猫在了家里不愿出门。而就在这城的东南方紫禁城里，大明开国皇帝朱元璋却与往常一样，天不亮就起了床，在马皇后的精心安排下，吃着凤阳口味的早餐，然后进入一天的常规工作流程：临朝、听政、朝议、批阅奏章……批着批着，朱皇帝心里一惊：刑部有个"熟悉"的奏章，请求处死154名松江"反贼"钱鹤皋余党(《明太祖实录》卷59)。钱鹤皋这个名字太熟悉了，不，对于朱皇帝来说应该有咬牙切齿的恨。

那是三年前，也就是大明开国前夕的吴元年(1367)四月，大将军徐达率领的明军势如破竹地横扫苏松大地，张士诚东吴政权行将垮台。东吴松江知府王立中眼见大势已去，赶紧归附徐达。徐达命令被占领的江南诸府"验民田，征砖甃城"(《明太祖实录》卷23)。用今天话来，就是根据各家各户田地的多少出人力修筑本地府治的城墙。"富者多出，贫者少出甚至不出"是朱元璋政权一向的徭役政策，松江尽管新近归附，但富民钱鹤皋等老早就已经听说了，不过以前仅仅听说，如今真落到了自己的头上了，钱大款有点受不了了。钱大款受不了，他的富人圈里的"哥儿们"

也深表同感,几个人凑在一起合计合计,钱大款钱鹤皋就说了:"我们这些人要去修筑城墙,怎么也完成不了上面指派的任务,完成不了任务就要被处死。你们没听说南京城里那个长得'鞋拔子脸'的凶吗?所以说为今之计,倒不如我们起来反了,反倒是能求得一条生路,弄不好还能跟'鞋拔子脸'一样弄个无限的荣华富贵!"众人一听,这主意好是好,但就松江我们几个人怎么搞啊?最后大家商议决定,联合张士诚故元帅府副使韩复春、施仁济等。这下子可好了,一刹那间就聚集了30 000多人,浩浩荡荡杀奔松江府治去,并在那里建立起了临时政权,钱鹤皋自称"行省左丞",在竖起的义旗上写上一个大大的"元"字,来不及找玉石就将就着找了块砖头,刻了些字,当作政权的印章。他随即封姚大章为统兵元帅,张思廉为参谋,施仁济、谷子盛为枢密院判,并派上自己的儿子钱遵义率领数千人走水路直趋苏州,想以张士诚作为自己的后援。(《明太祖实录》卷23)

此时徐达重兵还在江南,听到松江发生叛乱的消息后,他马上派遣手下骁骑卫指挥葛俊率军前往平乱。大致在连湖荡,葛俊遭遇了手拿镰刀、锄头、扁担一类农具作为武器的钱遵义草莽队伍,一举将他们打得落花流水,并继续前进,直取叛乱据点松江。松江叛军本是乌合之众,哪是明军对手,三下五除二就给打败了,头目钱鹤皋也被捕杀。只有张士诚故元帅府副使施仁济率领5 000多人成功突围出去,前往浙江嘉兴府,攻打当地已被明军控制的军械库,引发了当地很大的震动。海宁卫指挥孙虎会合守御指挥张山和知府吕用明,一起布兵设卡,阻击施仁济,最终击败了乱军残余,擒获了施仁济等。至此,松江之乱才算最终平定。

叛乱平定后,明骁骑卫指挥葛俊曾想对松江府治华亭进行屠城,但为原华亭知县冯荣所劝,遂罢。不过自此以后在松江及其周围地区清查与擒拿"反贼"钱鹤皋同党的搜捕行动却一直在进行着,当时一下就查得了钱鹤皋同党"数十百人"(《明太祖实录》卷23)。这本来是大明帝国开国前夕的事情,但为了能"除恶务尽",松江地方性政治清查工作持续了好多年,直到大明开国三年后才最终结束,共计查得钱鹤皋同党154人。按照当时大明法律规定,首倡或附议谋反者不仅"犯罪者"本人论死,就是他们的家人也要被处置。根据当时的法律程序,刑部官员将该案件上呈于朱元璋,请求大明天子予以最终的裁定。(《明太祖实录》卷59)

此时的朱元璋心情很好,开国已经三年了,明军南征北讨,捷报频传。洪武元年前后汤和攻克延平,活捉陈友定,随即又率水师南下,攻下广东,俘获元朝守将何真;杨璟一路进军也不赖,下宝庆、全州、靖江,震惊广西;而几乎与此同时,徐达率领的北伐军更是一路凯歌,先下益都、汴梁,后攻占大都及其周围地区,犹如尖刀一般插入了元帝国的心脏。为了彻底摧垮北元残余势力,洪武二年,大明组织了第一次"清沙漠"行动。在明军强大的军事打击下,元宗王庆生、平章鼎住等高官及将士10 000 多人投降,关中老牌军阀脱列伯被俘,孔兴被杀;就连昔日的大元君主元顺帝也被明军追打如丧家之狗,连个喘息的机会也没有,连滚带爬地逃亡到了蒙古人老根据地应昌。洪武三年朱元璋又组织了第二次声势浩大的"清沙漠"行动,打败了残元扩廓帖木儿的西路军,俘获了北元郯王、文济王及国公阁思孝、平章韩扎儿等 1 865 高官显贵以及近 14 万人的将校士卒。最令人兴奋的是,元顺帝嫡孙买的里八剌和元宫后妃都当了大明军的俘虏。(《明太祖实录》卷 43;48~51)

捷报频传,朱元璋乐得合不拢嘴。不过草根出身的大明天子脑子一直很清楚,眼前的胜利并不能代表永久的胜利。正所谓:"安不忘危,天下宁有不致太平者哉!此后王所当法也。"朱元璋十分喜欢唐代诗人李山甫的《上元怀古诗》:"南朝天子爱风流,尽守江山不到头。总是战争收拾得,却因歌舞破除休。尧行道德终无敌,秦把金汤可自由。试问繁华何处有,雨苔烟草石城秋。"于此可见朱元璋心态之一斑。(【明】姚福:《青溪暇笔》卷上)

为了不使自己的江山社稷重蹈南朝之覆辙,除了自身与后代子孙注意不能腐化外,还不能像秦朝那样一味任刑重罚,而应该多学学尧舜仁君那般德义天下。这样的道理,朱元璋几乎每年、每月甚至每天都曾想过,尤其在这洪武三年捷报频传和除旧布新的大喜日子里。洪武帝想到这些,眼前顿时一亮,刑部呈上来的松江钱鹤皋余党案不能再拖了,已经查了四年,该了结的已经了结了,该杀的"元恶大凶"都已杀得差不多了,眼前呈上来的 154 名钱鹤皋"余党",估计也只是小鱼小虾,再杀他们,怎么能宣扬我朱元璋有着尧舜一般的"仁德"之心呢?算了,宽大为怀吧。想到这里,他拿起笔,刷刷地在奏章上批上:"贼首既诛,此胁从者,俱贷其死,谪戍兰州。"(《明太祖实录》卷 59)

这事很快就过去了,一转眼就是洪武三年十二月的十五日。尽管平民百姓都忙着准备过年了,可身为"天生圣人"的大明天子朱元璋却根本不用操那小民才操的心,他还是按部就班地重复他每日的工作。这一天上朝按理说没什么特别的,就是例行公务,俗套一番。退朝后,洪武帝来到西阁,开始阅读臣下的奏章,读着读着,有个叫严礼的书生写的奏章引起了朱皇帝的特别注意,他看了好一阵子,又想了一下,然后转过头去问身后的侍臣:"你们几个都是'知古今达事变'之人,今天各人给我讲讲看元朝最初为什么能得天下,而最后为什么会失天下?"有侍臣说:"元朝得天下是因为当初他们的大元开国皇帝元世祖十分贤明,所用的大臣都是些忠臣;而元朝失天下主要是因为元顺帝昏暗,所用的大臣都是阿谀奉承的奸佞之臣。"也有侍臣说:"元朝得天下是因为当初他们的大元开国皇帝元世祖十分节俭,而元朝失天下主要是因为末代之君元顺帝奢侈腐化……"朱元璋一一听着,最后忍不住发话了:"你们所说的都有点道理,但都没有说到要害上去。元朝之所以能得天下,固然有元世祖的雄武,而元朝最终亡国关键还在于元末君主'委任权臣,上下蒙蔽'啊! 现在这个叫严礼的书生上奏章给朕,说什么我大明'不得隔越中书奏事',就是说凡有国事都要由中书省来过问处理,这正是元朝国政最大的弊端啊! '人君不能躬览庶政',大臣才得以专权胡为,最终弄得天怒人怨。现在我大明帝国才刚刚建立,正是各式各样的民间下情需要上达朕这里的时候,你们说怎么能叫朕去学元朝人的那种做法呢?"(《明太祖实录》卷 59)

这是明代史料记载中第一次出现朱元璋对沿用元朝中书省等结构体制的不满,我们将上述朱皇帝的表述作个浓缩:为了使帝国江山能够长治久安,大明君主就必须躬览庶政。

心理学研究表明:遭受巨大人生挫折和心理创伤的人在日后遇到极大刺激以后,有意或无意地勾起对昔日的回忆,进而导致他思维与行为的偏执。

朱元璋,一个曾经的山野草莽最终成为大明帝国的天子,一个濒临于生与死边缘的游方僧人经过无数的血与火的洗礼终于登上九五之尊的宝座;当他拥有大一统帝国巅峰的权力时,童年、青少年时代的心理潜影、昔日的某种理想,自觉或不自觉地体现在他所制定的治国国策当中。

我是谁? 我怎么过来的? 怎么坐上大明帝国第一把交椅的? 洪武中晚期的朱元璋心态似乎已经变形,不过早期的他还算正常,且还有几分诚实的可爱。

大明开国前的 1366 年四月,离家可能有 10 余年的朱元璋忙里抽空回了一次濠州(即后来的凤阳)老家。家乡人听到庄上走出去的大贵人回来了,都争相前来奉承奉承,有个叫经济的老者就带了全庄的男女老少早早地等候。见到乡亲们这么热心,昔日无人理睬、濒临于生死一线间的朱元璋顿时眼中布满了泪水,与经济等父老唠叨个没完没了,而后下令设宴招待家乡父老。席间朱元璋跟经济说:"我与你们已经好久好久没见面了,今天回到家乡,看到村庄上还是破破烂烂,我的心里好不难受。这都是那该死的战争作的孽啊!"经济说:"濠州饱受战争之苦,我等乡人一直也没能安安静静地生活一段时间。现在全仗主上您的威德,总算有了片安宁,也劳烦主上您操心了!"朱元璋说:"濠州,我的故乡,我的父母坟茔就在这里啊,我怎么能忘啊!"说越说越激动,濠州的乡亲们看到朱大贵人这般亲切,心里像喝了蜜一般甜。而朱元璋更没忘特别关照家乡父老:"教导子弟为善,立身孝悌,勤俭养生……喔,对了,乡人下地干活不要走得太远,我们周围的淮河流域还有许多割据势力,若不注意的话,弄不好要被他们掠去了,那就

麻烦了……”沐浴着红巾军中升起的“红太阳”这般温暖,经济等父老乡亲的心也醉了。(《明太祖实录》卷20)

阔别重逢,衣锦还乡,昔日自卑的朱元璋此时心理有了极大的满足,但并没有无休止地膨胀。因为他还没有扫平群雄,鹿死谁手尚未可知,更有在家乡人面前,自己是什么,几斤几两,还是十分清楚的。四天后,在拜谒父母坟茔回来的路上,朱元璋跟随身博士许存仁等人这般说道:“当年我在乡下没投军时,就经常自己问自己将来能做什么? 说实在,当时只能说:‘终身田野间一农民耳!’后来遇上战争,投入军伍,也只不过是为了保全自己、糊口饭吃吃,没想到后来做大做强了,也不意今日成此大业……”(《明太祖实录》卷20)

行将开国的朱元璋在看望家乡父老时感慨万分,在拜谒父母坟茔后又真实地感触了一回自己的过去,随即就说了一段大实话:我没走出家乡时就是一颗小小草,我也想过自己的未来,不过就是‘终身田野间一农民耳’,‘不意今日成此大业!’如果再追问下去,那今天的大业怎么来的? 不就通过在死人堆里爬啊、打啊、杀啊! 靠谁去打啊、杀啊? 就朱重八、朱元璋一个人? 显然不可能! 靠的是无数条鲜活的生命去换来的。既然换来了这实在难得的大明江山,那就得好好地守住,就好比穷苦人家富起来了死命也得要保护好自己的财富一般,因为它得来太不容易了。

朱元璋这样“忆苦思甜”在史籍中有着很多的记载。忆苦是回忆过去的艰辛困苦,思甜就是要看看今天的幸福怎么来的。不说也罢,说起来、想起来就要一身冷汗。远的不提,就说洪武三年十二月十五日处理的那起钱鹤皋余党案件中的首逆钱鹤皋,虽说是个倒霉蛋,但他若是成功了,能有我朱元璋的今天吗? 再看眼下虽然是太平了,但能保障没有第二个钱鹤皋吗? 要是有了,就像咱当年红巾军起来时,君主被中书省、行中书省的丞相等臣下给蒙蔽了,一发不可收,我这个君主将如何是好? 因此说,为了保护好今天来之不易的江山社稷,就得以前人为鉴。既然元朝人最终亡在君主不能躬览庶政上,既然人臣会欺君胡为,那我就得十分甚至百分认真地注意着,且得好好有所为。从那一刻起,朱元璋就开始酝酿对明初沿用的元朝政制实施大改革。

改革从何入手? 就从中书省开刀? 明初以丞相李善长为首的中书省大臣是朱元璋立纲陈纪或曰立法建制的左膀右臂,这是不能乱动或者说眼下还不能动的。朱元璋是个心思极度缜密的人,自己的这份“家业”从何而来? 不就是当年借寄在郭子兴的帐下,由小兵一步步干起的。后来老丈人死了,不仅他老人家的队伍全被我朱元璋收了,就连他的宝贝女儿也做俺的“压寨小夫人”(《明太祖实录》卷2;《明太祖实录》卷53）。再说大一点，自己当年攻占金陵，"以元御史台为公府，置江南行中书省"（《明太祖实录》卷4）；也不就打了韩宋政权的旗号，使用龙凤纪年，再以韩宋江南行中书省的丞相名义发号施令，做大做强，"然事皆不禀其节制"（【清】谷应泰：《明史纪事本末·太祖起兵》卷1），即自己做事几乎从不上报给小明王批准。要是当初小明王政权不是模仿元朝政制，建立什么中书省与行中书省等制度，我朱元璋能那么顺利地发展壮大？就此而言，早在大明开国前后洪武皇帝就已经清醒地意识到了这个问题。

洪武二年二月在大明北伐军攻占大都、收集元帝十三朝《实录》和大量经世大典的基础上，朱元璋决定组织人马，编撰一部《元史》。当即诏令中书左丞相宣国公李善长为监修，前起居注宋濂、漳州府通判王祎为总裁，并从各地征集了大批的文人学士在南京天界寺开局编书，当时洪武皇帝还发表了一番"宏论"："自古以来每朝每代，建章立制，都行事于当时，而是非功过却昭示于后世，所以说'一代之兴衰必有一代之史以载之'。元朝统治了我们将近百年，起初他们的君臣还算得上朴实、厚道，政事也比较简略，实行与民休息政策，故而元初之时曾被人称为'小康'之世。但到了后世子孙那儿就不对劲了，'昧于先王之道，酖溺胡虏之俗，制度疏阔，礼乐无闻，至其季世，嗣君荒淫，权臣跋扈，兵戈四起，民命颠危'。"（《明太祖实录》卷39）

元朝灭亡的原因很多，究而言之，有君主的昏荒，有机制崩溃的问题，更有权臣利用制度漏洞专横跋扈，肆意胡为。这样的教训太深刻了，太多了，就说权臣跋扈吧，朱元璋在开国前后就不时接到奏报，自己政权中中书省某大臣拉帮结派，排除异己，某出征将领在外骄横胡来。别说这些重量级的文臣武将，就讲尚书郎某也因为仗着与中书省丞相李善长铁哥们关系，居然也敢"放肆奸贪"。朱元璋实在恼火，毫不含糊地下令将他给宰了，并叫人抄了他的家。好家伙，抄家抄出来的全是他老家父亲、哥哥以及亲戚朋友请托他谋私利的信件。这下朱皇帝更坐不住了，立即派遣胡惟庸赶往杭州尚书郎某老家去，照着那些写信请托人的名单一一逮问，最后以重罪论处。（【明】刘辰：《国初事迹》）

文臣这般奸贪，那武将呢？更是不得了了。华云龙是明朝开国前后有名的猛将，攻下大都北京虽说是徐达担任总指挥，但华云龙的功劳也不小啊，尤其后来徐达主要致力于"清沙漠"全局指挥，长期不在大都，守护大都北京主要还是靠了华云龙。嗨，就这个华云龙，不在君主的眼皮底下了，什么事都干得出来。他擅自做主，搬到故元宰相脱脱大宅里去逍遥；这还不算，又命令被俘的蒙古、色目、畏吾儿、女直等诸族兵士为他修缮故元太长公主府，劳师害民。这还了得，大都是新收复之地,又处北疆前沿,一旦处置失措,后果不堪设想。洪武六年朱元璋降下敕令,严斥华云龙:"尔住脱脱大宅不足,又去修太长公主府,劳苦军士。存留蒙古、色目、畏吾儿、女直(即女真,本书作者注)做军在部下,此等有父兄在沙漠,若起反心,为患不小。胡人遗下妻妾不起发,主何意?坐视制书,大不敬。如今着何文辉去代替管领军马。"(【明】刘辰:《国初事迹》)

## 废除地方行中书省　实行"三司分立制衡"

幸好当时的华云龙已经重病在身,还没等到回南京就一命呜呼,也免了秋后大算账。不过对于当时的洪武皇帝来说,华云龙虽死,但他的心里一点也不轻松。想想很悬,华云龙敢住到脱脱府第,想做中书省丞相?想做第二个朱元璋?我朱元璋不也是由中书省派出机构行中书省的丞相起家的?想到这些,朱皇帝心里的气没得说。对大臣的肆意胡为,对元朝沿袭下来的制度的不满,就以自己偏执型的个性来讲,应该早就出手了,但朱元璋考虑再三,一忍再忍。直到洪武九年,大明帝国内外局势已比较平稳,他开始着手削弱地方权力,加强中央集权的政治制度改革,以防止地方势力与臣下权力坐大,这即是后人熟知的洪武年间地方行政机构和制度改革。这一改革,主要有两个层面:

## ◉ 第一个层面:将故元的地方省级"集权"机制改为地方省级"三权分立"制

纵览中国历代政治制度之发展演变,细心的人们就会发现,中国历代王朝发展有这样一道"风景":那就是总体来说,后一王朝往往比前一王朝更趋强化中央集权,越到中国传统社会后期,中央集权的强化就越厉害(极个别特例除外)。

明朝开国,百废待举,制度初立,政治体制上大体沿袭了元朝旧制,有的甚至连名称都基本上沿用。但问题是元朝是一个少数民族建立起来的大一统帝国,这是一个经济文化落后的民族对经济文化发达的民族的征服后出现的尴尬又无奈的结果,而蒙元帝国恰恰是汉化——实际上是先进文明化做得很不成功的。元朝统治近百年,到末代皇帝元顺帝时,大多蒙古贵族连汉语都不会说,更不要说是吸收以汉民族为主体的传统文化精华,他们充其量只学了点汉文化的皮毛。所以元朝政治体制的一个重要特点即是沿袭了部分蒙古族原始部落贵族制的政

121

治要素。

蒙元时代将唐宋中央行政制度中"三省分立"的丞相制变成了实际上一省制——中书省。中书省尽管设立了左右丞相、平章政事、左右丞、参知政事等许多官职,尽管这些职官的地位不等、职权不同,但其中的右丞相的地位与职权却特别大,毫不夸张地说近似于"二皇帝",分享皇帝的权力。

同样,元朝地方行政机构的设置也颇为独特。元朝除了中书省直接管辖的地区——"腹里"外,全国其他地方都设立了行中书省。行中书省,顾名思义就是在某地行使中央中书省的权力,是中央中书省的派出机构。既然这样,地方行中书省的机构与官员设置也与中央的中书省相对应,地方行省中均设有左右丞相、平章政事、左右丞、参知政事,掌管一方军政、民政、财政大权,史载"行中书省,凡十一,秩从一品。掌国庶务,统郡县,镇边鄙,与都省为表里……凡钱粮、兵甲、屯种、漕运、军国重事,无不领之"。(《元史·百官志七》卷 91)

可以这么说,元朝政治体制中,地方的权力极大。尤其是作为行省一把手的丞相总揽一个省的军政刑名等大权,权力集中,很容易造成地方上一把手一手遮天,腐败横行;同样,这种制度也容易造成地方坐大,对抗中央,中央号令不行。所以元顺帝后期面对大规模农民起义时,中央朝廷就不能号令地方一致行动,最终使得农民起义之火成燎原之势。元朝为什么亡得很快,与地方"一把手"制度的设置不无关系。假如元顺帝不亡国,元朝的这种地方行中书省制很容易演化为严重的地方割据。

由此可以说,朱元璋对行省制与丞相制的深恶痛绝,并不完全是由他的个性猜忌与独断所导致的。更重要的是,行省制和权力甚大的丞相制与中国传统皇权帝制有着内在的冲突。所以,洪武初年沿用元朝的地方行政体制本身就有很大的问题。这对于有着"非凡经历"和极强权力欲的朱元璋来说自然是最不能容忍了。

洪武九年(1376 年)五月,朱元璋下令,改地方行中书省为承宣布政使司,"设布政使一人,正二品;左右参政各一人,从二品;改左右司为经历司,设经历一人,从六品;都事检校各一人,从七品;照磨管勾各一人,从八品;理问所正理问,正六品;副理问,从七品,提控案牍省注。"(《明太祖实录》卷 106)

布政使名称的来历,《明史》说得很明白:"布政使掌一省之政,朝廷有德泽、禁令,(通过布政使)承流宣播,以下於有司",即意为"秉承皇帝圣意、宣扬皇帝美德而布政于天下"(《明史·职官志四》卷 75)。当时全国各地布政司管辖范围的划分,大致仍沿袭了元朝各行省所辖地区,除南京直辖外,共设 12 个布政使司,它们是北平、山西、陕西、河南、山东、浙江、江西、福建、广西、四川、广东、湖广。洪武十五年，增置了云南布政司，这样就变成 13 个布政使司（《明太祖实录》卷 143）。永乐十一年又增置贵州布政使司。由此而言大明帝国应该有 14 个布政使司，但明朝历史上压根儿就没有过 14 个布政使司的说法，明朝永乐时期定制就是 13 个布政使司，那么还有 1 个布政使司"跑"到哪儿去了？

要解答这个问题我们就要首先讲讲南京与北京的建置。南京建置是在洪武元年，是将今天江苏的苏南、苏北和上海、安徽皖南、淮北等地区单独划了出来，共计是 15 府和 3 州，它们分别是徐州、淮安府、扬州府、镇江府、应天府、常州府、苏州府、松江府、凤阳府、滁州、和州、太平府、庐州府、广德府、宁国府、池州府、安庆府、徽州府等。因为这些地区在朱元璋看来特别重要，一则安徽淮北和皖南是朱元璋的"龙兴之地"；二则江南地区是全国首屈一指的粮仓，素有"苏湖熟，天下足"之说，所以朱元璋将它们划为大明天子直辖的南京范围。再进一步说下去，明都具体所在地即今天南京及其附近的江宁、上元两县，朱元璋给它定名为应天府，意思为"上应天命"（《明太祖实录》卷 4）。那时的南京是京畿地区，当然不与其他地方布政司同列，它要高于其他地方的布政司。因此从洪武到建文年间，明朝地方维持 13 个布政使司的建置。永乐十一年增置贵州布政使司，但后来永乐帝迁都北京，正式确立与稳定南北两京制，这样一来，原本的北平布政司从省级布政司中"提升"出来，但又增进了一个贵州布政使司，刚好维持了原本的 13 布政使司建置。自此以后整个明代地方省级布政司一直维持这样的建置格局。

同时，在布政司之外，朱元璋还在地方上设立了其他两司，它们共同形成了地方权力的"三司分立"。"三司"就是指地方上最高的三个并行权力机构，它们的长官就是人们俗称的封疆大吏。"三司"具体是指：承宣布政使司，设左右布政使各一人，正二品，掌管一省的民政和财政；提刑按察使司，以提刑按察使（简称按察使）为长官，"掌一省刑名按劾之事，纠官邪，戢奸暴，平狱讼，雪冤抑，以振扬风纪，而澄清其吏治"（《明史·职官志四》卷 75），即负责一省的刑狱诉讼与监察；都指挥使司，以都指挥使为长官，"掌一方之军政，各率其卫所以隶于五府，而听于兵部"（《明史·职官志五》卷 76），即主管一省的军事。都指挥使司除了设立前面说到的 13 个布政司地区外，明朝还在边疆少数民族地区广为推广。

这样一来，原本由一个衙门——行中书省长官总揽的大权现在被朱元璋分拆到了三个平起平坐衙门的三四个长官手中，它们各司其职，互不统属，互相牵制，又各自直属中央朝廷。一旦遇到重大事情，必须在布、按、都三司长官会议上讨论，上报给中央有关的部院。这样地方官的权力大为削弱，中央集权得到了加强。（《明

明代地方"三司"分权示意图

明代
行省
"三司"

{
承宣布政使司——民政、财政
(左右布政使各 1 人,相当于省长)

提刑按察司——刑狱、诉讼与监察
(按察使 1 人,相当于省高院、检察院和公安厅一把手)

都指挥使司——军事
(都指挥使 1 人,相当于省军区司令)

提举学政(明英宗时增设)——教育、科举
}

　　明代第二级地方政权机构是府,府的长官叫知府。还有一种与府地位相同的机构,叫直隶州,名称的意思是直属布政使司的州,其长官叫知州。

　　明代第三级地方政权机构也就是中央政权直接管辖到的地方最底层的一级权力机构就是县,其长官叫知县;还有一种与县地位相同的一般州(也叫属州),其长官也叫知州。(《明史·职官志四》卷 75)

　　府、州、县因为管辖的范围相对比较小,朱元璋没有必要担心它们有多大危险,所以一般来说地方上的行政、司法与钱谷等都由地方长官一把抓。明代这两级地方行政机构基本上没有什么"创制",大致沿袭了中国数千年的政治传统机构罢了。

## ◉ 第二个层面：将元朝的地方四级行政制精简为三级行政制

　　从精简行政层级这个层面来说,朱元璋的改革其实也没有多大的新意。中国历史上早已有过许多这样的先例。大凡在王朝中后期,中央政权对地方的管辖力和渗透力日益减弱。为了加强中央集权,许多王朝中后期往往增设地方行政级制以加强对地方的管理。例如汉朝后期就在原来的郡县两级制的基础上再加上"一顶帽子"州这一最高的地方行政机构,但实际行政效率反而变得更差了;因为王朝中后期往往是政治腐败,上梁不正下梁歪,行政效率低下不是靠增设行政机构来解决的。这是中国历代王朝发展中的"通病",而且这个"病"一般都病得不轻,无法靠自我反腐、自己治疗来解决的,必须通过农民大起义或政治大动荡之类的大手术来彻底进行"清淤解毒",使社会更新——新王朝的建立。这可视为中国历代王朝通常出现的第二道"风景"。

　　中国历代王朝发展的第三道"风景",那就是新王朝立国稳定后,总是借鉴前一朝的成败之教训,对原先直接沿用的前朝行政体制进行针对性的简化或改革。当然这样做的中心宗旨是为了加强君主专制主义中央集权。元朝的地方行政实行行省、路、州和县四级制。朱元璋时将"路"这一级行政机制废除了,简化成地方省、府(州)和县三级地方行政建制,传达与执行政令更加便捷了,行政效率相对提高了。从此明清帝国地方行政一直维系三级建制的基本格局,直至现在已经有600多年了,我们今天依然实现的是地方三级行政级制(现在的地方行政级制比较复杂,按宪法规定是三级省、县、乡,实际上是四级,省、市、县、乡)。由此可见朱元璋行政体制改革对后世的深刻影响。

元代与明代地方行政级制对比

| 元代地方行政四级制 | 明代地方行政三级制 | |
|---|---|---|
| 行中书省(简称行省) | 布政使司(俗称行省) | 左右布政使 |
| \| | \| | \| |
| 路 | | |
| \| | \| | \| |
| 府(州) | 府、直隶州 | 知府、知州 |
| \| | \| | \| |
| 县 | 县、散州 | 知县 |

## 废除中书省宰相制　相权六分君主统摄

### ●元明以前的"三省制度"与相权分立

在对地方行政机构和制度实施大改革后,按照朱元璋的个性,理应立即动手解决自己早已深恶痛绝的中书省丞相制。可实际上朱元璋又忍了3年多,这究竟为何? 在笔者看来,大致有三个方面的原因:第一,地方行政机构大"变脸"了,中央连着马上改,这样从地方到中央很容易引起官场"大地震"或"大动荡";先改地方,看看情势,稳定一段时间后再解决中央的中书省,这样的权谋法术,老政客朱元璋精通得很;第二,洪武前期大明军北伐、"清沙漠"运动一直在进行着,而中书省等中央机构担负着十分重要的职责,如果这些机构过早变动,极有可能造成政局的不稳;第三,宰相制度在中国历史上已经存在了1 500多年,如果洪武立国之初一下子就将中书省宰相制给废了,不仅仅在当时人们的心理上不认同,而且还会使人怀疑朱元璋政权"恢复华夏"的正统性和"参酌唐宋"的可信性。所以大明开国以后,朱元璋尽管不断地表示出自己对宰相制度的不满,但又不得不一忍再忍。

中国自古以来就是个以农业立国的传统社会,尊奉祖先传统是历朝历代的"通行法则"。朱元璋上台前后特别标榜要"恢复古制,参酌唐宋",而唐宋时代的宰相制恰恰又是中国传统社会政治文化发展过程中最为成熟和最为典型的形态。话说到这个份上,有朋友可能要问,既然如此,那一直叫喊要"参酌唐宋"的朱元璋究竟又为什么要废除宰相制?是不是这位来自凤阳乡野、仅仅摸了摸佛经的和尚皇帝读歪了经?或者说他口是心非?

要想说明清楚这些问题,我们势必要从中国传统社会宰相制度的发展规律与特征说起。

## ○ 中国传统社会宰相制度的发展规律与特征

自从秦朝正式确立丞相制度起,中国历史上上演的皇权与相权之间的争斗就一直没有停止过。其发展趋势和斗争规律呈现如下特征:

第一,如果从皇权与相权之间相互关系的整体上来看,皇权基本上一直处于优势状态,但有时相权也会压倒皇权,这主要发生在隋唐以前的中国传统社会前半期。例如西汉的霍光、东汉末年的曹操、三国末年的司马懿父子、东晋的桓温和刘裕等等,都是以相权压倒了皇权。

第二,每逢改朝换代时,皇权与相权的势力范围总有一定程度的调整,其总的趋势是皇权不断地上升,相权逐渐地削弱。因为每个有远见的开国帝王为了长久保存他的帝国家业,总要废除前朝一些有碍于皇权的条文与制度,不断地扩大皇权的势力。尤其是从宋朝开始,从整体上来说,相权逐渐萎缩,到了明初朱元璋手里最终连宰相制度也给废除了。

第三,如果单从中国历代宰相权力演变这个层面来描述的话,那么我们就会发现,其权限变化呈两头大中间小的走势。更为确切地说,在宰相制度的确立与初步发展的秦汉时期,宰相的权力是相当大的;从魏晋南北朝到隋代,宰相权力逐渐缩小、逐渐分权;在中国传统社会的黄金时代——唐宋,"三省制度定型",宰相权力"三分"甚至 N 分;但到了元朝和明初由原来的宰相权力三分又归于一省,集于一人,最终被不容对皇权有所侵夺的明太祖朱元璋所彻底废除了。

这大概可以说是在中国历史上存在了 1 500 多年的宰相制度发展演变的规律特征吧。

## ○ 唐宋时代是中国传统社会宰相分权制度的理性成熟阶段

大约从两汉魏晋南北朝开始,中国宰相分权制度逐渐走向完善;在隋唐时代中国传统社会的宰相分权制度发展到成熟阶段,其典型形态应该是"三省六部制"的定型。宰相权力的三分、政府权力的三分具有经典意义。

隋唐时代具有经典意义的三省制度

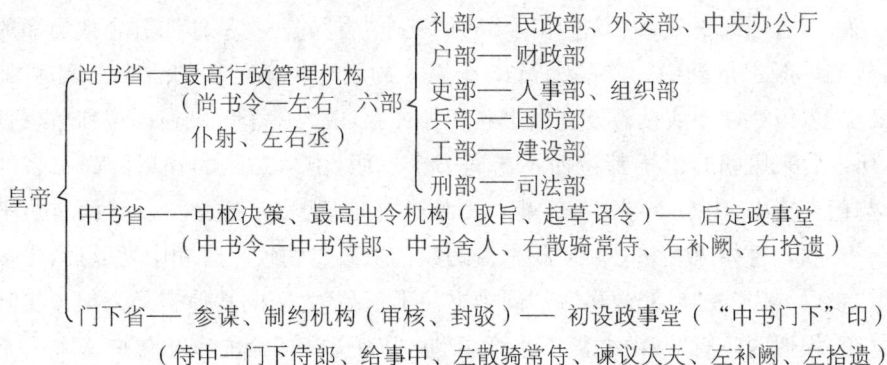

皇帝
├─ 尚书省——最高行政管理机构 ┬ 礼部——民政部、外交部、中央办公厅
│　（尚书令—左右　六部 ├ 户部——财政部
│　　仆射、左右丞） ├ 吏部——人事部、组织部
│ ├ 兵部——国防部
│ ├ 工部——建设部
│ └ 刑部——司法部
├─ 中书省——中枢决策、最高出令机构（取旨、起草诏令）—— 后定政事堂
│　（中书令—中书侍郎、中书舍人、右散骑常侍、右补阙、右拾遗）
└─ 门下省—— 参谋、制约机构（审核、封驳）—— 初设政事堂（"中书门下"印）
　（侍中—门下侍郎、给事中、左散骑常侍、谏议大夫、左补阙、左拾遗）

上面的示意图简明地将隋唐时代由宰相权力三分而形成的具有经典意义的三省制度做了最为直观的描述。但很多人可能要问了:宰相权力三分了,宰相到底有几个?其权限是如何划分的?

按照唐朝制度层面上的设计,唐帝国的宰相至少应该要有 4 个以上,他们分别是上面示意图上的三个"省"长官,尚书省长官尚书令 1 人、中书省长官中书令 2 人和门下省的长官侍中 1 人,光这三个"省"的"一把手"宰相就有 4 人。有宰相必定还有副宰相,尚书省的副宰相 2 人即主管礼、户、吏三个部的左仆射 1 人和主管兵、工、刑三个部的右仆射 1 人;中书省的副长官即副宰相中书侍郎 2 人;门下省的副长官即副宰相门下侍郎 2 人。三省中的副宰相就有 6 人,唐朝时的宰相与副宰相加在一起总数不会少于 10 人,这比隋唐以前就两三个宰相来说,绝非是增加了中央高级别的官员队伍,而是分权精神的落实。这还仅仅是制度设计的层面,而实际运行情况及其所带来的影响却极为深远。

第一,唐朝时的三省制度的设计宗旨就是将原来过于集中的宰相权力进行"三分":中书省是中枢决策和最高出令机构,主要负责从皇帝那里取旨、起草诏令;门下省是参谋、制约的机构,主要是审核中书省所草拟的诏敕,如果有异议就有权封驳中书省所拟。换句话来说,凡是军国要政,都由中书省预先定策,并草拟好诏敕,交给门下省审议并向皇帝复奏,然后交付给尚书省颁发执行,这是从上到下的权力运行中的分权机制;倒过来,从下到上呢,如果地方上或中央各部门有事要上奏章,重要的就必须要先通过尚书省再交给门下省去审议,门下省认为可以的,才可送中书省呈请皇帝批阅或草拟批答;门下省如果认为批答不妥,有权驳回修改。(【宋】黎靖德:《朱子语类》卷 128)可见在唐朝就从制度的设计与运行来看,原先辅佐皇帝总领天下大政的宰相之权力已经被划分为三大块,其组织较为完备,分工较为明确,运行有条不紊地进行,是中国传统政治制度发展到了成熟与相对理性的阶段。这是我们民族一份宝贵的历史遗产。

第二,唐朝尚书省、中书省和门下省的三个"省"的一把手即四五个或更多的宰相,他们一般都是朝中的二品大员,6个以上的副宰相都是从二品或三品,可谓是品高位重,但往往不实授。譬如尚书省的尚书令,唐太宗李世民在即位前曾任过此职,所以后来唐朝的臣子都避而不居尚书令一职,由从二品的仆射为尚书省的长官,与门下侍中、中书令号称为宰相。即使这样,唐朝皇帝还常常以其他官员来兼作宰相之职,譬如唐太宗时就叫秘书监的魏征来参与朝政。唐朝中期以后,更多的是以"参议得失"或"参知政事"或"同中书门下三品"之衔的其他官员来担当实际宰相之职,相似的还有"同中书门下平章事"也成为皇帝任命的宰相(《旧唐书·李钰传》卷173)。这样就更不可能造成宰相专权了。唐朝尚书省、中书省和门下省的三个"省"的一把手一般是上午在政事堂议事,下午回省里办公,因为宰相人数很多,议事体现了集思广益的特征,可以视为中国传统政治中一种比较独特的"民主性"。当然,在许多宰相中还有一个领头议事的,叫做"执政事笔",唐玄宗时奸相李林甫、杨国忠就是依仗皇帝的恩宠而长时间地霸占"执政事笔"之位,从而形成了宰相"专权"的局面。安史之乱后,唐肃宗有鉴于此,做了改革,开创宰相们10天一秉笔的制度,就是宰相们轮流转,每人值班10天,这样谁也不可能有机会专权了。(【宋】司马光:《资治通鉴·唐肃宗至德元载》卷219)

第三,唐朝三省中的尚书省虽说是执行机构,但他们的长官既要到政事堂去参与议定国家大事,又要回省具体执行朝议的决策,实际权力还是很大。所以唐朝在防止尚书省长官专权的制度设计上就有一定的考虑,首先,设立尚书省左右仆射各1人,规定各领3部。其次,在六部尚书的任职上做"文章",六部尚书的品级是三品,低于他们的主管领导,因此六部的"部长"往往由其他的高官权臣来兼职。这样,尚书省本身就有2个宰相,名义上的六部的长官又由高官兼领,说白了等于是在尚书省宰相的权力范围内搞几个"看门人",掺沙子,这就使得尚书省的宰相没有专权的机会和可能。

第四,更为难能可贵的是贞观年间唐太宗曾经明确地告诉群臣:"中书诏敕或有差失,则门下当然驳正。人心所见,至有不同,苟论难往来,务求至当,舍己从人,亦复何伤!比来或护己之短,遂成怨隙,或苟避私怨,知非不正,顺一人之颜情,为兆民之深患,此乃亡国之政也。"(【宋】司马光:《资治通鉴》卷192)这段话的意思是说:"中书省诏敕有误,门下省应该予以驳正。每人所思虑的不同,观点当然也不同，摒弃自己错误的观点，尊重别人正确的意见，这又何妨呢？如果一味地护己之短，固执己见，或者是看一人的脸色办事，这是亡国之兆啊。"从唐朝贞观和开元年间的政治实际来看，皇帝特别注重集体领导的作用，中书、门下两省协助皇帝制定和决定国家大政方针，又防止了个人的专断。这也许是中国传统政治中最为人们所称道的。

所以说，以唐朝三省制为典型的中国传统政治制度中的分权意识是具有积极意义的。中国传统社会政治文明以唐朝作为历史的巅峰，不能不说与这种分权意识的三省制的典型形态的出现与分权精神的贯彻存在着很大的关联。当然，以唐朝三省制为代表的中国传统社会中宰相权力三分尽管有着很多的合理成分，但从根本上来讲，它是以巩固皇权专制主义和服务专制主义为其终极目标，其积极意义不应过多地夸大。

既然在中国传统社会的黄金时代——隋唐，宰相制发展成为一种比较完善且具有典型意义的三省"分权"制度，而且对皇权也有着一定程度上的制约，以维护大一统帝国的"和谐"和稳定。那么，隋唐时代的三省制传承下来了吗？如果传承下来了，后来朱元璋废了中书省，还有两省"跑"哪儿去了？

富有积极意义的隋唐的三省六部制到了宋代发生了变异。从表象来看，宋朝承继唐朝的传统，在中央权力机构的设置方面是一如唐制，唐朝有三省，宋朝也有；唐朝时三省的一把手宰相叫尚书令、中书令和侍中，宋朝连名字都没变一并照用；唐朝有六部，宋朝也有六部……但实际情况却不完全如此。宋代的中书省的长官虽然还是中书令，但实际是有名无实；副长官也叫中书侍郎，但往往不大管本省的实事，而另外委派一名品级较低的中书舍人任"判中书省事"（《宋会要辑稿·职官二之二》），真正掌管中书省的职权。此时的中书省所管之事更多与礼仪、科举之类有关，军国要政已非其重心了。宋朝门下省的长官名义与唐朝一样，也叫门下侍中，但整个宋朝都很少真正委任过此职位，实际上也是有名无职；副长官也叫门下侍郎，但也不大管事，管事的是另外指定的一名给事中任"判门下省事"（《宋会要辑稿·职官二之一》），他才是真正掌管本省职权的人。宋朝门下省的职权范围也大为萎缩，主要管理皇家的大朝会、官员的考课等。宋朝的尚书省一如唐名，长官也叫尚书令，但从不委任；副长官也叫左右仆射，但他们都不是尚书省管事的，皇帝另外派一个三品以上的官员任"权判尚书都省事"。（《宋会要辑稿·职官二之二》）

宋代尚书省的职权也是管六部：吏部相当于"人事部"，但它的权力已经被分割，皇帝另外设立磨勘院，后又分为审官院和考课院，负责官吏的考核；户部相当于

"财政部"，但其财政大权已被宋朝在中央设立了"三司"所侵蚀；礼部相当于"民政部""外交部"，宋朝礼部的权限已大为缩小，中央设立了礼仪院，侵夺了礼部的礼仪职权，因此宋朝礼部主要是管理科举一类的事情；兵部在宋朝时候权力萎缩得更加严重，主要是管理皇帝的仪仗、武举等，由枢密院侵夺了它的军事政令权；刑部原来是主管全国的刑政，拥有对大理寺所定的重大案件的复审权，但到宋太宗设立审刑院后，刑部的复审权也被收走了；工部相当于"建设部"，它的很多权力被划给了"三司"。三省中尚书省原有的六部权力被严重侵夺与分割，宋代的这种分散中枢机构权力的做法目的就是为了强化皇权，其造成的后果是尚书省逐渐地走向衰落，趋于名存实亡的地步。

再说门下省，原本掌管封驳之大权，它与出令定策的中书省紧密相连，宋代将行政的重心交给了中书省，门下省似乎成为一个闲散的机构，宋代后期干脆将门下省并入了中书省。这样，隋唐时代宰相制度的一种理性形态——三省六部制逐渐地向一省制走近。

那么宋代的宰相有几位呢？他们的权限有多大呢？由于宋代将国家的行政、军事、财政三大权力分割到了三省中的中书省、枢密院和三司，这样就形成了宰相、枢密院长官枢密使和三司长官"计相"三司，使他们三者之间的事权不相上下，不相统摄。而在宰相的设置上，一来宋朝往往设置了好几个宰相，二来在设置唐朝意义上的三省长官为相的同时，宋朝还设立了"参知政事"作为副宰相，来分割宰相的权力。应该来说，宋朝的宰相制度是一个重要的变化时期，宰相设置的几度变化体现了皇权的强化，但宋代多人出任宰相和副宰相这种根本的分权精神还是保留了下来。虽然宋朝的三省从制度上的最初并存，到南宋中后期逐渐地演化成一省了，但这时的宋朝已经快寿终正寝了。（陈茂同：《历代职官沿革史》，华东师范大学出版社 1988 年 3 月第 1 版，P330～353）

两宋时期变异的三省制度

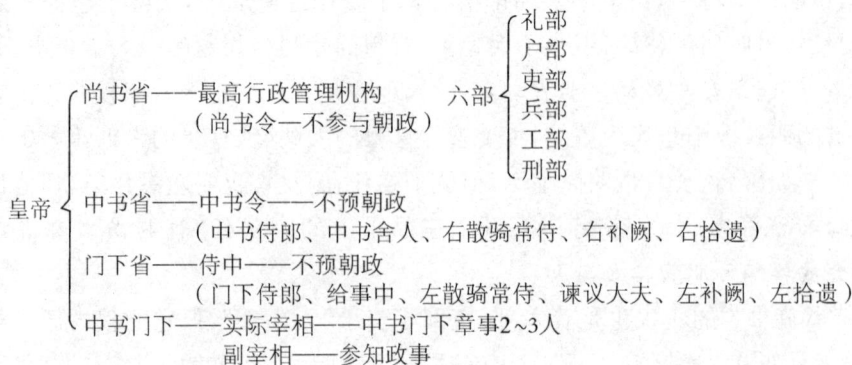

纵观宋代的三省六部制与宰相制的发展演变,虽然有制度层面的三省到最后有走向一省之趋势,也就是说从制度演变的形势上有着分权走向集权的趋势。但在实际上它是以加强皇权为根本目的,而且还设置多个宰相而不主事,给副宰相"参知政事"实际的主政之权,即以带有临时差遣性质的中枢职官的特殊设置,来达到分权于宰相的目的。因此如果从分权意识角度来说,宋朝还可以称得上唐朝相权分立意识的延续与推进。

## ● 朱元璋废除中书省宰相制的主要原因

### ○ 明初继承的元代历史遗产有问题:忽必烈把珠宝当成了石子,扔了。

元朝初年,很多降元的汉族官僚都向元世祖忽必烈提出建议,主张继续实行中国传统的三省制,但有人出来反对。至元七年,元廷再次讨论三省制的恢复设置问题,其中有个叫高鸣的人很得忽必烈的信任,他上奏说:"臣闻三省设自近古,其法由中书出政,移门下,议不合,则有驳正,或封还诏书;议合,则还移中书;中书移尚书,尚书乃下六部、郡国。方今天下大于古,而事益繁,取决一省,犹曰有壅,况三省乎!且多置官者,求免失政也,但使贤俊萃于一堂,连署参决,自免失政,岂必别官异坐,而后无失政乎!故曰政贵得人,不贵多官。不如一省便。"(《元史·高鸣传》卷160)这段话的意思是,三省制度是近世实施的,由中书省预先定策,并拟出诏敕,交给门下省审议;如果门下省认为不可行,就反驳回去,一直到合理可行了,才交到尚书省去;尚书省再下发给下属六部和各地郡县去执行。现在我大元天下这么大,事情这么多,设一省尚且会出现行政壅塞,更何况设了三省,不知会怎么样了!设了三省,多设几个官员,大家济济一堂,共议国事,目的还不就是为了防止国家政事之失么,三省集体议政、决政,一旦所决之事有所失误,官员个人可以集体的名义作为借口将自己的责任推得一干二净。所以说也不见得怎么好,国家的政事决策与执行得好不好关键在于是否"得人"——用合适的人才,不在于官多。总之,三省还不如一省方便。元世祖忽必烈十分赞赏高鸣的观点,最终确立以中书省一省代替三省。从此,帝国中枢机构由三省制正式转为了一省制。(《元史·高鸣传》卷160)

元朝开始三省制变为一省制——明初沿用

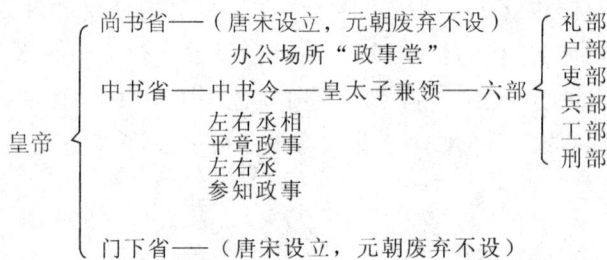

```
                    尚书省——（唐宋设立，元朝废弃不设）          ┌ 礼部
                              办公场所"政事堂"                   │ 户部
                    中书省——中书令——皇太子兼领——六部 ┤ 吏部
                        左右丞相                                 │ 兵部
皇帝 ┤                    平章政事                                 │ 工部
                        左右丞                                   └ 刑部
                        参知政事

                    门下省——（唐宋设立，元朝废弃不设）
```

　　从上述元朝君臣的一番高论中，似乎我们找不到什么破绽，都讲得合情合理，但问题也就出在这里。这种言论与认知中最大的失误就在于没有看到隋唐政治文明中极其宝贵的精神财富——分权与制约意识。尽管这是针对宰相的，但它的积极意义绝不能被忽视。而元初占据政治优势的决策者偏偏选择了没有多少分权与制约意识的一省制，将中华民族原本的优秀传统给丢弃了。我们一般的书上都说忽必烈是如何的"汉化"，但我个人认为忽必烈的"汉化"是浅层次的，就像他在中原称帝时，从上到下穿着的都是蒙古服饰，其内心深处有多少中原王朝传统政治与文化底蕴，只有天才知道。但大元帝国官僚系统中饱读中国传统文化经典的汉族官僚还是有不少，在传统观念的支配下他们至少发起了三次恢复"三省制"的提议，其直接影响是在元世祖和元武宗时期大元帝国三次设置了尚书省等机构。(《元史·世祖本纪四》卷7；《元史·武宗本纪一》卷22)尚书省等机构的设立无疑是对中书省权力的有力牵制与制衡，可元朝当政的权贵们嫌其不便，最终还是将其彻底给废弃了。这样一来元朝的中枢就剩下一个中书省，换句话来说，近似于秦汉时代的宰相府了。

　　在元初宰相制中，中书省的长官仍叫中书令，中书令以下设有左右丞相、平章政事、左右丞、参知政事等。因为元朝就设中书省一省为权力中枢，所以中书令的位置显得特别耀眼，一般是由皇太子兼领，但皇太子常常不到职视事，由此左、右丞相就成了中书省宰相府的正副一二把手了。尚书省最终也没有了，原本属于尚书省主管的六部很自然地转到了中书省那里，自此而始元朝中书省宰相的权力已经大到了与秦汉时期宰相相差无几的地步了。

　　朱元璋继承或者说直接"拿来"沿用的恰恰是元朝这种已经背离了中国正统的有"问题"的历史遗产。元末明初中书省宰相府的权力过多过大，自然要与皇权发生冲撞了。

132

## ○ 凤阳来的和尚在南京城里读歪经——将元朝已经严重变异的宰相制度说成是民族传统中的缺陷

朱元璋说："昔秦皇去封建,异三公,以天下诸国合为郡县,朝廷设上、下二相,出纳君命,总理百僚。当是时,设法制度,皆非先圣先贤之道。为此,设相之后,臣张君王之威福,乱自秦起。宰相权重,指鹿为马。自秦以下,人人君天下者,皆不鉴秦设相之患,相从而命之,往往病及于国君者,其故在擅专威福。"(【明】朱元璋:《高皇帝御制文集·敕问文学之士》卷 10;【明】黄佐:《南雍志·谟训考 下》卷 10)

在朱元璋看来,设立宰相以后,出任宰相的大臣之威势超过了他的主子——皇帝,这种君臣位置错乱甚至出现了指鹿为马的怪现象是极不应该和极不正常的。自秦朝以后,凡是君临天下的历代皇帝都不以秦朝设置宰相制度所带来的祸害作为历史的前鉴;相反,他们因循而置这个本身弊端百出的制度。这样就常常出现了宰相制度祸害到了君主自身身上,而造成这种危害的根本原因就在于宰相擅权,作威作福。

从高皇帝的一番"高论"中不难看出,秦朝二世时赵高异化相权的事情在他的眼里被无限地放大,无限地上纲上线,并且一叶障目。秦汉宰相权力过重,在后来的历史中,帝王们已经注意到了这个问题,尤其是在隋唐时代出现了中国特色的相权"三分"的理性格局。除了皇权以外,中书省是中枢决策、出令的机构,但它还有制约机构即门下省,门下省对中书省的决策有审核、封驳的权力;通俗一点来讲,发现不对,退回中书省重议,这两个省将决策事情搞定了,再交由尚书省去执行,尚书省下面又设立了六个部级衙门,专管执行国家大事大政。这体现了"决策者不执行,执行者不决策"的分权精神,防止相权过重,防止国家与社会利益偏于社会某些群体,最终起到了防止相权超越皇权的作用。

但从元朝起中国的宰相制度由权力的"三分"或"多分"又走向"归一"的局面,原本权力三分的相权又一度集权了。

元朝是由少数民族建立起来的背离中国传统轨道很远的特殊朝代。这是一个极不正常的朝代,元朝统治者就学到了中华帝国政治的"一鳞半爪",将那有着严重瑕疵的遗产当作了宝贝,或言将珠宝当做了石头。而朱元璋不知是否真的是认知上出了问题,还是他的文化底蕴不够所导致的(下面我们要讲到朱元璋连常用字都认不全,读白字)。他当了皇帝就认为老子样样天下第一,包括对传统制度"解读"的正确性也应该是天下第一的。正因为这个凤阳乡下来的和尚读起了歪经,将元朝已经严重变异的宰相制度说成是中国民族传统中的宰相制度。因而,也就将自己在政治实践中发现的元朝版的宰相制度的缺陷说成了中国传统政治制度的缺陷,且大加挞伐:"委任权臣,上下蒙蔽故也。"(《明太祖实录》卷59)

　　文化传统包括制度设计都有优和劣两面,就像中国科举制最终被废了,也是当时人们看到它的不合理的一面。制度设计无论怎么说都不能一开始就是完美的,也不可能在运行中不出一点问题。问题的关键就是取决于对待制度问题的决策者本身之文化素质、传统底蕴及是否具有价值中立与理性客观的态度。

○ **朱元璋自己就是由红巾军韩宋政权下的行中书省丞相一路上位的,过去他只嫌自身权力不够,等到了自己登上"九五"之巅时反过来防别人权力太大。在明初政治实践中他反复调换中书省宰相府的长官,但均不理想,逐渐地他对丞相制产生了质疑,到最终失望,进而从制度上予以彻底地废除**

　　明朝开国之初,尽管朱元璋在立纲陈纪和立法定制方面做出了许多的努力,但在中央行政机构的设置层面主要还是沿袭了红巾军韩宋政权那一套政制——实际上就是元朝政制。中央设立中书省,由左、右丞相总揽一切事务,这本身权力就很大。而明初的第一任宰相李善长就是利用这种机构设置上的缺陷,大肆收受贿赂,独断擅权;后来为相的胡惟庸本身人品与素质都有问题,通过"跑官"而登上了中书省的相位。他野心大,贪欲强,结党营私,专权独断,"生杀黜陟,或不奏不迳行"(《明史·胡惟庸传》卷308)。这对于权力欲极大、一直想要按照自己的理念来治理天下的朱元璋来说是绝对不能容忍的。还有不可言及的是,那时的朱皇帝更怕中书省丞相也像他当年那样,一路飙升起来,最终谋得了君主之位。为了自己九死一生换来的大明江山能够长治久安,他就不得不"明察秋毫",将危险消除在萌发状态。

　　洪武九年(1376)五月,大明废除行中书省制度,实行地方"三权分立",集权中央。但就当时实际而言,地方的行政、财政、司法和军政主要集中到了中央的中书省,由此丞相的权限迅速增大。四月后的洪武九年闰九月,朱元璋不露声色地"打起了太极",一面诏定左、右丞相为正一品,以高官厚禄加以"抚慰";另一面取消中书省平章、参知政事等官职,"惟李伯升、王溥等以平章政事奉朝请者仍其旧"(《明太祖实录》卷109)。这样做的真正目的就在于削弱已经初露异己端倪的中书省实力。8个月后洪武十年(1377年)五月,朱元璋又命李善长与李文忠共议军国重事,规定:"凡中书省、都督府、御史台悉总之,议事允当,然后奏闻行之。"(《明太祖高实录》卷112)

　　如此狠招至少折射出两个信息:第一,让李善长和李文忠两人共同管理中书省、大都督府、御史台。朱元璋的猜疑对象广泛,不仅对中央的行政、军事、监察三个机构的长官不信任,而且连他派去总理三机构的李善长和李文忠也不信任,如此两人"并联"任命,无非是叫"两李"之间也相互监督。第二,借元勋重臣压制中书省等中央要害机构的权力。当时中书省实际官长就剩下了右丞相胡惟庸、汪广洋和右丞丁钰等,但皇帝朱元璋还不放心。同年九月,他故伎重演,一面升胡惟庸为左丞相、汪广洋为右丞相,另一面将佐官右丞丁钰调任御史大夫,不露声色地将中书省衙署内的佐理官员"清理一空"。几乎与此同时,朱元璋还大造舆论,甚至指桑骂槐,对洪武初年沿用的元朝中书省制度竭力挞伐。他曾跟礼部官员这般指示道:"人君深居独处,能明见万里者,良由兼听广览,以达民情。胡元之世,政专中书(省),凡事必先关报然后奏闻,其君又多昏蔽,是致民情不通,寻至大乱,深可为戒。大抵民情幽隐,猝难毕达,苟忽而不究,天下离合之机系焉,甚可畏也。所以古人通耳目于外,监得失于民,有见于此矣。尔礼部其定奏式申明天下。"(《明太祖实录》卷117)

## ● 为了这一天,朱元璋苦苦等了一二十年——终结千年宰相制度

真真假假,假假真真,朱皇帝真实的目的要干什么? 他对中书省官员很不满意? 就在人们猜测不已之际,洪武十二年(1379)正月,从明皇宫内又有一道圣旨传出:"定丞相、御史大夫等官岁禄之数,刻石官署,中书省左、右丞相、御史台左右大夫每岁各给二千五百石。"(《明太祖实录》卷122)。中书省左、右丞相是文官,在洪武"右武抑文"的年代里,这样的圣旨几乎还从来没有过,丞相年薪达到2 500石,这是个什么样的概念? 当年朱元璋所喜爱的养子(一说私生子)沐英的年俸禄也就2 500石(《明太祖实录》卷115);洪武皇帝要求在中书省官署衙门前刻上此道圣旨,这也就意味着告诉人们皇帝对中书省丞相(们)的重视与恩宠,谁还能说高皇帝"右武抑文"? 谁还说当今圣上对中书省和丞相(们)很不满意?

可令人大跌眼镜的事情随即又发生了,洪武十二年正月过后不久,朱元璋又"命奏事毋关白中书省"(《明史·太祖本纪》卷2)。这道谕旨就是直截了当地要求臣下奏事不经中书省,有什么军国大事不告诉丞相府。由此,中书省就变成了一个有名无实的空架子了,相权与皇权的明争暗斗自此进入了白热化状态。

据说当时中书省一把手胡惟庸不甘心束手待毙,就暗中与人密谋造反:"主上

鱼肉旧臣，何有我耶，死等耳，宁先发，毋为人束，死寂寂"（【明】焦竑：《国朝献征录·胡惟庸》卷11）。谁料到朱元璋还没到胡丞相发难，就以迅雷不及掩耳之势粉碎了这起大明开国以来最大的"谋逆案"。洪武十三年（1380）正月初二，洪武皇帝在接到有人告发胡惟庸谋反的奏疏后，马上组织朝廷大臣对胡惟庸等人进行廷审，然后以谋危社稷的罪名诛杀了胡惟庸为首的一大批奸人及其家族。（《明太祖实录》卷129）

丞相胡惟庸被杀的第二天，即洪武十三年正月初七，洪武皇帝朱元璋宣布一项重大的政治制度变革决定："朕自临御以来十有三年矣，中间图任大臣，期于辅弼，以臻至治，故立中书省，以总天下之文治，都督府以统天下之兵政，御史台以振朝廷之纪纲。岂意奸臣窃持国柄，枉法诬贤，操不轨之心，肆奸欺之蔽，嘉言结于众舌，朋比逞于群邪，蠹害政治，谋危社稷，譬堤防之将决，烈火之将然（燃）有滔天燎原之势。赖神发其奸，皆就殄灭。朕欲革去中书省，升六部，仿古六卿之制，俾之各司所事，更置五军都督府，以分领军卫。如此则权不专于一司，事不留于壅蔽。"（《明太祖实录》卷129）

## ◉ 洪武帝废除中书省宰相制、实行政治制度变革之影响

第一，宣告了在中国历史上延续了1500多年的宰相制度被正式废除。宰相之职由皇帝朱元璋自己来兼任，君权与相权集于一人之手，君主专制主义达到了历史新高，直接影响了近世中国五六百年的政治格局。

按照常理来说，丞相胡惟庸被诛，中书省宰相制被宣布永久撤销，事情差不多就应该告一个段落了。不过在当时的人们包括大明天子朱元璋看来，事还没完。李善长，这位大明帝国第一任宰相尚健在，人们尽管知道宰相制没了，但大家还是将李善长称为"老宰相"，甚至将他看作宰相制的"活化身"。而这个老宰相实在是树大根深，这些年朱元璋也充分领教了李善长的厉害：原本中书省都是他和胡惟庸的世界。胡惟庸死了，他一点也不收敛、不检点，胡惟庸通倭、通北虏，李善长都"有份"；胡惟庸谋反，他不仅不告发，反而最后也参与进去。这个"策事多中"的老宰相要真有那么一天"谋"了什么事，我朱元璋可吃不了兜着走，不仅皇帝当不成，甚至连老百姓也做不了。或者说，要是哪天朕不幸比他早归天了，他可是第一功臣、前宰相，大明帝国还不掌控在他的手中？所以必须清除这个讨厌的老宰相，最好能连根拔起，才能解除这种潜在的危险。大明帝国的宰相中前有汪广洋后有胡惟庸被杀了（详见下文），但人们的心里似乎还断不了这念头，老称那讨厌的家伙为"老宰

相",看来要真正地在人们的心目中根除宰相制,还必须从李善长身上开刀,且范围越大越好,使全国臣民都知道。而现实的结果是,洪武二十三年(1390)李善长最终被灭族,钦定"胡、李逆党案"最终牵连了多达 30 000 人,让人们一想到前任几位宰相的结局,想当宰相的人自然会不寒而栗,即使有人提出让他当宰相,量他也没这个胆量。这样一来,对皇权的最大威胁——相权也就无从谈起了。

但是即使做到这一步,朱元璋觉得还不保险:要是自己的子孙不肖,甚至愚蠢地听从"奸佞之臣"的"谗言",复设宰相制,我大明江山岂不危矣。因此为了大明帝国的长治久安,他想到了将自己的统治心得勒为《洪武宝训》和《皇明祖训》,其中特别规定:"自古三公论道,六卿分职,并不曾设立丞相。自秦始置丞相,不旋踵而亡。汉、唐、宋因之,虽有贤相,然其间所用者多有小人,专权乱政……以后子孙做皇帝时,并不许立丞相。臣下敢有奏请设立者,文武群臣即时劾奏,将犯人凌迟,全家处死。"(《皇明祖训·祖训首章》;《明史·职官志一》卷72)

高皇帝要求他的子子孙孙敬谨遵循,谁要是复设宰相制就是不孝,不配掌管大明江山;哪个大臣要是再提出恢复宰相制,他本人凌迟,他的全家处死。这样不仅使得从制度上确保皇权的稳固,而且还在人们的心理上根除复设中书省宰相制度的念头,让大家一想起宰相两个字就浑身毛骨悚然。

从制度上将宰相制废弃,从思想上将它清除,朱元璋确实都做到了。从此以后,大明帝国再也没有设立宰相制。清承明制,也没复设宰相制。这样,在中国传统社会里延续 1500 多年的宰相制正式退出了历史舞台。朱元璋不愧为朱元璋,正是他,这个奇特的开国皇帝将自"千古一帝"秦始皇起所确立的宰相制度清除出了中国传统政治体制,其影响极为深远。中国传统社会也自此步入了君权专制主义的顶峰时期。

第二,进一步强化了君主专制下的分权意识。

君主专制下的分权意识早在中国唐宋时代就已经确立,且具有传统的经典意义——那时的宰相制对君权具有一定的制约影响。而朱元璋废除中书省、宰相制深远的意义就在于进一步强化了君主专制下对于臣下权力的分权意识。有人见我这么说,可能不同意,认为这是以西方政治文化中的"三权分立"思想来套用中国传统政治的研究。其实这是一种肤浅的观点。要知道西方政治文化中的"三权分立"思想来自于何方?一部分是西方古代和中世纪的传统,一部分是传统的东方文化,主要是传统中国政治文化。而传统中国的政治文化在明代洪武中期就有一大变,其中一个就是确立臣下分权意识。朱元璋废除中书省宰相制,将原本宰相的权力切割为两块,一块"主要权力"收到皇帝的手中;另外一块"非特别重要权力"又分割成至少六"小块"——六部。原来一人之下万人之上的宰相,仅次于皇帝的帝国第二号权力中心人物,现在什么也没有了。其权力被六分,六部直接对皇帝负责,六部的实际地位得到了提高,但同时六部的权力相互平等、相互制约,谁也无法专权。

朱元璋如此聪明的"创造"为明清五六百年的皇帝制构建了一个良好的、安逸的、舒适的君主专制主义的制度环境,但同时也使得中国传统社会进入了僵化阶段。当然祖先的遗产好与坏并不太重要,关键在于看子孙如何地继承,关键在于看它对一个家族或民族的发展是否有促进作用。很遗憾的是,我们民族的"政治精英"甚至"文化精英"似乎只看中了朱元璋设计的君主专制那一面,世世代代乐此不疲;而对于分权与制约这一层面似乎毫无兴趣,只是到了明清交替之际有个大思想家黄宗羲在他的名著《明夷待访录》中才有所"涉足",但没有多大新意,只是停留在对过去历史的"追踪"与"回味"上。而与中国相反,大约在朱元璋死后200多年,以利玛窦为首的一批批西方传教士来到了朱元璋开创的大明帝国,他们将朱元璋的聪明"创造"与中华文明介绍到了西方。从此在西方形成了持续100来年的"中国热"和以后的"启蒙运动",中国的"分权与制约"的政治文化思想在西方思想家与法学家那里找到了"知音"。法国启蒙运动思想家、法学家孟德斯鸠充分吸收了中国"分权与制约"的政治文化思想的有益养分,立足于西方传统基础上,写就了《论法的精神》这部划时代的名著。他的三权分立思想后来成为美国建国的精神核心纲领与美国宪法的灵魂。

第三,既做皇帝,又做丞相,朱元璋实在忙不过来,就找几个"老秘"来帮忙,由此无意间萌发了后世内阁制。

朱元璋废除宰相制后,最初是将中书省权力分拆给吏、户、礼、兵、刑、工六部,并提高了六部的品秩。六部尚书即部长由原来的正三品一下子升为正二品,六部侍郎即副部长由原来的正四品升为正三品,尚书与侍郎在当时被人称为"堂上官"。其下属郎中为正五品,员外郎从五品,称为"属官"或"司官";还有主事、司务各四人,为首领官,有主事印。(《明太祖实录》卷129;《明史·职官志一》卷72)如此下来,原先中书省一省权力很多被六部所替代,成为了六个替皇帝总理政务的全国最高的行政机构。

六个最高行政机构,遇到事情需要统一协商,最终都汇集到皇帝朱元璋一个人头上,或者说原本主管六部的宰相制被废了,六部该向谁负责?皇帝朱元璋啊!这个主管整个天下的人他管得过来吗?行,或者说开始时还行!朱皇帝可是老农民出身,从小的农村劳动"锻炼"了他的好身体,多年的叫花子生涯"磨难"出他的一副好身板，加上他老人家不嫌烦，每日都乐此不疲地处理各式各样的公务。大约忙了半年多一点，洪武皇帝终于感到实在力不从心，再加上遇到大事、难事也无人商量，"又念密勿论思不可无人"，于是就在洪武十三年(1380)九月设立四辅官，由户部尚书范敏推荐，以王本、杜佑、龚敩为春官，杜斅、赵民望、吴源为夏官。至于秋官和冬官因一时找不到合适的人选，就由王本等兼任。(《明太祖实录》卷133)

四辅官名称是模仿了儒家经典《周礼》中的理想职官设置，以春夏秋冬四季命名。朱元璋这样做的目的是为了进一步标榜自己尊奉所谓的商、周圣王之制，并为铲除丞相制找到更加有利的诠释与历史依据。原本由儒家理想化和虚拟化的四辅官现在一下子设置起来了，那么究竟要这些人干什么活？接手丞相的工作？那岂不是朱皇帝吃饱了撑着找事做或者说他脑子进水。当王本等乡野老儒来到明皇宫后，洪武皇帝"屡赐敕谕，隆以坐论之礼，命协赞政事，均调四时"(《明史·安然传》卷137)。"协赞政事"说白了就是要对国家政事提出自己的看法甚至拿出自己的决策主意。这岂不是干政？王本他们即使吃了豹子胆也不敢，所以最多他们也就与朱皇帝讲讲治国的大道理；再有就是与部院官一起谈论一些重大事务的处理意向。当刑部官要判决案件时，四辅官与谏院官员一起再次审核一下案件，没什么问题就上奏给皇帝最终裁定、执行，要是发现有什么疑问，就退回给刑部重审。各地推荐人才来到南京后，四辅官与谏院官一起去瞧瞧，评点一番哪个人有才。这大概就是当年四辅官的主要职责吧。(《明太祖实录》卷135；《明史·安然传》卷137)因为四辅官的来源都是些长期居处乡野的老儒，"惇朴无他长"，加上他们岁数又大，来到南京任上没多久，不是病死，就是老眼昏花干不了什么事，根本起不到"协赞政事"之责，最后在洪武十五年时被废了。

四辅官被废后，洪武皇帝又感觉不方便，毕竟连打打下手的"老秘"也没有，想了好一阵子，他终于想到了一招，模仿宋朝殿阁大学士制度，建立皇帝秘书班子。洪武十五年设置华盖殿、武英殿、文渊阁、东阁诸大学士，以礼部尚书邵质为华盖大学士，检讨吴伯宗为武英殿大学士，翰林学士宋讷为文渊阁大学士，典籍吴沈为东阁大学士，"又置文华殿大学士，征耆儒鲍恂、余诠、张长年等为之，以辅道太子。秩皆正五品"。当时这些殿阁大学士所干的工作就是"详看诸司奏启，兼司平驳"，所起的作用也仅仅"特侍左右，备顾问而已"(《明史·职官志一》卷72)。再说白一点，就是说找几个书生"老秘"帮着看看奏折、文书一类，而整个帝国的大权则全在朱元璋的掌控之中。自此起中国君主专制主义中央集权得以空前地极度强化。

不过即使这样，洪武时期的老秘班子也不稳定，人数、职责范围等也都没有具体的说法。到了永乐时代起，朱棣逐渐将其稳定下来，这就是影响明清两代的著名的内阁制。因此说明代内阁制虽确立于永乐，但发轫却是在洪武。

以上就是洪武皇帝废除宰相制度、改革中央行政体制所引发的影响。其实在洪武十三年那年的政治"大变脸"中，除了中书省宰相制被废革外，同时被"动手"改造的还有当时全国军事最高机构——大都督府。

## 大都督府"一分为五" "兵权三立"君操军伍

最初朱元璋政权的最高军事机构不叫大都督府，而是叫行枢密院。行枢密院的设立是在 1356 年，也就是朱元璋军队攻下南京时，但大都督府地点却不在南京，而在安徽太平即今当涂，以总管花云为院判（《明太祖实录》卷 4）。当年七月，朱元璋在南京城里称吴国公，以元御史台为公府，置江南行中书省，任命李善长、宋思颜、李梦庚、郭景祥和陶安等人出任行中书省属官；与此同时，设立江南行枢密院，以元帅汤和摄同枢密院事，并置帐前总制亲兵都指挥使司，以冯国用为都指挥使。（《明太祖实录》卷 4）

### ◉ 行枢密院"变脸"大都督府和朱家人独居大都督之位

这个行枢密院可谓是当时朱元璋政权中的最高的军事机构，由朱元璋小时候的玩伴汤和负责具体事务，但似乎没有十分稳定的岗位。后来由于军事战争的不断胜利，许多立有军功的将领纷纷被充实到行枢密院的领导机构中去，如 1357 年，朱元璋"升廖永安为行枢密院同佥、俞通海为行枢密院判官、常遇春为中翼大元帅、胡大海为右翼统军大元帅，宿卫帐下"（《明太祖实录》卷 5）；再后来邓愈、耿再成、徐达、常遇春等将领也被安排在行枢密院担任领导之职（《明太祖实录》卷 5）。1360 年九月，朱元璋的亲侄儿、亲军左副都指挥朱文忠被任命为同佥枢密院事（《明太祖实录》卷 8）。1361 年正月，佥院邓愈被任命为中书省参政，仍兼佥行枢密院事，总制各翼军马（《明太祖实录》卷 8），也就是说那时具体负责朱元璋政权军事最高机构的是邓愈。这样的格局仅维系 3 个月，到那年三月，朱元璋改变了仿制元朝的做法，将枢密院改为大都督府，任命亲侄儿、枢密院同佥朱文正为大都督，节制内外诸军事；同时决定，以枢密院同知邵荣为中书省平章政事，同佥常遇春为参知政事。同年十月，增置大都督府左右都督、同知、副使、佥事、照磨各一人，大都督府

机构才渐趋完整。(《明太祖实录》卷9)

从《明实录》的记载来看，尽管当时大都督府职官设了左右两个都督，但实授到职位的也就朱文正一人。因为他的叔叔朱元璋命令他节制内外诸军事，即总负责最高军事机构。吴元年(1367)十一月乙酉日，朱元璋定大都督府及各卫官制，大都督府左、右都督正一品，各由一位将领担任(《明太祖实录》卷27)。洪武前期左都督是曹国公李文忠，右都督为宋国公冯胜(《明太祖实录》卷58)，明代尚左，说白一点左都督能管着右都督。大明开国前的大都督朱文正是朱元璋的亲侄儿，而开国之际的左都督李文忠呢，又是朱元璋的亲外甥，也就是说朱元璋政权最高的军事机构的第一把交椅始终是由朱家人或朱家直系亲属坐着。但即使这样，到了洪武十三年废除中书省宰相制时，大都督府也同样面临着机构改造的命运。那么究竟是什么原因促使朱元璋要改造大都督府？

## ● 将大都督府改造成五军都督府的三大缘由

第一，自朱元璋政权起步、发展时期起，大都督府就与中书省等机构"混"在一起，没有实行很好的行政与军事相分离。自古以来，中国的某些特殊"精英"阶层有着非凡的本领，他们既能文又能武，既是官场上的官儿混混，又是学术带头人、博士生导师……君不见，管理计划生育的女干部一夜之间被调任为银行行长，管了大半辈子农田水利建设的专业技术人才转眼之间被调任为副县长……这些身边事足以使我们醍醐灌顶，更何况600年前的国人呢。因为自从来到这个世上起，"精英"们就拥有了我们平民百姓所不曾拥有的高贵血统与基因。6世纪前的明朝人也是这样。

1361朱元璋把枢密院改为大都督府时，就曾调枢密院同知邵荣为中书省平章政事，枢密院同佥常遇春为参知政事。(《明太祖实录》卷9)管军事的一夜之间变成了行政机构的领导，他们能干好了吗？我们不说邵荣，因为他后来反叛朱元璋，没得善终。就讲万人歌颂的常将军常遇春，他当上了中书省参知政事后一直在外面领兵打仗，所干的行政之事唯一能使人们想起的，恐怕就是邵荣被控"谋反"后，他强烈要求朱元璋处死排名在他前面的中书省平章政事邵荣。(《明太祖实录》卷11)

既然军事将领管不了行政机构，那大明建国以后就得变变，将军事与行政严格地分开来？《明实录》记载："洪武三年十一月壬辰日，征虏大将军、中书右丞相、信国公徐达，左副将军、浙江行中书省平章李文忠等师还至龙江。"(《明太祖实录》卷

58)。洪武十年五月,洪武皇帝朱元璋任命"太师韩国公李善长、曹国公李文忠共议军国重事"(《明太祖实录》卷112)。由此看来,当时的军事与行政还没有实行很好的分离。洪武十三年发生"胡惟庸谋反"惊天大案,朱皇帝废除最高行政机构中书省,十分自然地要牵动到断了骨头连着皮的大都督府。

第二,大明开国前后的最高军事机构的两任领导大都督朱文正、左都督李文忠让洪武皇帝心堵,雄猜之主"不得不"要下手改造大都督府。

## ○ 年轻军事家的荒唐男女事与广西桂林靖江王府

朱文正是朱元璋哥哥家的孩子,即亲侄儿,想当年朱重八要饭流浪时,连自己能不能活命下去都成了问题,哪管得了侄儿什么。朱文正是由他妈妈王氏一手拉扯大的,等到叔叔朱元璋开始发迹、叔侄相见时,朱文正已经是个小杆子了。因为当时朱元璋与妻子马氏久婚不育,眼看自家的血脉没得延续,也为了自己开创的事业后继有人,当时朱、马两人就收了朱文正为养子,让他读书识字,空下来上军营去练练家伙,增长军事知识与本领。

据说朱文正的脾气很爆,别人惹不得他。朱元璋看到自己的事业越来越做大做强,曾试探朱文正:"你想在这儿当个什么官呀?"没想到少年朱文正落落大方地回答说:"如果不对众将进行封官赏赐而急吼吼地想到自家亲族,这怎么能取得众人的信服与尊重呢?叔叔将来要是真能大贵大富了,侄儿我还用担心没份吗?"听到这话,朱元璋从心底喜爱这孩子。(《明太祖实录》卷16;《明史·诸王传三》卷118)

朱元璋称吴王时,就任命朱文正为大都督府一把手大都督,节制中外诸军事。江西被攻下后,朱文正被派往到那里去,镇守洪都南昌,由此发生了惊心动魄的南昌保卫战。在与陈友谅60万大军的交战中,处于军事绝对劣势的朱文正表现了杰出的军事天赋与非凡的才干,苦苦坚守南昌85天,最终等到叔叔朱元璋亲率大军的救援,大败陈友谅,顺势收复了江西。故史书说:"江西之平,文正功居多。"这一点也不过分。问题是不知到底出于什么原因,后来朱元璋在论功行赏时,对于立功的将领什么人都赏了,尤其对常遇春、廖永忠及诸将士的赏赐特别丰厚,却偏偏没有朱文正的份,这下可把小杆子给"惹"怒了。自己拼死打了整整85天,叔叔连个表扬也没有,朱文正想起来就控制不住。在底下一些人的"劝诱"下,正值"奔腾"年龄的朱文正"喜欢"上了,不,简直是痴迷上了美眉。人生空得很,要是在那85天中有那一刹那老天不长眼,自己就命赴黄泉了。说来也真丢脸,到阎王爷那里去报到,他老人家问问我朱文正:女人什么滋味,我还真讲不出来!算了,还是尽早玩玩

美眉吧!(《明史·诸王传三》卷118)

　　既然大都督有如此爱好,找个把美眉还不方便么。掾史卫达可等小人摸透了朱文正的心理,一天到晚在南昌及其周围地区转悠,窥视哪家黄花闺女漂亮,就抢来给大都督乐乐。别看朱文正年纪轻,玩起美眉来还真有一套,一般来说玩个美眉就玩数十天,不用了就令人将她扔到井里头,为此好多好多如花似玉的姑娘被这个朱"衙内"给毁了。(【明】刘辰:《国初事迹》)

　　这期间朱元璋派出了一些人到江西来办公事,惟恐这些公差回南京向叔叔汇报自己的荒唐事,朱文正就授意掾史卫达可等,用金钱收买京城来的公差,这样一来,大都督的荒唐事给隐瞒了好一阵子。直到有一天有个叫凌说的人到江西来出任按察金事(《明史》上说是江西按察使李饮冰)发现了事情真相,并向上做了奏报。(【明】刘辰:《国初事迹》)

　　朱元璋知道后顿时就暴跳如雷,立即命人火速赶往江西南昌,将大都督朱文正及其周围一行人逮到南京来问罪。大都督府元帅郭子章等三人因不规劝大都督而被诛杀,其部下随从、头目50多人都被挑了脚筋。最终问罪朱文正,按照当时盛怒中朱元璋的主张:立即杀了朱文正。可朱文正的婶婶马氏即后来的马皇后不同意,她跟丈夫朱元璋说:"文正这孩子就脾气不好,骄傲自大,但你看到他的军事功劳吗?我们渡江以来,他立下了许许多多的战功,就南昌保卫战那样恶劣的战斗,他都能坚守得了。要是没他,换了别人,还真不知道现在江西在谁的手里呢!更何况文正是咱的亲侄儿,纵然有罪,也应该按照法律上的'亲亲'条律予以宽宥赦免。"经马氏这么一说,朱元璋动了心,改了主意,立即令人将朱文正给放了。(【明】刘辰:《国初事迹》;《明史·诸王传三》卷118)

　　不久朱元璋派遣大都督朱文正上湖北荆州去整顿军队,完成任务后朱文正回到了南京。因当时叔叔朱元璋没给他指派新的工作,闲居了一段时间,他受不了了,出言不逊。小年轻不曾想到自家叔叔是猜疑心极重的人,他部署的秘密特务到处都有,前面提到的那个江西按察金事凌说本来就是秘密特务,连江西南昌都安上秘密特务,更何况政权中心南京呐。所以朱文正暗中骂叔叔的几句话,很快就长了翅膀,飞到了朱元璋的耳朵里,这下可把"鞋拔子"给激怒了。他怀疑侄儿朱文正心怀不轨,要废了他。马氏听说后又赶紧出来劝说丈夫:"文正就是脾气太刚烈了点,要说他有不轨之心?不可能有吧!再说他妈妈还健在,念他妈妈是你的嫂子的份上,也应该赦免他吧!"朱元璋再次听从妻子马氏的劝谏,虽宽宥了朱文正,但也不让他继续履行大都督等军事之职了,派他上濠州老家去专业祭祀祖宗。

这下火烈脾气的朱文正更加恼怒不已,到了濠州,边祭祀祖宗,边抱怨叔叔的不是,甚至还与身边随从谈论起其他军事势力领导来。如此下来可真将祸闯大了,叔叔朱元璋的顺风耳可听得"一清二楚",当即决定废了朱文正。(【明】刘辰:《国初事迹》)

1365 年朱元璋罢免了朱文正大都督之职后(距离朱大都督岳丈谢再兴叛逃也就 3 年时间),将其关押在桐城。就这样,堂堂的第一任最高军事机构大都督府大都督朱文正最终被关押至死。不过,很多书上说他是被叔叔朱元璋处以廷杖刑而亡。(吴晗:《朱元璋传》,三联书店 1965 年 2 月第 1 版,P208)朱文正被关押或言被处死时,他的儿子朱铁柱当时只有 4 岁,朱元璋后来大行分封藩王时,念及朱文正的功劳与血缘亲情,最终封朱铁柱(后改名为朱守谦)为靖江王(《明太祖实录》卷16;《明史·诸王传三》卷 118),靖江王府邸在今天广西桂林市的广西师范大学校内。

## ○ 李文忠因为带妓女回家淫乐,皇帝舅舅朱元璋就与他产生了芥蒂?

朱文正被废后,大都督职位一直空着,朱元璋似乎也没有重新安排人选的打算。大明开国前一年大都督府正式确定官职,设立左、右都督各一人。洪武前期,左都督为李文忠、右都督为冯胜。再说开来,朱元璋政权的军事机构的最高领导始终是由朱家人及其亲属来担任。那么这位后继的大都督府一把手李文忠与朱元璋的关系如何?最终结果又是怎么样的呢?

李文忠,朱元璋姐姐的孩子,即外甥。元末天下大乱之际,与舅舅朱元璋等失去联系,跟随父亲李贞流浪。朱元璋开辟滁州根据地没多久,姐夫李贞带了小孩李文忠前来投奔。那时朱元璋与妻子马氏做了多年无用功,不见小崽子产出,就认了李文忠、朱文正、沐英等为养子。据说李文忠小时候脑袋瓜很灵,一学什么就会,尤其读书很好,为此很得朱元璋夫妇的喜欢。后来渐渐长大了,他帮助舅舅朱元璋南征北讨,立下了赫赫战功。洪武初年他被皇帝舅舅朱元璋封为曹国公、大都督府左都督,实际上就是接替了朱文正掌管最高军事机构大都督府。自此李文忠似乎一直在此职位上任职,直至洪武十七年猝死。(《明太祖实录》卷 160)

按照《明太祖实录》中《李文忠传》的说法,李文忠与皇帝舅舅的关系一向不错,但在《马皇后传》中却有着这样的记载:"李文忠守严州,郎中杨宪言其不法。上召文忠至移守扬州,后谏曰:'严州,边临敌境,文忠素信于人,易文忠而用他人,人心不服。'上悟后言,遂仍令守严州,卒成克杭之功。"(《明太祖实录》卷 147)

可早年跟随李文忠南征北战的明永乐朝北京刑部左侍郎刘辰在他的笔记《国

初事迹》中却记载着另外一种说法：李文忠镇守严州时，将一个年轻貌美的妓女带回了自己的家里，天天作乐。哪料到远在千里之外的舅舅朱元璋听到了外甥的风流事后十分恼怒，迅速派人去严州，将妓女韩氏给宰了，然后宣读令旨：李文忠迅速赶回南京，等候舅舅定罪处置。眼看自己将要大难临头了，李文忠顿感绝望。就在这时，他的舅妈也就是朱元璋发妻马氏出来"救驾"了，她跟丈夫说："严州正是敌我交界的地方，文忠这孩子向来对人很和善，也容易相信人，但他没什么坏心眼。你现在将他给治罪了，马上必须得换上别人上严州去镇守，一时半会儿恐怕很难取得人们的信服啊！"朱元璋听后，觉得妻子马氏讲得相当有理，于是就宽宥了李文忠的罪行，让他迅速返回严州。（【明】刘辰：《国初事迹》）

回到严州后，李文忠惊魂未定。有两个读书人，一个叫赵伯宗，另一个叫宋汝章的来到了军帐里，跟他这样说道："这次大帅去了南京还能回来，要是下次再叫你去的话，就恐怕回不来了，希望大帅您早早想想法子！"李文忠听后沉默了好一阵子，最后决定派读书人赵伯宗偷偷上杭州去，联系张士诚的部下。没几天那个叫赵伯宗的读书人回来了，事情办得很有眉目。李文忠就与部下郎中侯原善、掾史闻遵道拟定了一份给杭州方面的议降书，可议降书还没来得及发出，有人来报：京城里的舅舅朱元璋派人送来的亲笔家书已到了军营门口。当接到家信时，李文忠的心提到了嗓子口。但读完信件后他顿时狂喜：原来舅舅写了一封十分普通的家信，没什么大不了的，信中还表示对他十分关爱。李文忠很受感动，按照舅舅的指示，立马动身赶回南京。（【明】刘辰：《国初事迹》）

到了南京，除了商量军事公务外，舅舅朱元璋还对李文忠赏赐了好马与银子，并抚摩着他，嘱咐道：在外打仗要多留心，要多保重！李文忠被震撼了，回到严州后，就将郎中侯原善、掾史闻遵道找来，当场训斥道："你们差一点误了我啊！那事该怎么处理？要是一旦泄露出去的话，我还有什么脸面再去见我的舅舅啊！"听到主帅这般说话，郎中侯原善吓得赶紧跪地求饶："大帅饶命！那事应该有个处理的办法，就是要花上重金收买人，然后再叫赵伯宗和宋汝章那两个读书人永远也不能开口说话……"李文忠听后觉得很有道理，当即就写了封信，邀请赵伯宗和宋汝章赴宴，为他俩上杭州继续深化双方关系之事钱行。不明就里的赵伯宗和宋汝章听到李大帅邀请他们，嘴咧得像撬开的木鱼，来到宴席地，一顿暴饮，没一会儿就倒在了自己的座椅上。李文忠立即示意手下人宣使俞也先将烂醉如泥的赵伯宗和宋汝章一一弄到船上去，然后开船到一个叫大浪滩的地方。另外有一个叫泼舍的下人在那里接应，船一到，泼舍跳了上来，与船上的俞也先等人一起将醉死的赵伯宗和宋汝章两人给严严实实地捆住，然后再用绳子系上

一块大石头，使尽力气将两个出谋划策的读书人给扔到了湍急的河水之中。（【明】刘辰：《国初事迹》）

更有《明史》记载说："(李)文忠器量沉宏，人莫测其际。临阵踔厉风发，遇大敌益壮。颇好学问，常师事金华范祖干、胡翰，通晓经义，为诗歌雄骏可观。初，太祖定应天，以军兴不给，增民田租，文忠请之，得减额。其释兵家居，恂恂若儒者，帝雅爱重之。家故多客，尝以客言，劝帝少诛戮，又谏帝征日本，及言官者过盛，非天子不近刑人之义。以是积忤旨，不免谴责。十六年冬遂得疾。"（《明史·李文忠传》卷126）

《明史》的这段说法很隐晦，李文忠于洪武十六年十二月得病，到第二年开春不久就死了。死时他46岁，正值壮年。那究竟是什么不治之症使得这位正值壮年的大明大将军，左都督死得如此之快？《明史》留下这么一段话，很有意思："(洪武)帝亲临视，使淮安侯华中护医药。明年三月(李文忠)卒，年四十六。帝疑中毒之，贬中爵，放其家属于建昌卫，诸医并妻子皆斩。"（《明史·李文忠传》卷126）即说朱皇帝看到自己的外甥生病了，专门派了淮安侯华云龙之子华中负责医护患病的李文忠。可谁也没想到，正值壮年的李文忠染病不久就医治无效，一命呜呼。洪武帝怀疑是有人毒死了李大将军，随后华中"坐贬死。二十三年追论(华)中胡党，爵除"（《明史·华云龙传》卷130）。问题是继承了老子的爵位且有吃有喝还有美眉泡泡的"官二代"小年轻淮安侯华中与大明大将军之间到底有着怎样的过节而要置人于死地？

明代史学家王世贞的记载为我们解开了这个谜：因为李文忠喜欢与知识分子打交道，"多招缙绅士人(于)门下"，引发了皇帝舅舅的猜忌，后来他又劝谏皇帝舅舅裁减宦官。朱元璋暴怒，认为这是外甥要削他的羽翼，进而怀疑李文忠所作所为都是那些门客士人唆使的，于是下令尽诛其门人，李文忠由此大受惊吓，"得疾暴卒"（【明】王世贞：《弇山堂别集·史乘考误》卷20；【明】钱谦益：《牧斋初学集·太祖实录辩证5》卷105）

至此，我们可以看出，无论是亲侄儿，还是亲外甥，坐在大明军事最高机构大都督府领导岗位上的两位领导不仅最终都年轻轻地"夭折"了，而且在他们担任最高军事机构领导时似乎都曾有过"不轨""不法"之言之行，也难怪雄猜之主最终要下手。对于亲人都要下手，何况一个自己开创出来政权下的一个军事机构呢？！这恐怕是朱元璋在洪武十三年要对大都督府动手改造的第二大原因吧。

第三大原因，明朝开国前后的军事体制确实也存在着一定的问题。

朱元璋是农民起义起家的，自己原来素养差，对军队的管理一开始并不很到位,编制和称呼都很乱。"初,上(指朱元璋)招徕降附,凡将校至者,皆仍其旧官,而名称不同。"在南京立稳脚跟的第五个年头,即龙凤十年(1364年)四月,朱元璋创立了"部伍法"。为此,他作了特别的训令:"为国当先正名,今诸将有称枢密、平章、元帅、总管、万户者,名不称实,甚无谓(无法说)。其核诸将所部,有兵五千者为指挥、满千者为千户、百人为百户、五十人为总旗、十人为小旗。"(《明太祖实录》卷14)

朱元璋的话大致是这么说的:过去我们的队伍里的称呼与编制都很乱,从今开始作个规范:带兵5 000的称为"指挥",带兵1 000人的就叫"千户",带兵100人的就叫"百户",带兵50人的叫"总旗",带兵10人的叫"小旗"。这样的军队建制一直维系到大明开国。洪武初年,刘基奏立军卫法。(《明史·刘基传》卷128)

鉴于前朝军队人数老是虚而不实,刘基建议朱元璋采取军卫之政。具体做法是:京师与外省都设置卫和所。1个卫统辖10个千户,1个千户统辖10个百户,1个百户统辖2个总旗,1个总旗统辖5个小旗,1个小旗领军10人。这样一级级,到底有多少军士,一目了然。但这里边也有毛病,就以1个卫来说吧,如此算下来至少要有上万人,一旦有什么人想干点不轨之事,君主就不易控制。所以这套军卫法在试用了一段时间后,朱元璋决定进行调整。洪武七年八月,大明正式确立卫所制度:1个卫比原先缩小一半,为5 600人,长官为指挥;千百户、总旗、小旗所领军士人数仍然与以前相同,1个千户统兵1 120人,长官就叫千户;1个百户统兵112人,长官叫百户;1个总旗仍是领5个小旗;1个小旗统兵10人。同时还规定:"遇有事征调,则分统于诸将;无事则散还各卫,管军官员不许擅自调用,操练、抚绥务在得宜,违者俱论如律。"(《明太祖实录》卷92)

军队的卫所布置也很有讲究,在军事上重要的地方设卫,次要的地方设所。明初朱元璋的军队这等军队布置至今还留下了不少地名,如南京的孝陵卫、上海的金山卫、天津的天津卫等等。卫所"大小联比以成军"(《明史·兵志二》卷90),由此形成了地方上的最高军事机构——都指挥使司(简称都司)。换成通俗的说法,这种指挥使司相当于现在的"省军区"。而全国卫所、都指挥使司的领导权归属于大明帝国的最高军事领导机构大都督府,类似于今天的"中央军委",这是一个十分要害的部门。朱元璋在最初时任命自己的亲侄儿朱文正为大都督,节制中外诸军事。大明开国前大都督府内开始设置左、右两个都督,作为最高军事长官。(《明史·兵志一》卷89)

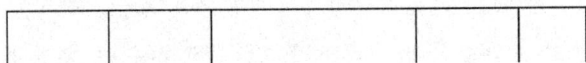

皇帝

（大都督府）
前、后、左、右、中五军都督府——军政、军籍（长官为左右都督）
｜（中央直辖军队）
都指挥使司（类似于"省军区"）
｜
卫（5 600人）（指挥使）如：孝陵卫、金山卫
｜5个千户所
千户所（1 120人）（千户）
｜10个百户所
百户所（112人）（百户）
｜2个总旗
总旗（50）人
｜5个小旗
小旗（10人）

　　从洪武初年大明军队的机制建置来看,由一个大都督府掌握着全国的军事大权确实是不太稳妥,至少说存在这样一个隐患:如果大都督府的头头大都督要有什么"想法"了,那可是不得了的事情啊!因为他手里拥有几十万甚至上百万的军队指挥权。朱元璋心目中,大都督亲侄儿靠不牢,左都督亲外甥也有异心,不仅仅要对他们下手,还应该从制度上予以彻底地解决。这就有了洪武十三年的大都督府大改造一事。

## ◉ 最高军事机构"一分为五"：五军都督府的设立及其意义

　　洪武十三年新年伊始爆发了所谓的"胡惟庸谋反案",朱元璋立马将全国的最高行政管理机构中书省给废了,并从此彻底清除了丞相制。与此同时,老辣的朱皇帝又将眼光盯上了让他"牵肠挂肚"的大都督府,干脆也来个"了断",将大都督府一分为五,设中、左、右、前、后五军都督府。这五个都督府的权力是平等的,谁也号令不了谁。在朱元璋的内心深处:原来大都督府只有左、右2个都督长官,现在五军都督府中的每一都督府都设有左右2个都督长官,一共10个,各自领着统属的都司、卫、所军队。这样一来,中央最高军事机构的权力就被分散开了,万一有1~2个都督有异心或不臣之心,还有8~9个都督稳定着呐。

**洪武十三年改制的大明中央最高军事机构五军都督府组织简表**

| 左军都督府 | 右军都督府 | 中军都督府 | 前军都督府 | 后军都督府 |
|---|---|---|---|---|
| 下领 | 下领 | 下领 | 下领 | 下领 |
| 在京卫所 | 在京卫所 | 在京卫所 | 在京卫所 | 在京卫所 |
| 浙江都司 | 陕西都司 | 中都留守司 | 湖广都司 | 北平都司 |
| 山东都司 | 四川都司 | 河南都司 | 福建都司 | 北平行都司 |
| 辽东都司 | 广西都司 | 在外直隶扬州卫等 | 福建行都司 | 山西都司 |
| | 云南都司 | | 江西都司 | 山西行都司 |
| | 贵州都司 | | 广东都司 | 北平三护卫 |
| | | | 在外直隶九江卫 | 山西三护卫 |

（注：本表资料来源：①《明史·职官志五》卷 76；②吴晗：《明代的军兵》，《读史札记》，三联书店 1956 年 2 月第 1 版，P96）

即使到了这一步，朱皇帝还是觉得不保险，于是他做出进一步规定：五军都督府只管领兵和兵籍管理，没有调兵权；兵部只管军官的铨选与军令；调兵权由皇帝直接安排，"征伐则命将充总兵官，调卫所军领之，既旋则将上所佩印，官军各回卫所"（《明史·兵志一》卷 89）。明代人将其概括为"兵部有出兵之令，而无统兵之权，五军有统兵之权，而无出兵之令……合之则呼吸相通，分之则犬牙相制"。（【明】孙承泽：《春明梦余录·五军都督府》卷 30）

这就是说，一旦有战事，某个被任命为总兵官的将领，凭着皇帝的谕令与兵部的手续证明，到都督府下属的卫所去领兵、出征。战争结束时，该总兵官将军队归还给卫所，将印奉还给皇帝。要是没有皇帝的命令，任何领兵的卫所都不能将部队作任何的调动。这样大明的军队始终掌握在皇帝的手中，由此以皇帝为首的中央集权得到了大大的加强。

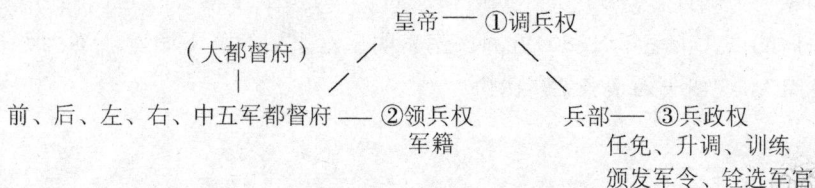

```
                     皇帝 ── ①调兵权
        （大都督府）       ╱        ╲
           │          ╱            ╲
前、后、左、右、中五军都督府 ── ②领兵权   兵部 ── ③兵政权
                    军籍          任免、升调、训练
                                颁发军令、铨选军官
```

朱元璋在大明帝国初期对军队系统进行改革的同时，对全国性的军事也做了布置。洪武二十六年(1393)，全国"共计都司十有七，留守司一，内外卫三百二十

九，守御千户所六十五"（《明史·兵志》卷90）。内地除了京师南京（洪武年间48卫，有军士20余万人）作为军事布置的重点以外，其他内地地方上相对布置的军事力量要小，只在军事要隘地方设立卫或所，而边疆地区则是重点布兵的对象，尤其是大明北疆。

明朝洪武年间的军队人数：洪武二十五年（1392）统计，全国共约有军队120万人；洪武二十六年（1393）统计，全国共约有军队180万人，以后还在不断增长。弘治十四年（1501），全国共约有军队270万人。（《明孝宗实录》卷80）军队是巩固大一统帝国君主专制主义中央集权的强大武器，大明帝国的天子们始终牢牢地掌控着，直到明亡。

中国传统社会军事制度在宋代发生了一次大变革，皇权专制主义渗透到军事领域，领兵权、调兵权和军政权三者开始分离。虽说宋帝国积贫积弱，但它终于杜绝了以往历代王朝中后期频频出现的军事割据局面之再现，由此享国300余年，位列中华帝国长寿王朝之前列。朱元璋开创大明帝国时"参酌唐宋"，吸收了宋朝军事文化遗产，推行军卫之政，创建五军都督府制，实行军事"三权分立"或言"兵权三立"与相互制约，贯彻极权君主专制主义。自此而始，有明一代消除了军事割据与军事叛乱的隐患，大明天子始终将帝国军事大权牢牢地掌控在自己的手中，不仅使得大明帝国存世了将近300年，而且还及时有效地抵御外来入侵，捍卫了中华民族独立自由的尊严（整个明朝没有和亲、割地和赔款等丧权辱国的事情），朱元璋功劳莫大焉！

## 精筑五道监察大堤　分权制衡确保君体

大都督府、中书省和御史台，在吴元年年底也就是大明开国前夜曾被朱元璋称为"总天下之政"（《明太祖实录》卷26）的三大府中的两大，由于"胡惟庸谋反案"的案发而被一一端掉，只剩下了一大府御史台。不过，这个御史台也没有存活多久，四个月后的洪武十三年（1380）五月。南京明皇宫里突然降下谕旨，"罢御史台及各道按察司"。（《明太祖实录》卷131）

## ◉ 将御史台改为都察院，建立范围最广的监察系统

这样自吴元年（1367）十月起设置的御史台及各道按察司（《明太祖实录》卷26）只存在了13年时间，比1364年朱元璋在南京称吴王起时就设立的中书省还短寿了3年。没有任何理由，也没有任何前兆，朱皇帝说罢除就罢除。御史台与各道按察司都没了，从中央到地方整个御史台监察系统被叫停了整整两年零五个月。到了洪武十五年（1382）十月时，洪武皇帝又突然下令："更置都察院，设监察都御史八人，正七品，以秀才李原明、詹徽等为之；设浙江、河南、山东、北平、山西、陕西、湖广、福建、江西、广东、广西、四川十二道监察御史，正九品，其文移则都察院故牒各道监察御史，监察御史呈都察院。"（《明太祖实录》卷149）。洪武十六年（1383）六月，"改都察院为正三品，设左、右都御史各一人，正三品；左、右副都御史各一人，正四品；左、右佥都御史各二人，正五品；经历司经历一人，正七品；知事一人，正八品；各道按察司为从三品；按察使一人，从三品；副使二人，从四品；佥事，从五品，多寡从其分道之数；经历司经历一人，从七品；知事一人，从八品。"（《明太祖实录》卷155）洪武十七年正月，"升都察院为正二品，左、右都御史正二品，左、右副都御史正三品，左、右佥都御史正四品，经历一员正六品，都事一员，正七品。"（《明太祖实录》卷159）

说到这里，细心的读者朋友可能会产生这样的疑问：一向极度重视监察的洪武皇帝当年为什么要对御史台与各道按察使司下达叫停令呢？且一停停了两年多才开始重新构建呢？

在回答问题之前，我们不妨先来回顾一下开国初期大明御史台监察系统的"前世今生"。

明朝以前的中国传统社会政治文明中不乏很好的官僚监察传统。从秦汉起，中国就确立了御史监察制度，并且在以后的岁月里不断地进行制度上的完善。到了元朝，虽说这个少数民族在其他方面学习中原先进文化不咋样，半生不熟，但在承继御史监察制度方面还是学得惟妙惟肖的。唐宋时期这类监察机构叫御史台，元朝也给它取名叫御史台，就连御史台下属官僚即监察纪检干部的官名也取法于唐宋，也有什么御史大夫、御史中丞、监察御史等等，一一搬用唐宋旧名，唯恐人们不认同它的政权的"正统性"；甚至元朝还走出历史上很重要的一步，在地方上建立起御史台的地方派出性机构——行御史台，这是专门针对具体的地方官僚进行监察而设立的。

可令人百思不得其解的是，元朝的吏治之差在中国历史上也算是出了名的。

朱元璋从小在元朝统治下受尽了凌辱,看够了元朝官场与社会的黑暗,现在他开创新政权可不能走元朝的老路,要以其为鉴。元朝设立的那套御史监察系统肯定出了问题,否则元朝官吏不会那么黑、那么乱。可从大明建国前后的实际情况而言,当时天南海北的军事征讨正在进行,朱元璋绝对日理万机,加上其自身人文素养也十分有限,治国理政很大程度上是跟着感觉走。于是人们不难发现:洪武初期大明帝国中央监察机构几乎完全克隆了元朝的建制,就连名称都一模一样,也叫御史台,下设御史大夫、御史中丞等官职,一如元朝旧制。(《明太祖实录》卷26)

但洪武十三年正月发生的大明帝国历史上的惊天大案——"胡惟庸谋反案"却改变了这一切。十分耐人寻味的是,该案件最先是由御史台的长官御史中丞涂节突然告变而引发的。接着又有一个已经被贬到中书省任属吏的前御史中丞商暠也出来揭发胡惟庸的不轨阴事。事情发展颇具戏剧性的是,揭发胡惟庸有谋反之心的御史中丞涂节后来也被案件牵连了进去,朝中大臣"检举"他原本就与胡惟庸同党,因后来发现谋反情势很不妙了,他才突然出来检举同伙的。这下涂节涂御史中丞可不能再开口检举人了,因为朱皇帝很快也将他给宰了。(《明太祖实录》卷129)

但如果我们查一下《明史》的话就会发现,涂节还不够格被列入胡惟庸、陈宁等人的《奸臣列传》中,可能清人修《明史》时手中的资料已经证明或部分证明了涂节是被冤杀的。谋反罪是一项大得不能再大的罪项,御史台长官涂节下手确实狠了点,但也不排除皇帝朱元璋曾经有过什么暗示呀。可处于对立面的丞相府一伙人也不是吃素的,胡惟庸为相多年,案发时朝中受到实惠的既得利益者中不免有什么高人想到这么个损招,将御史台长官涂节涂大人也给聪明地牵连进去。问题是朱元璋信啊,他杀了涂节,一了百了。由御史中丞涂节"参与谋反"又"突然反水",让人不得不联想起对整个御史台监察系统的重新审视,于是在处死胡惟庸和涂节等人的三四个月后的洪武十三年五月,朱元璋下令罢除御史台监察系统机构。随后经过两年多的细致调查与全面审视,终于于洪武十五年开始,朱皇帝决定重新构建以都察院为核心的大明监察系统。原来的御史台名称现在改为都察院,其下面还是设置十二道监察御史,地方上还是设立按察司,等等。(《明太祖实录》卷149)因此有人认为:大明这次监察系统改造仅仅是中央监察机构换换名字而已。如果真是这样的话,那就你太小瞧了朱元璋了。

## ○ 创建别具一格的都察院为首的大明监察系统

洪武十五年开始连续三年的监察系统大改造之关键在于:

第一,将原来沿用的元朝不轻易授予人的御史台长官御史大夫干脆给废了不用,将正二品的御史中丞1人任职,改为同为正二品的2人任职,官名叫左、右都御史,也就是说对中央监察机构的一把手进行分权,免得他一个人像涂节那样背后又要耍什么阴谋。元朝御史台御史中丞下面有两个都是从二品的属官,叫侍御史和治书侍御史,朱元璋将他们2人的职权改分给4个官员,他们是正三品的左、右副都御史和正四品的左、右佥都御史。也就是说,原来御史台1人负责主持工作的类似于监察部部长与2个副部长或部长助理现在改为整个都察院2个正职(类似于部长)、4个级别低一点的副职或称下属(类似于2个副部长及2个部长助理),中央最高监察机构的领导权力一下子被分了好几块。都察院的长官为左、右都御史,与六部长官尚书品级相同,职权并重,人称之为朝廷"七卿"。(《明史·七卿年表一》卷111)

都察院的长官"都御史以总其纲"(《明太祖实录》卷168),"职专纠劾百司,辨明冤枉,提督各道,为天子耳目风纪之司。凡大臣奸邪、小人构党、作威福乱政者,劾!凡百官猥茸贪冒坏官纪者,劾!凡学术不正、上书陈言变乱成宪、希进用者,劾!遇朝觐、考察,同吏部司贤否陟黜。大狱重囚会鞫于外朝,偕刑部、大理谳平之。其奉敕内地,拊循外地,各专其敕行事"。(《明史·职官志二》卷73)

以都察院为核心的大明帝国监察系统

御史台——(1382)改为都察院

    左、右都御史 ⎱ 御史兼管地方行政、民政,即为巡抚
    左、右副都御史 ⎰ 御史兼管地方军事等事务,即为提督
    左、右佥都御史 ⎱ 御史兼管地方行政、民政、军事,即为总督
    十三道监察御史——出使巡按——巡按御史(七品)

第二,元朝御史台下设殿中司和察院两个机构,殿中司由殿中侍御史统领,主要是纠察朝廷百官;察院下设若干个监察御史,他们主要"司耳目之寄,任刺举之事",说白了也是纠察百官的。元朝如此架屋叠床的机构设置,朱元璋十分讨厌,在都察院的机构中他只设置十三道监察御史,以一布政司为一监察道,故名十三道监察御史,他们直属于都御史领导。

监察御史监察的范围则比历史上任何朝代都要广泛,"纠内外百司之官邪,或露章面劾,或封章奏劾"。因为每个布政司设一个道,每道设7~11人,所以总计监察御史为110人。这110个监察御史中每道又分为两类:一类叫守道监察御史,即在南京负责本道事务的,掌一枚本道印章,印章上刻有"某某道监察御史印";另一类出巡本道管辖的地方的监察御史,叫巡按监察御史,其印章上刻有"巡按某某道

监察御史印"(《明太祖实录》卷 203)。因此说京城内外、地方十三省的大小事务都有监察御史都盯着,他们什么都要说、什么都要管。"在内两京刷卷,巡视京营,监临乡、会试及武举,巡视光禄,巡视仓场,巡视内库、皇城、五城,轮值登闻鼓;在外巡按,清军,提督学校,巡盐,茶马,巡漕,巡关,攒运,印马,屯田。师行则监军纪功,各以其事专监察……按临所至,必先审录罪囚,吊刷案卷,有故出入者理辩之。诸祭祀坛场,省其墙宇祭器。存恤孤老,巡视仓库,查算钱粮,勉励学校,表扬善类,剪除豪蠹,以正风俗,振纲纪。凡朝会纠仪,祭祀监礼。凡政事得失,军民利病,皆得直言无避。有大政,集阙廷预议焉。盖六部至重,然有专司,而都察院总宪纲,惟所见闻得纠察。诸御史纠劾,务明著实迹,开写年月,毋虚文泛诋,讦拾细琐。出按复命,都御史覆劾其称职不称职以闻。"(《明史·职官志二》卷 73)

上述这段话大致是讲:在京城里,监察御史巡视皇城、京营、仓场、内库、监临科举考试——乡试和会试,等等;出使到地方,他们监察地方官僚、提督学校、茶马、巡关、巡漕,到部队有军事行动时他们监军记功,等等。虽然自身官阶品级不高,只有正七品,与县太爷同品级,但由于监察御史出使地方常常带"代天子巡狩"的名分,其权力就相当大,所到之处,"大事奏裁,小事立断"(《明史·职官志二》卷 73)。因此即使是地方上从二品的省长布政使之类的封疆大吏,一旦遇到正七品的监察御史没有一个不怕的,有时这些监察御史出巡时会微服私访,这就更使地方官僚害怕了。

我们不妨将御史所拥有的监察权力作个归纳:①对内外百司之官的监察权,②战时特殊时期的监军权,③某特定事项的纠察权,④重大案件的司法会审权。尤其这个司法会审权,人们可能更熟悉的是另一个名字,那就是三法司会审。三法司会审是指都察院长官或监察御史与刑部、大理寺长官等在接受皇命后,共同审理一些特别重大的疑难案件。刑部的设立很早,我们在前面已经讲过,大理寺的设立则相对晚了些。洪武十四年(1381)即"胡惟庸谋反案"案发后的一年,为了加强对刑事案件判决的审核,朱元璋下令增设最高司法复审机构大理寺,其长官为大理寺卿,"掌审谳平反刑狱之政令",副官为少卿、寺丞等,规定:"凡刑部、都察院、五军断事官所推问狱讼,皆移案牍,引囚徒,诣寺详谳。"这就是说刑部、都察院、五军断事官所审结的案子,都要上交给大理寺复审;如果上述三个法司部门审结的案子不交大理寺复核,那么这样的案件是不能作为司法审判的最终结果而予以实施处罚的。(《明史·职官志二》卷 73)

第三,尽管以都御史为首的都察院长官领导着整个都察院监察系统的工作,管着部下监察御史等,用俗话来说叫以上管下。倒过来,明朝也能以下管上、以小管大,这在历史上还真不多见。

我们先来说说以小管大。洪武三年正月,朱元璋曾下令定"内外风宪官与其属官依品级行礼"之制,其中规定:监察御史、按察司金事如出巡,当依品级拜知府、知州;知府、知州有罪,监察御史、按察司官按问得实,则于市中依律断罪。这话是说:品级较低的监察御史、按察司金事如果出巡到地方上,遇上品级比他高的知州、知府,就得行下官拜见上官之礼。如果知州、知府违法犯罪了,监察御史、按察司金事在调查清楚、核实到位后,就在集市贸易中心公开审理知州、知府违法犯罪案件,让大家都知道不论当官不当官,一旦犯法了,就得接受法律的公正审判。(《明太祖实录》卷48)

这些举措倒是很像20世纪60年代的"开批斗会",不过那时的"批斗会"不能以下犯上地侮辱上官。之所以要这么做,当年朱皇帝曾这么解释的:风宪官按品级行了下官之礼了,表示他"**不敢凌辱有司,有司官既受风宪官礼,自知羞耻、畏惧,不敢干犯法度。此法虽异前代,然亦激劝之道也**"。(《明太祖实录》卷48)

讲清了以小管大,我们再来说说以下管上。洪武二十三年发生了一件事情很特别,有个叫夏长文的监察御史上奏给皇帝朱元璋,弹劾自己的上级领导左副都御史袁泰,说他家里人犯有很多不法之事,像这样的连家都治不好的人还配当领导吗?朱元璋接奏后十分赞赏夏长文不阿权贵的气节,立马升他为都察院左金都御史。(《明太祖实录》卷204)

有人见此可能要说,这算不上什么,夏长文不就是那个曾经很受朱皇帝喜欢的上海粮长,皇帝特别喜欢的人当然皇帝要为他做主了。但事实并非完全如此,请看另一个案例:洪武三十年,有个都察院御史上告说:"我们的上级领导一把手左都御史杨靖杨大人营私舞弊,他家乡有个仇家,因为一个案子的牵连被逮捕入狱。杨大人利用自己的职务之便将仇家的案卷文书偷偷做了改动,增加了好多莫须有的罪行,致使仇家被定为死罪,现在那个仇家的家人已到皇宫前敲登闻鼓喊冤。杨靖身为我们都察院领导,知法犯法,理应按律论罪!"朱元璋接奏后开始还不以为然,因为他喜欢杨靖,杨靖很有才气,"资性明敏,有识善敷奏,理刑平恕",朱皇帝多次表扬和奖励了他,还曾叫他充当皇帝特使,出使安南(今越南),回来后即授予左都御史之职。没想到竟有这样的事情,洪武帝实在舍不得才子杨靖被问罪。但御史们一个接一个地上奏弹劾,最终弄得朱元璋不得不下令,赐死杨靖。(《明太祖实录》卷254)

朱元璋用以小制大的办法既避免了任用高级别监察官容易造成尾大不掉的不良后果,又能钳制、监察到了千里或万里之外的臣僚,真可谓一箭双雕。

## ○ "权力与责任"对等——高学历、高要求与高风险的大明监察御史

正因为御史的权力这么大,他们要是"走偏了点",问题就严重了,所以明代对御史的要求特别高。

第一,出任御史的必须是进士、举人出身——这是洪武以后定制的。也就是说,明朝的纪检、监察干部必须具有大学的硕士、博士之类的学历,最低的也应该有个本科学士文凭。为什么要这样做呢?朱元璋和他的子孙们恐怕都拿不出一张小学毕业证书,为什么对他们纪检、监察干部提出这么高的要求?我想至少有四个方面的原因:首先,真正做好纪检、监察工作,其所要求的是要高于一般常人的智慧与知识,否则就很难做到洞察秋毫,很难为皇帝看好"家"的。其次,明代开始科举考试程序复杂化,大致要经过七次较大的考试,才能达到举人或进士。古人云:十年寒窗图破壁。实际上何止十年?所以这样一来,一般家庭等到家中有人中举时,往往家徒四壁。对于举子来说,他会很珍惜这来之不易的官位与名利,会顾及得比一般人多,不大容易明目张胆地干起违法乱纪的事来;即使他们中有些败类也会跟着官场上的腐败分子做坏事,但一般都比较隐蔽,客观上这一群体的形象比其他群体要好得多,所以皇帝也乐意用他们。再次,这些大明帝国的"硕士""博士"们从小读的都是儒家的经典,朱元璋与他的子孙们甚至规定科举考试的标准答案都只能以宋儒朱熹等人的解释为依据,所以不用担心他们是否偏离儒家的正统,而这类人一旦出来当官了,一般也都能以儒家的理想治国理念来帮助君主"平天下"。最后,历史上常常有着这么一个现象,越是知识程度高的知识分子越不太容易改变他的信念,越不太容易改变他的道德操守。因此说明朝皇帝用进士、举人来当纪检、监察干部,应该来说是种最佳的选择。

第二,明朝对御史的违法乱纪的处罚也比一般官吏要重,其中规定"凡御史犯罪,加三等,有赃从重论"(《明史·职官志二》卷73)。这样的规定倒是做到了"权力与责任相对等"。正因为对御史的要求很严,所以明代的御史一般来说素质都比较高。他们也忠于职守,为大明帝国的稳定和吏治的澄清起到了十分重要的作用。

御史制度好是蛮好的,皇帝有他们在监察着帝国的每个角落,他可放心多了。但世界上的事情往往是这样,当你品尝鲜鱼的美味时,就得小心鱼刺卡了你的喉咙。我们讲的那位大明帝国的开国皇帝朱元璋正在为他设计出来的都察院御史制度的美妙而偷着乐时,一不留意他就被自己的"杰作"鱼刺给扎了。

## ○ 奇闻:唯我独尊的洪武皇帝居然要向七品小官认错?

有一天,朱元璋在明皇宫里待腻了,闷得慌,忽然想到应该娱乐娱乐,就叫太监出宫门去,到南京城南找些女乐来乐乐。女乐就是民间常说的戏班子,不过,这戏班子里的主角全是女的,用今天话来讲就是娱乐圈内的女演员、女歌星。古代这种女乐、戏子什么的是社会的另类,属于贱民阶层,他们可能做梦也没有想到今天他们的"子孙后代"扭个屁股、搞成野草一般的头发、涂成像《聊斋》里的画狐一样的脸蛋,光出场费也能弄个几十万、几百万什么的。老祖宗们可"低贱"了,在国家的法律中女乐被列入"贱民"阶层,而且世代为业。太监找到了女乐,说是皇帝要她们去"娱乐娱乐",这是看得起她们,赶紧就去吧!别让那洪武爷等急了,他可不是好说话的,一发怒就要人头落地。太监带了女乐们正急匆匆地往明皇宫里去,走过了午门,来到了奉天门,正要往大内里赶。(《明史·周观政传》卷 139)

这时,来了个专门巡视皇城的巡城御史周观政,突然挡住了他们的去路。因为根据大明内宫制度的规定:女乐这类贱民是不准进入大内这样"高贵神圣"的地方的。可领头的太监没把周观政的阻拦当回事,顶了他一句:"我有圣旨在身!"其潜台词是皇帝叫我这么干的,你要找麻烦去找皇帝去!哪知道巡城监察御史周观政就不信这个邪,死活也不让女乐进宫。太监没办法,只好将女乐留在原地,自己跑到宫中去向朱元璋禀报了所发生的事。(《明史·周观政传》卷 139)

朱元璋听了心想:今天我想放松放松,看来是弄不成了,于是苦笑地对太监说:"传我的口谕,女乐娱乐活动不搞了,叫她们回去吧!顺便跟巡城御史周观政说一下,就说他干得好,回去好好休息吧!"朱元璋这样做,一方面表明自己奉行制度办事,有错就改;同时对御史工作也予以肯定。用平常人的思维:这个正七品的小小御史,皇帝也已经给足了你面子,你也该歇歇了。可是历史上好多正直的御史往往是讲原则而不通融的科举出身的知识分子,他们认准了一个理,就是不放松,咬到底!这个周观政就是死活都不走,一定要皇帝朱元璋亲自出来与他"对话"。朱元璋深知御史的"厉害",只好穿上朝服走出宫门,与周观政"对话"。朱元璋先是自我批评,表示对刚才找女乐的事情很后悔,同时又好好地表扬了一下周观政,说他做得对。这时的周观政才放心地回家休息去。(《明史·周观政传》卷 139)

贵为九五至尊的天子,就连人臣之极的过去宰相哪一个不怕的皇帝朱元璋,现在居然怕起一个只有芝麻官那么大的御史,这实在让人匪夷所思。

其实,中国自古以来一直就有言官制度的传统。所谓的言官就是诸如御史一类的专门给皇帝提意见、给百官"找毛病""挑刺"的监察官。中国历史上形成了一个传统：只要不是特别的昏庸无道之君，一般皇帝即使被言官说了甚至骂了，都是不杀言官的。不过，要是碰上皇帝硬要杀那"批评"他的言官，又会怎么样呐？那肯定要冒舆论与传统及道德方面的风险，被史官作为昏君而记载于史，被臣民视为无道之君。朱元璋多精明，他才不会干这种傻事了，没什么大不了的，我就让你说吧。实在受不了，先忍一忍，让你言官过过嘴瘾，过几天把你从言官位置上给挪走，看我怎么来收拾你！

不过，事后监察御史周观政并没有被收拾的记录，这倒不是因为朱元璋的心底有多善良，而是因为他对自己苦心打造的大明新型监察系统太重视了。

## ◉ 建立以六科给事中为主体的无所不察的皇帝近侍监察官系统

其实除了以都察院为核心的大明监察系统外，朱元璋从长治久安的角度出发，在洪武开国前后和洪武十年还分别创造性地设计出另外两套言官体系，那就是六科给事中制度和通政司制度。由此在大明朝廷中央"构筑"起三道防护大堤，建立了三套权力制衡的监察机制。

上文中我们已对以都察院为核心的大明监察系统作了介绍，下面着重讲讲六科给事中制度和通政司制度。

六科给事中制度究竟是什么时候建立起来的？无论是《明实录》还是《明史》都没有讲出具体的时间，即使是当今专门研究政治制度史的专业研究者也没给出一个明确的说法。

查《明太祖实录》，六科给事中制度的构建有着一段时间。最早设置给事中官职的是在至正二十四年（1364）（《明太祖实录》卷14），具体干什么工作，没有记载，只是将它与起居注记在一起，起居注为皇帝近臣，给事中也应该是处理皇帝宫廷要事一类的官职。明开国前的吴元年年底，给事中被定为正五品（《明太祖实录》卷27），到了洪武四年定为正七品（《明太祖实录》卷64）。洪武六年（1373）明廷定制：给事中12人，秩正七品，分为吏、户、礼、兵、刑、工六科，每科2人，职责为检查诸司奏疏和每日记录皇帝旨意，具体地说，"凡省、府及诸司奏事，给事中各随所掌，于殿庭左右执笔记录，具批旨意可否于奏本之后，仍于文簿内注写本日给事中某钦记，相同以防壅过欺蔽之弊，如有特旨，皆纂录付外施行……若系边报及钱粮、机密重事不待朝会合奏闻者，于给事中处报知引奏；省、府、台各置铜匮，凡所录旨意文簿

收贮于内，以凭稽考"。(《明太祖实录》卷80)

从当年的《明实录》的这些记载来看，洪武时期的给事中所干的工作倒是很像永乐以后宫廷内使所干的活，这也吻合实际；因为明太祖绝对禁止宦官干政，也不让宦官识字，但总得要有人干那些最为机密的朝廷公务，而从当时的实际来看，很大程度上主要由给事中来承担。洪武后期，明廷增设都给事中，作为给事中的领导。二十四年，"更定科员，每科都给事中一人，正八品(后又定为正七品)；左、右给事中二人，从八品(后又定为正七品)；给事中共四十人，正九品(各科分设员数)"。(《明史·职官志三》卷74)，并对给事中的相关规定做了一些调整，从此以后形成了比较完善又有个性特色的明代另一套言官监察系统——六科给事中。

明代"六科，掌侍从、规谏、补阙、拾遗、稽察六部百司之事。凡制敕宣行，大事覆奏，小事署而颁之；有失，封还执奏。凡内外所上章疏下，分类抄出，参署付部，驳正其违误……凡日朝，六科轮一人立殿左右，珥笔记旨。凡题奏，日附科籍，五日一送内阁，备编纂。其诸司奉旨处分事目，五日一注销，核稽缓。内官传旨必覆奏，复得旨而后行。乡试充考试官，会试充同考官，殿试充受卷官。册封宗室、诸蕃或告谕外国，充正、副使。朝参门籍，六科流掌之。登闻鼓楼，日一人，皆锦衣卫官监莅。(洪武元年，以监察御史一人监登闻鼓，后令六科与锦衣卫轮直。)受牒，则具题本封上。遇决囚，有投牒讼冤者，则判停刑请旨。凡大事廷议，大臣廷推，大狱廷鞫，六掌科皆预焉"。(《明史·职官志三》卷74)

**以六部为重点监察对象的六科给事中独立监察系统**

礼部——民政部——礼科给事中1人、左右都给事中各1人
户部——财政部——户科给事中1人、左右都给事中各1人
皇帝—(中书省)—六部 吏部——人事部——吏科给事中1人、左右都给事中各1人
兵部——国防部——兵科给事中1人、左右都给事中各1人
工部——建设部——工科给事中1人、左右都给事中各1人
刑部——司法部——刑科给事中1人、左右都给事中各1人

洪武中后期，朱元璋强化给事中的监察功能可能更多的是针对六部。因为自中书省废除后，六部的职权有了明显增大，朱皇帝很不放心，通过调整六科给事中的工作范围，将其监察视点更多地落在了六部身上。六科给事中的工作流程是这样的：凡是六部不能做主，要向皇帝请示或要皇帝审批的事情，必须首先要在给事中处登记、审查，审查通过后才能转上皇帝，要是审查后认为不妥，可以驳回到六部重来；凡是皇帝要六部执行的事情，也必须在给事中那儿先登记，以便日后检查执行情况时有案可据。

因此说六科的工作较多是针对六部。譬如说,洪武二十二年(1389),朱元璋看到朝廷赏赐开支相当之大,而每一次赏赐后就要到户部再去领取,有时甚至一次赏赐还没结束,而赏赐钱财就不够了。这很像我们老百姓送礼,本来要想送1 000元人情礼,一掏钱包忽然发现只有500元,你总不能说:"对不起,我到银行去取了再来给你。"这多丢脸!为此,洪武皇帝就叫户部即财政部从国库中拖一些大明宝钞等财物到宫殿里来,存放在手头,一旦要赏赐了,马上就可以取到。但这样做的话可带来了另外一个问题:户部管钱物的,拿到了宫中来了,叫谁来值守这些财物呢?还叫户部的人?不行,那太容易舞弊了。朱元璋就叫上户科给事中和礼科给事中相继去看护值守,每年年底再由户部去统计、盘点,且规定以此为常例。这样就做到了管钱物的不管出入,管出入的不管盘点统计,"你中有我,我中有你",实际上起到了互察的作用。(《明太祖实录》卷195)

但在更多的情况下,六科给事中并不限死监察范围,有时户科给事中可能要管起兵部的事务,工科给事中可能要管起刑部、礼部的事务等,不一而终。譬如洪武二十八年(1395),工科给事中陈洽等人向洪武帝上奏说:"有的朝廷大臣犯了重罪,因为皇帝陛下您的大恩大德,他(们)得以宽宥,仍与我们一起上朝;但无论如何这些犯了重罪的大臣再也不应该仍站到自己原来的上朝班序行列里,而应该叫他们另外站出去,这样才能对违法犯罪者有所惩戒啊!"朱元璋一听,觉得讲得十分有理,马上下令:让那些犯了重罪又被宽宥的大臣在上朝时站到八品、九品的上朝班序之后。(《明太祖实录》卷239)

其实给事中的监察范围何止这些,他们还可以越出自己的"六科范围",管起另一个监察系统都察院,甚至有时还能将都察院的领导给扳倒。洪武三十年就曾发生过这么一件事,署佥都御史邓文铿、刘观、景清等人在一个奏本上署上自己的名字后,突然想起那本子上有差错,于是3人带上都察院的图章跑到六科办公所去,将上面的错误给改了过来,并重新加盖了图章。哪知刚好被值班的给事中给逮着了,这还了得,马上上奏给皇帝,朱元璋下令将邓文铿等3人逮捕下狱,后3人被贬黜到陕西去监察茶马。(《明太祖实录》卷253)

六科给事中有时还接受皇命,充当皇帝钦差,巡抚地方,甚至还干起清理军伍、军籍等监察御史的工作。譬如洪武十六年(1383),给事中潘庸等一行人就曾接受朱元璋的旨意:"分行天下都司、卫所,清理军籍。"(《明太祖实录》卷156)。洪武十九年,河南等地发生水灾,给事中宫俊、御史蔡新接受朱元璋委派,前往河南"检核被水人民,有赈济不及者补给之"。(《明太祖实录》卷178)

由此看来,六科给事中与监察御史的职责有着很大的重叠,几乎无所不察。尽管他们品秩都很低,被他们监察的官员中任何一个都可能比他们的官位要高,但因为他们有着"稽察六部百司"的权力,又处于皇帝近侍的位置上;所以其监察功能十分强势,可视为大明帝国中央朝廷的第二道监察防护大堤。

## ◉ 创设以通政使司为主干的集谏官和监察于一体的宫廷内外 通政渠道

朱元璋创造性地构建了独特的大明帝国官僚监察系统中第三道监察防护大堤,那就是以通政使司为核心的宫廷内外通政渠道。

通政使司创立于洪武十年(1377)七月,机构设置通政使 1 人,正三品,左、右通政各 1 人,正四品;左右参议各 1 人,正五品;经历 1 人,正七品,知事 1 人,正八品,"掌出纳诸司文书、敷奏、封驳之事"。(《明太祖实录》卷 113)

通政使司官制创立时,皇帝朱元璋特别注重其职官人选,找了一大圈都没能找到合适的,后来突然想起了刑部主事曾秉正和应天府尹(相当于首都南京市长)刘仁或许能胜任这类新型职务,但他们都有了职务。曾秉正刚刚被委任陕西参政(相当于陕西省副省长或省长助理),只是他人还没离开南京,于是朱元璋马上令人去将曾秉正与刘仁叫到皇宫里,当面予以训示:"朕决定新设一个官僚衙门,叫通政使司。自古以来国家政治的变乱萌发于言路的壅蔽,一旦言路壅蔽了,奸佞小人就会乘机要奸。所以说国家要治理好,就必须要设立喉舌之司,'以通上下之情,以达天下之政'。今朕任命你们官职,其名为'通政'。打个比方吧,国家政务就好比是水,一定要经常性的通畅而无壅堵,所以朕任命你们任职的这个官衙就叫做'通政使司',你们的官名就叫'通政','卿其审命令,以正百司,达幽隐以通庶务,当执奏者勿忌避,当驳正者勿阿随,当敷陈者无隐蔽,当引见者无留难,毋巧言以取容,毋苛察以邀功,毋谗间以欺罔,公清直亮,以处厥心,庶不负委任之意'。"朱元璋要求他们:"你们要根据朕的谕旨命令来对照规正百官的言行,要将那些被隐蔽或深藏的事情及社会普通民众的小事都能及时上报上来,让朕知道;还有应当奏请朕拿主意的,你们就不要有什么顾忌;应当予以驳正的,你们也千万不要随声附和;应当向朕汇报的,你们千万不能隐瞒;应当引见的人,你们也不能留难……"(《明太祖实录》卷 113)

从上面这段话中我们可以看出,朱元璋设立的通政使司,哪像是个简单的"通政"衙门,简直是一个集谏官和监察于一体的重要政治机构,又有点像情报和新闻部门。当时规定无论什么官署上奏，都必须经过通政使司，由此可见，通政使司权力之大了。

通政使司的长官通政使"掌受内外章疏、敷奏、封驳之事。凡四方陈情建言，申诉冤滞，或告不法等事，于底簿内誊写诉告缘由，贵状奏闻。凡天下臣民实封入递，即于公厅启视，节写副本，然后奏闻。即五军、六部、都察院等衙门，有事关机密重大者，其入奏仍用本司印信。凡诸司公文、勘合辨验允当，编号注写，公文用'日照之记'、勘合用'验正之记'关防之。凡在外之题本、奏本，在京之奏本，并受之，于早朝汇而进之。有径自封进者则参驳。午朝则引奏臣民之言事者，有机密则不时入奏。有违误则籍而汇请。凡抄发、照驳诸司公移及勘合、讼牒、勾提件数、给繇人员，月终类奏，岁终通奏。凡议大政、大狱及会推文武大臣，必参预"。（《明史·职官志二》卷73）

正因为通政使有着这样重大的职责与权力，所以他的品秩在当时就被定得很高，位于大明朝廷七卿之下的最高档次了，因而与六部尚书、都察院长官和大理寺卿合称为"九卿"。

从皇帝朱元璋提出"卿其审命令以正百官"的要求和通政使"掌受内外章疏、敷奏、封驳之事"的职责来看，十分显然，洪武开创大明通政使司系统，不仅使得皇帝直接了解内外实际情况，而且还在客观上也有起到监察诸司百官的作用。

其实无论是监察阵容最为庞大的都察院监察官系统，还是以六科给事中为主体的无所不察的皇帝近侍监察官系统以及集谏官与监察于一体的朝廷重要机构——通政使司，三者的职权范围都是大致相当的，除了监察诸司百官外，它们之间也可以互察，完全可视为相互之间谁也管不了谁的三个独立平行的监察系统。朱元璋之所以如此不厌其烦地在朝廷精心设置一个又一个监察系统，无非是为了将任何有可能危害到皇权的因素扼杀在萌芽状态，以此来确保大一统君主专制主义统治的稳固。对于这样多重平行监察与分权制衡的机构重建，晚年朱元璋不无得意地说道："我朝罢相，设五府、六部、都察院、通政司、大理寺等衙门，分理天下庶务，彼此颉颃，不敢相压，事皆朝廷总之，所以稳当！"（《明太祖实录》卷239）

## ◉ 建立地方权力制衡监察机制：分巡道与分守道

事实上，除了上述中央朝廷建立的三套相互权力制衡的监察机制或言监察大堤外，朱元璋还在地方上建立了两套相互平起平坐的权力制衡监察机制或言监察大堤，这在历史上尚属独创。

明朝地方监察提刑按察司系统设置得很早,洪武开国前,朱元璋就在其控制的地盘上模仿宋元旧制设立各道按察司(《明太祖实录》卷6~29)。建国后定制按察使,正三品,按察副使,正四品,按察佥事,正五品。但在洪武十三年的"胡惟庸谋反案"爆发后没过五个月,各省按察司与中央的御史台一同被朱元璋废除(《明太祖实录》卷131)。后经过近一年的清理、整顿,洪武十四年(1381)三月,朱元璋下令复置各道提刑按察司(洪武末年除京师南京外,全国总计有13道提刑按察司,笔者注),"并定各道按察分司"。(《明太祖实录》卷136)

明代提刑按察司长官提刑按察使"掌一省刑名按劾之事。纠官邪,戢奸暴,平狱讼,雪冤抑,以振扬风纪,而澄清其吏治。大者暨都、布二司会议,告抚、按,以听于部、院。凡朝觐庆吊之礼,具如布政司"。(《明史·职官志四》卷75)

用今天话来说,各省的提刑按察使是总体负责一个省区——按照监察系统的术语来讲应该称"道"——内的违纪、违法与犯罪等类事情的监察,纠劾官吏的不轨、不法言行,除暴安良,平反冤狱,维护地方稳定;碰到特别重大事情他必须得与布政使、都指挥使一同商议,如果刚好碰上有巡抚或巡按出使该省份的话,还得告知这位朝廷钦差。

提刑按察使的佐官叫副使、佥事,他们主要从事分道巡察。什么叫分道巡察?洪武十四年朱元璋在复置按察司的同时,"并置各道按察分司"(《明史·职官志四》卷75)。洪武十五年(1382)九月,朱元璋又"特置天下府、州、县提刑按察分司,以儒士王存中等五百三十一人为试佥事人。按治二县,期以周岁"。(《明太祖实录》卷148)就是讲在每个省即按察司系统的一个道内又划分出了好几个按察分司,当时洪武皇帝一下子派出了以王存中为代表的儒士531人到各省各分司去担任见习佥事,每2个县权作一个按察分司(《明太祖实录》卷148),"凡官吏贤否、军民利病,皆得廉问纠举"。这种按察分司的划分在洪武中晚期有所变化,洪武二十九年,全国按察分司为41(分)道——这就是明史上有名的"分巡道"。(《明史·职官志四》卷75)

与"分巡道"对应的叫做"分守道"。什么叫"分守道"?明代在布政司(省)与府之间设立监察区叫"道",这些"道"是自成体系,它们不以行政区的划分为界限的。一般来说,一个布政司(相当于省政府)里要划分出好几个监察区"道"来,而一个"道"有可能要管辖与监察好几个府。通常来说,凡是由布政使司里的左右参政、参议等佐官分管与监察几个"道"的钱谷粮税之类的,这类专业的"道"叫"分守道";凡是由提刑按察使司(相当于现代省检察院或省法院)里的副使、佥使等佐官分管与监察几个"道"里的刑狱之类的,这类专业的"道"叫做"分巡道"。"分巡道"和"分守道"并不重合,各自自成一体,譬如浙江境内的分巡道有 4 个:杭严道、宁绍道、嘉湖道、金衢道;分守道也有 4 个,但它的划分与分巡道不一样,它们是:杭嘉湖道、宁绍台州道、金衢严道、温处道。(《明史·职官志四》卷 75;《明太祖实录》卷 136)。可以说"分巡道"和"分守道"是根据"专业"分别对"道"辖区内的官僚从事相关对口"专业"活动进行监察。譬如省级布政司的佐官左右参政要检查辖区某"道"内的粮税上缴情况,但对于"道"内的打官司或人命冤案是不管的,即使在工作中拔出萝卜带出泥,已经弄清个是非来了,他还不能管。这些人命案件要由提刑按察使司里的副使、佥使来监管。这样的机构设置与专业管理有着两个方面的作用:

第一,专业对口管理与监察,便于对行政官僚的管理与对地方官吏的腐败起到监察与遏制作用。一个人要成为通才似乎是要求太高了。明代的这种专业对口管理与监察从制度的设计角度来讲还是理性的。你叫布政使和他的佐官去监察道里的什么人命案件,即使按照常理能看出个子丑寅卯来,但要运用《大明律》何条何款,对不起,我得回"省城"去查好了再来告诉你们,这不成了笑话;同样如果叫提刑按察使司里的副使、佥使等佐官去监察"道"里的钱粮税收什么的,这些省检察院或省法院的"领导同志"恐怕连账本也不一定能看懂。所以专业对口管理与监察应该来说对于提高行政官僚的管理水平与遏制地方官吏的腐败起到了积极的作用。这说明明代中国的政治文明已经达到了很高的水平。

第二,专业对口管理与监察,除了对防止地方府、州、县官吏的腐败与不作为或乱作为有监管作用以外,中央控制和掌握省里的布政司和提刑按察使等衙门,又实行其衙门佐官直接监察下辖的道。这样对布政使司和提刑按察使等衙门里的长官布政使和提刑按察使实际上起到了一定的分权与制约的作用,同时加强了中央对地方的控制。

明代独创的地方监察系统

```
              地方行省                              中央
  布政使              提刑按察使                    巡抚
  |    左右参政、左右参议    提刑按察副使、佥使         提督
  |         |              |                     总督
  道(省内若干监察区)分守道    分巡道    督粮道  提学道  巡按御史
  |         (钱谷、民政)  (刑名、司法)  (没有划分的地盘)
  府(道以下的监察区)
              |
           镇——巡检司
```

在明朝还曾设立了督粮道和提学道等专业的道,不过它们没有专门地盘的专

职道员,有时也有被临时指定的监察地区。

## ○ 巡抚、巡按与提督、总督

地方上通过"重新划分"监察区,设立"分巡道"和"分守道"监察系统,地方中下层的监督加强了。但地方分权也好,监察也吧,所造成的格局是各司其职,遇到地方发生大事,尤其是省与省之间发生了事情,谁也指挥不了邻省一起行动,原本出于良好愿望而设计出来的地方管理与监察机制这时暴露出问题了。于是在洪宣以后就出现了巡抚、巡按与提督、总督等从临时差遣到最终定制的地方管理与监察的官僚机制。

洪武年间皇帝朱元璋就派出亲信或其他比较可靠的官僚出去"巡抚"地方省份,"巡抚"的名称很好听,即巡视地方、抚慰苍生。洪武中叶朱元璋曾命令大明第一大将军徐达巡抚北疆,训练士卒(《明太祖实录》卷157),洪武二十四年派遣宋国公冯胜、颍国公傅友德等巡抚山西塞上(《明太祖实录》卷236),同年又叫太子朱标"巡抚陕西地方,巡抚之名,始见于此"(【明】沈德符:《万历野获编·督抚》卷22)。永乐年间"巡抚"逐渐走向制度化,明宣宗时基本上固定下来。起初一般中央派出的是一些尚书、侍郎、都御史等高级官员,到各处边境腹地去巡视巡视,办完事后回到朝廷复命。这样出巡的官员就叫"巡抚",这是一种临时的官差和官职。巡抚一般无权管地方上的军务。

巡抚又略微不同于"巡按",巡按洪武初年就有了,《明实录》记载:洪武二年朱元璋派遣监察御史谢恕巡按松江(《明太祖实录》卷43)。一般来说,巡抚是指中央朝廷派遣监察御史巡视地方省份,似乎在官阶上,巡按要比巡抚略低些。要是出来的巡抚加上军务管辖头衔的,就叫做"提督";有时形势需要,要动用几个省的钱谷与兵力,巡抚要兼理地方军务加提督,往往以尚书、侍郎总理地方军务,并兼任都御史,他才有权动用几个省的力量,人们往往称他为"总督"。

但无论巡抚还是总督,在明代前期都是属于临时性的差遣。明朝中后期,地方事务增多,一个巡抚或总督往往干了好多年也没"走",逐渐成为固定的地方长官了。(详见笔者《大明帝国》系列⑨《洪熙、宣德帝卷》上)

巡抚、巡按、提督、总督都是中央派出的官员,一般代表皇帝巡视天下,即使是仅仅正七品的监察御史外出巡视,比他高出四五品级的地方省长(布政使)等封疆大吏也对他畏惧三分,府、州、县的地方官甚至行跪拜之礼。一来这些外巡中央官员代表了皇权,二来他们有监察地方百官的权力。所以我们经常在古典小说中读到,地方百姓盼星星、盼月亮地盼清官,清官也就是"巡抚"来的中央官员。不可否认,在皇帝不昏庸、政治清平的情势下,巡抚、总督制度还是在一定程度上和一定范围内起到了监察地方、"为民做主"的积极作用,可惜这样的时候太少了。

　　从朝廷中央的都察院监察御史、六科给事中、通政使司到地方上的提刑按察司、分巡道与分守道,朱元璋绞尽脑汁精心设立了一套又一套分权制衡的官僚监察机制,以此消除来自于中央与地方对皇权的任何危险,确保绝对君主专制主义中央集权大一统帝国的长治久安——用明代大思想家王阳明的话来说就是维护"君体"(【明】王守仁:《传习录》卷上)。这些举措果然十分有效。但话得说回来,如果光有监察,不给官僚们制定言行规范准则和奖惩机制的话,一切都无从谈起。为此,洪武开国以后,朱元璋不断下达诏敕谕令,为大明官吏制定了一系列言行规范准则;用通俗话来说,就是实行"公务员"标准化,严惩官吏贪暴腐化。

## 制定"公务员"标准化　严惩官吏贪暴腐化

　　明代的官即为我们今天习惯称呼的"公务员"中的领导干部,自步入官场的入口处起,洪武皇帝就为他们制定了一系列的行为规范与标准,这些行为规范与标准大凡有两个方面:第一个为"软件"方面,重建传统儒家的标准仪礼,革除蒙元陋习,构建等级秩序。譬如,洪武二年八月朱元璋征集天下儒士修纂《礼书》,书成后正式取名为《大明集礼》。这是朱元璋"参酌唐宋"、恢复传统的礼仪大典,为当时社会各个阶层的人们所必须遵守,其中就包含了官僚阶层(《明太祖实录》卷44～56)。后不断修订,到洪武二十年十月时,终于诞生了洪武时期最为齐全的大明官吏言行举止规范准则条例《礼仪定式》。《礼仪定式》共有26条,朱元璋对此十分重视,"命在京公侯以下,在外诸司官员,并舍人、国子生及儒学生员民间子弟,务在讲习遵守,违者问如律"(《明太祖实录》卷186)。按照我们现代人的理解,礼仪属于"软件"建设层面,道德范畴。但在古代人看来可不是这样的,朱元璋曾叫刘三吾等儒臣将儒家经典篇章《洪范》写在明皇宫御座之右的墙体上,并专门为此做了这番指示:朕看那《洪范》,讲的都是帝王为治之道,都是等级仪礼之类的大经大法,礼仪"叙彝伦,立皇极,保万民,叙四时,成百穀,本于天道",朕要每日早晚都能看到,并以此反复深思。(《明太祖实录》卷180)

　　由此可见洪武帝对包括大明官吏在内的各阶层仪礼等"软件"建设层面的重视了;与此相对应的另一个层面为官吏队伍的"硬件"建设,套用我们老百姓的一句俗语就是"硬杠杠",你要当官首先必须要达到某个"硬杠杠"。明初洪武早中期,大明帝国对于文官的学历要求并不强调(后文我们将专门论述),入仕大致有两途:一为荐举,二为科举,包括学校学生应急应事入仕。科举过关的人不用说他的学历文凭等"硬杠杠"了,关键在于前者荐举有没有"硬杠杠"? 从洪武年间朱元璋多次下达荐举旨令来看,其强调荐举人才的标准不外乎为有才干、有知识。那么怎么样才能算是有才干、有知识? 千人千面,不一而足。所以最终朱元璋绕了一大圈,还是回到原点上,洪武十七年他颁布诏令,确立科举成式化。由此大明帝国确立了以科举作为入仕的主渠道,读书人拥有举人以上的学历逐渐成了大明官僚队伍准入的第一大"硬杠杠"。(《明太祖实录》卷160)

## ◉ 明朝领导干部可不好当,入口处至少有七种回避制度——资格标准化

通过了这道"硬杠杠",你就可进入大明"公务员"队伍的入口处。不过在此洪武皇帝又设立了一道"硬杠杠",即官员任职回避制度。中国自从汉朝就有相对比较完善的官吏任用回避制度,以后逐渐发展。到了明代,中国官吏任用的回避制度已经达到了很成熟的地步,这首先得归功于大明开国皇帝朱元璋,因为在他当政期间对明朝官吏任用的回避制度做了根本性的规范。具体地说,明朝官吏任用有七种回避基本上都定制于洪武年代。

### ◯ 第一种叫官吏亲族回避

宋代时就规定:有亲缘关系的官员不能出任有相互利害关系的官位,或者说当领导的不能在你的衙门里安排自己的亲戚。(《庆元条法事类·职制门》卷1)

应该说宋朝的这类规定还是比较严密的。但朱元璋认为它们还不具体、不精到,洪武元年他进一步地作出更加细化的规定:"凡是有父亲、伯伯、叔叔或哥哥等直系亲属在六部等中央重要衙门为官的,他(们)的儿子、侄子、兄弟等都不能安排到重点以六部为监察对象的六科去任科道官,必须与同品级的其他部门的职位对调。"

洪武皇帝这样规定的目的是防止出现叫儿子去监察老子,侄儿去监察叔叔或伯伯,兄弟去监察哥哥这种令人啼笑皆非的尴尬局面。如果不这样做,即使制度上有监察这一环节,但实际上还是成了聋子的耳朵——摆设。朱元璋还规定:"中央与地方的各衙门官员中如果存在父子、兄弟和叔侄关系的,由做小辈的依制进行回

避。"这就好比说，父亲当了知县（县长），儿子就不能在该县当县尉（类似于现在的县人武部长、县公安局长）等下属，否则这个县衙成了他们家的父子店了，因此必须要进行任职回避。

## ○ 第二种叫官员籍贯回避

洪武开国起，关于大明官员任职籍贯要求，朱元璋制定了十分严格的南北大对调，即南人北官和北人南官，"是时吏部铨选南北更调，已定为常例"。可相当多的官员不乐意接受，"往往以南籍改冒北籍，以北籍冒南籍"（《明太祖实录》卷70），朝廷下令严厉禁绝。洪武十三年正月，朱元璋制定更为详细的南北官员互调之法："以北平、山西、陕西、河南、四川之人于浙江、江西、湖广、直隶有司用之；浙江、江西、湖广、直隶之人于北平、山东、山西、陕西、河南、四川、广东、广西、福建有司用之，广西、广东、福建之人亦于山东、山西、陕西、河南、四川有司用之。考核不称职及为事解降者，不分南北，悉于广东、广西、福建、汀漳、江西、龙南、安远、湖广、郴州之地迁用，以示劝惩。"（《明太祖实录》卷129）五年后的洪武十八年，南北互调之法使用范围由官员扩大到了吏员：时"天下役满，吏员凡千八十人宜避贯用之。如湖广人用于江西、四川，江西，四川人用于湖广，其福建与浙江、广东与广西、直隶与山东、河南与陕西、北平与山西皆互相迁用"。（《明太祖实录》卷174）

看了上述明初官场任职籍贯回避，给人感觉头都要晕了。我们将其简化一下：南方人要到北方去做官，北方人只能到南方来当官。

官员籍贯回避制度是中国古代政治文明中的一大亮点，尤其值得称道的是它产生于自古以来就特别讲究血缘家族与复杂的裙带关系的中国传统社会土壤里。这对于规避执法与行政中明的、暗的执法不公、行政偏私等许多弊端提供了先天的制度保证，同时也给大一统帝国带来了极大的好处：保证政令的畅通和行政、执法的有效。对于官员及其家族来说，客观上也减少了他们串通犯案、干涉国家与地方事务的机会。用现在话来讲，实际上起到了爱护干部、保护好干部家属的作用。

给大家举个例子说事，洪武前期曾出任中书省右宰相的江苏籍汪广洋，很早就参加了革命，投奔了朱元璋，可他一旦外放就在北方外省的山东、山西等地任职。后来他出事了，连带被处罚的也就是被他私纳的一个小妾，没有牵涉到什么七大姑八大姨老鼠窝式的。（参见《明史·汪广洋传》卷127）

所以我们看到，除去那时法律制度上的连坐与族诛以外，一般来说，在汉唐宋明官员籍贯回避执行得比较好的朝代里，血缘关系性质的窝案并不多见。因此可以这么说,官员的籍贯回避制度在历史上所起的作用实在是功不可没。

洪武中后期朱元璋对于唐宋以来的官员籍贯回避——主要回避本省籍贯又有了发展,原先在距离本籍300里以外的外省就可以任职当官了;但在朱元璋看来,这还不够,300里距离还是近了点,难保在这300里内有什么亲戚朋友的,万一发生亲友干涉官员正常公务工作,岂不挖了大明帝国的墙角?于是他决定实行南北官员互调之法,不过在推行了一段时间后却发现:这么大的范围内官员大互调,漏洞是被堵住了不少,但随之产生的问题也令人很头疼。南北方差异很大,从遥远的地方来到本乡的外乡官,想要了解本乡本土实在费劲,这就很容易造成外乡官好多年还不熟悉本乡本土的尴尬局面,也便利了"本地产"的衙门胥吏从中作弊耍奸。再说,宋元以后中国的经济、文化中心转移到南方,就人才而言,南方多出文人,北方逐渐呈现出后继乏力的趋势,要想做到南北方完全"对调"几乎是不可能。所以后来明廷在这一国策上作了一些修正,不再死守南人北官、北人南官"硬杠杠",但还是规定了只有学官可在本省充任,其他官员均不得在本省任官,这是大明帝国为官任职的一道底线。《明史》对此总结道:"洪武间,定南北更调之制,南人官北,北人官南。其后官制渐定,自学官外,不得官本省,亦不限南北也。"(《明史·选举志三》卷71)

说到这里,我就想起一个很有名的历史人物,明朝中叶大清官海瑞,他的籍贯为广东海南。考中举人后,他先后在福建、浙江、北京和南京等地任职,转了一辈子,转了一大圈,直到死后他才被运回海南。海瑞之所以能这么清正,有他自身恪守正统儒家知识分子的操守与道德理想的原因,也与明代官员籍贯回避制度给他营造的相对有利的条件有关。试想:要是海瑞回到了他家乡海南去当官,那些叔叔、伯伯或小姨、大婶能保证不去找这个海家小辈办个什么事?海瑞要是不办,就会落个六亲不认、众叛亲离的恶名;要是办了,他还是那个流芳百世的海瑞吗?(《明史·海瑞传》卷226)

清承明制,也规定任官回避:汉官不得在本省任职。即使接壤在500里以内者,都理应回避。凡应回避而不回避者,或降级或去职。

## ○ 第三种叫官员职务回避

这种回避专指在中央的户部官,不能由苏松、江西、浙江等地江南籍贯的人士任职。洪武二十六年,朱元璋下令规定:"浙江、江西、苏松人毋得任户部。"(《明史·职官志一》卷72)。从这条规定来看,朱元璋做得实在过头了,每每读到这里就让人想起他贼喊捉贼似地说过:天下苍生都是我的子民,手心手背都是肉,但他就是偏心眼——至少说事实上是这样,重赋于江南,却又不让江南人在户部任职,唯恐江南人到户部任职后,袒护自己的家乡,做出什么"亏空"大明帝国经济财税的事来。

朱元璋的心虚已经到了家,几乎没有什么可操作性,要知道宋元以来,江南不仅成为全国的经济中心,而且也是文化中心和人才辈出之地,江南地区很少出武将猛士,却以文化、思想、艺术、经济等方面见长的人才特多。朱元璋想绕过这道坎,实在让人难以理解。建文帝在这方面就比他爷爷聪明,建文二年二月朱允炆下令:"苏、松人仍得官户部。"(《明史·恭闵帝本纪》卷4)

## ○ 第四种叫监察回避

监察官与被监察者之间存在师生关系、亲嫌关系、同乡同年等关系也应回避。这一条没什么新意,只是沿用以往朝代的传统而已。不过在明代文人的笔记里头却记载着这样一件事,说朱元璋怕文官御史与文官御史住在一起,会彼此打哈哈,为了防止同类、同行或称同事之间相互"包容",进而坏了大明"公务员"队伍的监察建设,于是做出特别规定:"御史与校尉同居官舍,重屋,御史在上,尉在下,欲其互相察纠也。"大明监察确系强化了,但由此带来的事情也让人啼笑皆非。

据说,有个御史眼睛不太好,时间一长,大家都以为他是瞎子,连家里人也这么认为。由于该"瞎子"御史与一个官职为校尉的武官同住一起,时间一久,那个精力特别充沛的校尉与"瞎子"御史的老婆偷偷地好上了,并经常乘着"瞎子"御史外出,"偷耕"他家的"自留地"。有一天,"瞎子"御史外出后突然回家,走到自己的房间时,听到"咚!咚!咚!"的脚步声,他假装什么也不知道,什么也没听到,就问刚偷完情的妻子:"什么声音啊?"妻子说:"可能是猫跳楼吧!"御史听后什么也没说,只是打了个哈哈。很多年以后,御史归老家乡,原本不太好的眼睛突然间变好了。有一天他与老妻发生口角,老妻不讲理,耍泼,御史不得不甩出杀手锏:"你都忘了当年猫跳楼的事情呢?"这下可羞死了老妻,当天夜里,老妻上吊自尽了。(【明】祝允明:《九朝野记》卷3)

上述故事虽说不一定是真的,但洪武帝为了杜绝御史同行间的"包容",而将其与武官安排住在一起,这样的监察"到位"在历史上也极其少见。

## ○ 第五种叫科场回避

宋代中国科举制发展到完善阶段,科场回避也做得很好;一般来说,主考官一律不能到他的原籍去主持科举考试,实行籍贯回避。朱元璋觉得宋朝人做得还不到位,于是决定对明代科场的回避范围作了扩大:凡从事考务工作的有关人员同考生存在亲属关系、师生关系等都应予以回避。这样回避的范围不仅包含了主、副考官，而且还覆盖了从事一般性的考试事务的无官无权的普通工作人员。其目的无非是防止他们串通起来作弊，加上明初规定："两京乡试，主考皆用翰林；而各省考官，先期于儒官、儒士内聘明经公正者为之，故有不在朝列累秉文衡者。"(《明史·选举志二》卷70)。这样一来，科场舞弊案确实大为减少了。

但再好的制度还得要靠人去严格遵守，如果有人只想从谋私利的角度去面对科举考试的话，那么即使是世界上最为严密的考试选拔制度也会被击垮。

明朝中后期政治腐败，朝纲紊乱，科场规避这个祖制的外壳虽被保存了下来，但隐形舞弊层出不穷。"神宗初，张居正当国。二年甲戌，其子礼闱下第，居正不悦，遂不选庶吉士。至五年，其子嗣修遂以一甲第二人及第。至八年，其子懋修以一甲第一人及第。而次辅吕调阳、张四维、申时行之子，亦皆先后成进士。"(《明史·选举志二》卷70)。堪称绝唱，宰辅的儿子们居然个个都成了科场高手，正应了一句老话：龙生龙凤生凤，老鼠儿子去打洞。大凡国家出现如此境况，离灭亡也就一步之遥了。

## ○ 第六种叫司法回避

这一条也没什么新意，只是沿用以往的唐宋两朝的传统而已。进一步区分大致有两类：第一类叫审讯回避，唐时称为"换推制度"，意思是司法官与当事人之间存在着师生关系、亲属关系、仇嫌关系以及曾在本地区任过刺史、县令等地方长官的人，都应该实行回避；第二类叫法官回避——司法官与被告存在亲嫌关系或科举同年同科关系的，都例应实行回避。还有司法官之间，以及同一案件的后审官与前审官如有亲嫌关系，也须回避，等等。应该来说，从制度本身来讲已经是很科学、很严密了，洪武帝在大明帝国的建设中一一照用。不过据明代人笔记来看，洪武九年八月，朱元璋还曾颁布了一项十分奇特的司法行政回避诏令："凡在官者，其族属有丽于法，听其解职还乡里。"这是讲，官员家属一旦犯法了，该官员就得辞官还乡。那时刚好江阴县令饶玄德家人犯了点事，按照洪武皇帝新近下达的诏令，饶县令不得不向有关部门辞官回乡。(【明】李诩：《戒庵老人漫笔·在官有族犯皆去职》卷1，中华书局1982年2月北京第1版，P36)。无独有偶，《明实录》中也有这样一段记载：洪武九年七月丙辰日，朝廷"免刑部侍郎顾礼官，以亲属极刑循例免也"。(《明太祖实录》卷107)

官员家属犯罪，该官员也得要罢官。如果你自己不辞职，政府会让你"主动辞职"。之所以要让家属犯法的官员辞职，我想其至少出于两个方面考虑吧：第一，告诉官员们管好你家的公子哥、把好"枕头风"、关好"拉链门",净化官场风气;第二,减少司法、公务干扰,以求司法、公务公平、公正。很可惜,后来大明在朱元璋"好儿子"永乐皇帝那里这样的好传统似乎全弄丢了。

### ○ 第七种叫王府官回避

这是一种特殊的回避制度,洪武年间是否贯彻不见正史记载,在《万历野获编》卷四中记载了这样的规定。笔者认为这很可能是明永乐开始为防止地方藩王势力坐大,杜绝藩王的潜在危险而实施的一项规定:王府官"终身不得他迁"。(张晋藩:《中华法制文明的演进》,中国政法大学出版社 1999 年 11 月版)

## ◉ 大明"公务员"工作规范化与公务标准化

以上是明代官场实施的回避制度,根据任职回避制度,吏部(相当于现在的组织部、人事部)对人才进行铨选,最后由洪武皇帝出面授职。在一些情况下,皇帝朱元璋如果对某个官职有中意的人选则直接予以授职,吏部只是象征性补办一下具体的手续,就如我们民间所说的先上车后买票,先同居后恋爱。这样的事情也很正常,因为皇权高于一切嘛,其他任何人、任何事都是服务于皇帝,都是为皇帝"打工"的。不过明初官员"打工"可不好打,不好混,因为他们的帝国大雇主可不是一般人,他是从地狱边缘起死回生后开创一代江山的奇特的开国皇帝。虽说是做了皇帝了,但童年、少年时代的苦难经历及心理潜意识时不时地影响他的治国理政甚至国策的制定。

洪武二年(1369)二月,朱元璋在朝堂上与群臣们谈到授官任职时曾这样说道:"朕……尝思昔在民间时,见州县官吏多不恤民,往往贪财好色、饮酒废事,凡民疾苦,视之漠然,心实怒之。"(《明太祖实录》卷 39)

洪武十八年(1385)七月,看到来自全国各地赴阙请留循官良吏的耆老们,洪武帝又跟近侍大臣颇为感慨地这般说道:"朕向在民间,尝见县官由儒者多迂而废事,由吏者多奸而弄法,蠹政厉民,靡所不至,遂致君德不宣,政事日坏,加以凶荒,弱者不能聊生,强者去而为盗,此守令不德其人故也。"(《明太祖实录》卷 174)。终其一生,朱元璋心目中的官吏形象从未改变。

正因为如此,朱元璋对官员之考核及政务规范化、标准化制定了一系列严格的规章制度,从严治官,防治官员营私舞弊。

## ○《授职到任须知》——工作职责及须知

洪武年间,各级地方官吏从被委任授职的第一天起,就必须得遵守一套严格的工作规范与职责标准规定——《授职到任须知》。

这个《授职到任须知》由皇帝朱元璋亲自制定并颁行天下,分为祀神、制书榜文、吏典、印信衙门、狱囚、起灭词讼、田粮、仓库、会计粮储、各色课程、鱼湖、金银场、窑冶、盐场、系官房屋、书生员数、耆宿、官户、境内儒者、好闲不务生理、犯法民户等 31 项,并逐项开出地方官员所应承担的责任和所应该注意的事项。而在每项中朱皇帝又列出具体的要求,譬如狱囚项内,你不仅得了解在押犯人有多少,已经审结的案件有多少,而且还得了解犯人们何时入狱,所犯之罪是轻还是重,怎么来证明,怎样审结,等等。一旦违反或不遵守,那得接受严厉处罚。(万历:《大明会典·吏部·关给须知》卷 9)

## ○ 地方诸司衙门的《责任条例》及政务记录簿

在官员被任命到岗那一刻起就给划定一个职责范围,用今天话来讲,就是官场行政工作所必须做到的"死"规定。规定是"死"的,可人是活的,即使你皇帝老子规定了,我可不执行,你又不能一天到晚盯在我屁股后面。对于这样的情况,朱元璋有何良策呢?

洪武二十三年(1390)他为地方府、州、县诸司衙门制定《责任条例》,随即颁行各地实施,"令刻而悬之,永为遵守"。

《责任条例》规定:所有的官府衙门必须设置一个文簿,对其衙门里所办过的事情不论大小一律逐项记录下来,每个季度派一员吏典将本衙门的文簿送交给上级衙门查考备案,有点类似于我们现在的"工作记录簿"或"工作日志"。这样一来好处可多了,上级官员来到下级部门监督检查时,有案可稽;如果有人跟你有仇隙,将你任上所做的工作说歪了,这空口白牙的说不清楚,不妨拿出那本"工作记录簿"来,用事实说话;如果上级部门来考察,他们不可能天天蹲在你的衙门,要考察你和你的衙门日常都干了些什么工作,有没有违犯或不遵守《授职到任须知》,那么也拿出"工作记录簿"说话。因此《责任条例》不仅是地方官吏的工作准绳,而且后来也成为上级衙门甚至中央派出的巡按御史监督地方官的制度依据。

朱皇帝还曾下令:"布政司考府,府考州,州考县,务从实效,毋得诳惑繁文,因而生事科扰。每岁进课之时,布政司将本司事迹,并府、州、县各赍考过事迹文簿,赴京通考。敢有坐视不理,有违责任者,罪以重刑。"(万历:《大明会典·吏部·责

任条例》卷 12)

## ○ 中央六部衙门的《六部职掌》

对地方诸司衙门官吏的工作职责划好了范围,并规定了责任追究制度,那么对于天子眼皮底下的中央各部门官吏,洪武皇帝则更加重视,在大明开国之初的洪武五年六月就制定与颁行了六部衙门工作权限与职责范围,那就是《六部职掌》。其中规定:"吏部掌天下官吏选法封勋考课之政","户部掌天下户口、田土、贡赋、经费、钱货之政","礼部掌天下礼仪、祠祭、燕享、贡举之政","兵部掌天下军卫、武选、厩驿、甲仗之政","刑部掌天下刑法及徒隶、勾覆、关禁之政","工部掌天下百工、屯田、山泽之政"。六部之内又各自设立 3 或 4 个下属机构,且规定好它们的工作职责范围。《六部职掌》颁行后,"岁终考绩,以行黜陟"。(《明太祖实录》卷 74)

## ○ 中央诸司衙门的《诸司职掌》

《六部职掌》出台后,朱元璋又发现不仅六部衙门,中央其他诸司衙门的工作职责范围都得加以规范,于是经过一段时间的磨合后洪武二十六年三月正式颁行《诸司职掌》。

《诸司职掌》"仿《唐六典》之制,自五府、六部、都察院以下诸司,凡其设官分职之务,类编为书",即对中央各部门官员的设置和官员的职责都做了详尽的规定。当官的应该做什么,不应该做什么,一目了然。《诸司职掌》也是对中央五府、六部、都察院等主要衙门里官员进行年终考核和黜陟的主要依据和标准。(《明太祖实录》卷 226)

在中央衙门中有一个"群体"很特殊,那就是御史,用今天话来讲,就是纪检干部和监察官一类。朱元璋给这个"群体"定位很特别,品级不高,一般在七品,与地方县太爷平级,但赋予他们的权力很大。皇帝往往让他们巡视与安抚天下,由此给他们一顶名字很好听的"帽子"——监察御史、巡抚御史。正因为权力很大,朱元璋更怕他们胡来,于是在洪武二十六年(1393),专门为监察御史制定《出巡事宜》27条,初步为御史出巡划定了工作权限,以后大明王朝又不断制定出《巡抚六察》《巡抚七察》等规章制度,进一步完善了御史出巡和监察的职责范围,起到了整肃吏治,净化官场风气,确保大明国家机器有效运行的作用。

除此之外,朱元璋还对大明"公务员"工作之外的言行实施规范化、标准化,其中有:

## ○ "公务员"公款吃喝规范化、标准化——明赐公宴节钱

通俗地说,洪武初年起,大明朝廷就制定了官场公宴费用标准,严禁官员肆意公款吃喝,这在历朝历代中尤有个性。在中国这样一个讲究"人情"的国度里,官员们的吃喝与交游不可避免,毫无节制的公款吃喝往往耗费公帑,加重百姓负担。草根皇帝比历史上任何一个君主都明白这个道理,对公款吃喝这个问题与其视而不见,不如制定标准,有章可循。对此,他制定了前所未有的官员吃喝规定,即类似于我们后世所说的公费吃喝标准。

洪武二十三年(1390)九月丑癸日,朱元璋对礼部左侍郎(相当于礼部副部长)张衡、左都御史(相当于监察部部长)詹徽等人下了道谕旨,对解决公款吃喝问题提出了自己的想法,他说:"以往官方举办公宴往往规模很大,常常惊扰百姓。自今以后,就由我们大明帝国官府来支付'大明宝钞',由省级布政司领1 000贯,以下衙门酌情递减,另外详细定出标准。"礼部的副部长张衡等人根据皇帝朱元璋的指示精神,做出更为具体的细则:一年中只有新年正旦、冬至及天寿圣节即皇帝的生日这三个日子可以举行公宴——也就是公款吃喝。除此之外,一律禁止,这三个节日公款吃喝的费用原则上由朝廷下拨支付。公款吃喝的费用标准:"凡布政使司有都司者千贯,府有都司者七百贯,无都司有卫者六百贯;无卫有所者四百贯,无卫所者三百贯;州有卫者五百贯,无卫有所者三百贯,无卫所者二百贯;县有卫者四百贯,无卫有所者二百贯,无卫所者一百五十贯,卫无州县者四百贯,所一百五十贯。"(《明太祖实录》卷204;【明】祝允明:《前闻记·公宴节钱》;【明】祝允明:《九朝野记》卷1)

上述规定的大意为:每一个节日省级布政司也就是省政府可用1 000贯,公款吃喝被请的对象是省级衙门所在地的大大小小衙门内的所有官和吏、学校里师生、社会贤达和被皇上赐帛的地方年老长者,还有驻扎在该省级衙门附近的军队卫所或都司(少数民族地区的机构设置)的大小官员,类似我们今天讲的省级地方军民联欢会。以此类推,府的标准为700贯(无驻扎军队的府为600贯);州的标准为500贯;县的标准为400贯,等等。府、州、县的公款吃喝的主要参与者与省级布政司相类,都是当地的衙门里的官和吏、军队的大小军官、学校里师生、社会贤达,等等。每年三次公宴的每次的公款消费标准处于何等水平呢?有人以省级布政司的1 000贯标准算过一笔账,因为省级参加者众多,有人估算不会少于5 000人,这样每人消费也就0.2贯。0.2贯是什么概念?我们满打满算,暂不去计算"大明宝钞"的通货膨胀率,以1贯折合成1石米来计算,每人消费也就是0.2石米价,而制定这个公款吃喝规定细则是在洪武中后期,当时"大明宝

明基奠立

钞"贬值到了面额的 1/5。因此，实际上布政司一级的平均每人消费大约为 0.04 石米价。这么低的公款吃喝消费与节俭的大明天子朱元璋的个人消费"四菜一汤"还是较吻合的。

　　但即使这样，全国性这么大范围内的公款吃喝，国家也承受不了了。洪武二十七年二月，洪武皇帝下令："罢停在外文武诸司公宴。"(《明太祖实录》卷 231)

## ○ 地方"公务员"朝觐费用补贴规范化、标准化

　　朱元璋对官员的俸禄标准定得很低，但他不是不食人间烟火之人。外官定期要进京朝觐，汇报工作，接受吏部考核，这一来一回的盘缠与路费由谁出？洪武初年似乎没有明确的说法。洪武十九年三月发布的《御制大诰续篇》中就有这样的规定："今后每岁有司官赴京，进纳诸色钱钞并朝觐之节，朕已定下各官路费脚力矣。若向后再指此名头科民钞锭脚力物件，官吏重罪。每有司官壹员，路费脚力共钞一百贯，周岁柴炭钱五十贯。吾良民见此，若此官此吏仍前不改非为，故行搅扰，随即赴京申诉，以凭问罪。一、进商税路费脚力钞一百贯。一、朝觐路费脚力钞一百贯。一、周岁柴炭钞五十贯。"(【明】朱元璋：《御制大诰续篇·路费则例》第 61，P661)明代文人笔记也记载说，那时"有司官朝觐每一员给予盘缠钞一百贯，在任岁支柴炭钞五十贯，并后定给引钱，为堂食费"。(【明】祝允明：《前闻记·给有司官钱》)

　　这个规定是说：地方官到南京朝觐，大明帝国一次性补助每个官员 100 贯，在职官员每年领取柴炭钞即我们现在讲的暖气费 50 贯；另外还对给引钱就是官员的食堂伙食和地方官上任的路费及其家属给衣料费，等等，都作了详细的开支标准规定。其细心到了无微不至的程度，当然朱元璋这么做的目的就在于，怕底下臣僚想方设法地捞钱，或揩公家的油，与其这样，还不如我来给；如果我定了标准给了你了，你再胡来，就于情于理都说不通，那将"天地不容"——杀贪官。另外一层含义，我大明帝国定出公款开支与官员"补贴"的标准与项目，超出了这个范围则属于贪蠹与不当得利了。

## ○ 规范官吏 8 小时以外的行为，尤其重视对官员嫖娼宿妓的处罚

　　官吏的日常行为尽管与大明帝国的政治没有太多的、直接的关联，用我们今天的话来说，纯粹属于这些"公务员们 8 小时以外"的个人的私事。可朱元璋不这么看，他极其"关心"官员们 8 小时以外的事，在家夫妻和美不和美，对待长辈孝敬与否，他都要管。汪广洋在中书省任职时被人告发，说是伺候"母亲不周"，立即遭到

朱元璋的斥责与贬官;还有官员8小时以外的两性生活,朱元璋也十分重视,并把它提到了很高的高度。元朝后期的中国"繁荣娼盛",到了明初,社会上狎妓成风,而官员狎妓更是被视为官员身份和地位的象征,这是唐、宋、元以来的遗风。官员们往往"广种博收",正所谓"家中红旗不倒,外面彩旗飘飘"。但朱元璋就不信这个"邪",他认为作为一个大明帝国的臣僚,你的身份就不同于一般的商人或平民。官员要嫖娼,一个最基本的条件就是要有钱,而我们说朱元璋提倡节俭,实行低薪制,因此官员们一般都收入不高,如果想要嫖娼宿妓,就必然是"靠山吃山,靠水吃水",进行暗箱操作,引发贪污;另外,官员嫖娼,出入烟花风月之地,也容易沾染不良习气,时间一长,就会带坏官场风气。于是朱元璋下令:"禁文武官吏及舍人,不许入(妓)院,止容商贾出入院内。"(【明】刘辰:《国初事迹》)

洪武严禁官员嫖娼宿妓到了什么地步?当时规定:无论是官员还是一般的衙门办事人员,只要是"公务员"嫖娼(宿娼),一旦被抓住或被人告发又被证实,不是付了"5 000元"治安罚款就马上可以回家,更不是与"联防队"或"公安"说说好,使使银子,就万事大吉,过后照样当你的"公务员"和领导干部,照样在公堂上衣冠楚楚地吆三喝四;而是"罪亚杀人一等","我太祖尽革去之(指官妓之制)。官吏宿娼,罪亚杀人一等;虽遇赦,终身弗叙。其风遂绝"。(【明】王锜:《寓圃杂记·官妓之革》卷1)即说将该嫖娼官员的劣迹罪行几乎等同于杀人罪,犯事被处罚后即使遇到皇帝大赦天下时,可以赦免他的罪行,但这样的官员在大明帝国的官场上,绝不是挪个窝换个衙门再任用,而是终身不再叙用。由此带来了洪武年间相当好的官场风气与社会风气。

从《授职到任须知》《责任条例》到《六部职掌》《诸司职掌》,从规范"公务员"公款吃喝、规范地方"公务员"朝觐费用补贴、到从严管理官吏8小时以外的行为……由此下来,自县、州、府至省级布政司再到中央诸司衙门,各级官吏的工作责任范围、公务活动和个人行为及其所应该承担的责任都有了明确又严格的规定与要求。(《明太祖实录》卷247)

按照现在十分时髦的说法,就是实行标准化,进而也就要使得每个级别、每个工作岗位的官员都成为君主专制主义大一统帝国机器上的那颗永不生锈的螺丝钉。只有这样的每颗螺丝钉按照标准化的章法工作着,大明帝国这台君主专制主义的机器才能正常有效运行。而螺丝钉会生锈,也会松动,对于这样的隐患,大明开国皇帝自有他的对付手段——定时检修,即对官吏进行定时定量考课。

## ● 大明"公务员"工作检查、考核标准化——考察与考满

朱元璋从小就被抛到社会的最底层,饱受凌辱,对于元朝吏治的腐败及其对老百姓所造成的灾难深有体会。随着大明帝国的开创,朱元璋对于腐败的认识也有了深化:元朝吏治腐败不是因为它没有比较像样的官僚政治体制,而是因为官员素质低下和规章制度执行不到位与举措不力——要么是武夫当道,要么是文盲或半文盲执政,他们没有很好地监督官僚和执行法规。因此在精心设计和构建好大明帝国君主专制主义集权的官僚政治体制的同时,洪武帝更加重视和加强对制度主要执行者——官吏的考核。

朱元璋在治国的实践中,不断地探寻和总结整顿与考核官吏的方法和经验。到了洪武末年,大明帝国已形成了较为完善的官吏考核体系,将中国古代政治文明中的官吏考绩制度推向了新的高峰。见我这么说,有读者朋友可能要发问:如此说法是不是评价过高了?

没有。我们先来看看朱元璋经常挂在嘴边的一句话:"参酌唐宋。"那么朱元璋要追及的历史上的唐宋时代,它们的官僚考核制度究竟又是如何的?

在中国古代政治文明的发展中,应该说,唐代时的官僚考核制度已经是达到了比较完备的地步。考核官吏由专门管"干部人事"的吏部考功司来主持,但吏部考核官吏的权力有限,只能考核到四品以下的官员,三品以上的高官要由皇帝亲自考核。考核时限分为两种:一种叫小考,每年考一次,故又称为"岁课",一般由本部门、本衙门的长官来主持;另一种叫大考,每四年一次,称为"定课"。宋代开始时大体沿用唐代的官僚考核制度,但后来又有了发展,官僚考核由考课院专门负责。(【宋】司马光:《资治通鉴》卷 194)

### ○ 大明"公务员"既要"考察"又要"考满"

明代官僚的考核制度在承继唐宋传统的基础上,跨上了一个新的台阶。当时官吏考核一般是由吏部和都察院(后来增加了内阁)主持进行,更具体地说,内阁大臣、六部和都察院的长官都要经过廷推合议,而其他官员则都由吏部进行会考。考核分为两种形式:

明朝官员考核制度

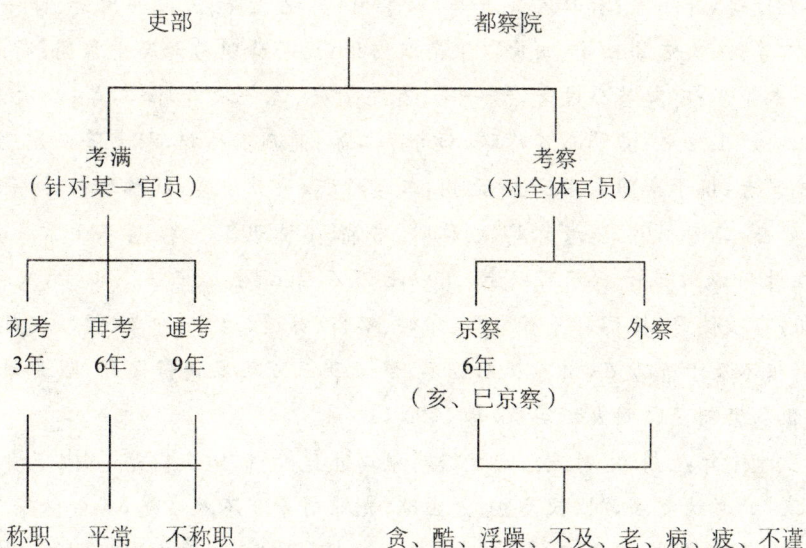

```
              吏部                    都察院
               │                      │
        ┌──────┴──────┐        ┌──────┴──────┐
      考满                    考察
    （针对某一官员）            （对全体官员）
        │                          │
   ┌────┼────┐              ┌──────┴──────┐
  初考  再考  通考           京察          外察
  3年   6年   9年              6年
        │                （亥、巳京察）
   ┌────┼────┐                  │
  称职  平常  不称职      贪、酷、浮躁、不及、老、病、疲、不谨
```

第一种考核叫"考满"，这是针对每个官员自身任期内的状况进行的考核。无论你是京官还是外官，每任满三年就要考核一次，叫做初考，任满六年又要考核一次，称为再考；任满九年要再考核一次，称为通考。这时方才可以叫做"考满"。考核的依据是朱元璋亲自过问后制定的《诸司职掌》和《责任条例》等。考核分为三个等级，即称职、平常、不称职。（《明史·选举志三》卷71）然后根据考核出来的等次，确定官员们的黜陟。当然，如果有人认为考察结论不当的话，本人可以申辩，主管机关如果考察不实的话，也要受到处分。

这个考核之法定于洪武十四年十月，具体规定如下："在京六部五品以下及太常司、国子学属官，听本衙门正官察其行能，验其勤怠，定为称职、平常、不称职；五军各卫首领官俱从监察御史考劾，各三年一考，九年通考黜陟；其四品以上及通政使司、光禄司、翰林院、尚宝司、考功监、给事中、承敕郎、中书舍人、殿廷仪礼司、磨勘司、判禄司、东宫官，俱为近侍，监察御史为耳目风纪之司，太医院、钦天监及王府官不在常选，任满黜陟，俱取自上裁；直隶有司首领官及属官，从本司正官考劾，任满从监察御史覆考；各布政使司首领官及属官并从提刑按察司考劾；其茶马司、盐马司、盐运司、盐课提举司并军职首领官，任满俱从布政使司考劾，仍送提刑按察司覆考；其布政使司四品以上、按察司、盐运司五品以上，任满官黜陟，取自上裁；内外入流并杂职官九年任满给由，赴吏部考劾，依例黜陟，果有殊勋异能超迈等伦者，取自上裁；所司事繁而称职无过者，升二等；有私笞公过者，升一等；有纪录徒、流罪一次者,本等用;二次者降一等;三次者降二等,四次者降三等;五次以上杂职内用;繁而平常无过者,升一等;有私笞公过者,本等用;有纪录徒、流罪一次者,降一等;二次者降二等;三次者降三等;四次以上杂职内用;简而称职与繁而平常同;简而平常无过者,本等用;有私笞公过者,降一等;有纪录徒、流一次者,降二等;二次者杂职内用;三次以上黜之;其繁而不称职,初考降二等;简而不称职,初考降三等;若有纪录徒、流罪者,俱于杂职内用;九年之内,二考称职,一考平常,从称职;二考称职,一考不称职;或二考平常,一考称职,或称职、平常、不称职各一考,皆从平常。其繁简之例,在外府以田粮十五万石以上、州以七万石以上、县以三万石以上,或亲临王府、都司、布政使司、按察司并有军马、守御、路当、驿道、边方、冲要、供给之处,俱为事繁;府粮不及十五万石,州不及七万石,县不及三万石及僻静之处,俱为事简,在京诸司俱从繁例。"(《明太祖实录》卷139)

洪武十七年八月,定考绩法。无论对京官还是外官,再次肯定适用"三年一考,九年通考"的考绩之法,"惟钦天监、太医院、光禄司等官不入常选,其余受任三年曾经考核者,各遵前例;四品以上黜陟,取自上裁;五品以下,考核称职无过,升二等;有公过而私罪轻者,升一等;有纪录罪至徒、流一次,本等用;二次降一等;三次降二等;四次降三等;五次以上于未入流内用;平常无过,升一等;有公过而私罪轻者,本等用;凡犯纪录徒、流罪者,俱于未入流内用;其通政使司、翰林院、尚宝司、谏院、五军、十卫、参军府、考功监、给事中、承敕郎、中书舍人、仪礼司、磨勘司、判禄司、东宫官俱为近侍,监察御史乃耳目风纪之司及王府官属俱不入常选,任满黜陟,取自上裁,如才德出众与谨守官职,夙夜奉公,特蒙升擢者,难以例拘"。要是碰上京官有缺,由大臣推荐,从内外同品官考核称职者中谨慎选择,最终交由皇帝定夺。做到内外官相参,"以杜权党",强化皇权。(《明太祖实录》卷164)

第二种考核叫"考察"。洪武四年朱元璋命工部尚书朱守仁廉察山东莱州诸郡官吏;洪武六年,又令御史台御史及各道按察司察举有司官有无过犯,奏报黜陟,这可视为明代考察的开始。(《明史·选举志三》卷71)后来逐渐推向全国。

考察是针对全体官员实行考核,以定奖惩升降。考察又分为两种,一种叫京察,最初并没有固定多长时间举行一次,大约到了明中叶弘治年间才定下期限为六年,常常是在亥、巳年进行大考核,因为举行地点在京师南京(后增加北京),故名"京察"之称。

京察的对象主要是在京的京官。四品以上的官员自己述职,即由个人对自己任期表现进行一个总结鉴定。但去留还得等皇帝与朝廷的裁定;对五品以下的官员,经过各个衙门考核,对不称职的、不合格的即作出"退休"、降级外调、冠带闲住为民等几种处分,有贪污舞弊行为的要被革职或刑事处罚,但一定要造好文册向上奏请。那么,哪些类型可称为不称职呢?明史上有所谓的"丽以八法":即贪、酷、浮躁、不及、老、病、疲、不谨,只要你被定性为"八法"之一,那就是属于不称职官员类型了。一般来说,凡被列入八法的官员,要么被降级,要么被罢免。如果你是京官的话,还要被调出京城。(《明史·选举志三》卷71)

另一种与京察对应的叫"外察",它是对外官的考绩,一般是州县官每月对自己工作和辖区内的事务进行统计综合,然后上报到府里。府官不仅每月要对自己工作事务进行总结,而且还要对下属的州县官进行考核,然后再上报给省里的布政司。"国初凡有司庶务,若户口、钱粮、学校、狱讼之类,或每季或每月具其增损见在之数,书于册,县达于州,州达于府,府达于行省,类咨中书,吏牍烦碎,而公私多靡费,又有司决狱笞五十者,县决之杖八十者,州决之一百者,府决之其徒罪。以上具狱,送行省,由是州、县或受赃减重从轻,省、府或弄法加轻入重,文移驳议,囚系淹连。"鉴此,洪武六年九月更定有司申报庶务法,"革月报为季报,以季之数,类为岁报。凡府、州、县轻重狱囚,即依律断,决不须转发,果有违枉,从御史、按察司劾,令出天下便之"。(《明太祖实录》卷85)

省级考核更加严密,先是由布政司进行考核,将其所管辖的事务与官员之功过表现等情况,按照朝廷的要求进行一一考察。满三年由巡抚或按察司对布政司考核过的该省官员情况材料进行复核,然后再分别造册,上送给朝廷。对于地方上不合格官吏的处分与京察相同,也有"致仕、降调、闲住为民者"几个等第。(《明史·选举志三》卷71)

外察最初开始于洪武初年,由监察御史、按察司官随时考察,及时上奏。作为被考察的对象——各地地方官员还得要每年上京城南京去朝觐皇帝,当面述职和接受吏部的考核。那么地方官走后,各地政务由谁来暂时掌管呢?是由衙门里衙役或秘书、轿夫什么的代为处理?就如当今某些特殊材料组成的"精英"们为了拿到心仪的名牌大学高学历文凭而进入高校,进修 MBA、EMBA 或博士,但又没时间去听课和考试,就让小车司机去替代一般?不,在洪武时代这样"做大做强"的事情才不会发生呐。洪武九年七月,鉴于"各处有司为考校钱粮簿牒至京",朱元璋下令:以监察御史王偁等一百二十三人为知府、知州等官有差,暂时代管地方政务。(《明太祖实录》卷107)洪武九年(1376)十二月又规定:"知府每年朝觐一次,知州、知县每3年朝觐一次。"(《明太祖实录》卷110)但实际上并没有形成正式定制,很多地方还是知州、知县每年朝觐一次,直到洪武十八年(1385)五月,考虑到"天下府州县官一岁一朝,道里之费得无烦劳",朱元璋正式下令给吏部:自今定为三年一朝,赍其纪功图册文移藁簿,赴部考核。吏典二人从其布政司、按察司官亦然,著为令。这样,就形成有明一代外官三年一朝制度。(《明太祖实录》卷 173;《明史·太祖本纪》卷 3)

但即使这样,朱元璋也没有采取僵化的做法,对于在外从事军事、经济等方面工作的官员还是令其每年朝觐一次,以此来确保君主能及时掌控帝国的军事、经济等方面的信息。

还有从减轻老百姓负担的角度,他规定:减少外官来京人数,原则上只让地方上的一把手或实际主持工作事务的官员来京朝觐,其路上交通盘缠等费用必须由官府开支,不得就此扰民。极为边远的云南等省份诸司衙门可免来朝。

洪武二十年(1395)八月,朱元璋又下令:"每司止令正官、首领官吏各一人来朝,盐运司官亦令其来,皆以所行事迹开具纪功、图簿、隔眼、草藁、亲赍奏考,俱期以岁终,到京舟车之费,官给与之,禁毋驰驿扰民。其云南道远者,不必来朝。"(《明太祖实录》卷 184)

外官三年来朝一次,后来就正式定制,以辰、戌、丑、未为朝觐之期(《明史·选举志三》卷 71)。朝觐可不是让大家来看明皇宫里的那张猪腰子脸的,而是为了激浊扬清,整肃吏治。洪武十一年三月各地官员朝觐考绩,朱元璋指示吏部:"考绩之法所以旌别贤否,以示劝惩。今官员来朝,宜察其言行,考其功能,课其殿最,第为三等。称职而无过者为上,赐坐而宴;有过而称职者为中,宴而不坐;有过而不称职者,为下,不预宴,序立于门,宴者出,然后退。庶使有司知所激劝。"(《明太祖实录》卷 117;【明】皇甫录:《皇明纪略》)

考绩下来为优秀的官员,朱皇帝赐宴;有错误但成绩合格的官员,也有资格品味皇帝恩赐的美味佳肴,不过只能站着吃;而既犯了错误又考核不合格的官员,那就得站到门外去,等品尝完宴席的官员出来后,才可离去。朱元璋考核官僚、整饬吏治确实奇特。

洪武二十六年(1393)正式规定:各地布政司、按察司、盐运司、府、州、县和少数民族地区的土官衙门的流官等,必须在入京朝觐前一年的年底,依照《授职到任须知》中规定编造文册,然后将其与原领敕谕、《诸司职掌》等文簿一起带到京师,以凭考核。各地外官不论路远路近,既不能预先离职,也不能逾期迟到,都必须于当年的十二月二十五日来南京。第二年的元旦朝见皇帝,朝见结束,吏部会同都察院一起对官员进行考察,考察结果上请皇帝圣裁。政绩优异的不仅要被褒扬和奖励,而且很多时候还会升官;一般的被留任,他们往往先被带到皇帝御座前,脱去官帽,伏地等候朝命。这时科道官和刑部官员出来对他进行指责或弹劾,最后由皇帝宣布赦免还任,并赐予一道敕书,以申戒饬;贪暴异常的官吏通常被交由法司部门处理,追究其罪责。(万历:《大明会典·吏部·朝觐考察》卷13)

以上是外察也称大明朝觐考察制度的大致内容。外察与京察在那时十分受人重视,人称其为"大计"。如果官员在大计中受到了处分,这是在官场最丢脸的,且"不复叙用,定为永制",即终身不再被叙用。(《明史·选举志三》卷71)

由明代官员考核制度的整体来看,它至少有以下四个方面值得称道的:

第一,从考核的主持衙门来看,过去唐宋时期集中在吏部的考功司,尽管有了人事主管部门主掌考核,但这种做法往往使得官僚的命运掌握在一个部门,难免失偏。明代在官僚考核机构方面增加了都察院,后来甚至内阁辅臣也参与,这样一来,考核机构的权力得到了相互制约,从而使得官吏考核相对更加公正、客观。

第二,从被考核者层面来看,唐宋时期只有全体性的一年一小考,三四年一大考,没有"考满"这种形式。明代一大创造或者说创新,针对每个官员进行分年考核,有几分类似于我们现在一直在呼吁要建立的官员离任考核审计制度,这对于监督官员洁身自爱和促进官僚政治体制良性运行不无裨益。

第三,有了繁复的"考察",又有"考满",两者互存互补,在政治清明时期能够有效发挥积极作用,澄清吏治,缓解官民矛盾。当然,官僚考核制度执行得好坏最终还得取决于当时的国家政治。如明初洪武年间,政治清明,官僚考核工作开展得有声有色,做到了名副其实的"考核"。洪武十八年(1385)正月,吏部上奏说:各地布政使司、按察司及府、州、县朝觐官共有4 117人,经考核,政绩称职的(相当于现在人讲的优秀档次)435人,平常的(相当于现在的合格以上的)2 897人,不称职的471人,贪污的171人,昏暗的143人。朱元璋下令:"称职者升,平常者复其职,不称职者降,贪污者付法司罪之,阘茸者免为民。"(《明太祖实录》卷170)

从这条史料来看,当时优秀官员约占被考外官总人数的10%,合格官员约占了70%,不称职的约占了10%,贪污阘茸的约占了10%。众所周知,洪武政治严厉,合格以上者占了80%,可见朱元璋从严治国,整饬吏治还是相当有成效的。

第四,朱元璋建立和完善大明官员考核制度,营造忠君爱民、清正廉明的政治风气,奠定了明朝近300年的政治、社会根基。

## ○ 营造忠君爱民、清正廉明的政治风气

朱元璋治政向来十分严厉,甚至有很多时候还很苛刻,但对于有能力又有品质的官员,他却不拘一格予以大胆任用。

王兴宗，江宁人，仆隶出身，在当时来说几乎与贱民相差无几了。但他品质很好，又有才干。朱元璋打下南京时，王兴宗来投，被安排在"猪腰子脸"身边，当个亲兵即警卫兵，很为朱元璋器重。浙东婺州即后来的金华被打下，当时缺知县，朱元璋马上想到了王兴宗。但李善长、李文忠听说后却认为不可，因为王兴宗出身太低贱了。可朱元璋却坚持自己的观点，他说："兴宗跟随我很久，我了解他。他勤廉能断，一般的儒生、法吏没人比得上他的。"即认为用人不在于他出身如何，关键要看他的才干与品性，因此最终朱元璋还是将王兴宗安排到了金华任知县。

果不出所料，王兴宗在金华干了3年，政绩突出，远近闻名，升为南昌通判，后又升迁为嵩州知州、怀庆知府。在出任怀庆知府时，王兴宗碰上了大计，各地官员纷纷到达南京，等候吏部一一考核。唯独对于王兴宗，朱元璋做了这番指示："此公廉明勤恳不贪，你们就不必考他了。"洪武十年五月王兴宗被提升为直隶苏州知府（《明太祖实录》卷120），后又被提为河南布政使。（《明史·王兴宗传》卷140）

李仁，唐州人，最初为陈友谅政权的招讨使。常遇春率军征战湖广时，李仁归降，被朱元璋授予黄州府知府。因政绩突出，洪武三年被调任为朝廷给事中、吏部侍郎，一年后又被升为吏部尚书。后来因为受牵连被降谪为青州知府。又因为"在郡多善政""政最"，再次被朱元璋破格提升为户部侍郎。（《明太祖实录》卷138；《明史·李仁传》卷138）

从五六品的外官黄州知府调为京官给事中、吏部侍郎，再到二三品的吏部尚书，李仁只花了1年多的时间；后又因为他在青州政绩突出，考核下来为优秀等第，再次被破格提升为户部侍郎。由此可见，对能干又忠于职守的优秀官僚，洪武皇帝朱元璋是相当之重视。

张琬，鄱阳人，洪武初年参与大明朝廷会试，因成绩优异，被朱元璋授予言官给事中，后又改为户部主事，相当于财政部的司局级领导干部。上任没多久，张琬就将户部的情况搞得一清二楚。有一天，洪武帝突然间问起：如今我大明财赋收入有多少，户口与人口数有多少？诸大臣不知所措，一时答不上来。只见张琬不慌不忙地走上大殿正中，慢条斯理地一一应答，"口对无遗"。洪武帝听完后顿时龙颜大悦，当即提拔张琬为户部左侍郎，即财政部副部长。后来明皇宫的谨身殿遭遇了雷击，按照当时人的认知：这可是了不得的大事，上天之所以要雷击谨身殿，肯定是地上人事出了大问题，而作为代天而治的人世间的人主皇帝就应该要好好修修人事。还没等洪武帝朱元璋反应过来，这个张琬就切中时弊地上奏说："陛下，上天之所以要雷震谨身殿，那是因为我大明天下好多好多地方发生了饥荒，恳请陛下赶紧下诏，蠲免百姓赋税，赈灾济民。"由于脑子好，反应快，能力又强，张琬在位时一直很

受洪武帝的喜爱,可这个才子良吏没活到 30 岁就匆匆地去了,"时人惜之"。(《明史·张琬传》卷 138)

王观,字尚宾,祥符人。"性耿介,仪度英伟,善谈论。由乡荐入太学,擢知苏州府,公廉有威。黠吏钱英屡陷长官,观捶杀之。事闻,太祖遣行人赍敕褒之,劳以御酒。岁大浸,民多逋赋,部使者督甚急。观置酒,延诸富人,劝贷贫民偿,辞指诚恳,富人皆感动,逋赋以完。朝廷嘉其能,榜以励天下。守苏者前有季亨、魏观,后有姚善、况钟,皆贤,称'姑苏五太守',并祀学宫。"(《明史·王观传》卷 140)

周祯,江宁人,元末天下大乱时流寓湖南。明军平定武昌后,周祯归顺了朱元璋,被发现有才干,一夜之间,由一介布衣授予了江西行省佥事,后又升迁为大理寺卿,与李善长、刘基、陶安、滕毅、刘惟谦、周浈等一起编修《大明律令》。因工作出色,很受朱元璋赏识。洪武元年,大明设立刑部,主管全国的司法,周祯出任刑部尚书即司法部部长,后调任为监察部的治书侍御史。当时天下初定,各地方主要领导岗位空缺甚多,周祯受命出任广东行省参政,即相当于副省长或省长助理。

周祯前往广东上任时的形势很不乐观。元末明初,满目疮痍,社会混乱,政府衙门里的吏治更是腐败不堪,当官的能捞一票就拼命地捞,底下衙门胥吏能从百姓那里搜刮一点是一点,毫无积极进取、体恤于民的政治正能量。正当周祯一筹莫展时,治下香山县即今天的中山县县丞(可能相当于公安局局长)冲敬过劳死于自己的任上。冲敬是那时实在难得的一位好官,香山县周围无人不晓得他的嘉德善行,可就是这么一个好官却匆匆地走了。周祯闻讯后十分郁闷,不过随后他想到了一招:写了一篇感人肺腑的祭文,召集治下官员,一起隆重祭奠小官冲敬,大大地颂扬他,使得在场的人没有一个不感动的。由此开始,周祯不断地树立正面的形象、扶持与释放正能量,用今天官方语言来讲,就是时时弘扬政治主旋律。在此不断影响与感染下,向来不太为人们所重视的广东地方政治面貌焕然一新,涌现了雷州同知余骐孙、惠州知府万迪、乳源知县张安仁、清流知县李铎、揭阳县丞许德、廉州知府脱因、归善知县木寅等一批循官良吏。通过细致的考察与考核等形式,周祯将他们的杰出政绩一一上报给了朝廷。对于周祯取得的如此工作政绩,皇帝朱元璋十分高兴,洪武三年提升他为大明御史台一把手御史中丞。(《明史·周祯传》卷 138)

据当时的情势而言,除了周祯外,还有一大批既能胜任京官朝臣又能干好方伯之任的循官良吏或言能官直臣,仅洪武朝刑部而言,"为刑部者亦几四十人",就有周祯、周浈、刘惟谦、杨靖、端复初、李质、黎光、刘敏等近 10 位忠于职守的能官直臣闻名于世。而这些能官直臣当中以杨靖最为出名,也最为皇帝朱元璋所欣赏。

（《明史·周祯传、周浈传、刘惟谦传》卷138）

杨靖，山阳人，洪武十八年进士，被授予选吏科庶吉士。因为人极其聪明，工作能力又强，很快就被朱元璋看重。入仕的第二年即洪武十九年，杨靖被提升为户部侍郎。从庶吉士一下子跳了好几级，直接当上了三品官的财政部副部长，由此可见朱元璋对忠于职守的杰出人才的喜爱了。3年后杨靖升任户部尚书即财政部部长，第二年也就是洪武二十三年，因朱元璋规定京官任职3年以上的要调换衙门，于是杨靖与刑部尚书赵勉对换职位，干起了全国司法部部长的工作。（《明史·杨靖传》卷138）

本来就对杨靖有着很好印象的洪武皇帝在杨部长就任新职时做了特别指示："愚民犯法就像吃饭喝水那样随便，如果一味地用刑罚来加以制止的话，恐怕犯法的人会越来越多。倘若推行仁义礼教，或许还真能感化他们。所以从今以后只有那些犯了'十恶'重罪和杀人罪的要处死外，其余的能宽免就宽免，让他们运粮到北疆去，以此来代替刑罚处置。"说到这里朱皇帝似乎意犹未尽，随即又指示道："在南京监狱里的囚犯，你们刑部官要好好地审核一下，朕将再次决狱，惟恐有什么闪失。外省各地审定的案件也未必审核得当，你们刑部应该再认真查查案宗，有疑案不清的，立即派专员前去复查核定。"杨靖领旨后带领刑部衙门的工作人员从头做起，复核案件，平反了好几起冤狱，由此赢得了一向主张严厉治国的洪武皇帝的高度赞美。（《明史·杨靖传》卷138）

有一次，明皇宫门卫从一个进出宫门的低级武官身上搜出了一枚大"宝珠"，当即将其上报上去。贪污、行贿或偷盗，无论哪一种都属于刑部管辖的事务，当时有人就将案件转到了杨靖那里。杨靖拿到大"宝珠"后仔细端详，然后一字一句地说道："这颗所谓的大宝珠其实是颗假宝珠，宝珠哪有这么大的！来人呐，将这赝品给敲碎了，免得以后再让居心不良者去害人！"一个看似十分复杂的行贿受贿案在杨部长的手里瞬间被搞定了，刑部官员们没有一个不惊讶的。消息很快传到了明皇宫廷里头，皇帝朱元璋听后赞叹不已："杨靖此番举动十分了得：一来将宝珠给敲碎了，免得小人以此来进献本皇帝，取悦君欢；二来不穷追献宝珠者；三来不奖励门卫，杜绝了小人侥幸；四来那么大的一颗宝珠到了手里，杨靖居然没动心归自己，而是迅速作出粉碎它的处置，可见杨靖的才干非同一般啊！"（《明史·杨靖传》卷138）

正因为杨靖聪明过人，才干杰出，所以3年后的洪武二十六年他又被洪武皇帝朱元璋授予太子宾客，食禄二份，即一人拿两份工资。可没想到好景不长，因一个案件的牵连，杨靖被一抹到底，成了一介平民，不过他那杰出的才干却一直镌刻在

洪武皇帝的脑海里。(《明史·杨靖传》卷 138)

刚好那时大明南疆地区发生了龙州赵宗寿之乱,大明调集军队前去镇压,并打算派出专员前往安南,带去洪武皇帝的敕谕,要求安南就近运粮给龙州前线的大明军,以此来确保明军军事战斗的胜利。那派谁出使安南?朱元璋头脑中一下子闪现出了一个人——杨靖,于是立即下令让杨靖赶赴安南去宣读皇帝圣谕。(《明史·杨靖传》卷 138)

当时安南国的国政掌握在国相黎一元手中,此人十分狡黠,看到洪武皇帝的敕谕,心里打起了小九九:你大明平定龙州之乱,叫我安南来掏钱?你这朱皇帝也太会算计人了,我才不干呐!但他又怕得罪朱元璋,怕惹上大麻烦,于是找借口说:"我们安南运粮到龙州,这山路崎岖不平的,实在不好运啊!"杨靖多厉害,一下子就看出了黎一元的心思,反复予以劝说,最终还承诺:只要你们安南肯运粮过去,陆路不便,可走水路,而我大明境内的水上交通为你们提供一路的方便。说得黎一元无话可说,最终还不得不发运 20 000 石粮食到了龙州,为明军的军事胜利提供了物质上的保障。

洪武帝闻讯后非常高兴,立即下令将已经贬为平民的杨靖升为都察院左都御史即最高检察院的检察长。这时的杨靖可谓达到了人生的巅峰时刻,加上他自身"忠有智略,善理繁剧,治狱明察而不事深文",因而也就深得洪武帝朱元璋的喜欢,史书说杨靖"宠遇最厚,同列无与比"。(《明史·杨靖传》卷 138)

但福兮祸之所伏,或许正因了这句古语,洪武三十年,杨靖因"坐为乡人代改诉冤状草,为御史所劾",最终被朱元璋赐死,当时只有 38 岁。(《明史·杨靖传》卷 138)

王兴宗、张琬、周祯、刘惟谦、杨靖、端复初、李质、黎光、刘敏……洪武年间这样的循官良吏或言能臣才子还有很多很多。如果仅从《明史·循吏传》中所列的 102 位循吏(包括其附传)中进行认真寻找比对的话,我们就会发现洪武时期的循吏多达 24 名(还不包括《明史》卷 136~140 中列举的 50 来位能臣、直臣和谏臣)被记载其中(《明史·循吏传》卷 281),约占明代循吏总人数的 24%(即约 1/4),洪武治国总计 31 年,约占大明帝国 277 年历史的 1/10,而循吏人数约占大明帝国历代循吏总人数的 1/4。因此说洪武年间的吏治应该相当不错或者说是整个明朝政治治理最好的时期。

在这段时期内,大明官员考核制度、监察制度得以确立、巩固和完善,政治场上的清正廉明的风气已成为了时代的主旋律。明朝近 300 年的政治、经济与社会等方面的根基也由此而奠定。

但明清以来对洪武政治却也有诸多的非议与诟病,究其根本,恐怕最为主要的原因就是洪武政治过于严酷。就以上述洪武年间的这些能官直臣为例,他们中约有半数人最终均未得以善终,或其身后子孙因事牵连而被处刑。

曾秉正,江西南昌人,洪武初年被举荐为海州学正,大约相当于海州学校教育总管。洪武九年发生了严重的异常天象,向来天不怕地不怕的朱皇帝这下可吓得不轻,赶紧下诏给天下群臣,要求大家向上提意见,看看有什么人世间的事情没做好。曾秉正积极响应朱元璋的号召,洋洋洒洒写了数千字的上言书,中心意思就是告诉洪武帝:天下新定,只有坚持休养生息为本,才适应上天之变和符合民众之望。据说朱元璋接到曾秉正的上书后相当之高兴,连连说好,并传令下去,召见曾秉正,升其为思文监丞。没多久,又将他改为刑部主事,相当于中央司局级领导干部。

曾秉正为官十分清廉,工作能力又强,在中央朝廷工作了一年,就被洪武皇帝提升为陕西参政即相当于副省级领导干部。就在他即将前往陕西赴任时,朝廷开设通政使司,朱元璋找了一大圈,发现能干又能直言的唯有曾秉正最合适,于是赶紧令人将其改任。可曾秉正书生出身,政治经验相当有限,甚至连伴君如伴虎的真谛有没有懂得都是值得怀疑的。而那时的朱元璋对于刚开设的通政司寄予厚望,说白了正处于他心情好的时候,所以曾秉正的直谏很得时宜,朱元璋"颇优容之"。但时间长了,老是破乌鸦嘴叫个不歇,本来就刚愎自用的洪武帝无论如何也忍受不了了,曾秉正最终落得个忤旨罢官的下场。(《明史·曾秉正传》卷 139)

因为为官正直清廉,突然间的"失业"使得曾秉正陷入了生活困境之中,无奈之下,他将自己的 4 岁女儿给卖了。不料刚卖了没多时,皇帝朱元璋就知道了,盛怒之下他居然下令将曾秉正处以唐宋以来早就废弃的酷刑——阉割腐刑,惨!(《明史·曾秉正传》卷 139)

如果说曾秉正的最终悲惨结局多少还有一些自身过错的话,那么下面这位考绩得了最佳的地方知府被杀却使人感到格外的莫名其妙。

魏观,蒲圻人,元末天下大乱时他隐居在蒲山。明军攻下武昌后,魏观归顺了朱元璋,被授予国子监助教,后迁为浙江按察司佥事,相当于浙江省检察院副检察长。吴元年升任为两淮都转运使,后又被调入朝廷任起居注。曾与吴琳等人受命访求天下遗贤,即为新兴的大明帝国招聘天下英才。洪武元年朱元璋在南京明皇宫内开办顶级家教,设立大本堂,延聘宋濂、魏观等人教授他的龙子龙孙。没多久,魏观与文原吉、詹同、吴辅、赵寿等文臣被派往各地访求天下遗才。洪武三年,魏观转为太常卿,考订诸祀典。因为工作出色,被改任为侍读学士,后又升为国子监祭酒,即大明第一大学校长。洪武四年因为考订祭祀孔子之礼没有及时向皇帝朱元璋做汇报,被贬为龙南知县,但没多久又被召回,出任礼部主事。当时大明帝国首都南京边上的苏州不太安宁,知府陈宁十分苛刻残暴,老百姓怨声载道——称陈宁为"陈烙铁",朝廷正物色能臣前去抚恤大明的中心粮仓苏州。洪武五年经朝臣推荐,魏观出任苏州知府。(《明史·魏观传》卷140)

魏观上任后一改陈宁的严刑酷法,以明教化、正风俗为根本,兴办学校,延聘周南老、王行、徐用诚,整顿礼仪,注重德化礼教,在老百姓中推行乡饮酒礼。据说没多久苏州便政化大行,天下官员大考时,魏观得了优秀地方领导的称号。洪武朝廷闻讯后,升调魏观出任四川行省参知政事(相当于四川省副省长)。哪料到消息一传出,苏州的百姓扶老携幼纷纷出来上奏朝廷,要求留任魏观。朱元璋治国最重视的是地方官在百姓中的威望,当苏州百姓要求留任魏观时,他当即予以批准。(《明史·魏观传》卷140)可没想到的是苏州百姓这一上奏,可把魏观送上了不归路。那么究竟是什么原因让好官魏观最终死于非命?

魏观再度出任苏州知府时,发现府治所在地地势低洼,容易积水,江南地区尤其到了春夏之交,这雨水多得让人十分头疼,于是魏知府就想着将府治迁到地势高一点的地方去。转了一大圈,最终决定将苏州府的衙门搬到张士诚时代的旧宫那儿,为此他还下令将苏州的水系做了整治,浚疏了锦帆泾等。(《明史·魏观传》卷140)

没想到有人就此大做文章,在朱元璋前面进谗言,说魏观之举是兴造已经被湮灭了的张士诚旧宫地气,居心叵测。本来就疑心病十足的朱元璋听后十分不爽,派了一个叫张度的御史偷偷上苏州去"考察"。张御史在苏州转了一下,回南京汇报说:情况属实!就这样一个在天下官吏大考中得了优秀,又深受百姓喜爱的地方知府,就因为一个谁也说不清的"过失"而被冤杀了。(《明史·魏观传》卷140)

不过话得讲回来,朱元璋毕竟不是历史上的昏君,据说魏观被杀后,他也曾后悔不已。这样的例子还有许多,如有个叫青文胜的人,洪武初年出任洞庭湖边上的龙阳县典史,可能相当于县衙里的公安局局长,有时在县里没有县丞、主簿的情况下,担当起县令的助手。就这么一个连芝麻官也称不上的"小人物"在洪武年间"积极向上"的政治氛围感染下,做起了为民请愿减除弊政的大好事。(《明史·青文胜传》卷140)

龙阳县因为地处洞庭湖边上,每年汛期来临之际,洞庭湖水泛滥,龙阳深受其害,数十万农田顿时成为泽国,由此当地拖欠大明国家税粮多达几十万石。老百姓交不出税粮,地方官政绩上不去,于是催租逼粮、严刑拷打、卖儿鬻女等,一幕幕人间惨剧不断上演。很有良知的县典史青文胜实在看不下去了,思前想后,最终决定豁出去,直接到南京,上书给洪武朝廷,请求宽免龙阳税粮。没想到自己的上书如同泥牛入海,但他并不灰心,随即又上书,可还是没音信。这时的青文胜内心冰凉透顶,不停地叹息道:"我还有什么颜面回去面对龙阳父老!"最终,他决定,写好第三份上书,随即走到明皇宫大门口前,猛击登闻鼓。登闻鼓是大明专门用于有特殊冤情的人们喊冤用的,青文胜去猛击登闻鼓,似乎有点文不对题。在那个洪武苛政时代,这种文不对题的事情,一旦查下来,重罪处罚少不了,弄不好还要丢命呐。不过青文胜早就想好了。只见他掏出老早就准备好的绳子,在登闻鼓边上一挂,打好扣子,然后自己的脖子往里一伸……

这下可把明皇宫里的上上下下都惊得目瞪口呆了,朱元璋听到这样怪事后十分震惊,竟然有人以死进谏,为民请命,难能可贵啊!尽管有着几分恼火,也有几分悔意,但他还是下令宽宥了青文胜的莽撞之举,同时降敕蠲免龙阳 24 000 多石税粮,并以此作为定制。龙阳父老听到青文胜的如等壮举后莫不感动得热泪盈眶,在县里许多地方都建起了纪念青文胜的祠堂。洪武朝廷听说后也大为震动。据说,青文胜死后,他的妻子一无所靠,朝廷特地规定以公田 100 亩的收入来供养青文胜遗孀。(《明史·青文胜传》卷 140)

青文胜的个人悲剧我们暂且不说,就以他的以死相谏之举而言,在向来唯我独尊的洪武帝眼里不啻为忤逆,依照他的常规做法,即使忤逆者不在世了,但还得要严厉处置其家人和族人,轻者戍边,重者灭族。可朱元璋这次却没有追究下去,相反还厚待了青文胜的遗孀,这确实令人大跌眼镜。那么究竟为什么会这样?

## ○ 大明模范"公务员"——循官良吏的两大必备标准

其实在朱元璋的眼里,作为一位称职的大明"公务员",其言行举止必须符合两个标准:第一,无论主观的还是客观的,都不得与专制君主意志发生偏差,更不用说违背了;第二,不得与普通百姓的意志相违背。前者如上文所述的曾秉正、魏观等人在朱皇帝的眼里至少是很有问题的,所以要严加处置;后者如《明史·循吏传》中所列的 24 位循吏,这 24 人都具有一个共同的特征,那就是在自己治理的辖区与范围内很有声望,赢得了民众的支持与拥护,即使一不小心有点误差,即使是被皇帝逮起来了,但只要民众赴阙请愿,朱元璋还是最终顺应民意,释放被逮官员,或予以官复原职或予以擢升调任,详见下表:

**《明史》中所列洪武时期的 24 位地方上循官良吏情况简表**

| 姓　名 | 官　职 | 主　要　事　迹 | 最终结局 |
|---|---|---|---|
| 陈灌 | 大都督府经历、宁国知府 | 发展地方教育；访问疾苦；禁豪右兼并；创户帖以便稽民。帝取为式，颁行天下。灌丰裁严正，而为治宽恤 | 洪武四年召入京，病卒 |
| 方克勤 | 济宁知府 | 与民约，税如期。区田为九等，以差等征发，吏不得为奸，野以日辟。又立社学数百区，葺孔子庙堂，教化兴起。为民请罢农时徭役，抚恤过境犯罪官僚。视事三年，户口增数倍，一郡饶足 | 为属吏程贡所诬，谪役江浦，复以空印事连，逮死 |
| 吴履 | 南康县丞、安化知县、潍州知州 | 居数月，摘发奸伏如老狱吏，则皆大惊，相率敛迹。履乃改崇宽大，与民休息。劝谕将领不要扰民；与潍州百姓沟通，劝说其改税牛羊为税粮，官民两便 | 会改州为县，召履还，潍民皆涕泣奔送。履遂乞骸骨归 |
| 廖钦 | 河内县丞、吴江县丞 | 以廉能称。(居河内)八年后调吴江县丞。后坐事谪戍。久之，以老病放归。道河内，河内民竟持羊酒为寿，且遗之缣，须臾衰数百匹。钦固辞不得，一夕遁去 | 以老病放归 |
| 周舟 | 兴化县丞 | 以绩最，特擢吏部主事 | 民争乞留，乃遣还之 |
| 高彬 | 归安丞 | 治理地方很有威望 | 坐事，以部民乞宥，复其官 |
| 刘郁 | 曹县主簿 | 治理地方很有威望 | 坐事，以部民乞宥，复其官 |
| 纪惟正 | 衡山主簿 | 治理地方很有威望 | 坐事，以部民乞宥，擢陕西参议 |
| 杜潆 | 沾化典史 | 治理地方很有威望 | 坐事，以部民乞宥，复其官 |
| 高斗南 | 四川定远知县、新兴知州 | 洪武中，由荐举授四川定远知县。才识精敏，多善政。二十九年因事与知府永州余彦诚等并坐事，先后被征。其耆民奔走阙下，具列善政以闻。太祖嘉之，赐袭衣宝钞遣还。既还任，政绩益著。寻举天下廉吏数人，斗南与焉，列其名于《彰善榜》《圣政记》以示劝。九载绩最，擢云南新兴知州，新兴人爱之不异定远 | 居(新兴)数年，以衰老乞归，荐子吏科给事中恂自代，成祖许之 |

| 姓　名 | 官　职 | 主　要　事　迹 | 最终结局 |
|---|---|---|---|
| 余彦诚 | 永州知府 | 初知安陆州，以征税愆期，当就逮，其父老伏阙乞留。太祖赐宴嘉赏，遣还，父老亦预宴。久之，擢知永州府，终河东盐运使 | 复其官。卒于河东盐运使任上 |
| 郑敏 | 齐东知县 | 常坐事被逮，部民数千人守阙下求宥。帝宴劳，复其官，赐钞百锭，衣三袭。居数年，考满入朝。部民复走京师，乞再任，帝从其请。及是，再获宥 | 复其官。终老于任上 |
| 康彦民 | 青田、仪真、巴陵、天台等地知县 | 洪武二十七年进士。先知青田，调仪真，后历巴陵、天台，并著名绩。永乐初罢归。洪熙元年，御史巡按至天台。县民二百余人言彦民廉公有为，乞还之天台，慰民望。御史以闻，宣宗乃用其为江宁县丞 | 复其官。终老于任上 |
| 苏亿 | 怀宁县丞 | 洪武二十九年，与知府永州余彦诚等并坐事，先后被征。其耆民奔走阙下，具列善政以闻。太祖嘉之，赐袭衣宝钞遣还。明年复以事当逮。县民又走阙下颂其廉勤，帝亦释之 | 复其官。终老于任上 |
| 孟廉 | 当涂知县 | 洪武二十九年，与知府永州余彦诚等并坐事，先后被征。其耆民奔走阙下，具列善政以闻。太祖嘉之，赐袭衣宝钞遣还。明年复以事当逮。县民又走阙下颂其廉勤，帝亦释之 | 复其官。终老于任上 |
| 赵森 | 当涂知县 | 洪武二十九年，与知府永州余彦诚等并坐事，先后被征。其耆民奔走阙下，具列善政以闻。太祖嘉之，赐袭衣宝钞遣还。明年复以事当逮。县民又走阙下颂其廉勤，帝亦释之 | 复其官。终老于任上 |
| 王佐 | 岳池知县 | 洪武二十九年，与知府永州余彦诚等并坐事，先后被征。其耆民奔走阙下，具列善政以闻。太祖嘉之，赐袭衣宝钞遣还 | 复其官。终老于任上 |
| 范志远 | 安肃知县 | 洪武二十九年，与知府永州余彦诚等并坐事，先后被征。其耆民奔走阙下，具列善政以闻。太祖嘉之，赐袭衣宝钞遣还 | 复其官。终老于任上 |
| 甘镛 | 休宁知县 | 洪武二十九年，与知府永州余彦诚等并坐事，先后被征。其耆民奔走阙下，具列善政以闻。太祖嘉之，赐袭衣宝钞遣还 | 复其官。终老于任上 |

| 姓　名 | 官　职 | 主　要　事　迹 | 最终结局 |
|---|---|---|---|
| 周荣 | 灵璧知县 | 初为灵璧丞，坐累逮下刑部，耆老群赴辇下称其贤。帝赐钞八十锭，绮罗衣各一袭。礼部宴荣及耆老而还之。无何，擢荣灵璧知县。洪武二十九年，周荣与宜春沈昌等并坐事逮讯，部民为叩阍。太祖喜，立擢其为河南知府，亦有声。后建言称旨，擢河南左布政使 | 擢其为知府。后又升其为布政使。终老于任上 |
| 沈昌 | 宜春知县 | 洪武二十九年，与知县灵璧周荣等并坐事逮讯，部民为叩阍。太祖喜，立擢其为南安知府 | 擢其为知府。终老于任上 |
| 于子仁 | 昌乐知县 | 洪武二十九年，与知县灵璧周荣等并坐事逮讯，部民为叩阍。太祖喜，立擢其为登州知府 | 擢其为知府。终老于任上 |
| 叶宗 | 新化县丞 | 洪武二十九年，与知县灵璧周荣等并坐事逮讯，部民为叩阍。太祖喜，立擢其为黄州知府 | 擢其为知府。终老于任上 |
| 史诚祖 | 汶上知县 | 洪武末，诣阙陈盐法利弊。太祖纳之，授汶上知县，为治廉平宽简。永乐七年，成祖北巡，遣御史考核郡县长吏贤否，还言诚祖治第一 | 终老于任上 |

（注：上表资料主要来源于《明史·循吏传》卷281）

　　从上表我们不难看出，即使是循官良吏，只要稍稍有点闪失或差池，还得要被洪武皇帝逮捕问罪。换句话来说，作为大明"公务员"，你就是大明帝国这台大型机器上的一颗"螺丝钉"，你得按照朱皇帝制定的言行标准来严格规范自己的工作与言行，不得有丝毫的偏差与松懈，更不能"生锈"，否则的话，就让你吃不了兜着走，洪武年间兴起的一股又一股的惊天政治大浪就说明了一切。"洪武四年录天下官吏，十三年连坐胡党，十九年逮官吏积年为民害者，二十三年罪妄言者，大戮官民……"（《明史·周敬心传》卷139）

　　朱元璋之所以要对大明"公务员"的工作与言行实施如等严厉的"标准化"、规范化，我想不外乎三个方面的原因：

　　第一，朱元璋童年、青少年时代的心理阴影——官员不是什么好东西，这是一种朴素的平民情结。而随着时间推移，朱元璋内心的这一情结却几乎没什么大变。

　　不论你承认与否，自古以来，中国民间一直有着"仇官"和"仇富"心理。朱元璋来自草野，青少年时代受尽了人间苦难，目睹了贪官墨吏的恶行，在内心深处有着十分强烈的仇视与痛恨"不轨"官吏的心态，某种程度上他的所作所为代表了中国

《大明风云》系列之 ❸

明基奠立

平民的愿望。过去他曾是一棵小小草，而当成为大明第一人后，他就有这样的权力也有这样的机会来实现普通民众所无法实现的夙愿。(《明太祖实录》卷 39)

第二，朱元璋原本是濒临生死之间的人，由于时势的突变，通过枪杆子夺得了天下，最终登上了人世间的巅峰宝座，这样的发家史如同今天的暴发户一般。从表面来看，暴发户好像什么都不在乎，大把地花钱，穿金戴银，惟恐人们不知他富了。但若你仔细观察的话，这些都是假象。暴发户炫富就是为了彰显自己"翻身"了，挤入富贵圈了，而从根本上来讲他还停留在原本的认知上，为了防止失去这来之不易的"幸福"，他可能会十分吝惜，十分抠门，尤其对待他的企业员工会极度的苛细，极度追求稳妥与完美，以防出现万一之万一。朱元璋就是这么一个暴发户，大明的官僚就是他的这个企业的员工，所以我们不难理解他对大明官僚的标准化苛刻要求的背后心理动机——将任何潜在的危害大明帝国稳固的因素降低到最低的程度，以确保君主专制主义中央集权的绝对统治。

第三，在洪武皇帝的眼里，我是君主，是代天而治的天子，是超级大企业的头号老板，创建这么大的家业，养活了那么多的人，容易吗？开国之初，他就曾对身边的儒臣这般说道："人主职在养民，但能养贤与之共治，则民皆得所养。"(《明太祖实录》卷 40)以此逻辑推论下去，那就是作为雇员的大明官僚，你们就得按照我洪武皇帝的标准做事，因为我还为你们配备了标准化的生活待遇，怎么还有不满足？

## ◉ 大明"公务员"物质生活待遇规范化、标准化

洪武年间大明"公务员"的生活待遇规范化、标准化向来不为人们所重视。笔者在阅读明代史料时也是无意中发现的：要说有人十分喜欢夸赞国有等级供给制有多少多少的优越性，殊不知 600 年前的明朝人或至少说那时的国家"公务员"已经充分领受到了。据说洪武开国后，每天早朝结束时朱元璋就让大臣们免费享用早餐。不过这免费早餐也有标准化的规制：皇帝在奉天门或华盖殿、武英殿上用餐，公侯和一品官侍坐在门内用餐，二品至四品及翰林院等官坐在门外用餐，五品以下官只好在丹墀内吃了；且规定文官在东，武官在西。吃前要唱歌，唱完后要叩首谢恩，依次落座。这时大明皇家光禄寺才将早餐一一端上来，供大家享用。吃完后百官还得要再次叩首谢恩，然后才可退去。这种等级规范化早餐制度一直延续了近 30 年，到洪武二十八年时，礼部官向洪武帝上奏说："朝廷上下管事的官越来越多，吃的时间也长了，实在'供亿为难'，再这样吃下去不得了啊！"朱皇帝接受建议，及时喊停。(【明】朱国祯：《涌幢小品·视朝赐食》卷 1)

## ○ "公务员"等级工资配套化

吃有标准化的规制,那么大明"公务员"的工资收入呢?朱元璋在洪武初年就为他们制定等级工资制(当时称俸禄制),洪武十三年二月大明重定内外文武官岁给禄米、俸钞之制,并勒于石。"其制以岁计,正一品禄米千石,从一品九百石;正二品八百石,从二品七百石;正三品六百石,从三品五百石;正四品四百石,从四品三百石,皆给与俸钞三百贯;正五品二百二十石,从五品一百七十石,俸钞皆一百五十贯;正六品一百二十石,从六品一百一十石,俸钞皆九十贯;正七品百石,从七品九十石,俸钞皆六十贯;正八品七十五石,从八品七十石,俸钞皆四十五贯;正九品六十五石,从九品六十石,俸钞皆三十贯。"(《明太祖实录》卷130)

明代职官文人记载说:"国初定制百官俸给皆支本色,如七品官月支本色米七石,足以养廉。后改四品以上三分本色,七分折色,五品以下四分本色,六分折色,又改外官月支本色米二石,余皆折色。折色以钞为准,米一石折钞十五贯或二十贯。钞法不行不值一钱。布一疋(四)值银不过五钱,折米二十石。京官折俸四五年不得一支,外官或通不得支。其何以养廉,其何以使之不贪!"(【明】皇甫录:《皇明纪略》)

洪武二十五年(1392),大明再次重定内外文武官岁给禄俸之制,除了正一品官的年禄有了点增长,其他各级别官员的年俸禄都有所下降,但大致上与洪武十三年的相差不大。(《明史·职官志一》卷72)

除了对内外文武官员即官僚队伍中的领导干部制定薪水标准外,洪武十三年(1380)二月,大明还对官僚衙门中的"办事员"即当时称吏员的月俸做了规定:"一品、二品衙门提控都吏,月俸二石五斗,掾史、令史二石二斗,知印、承差、典吏一石二斗;三品、四品衙门令史、书吏、司吏二石,承差、典吏一石;五品衙门司吏一石二斗,典吏八斗;六品至杂职司吏一石,光禄司等典吏六斗。"(《明太祖实录》130)

明朝洪武开国后实施了一项对于中华民族文化教育事业有着很大影响的举措,那就是在全国各地推广与发展学校教育。鉴于历代学校教育制度中的弊端,朱元璋下令将大明帝国学校教育纳入官方渠道,由此教师有个明确的"身份"——教官。洪武十三年(1380)二月壬子日,"礼部奏以新定官禄勒石,乃言天下教官则有学政、教谕、训导,首领官则有提控、案牍、吏目、典史,近以教官、首领官未入流品,例称杂职。今宜以教官、首领官列于杂职之外,庶不混淆。于是教官、首领官、杂职官列为三等,亦勒之于石。教官之禄,州学正月米二石五斗,县教谕月米二石,府、州、县训导月米二石；首领官之禄，凡内外衙门提控、案牍、州吏目、县典史皆月米三石，杂职之禄，凡在京并各处仓库、关场、司局、铁冶，各处递运、批验所大使月米三石，副使月米二石五斗，河泊所官月米二石，牐坝官月米一石五斗"。（《明太祖实录》130）

看了上述一堆的数字，读者朋友可能要头晕。我们作个简化类比，明代主要教官州学正和县教谕以及府、州、县训导的月薪大致在2～2.5石米之间，这样的月收入待遇可能相当于大明从四品到正五品官员之间，也就是知府那个级别官员的收入待遇。由此可见明代教育工作者或言教育领域里主管领导待遇之高了。

有"品位"的领导干部、有品级衙门里的一般办事员——吏员和从事教育工作的教师、没品级不入流的行政事务官都一一制定了工资标准，大明帝国"公务员"们都有了生活的根本保障，事情到此为止应该说很好了？不过在洪武皇帝看来，这还不行，"关爱干部"要从根本上做起，工资薪水用于日常生活开支，而在日常生活开支中还有一个大头，那就是当今国人每每谈起就会血压升高的话题——房子。不过600年前的朱皇帝也真为大家想到了，他可是中国历史上最早在较大范围内推广国家住房配给制的一代"圣主"。

## ○ "公务员"生活住房配套化、标准化——样板房、"官邸制"

大明"公务员"生活住房实行配套化究竟始于何年？今日无从考起，但史料留下了这样的一段记载：洪武中起，为了表彰徐达大将军的特殊功勋，洪武皇帝朱元璋下令在今天南京中华路一带建造"大功坊"。那大功坊造得还真不赖，巍峨、挺拔，凡是路过的人没有不称赞的。据说当时南京城有两个人听说了这个消息后很不舒服，他们是江阴侯吴良、靖海侯吴祯，兄弟俩当年是跟随朱元璋一同起来闹革命的，与徐达从军几乎同时，但他俩没徐达那样好学，十几年枪林弹雨倒是经过了不少，就是文化知识没什么长进，依然是半吊子草包，听说叫"大功坊"，搜肠刮肚就是想不出为什么叫这个名字，于是就问左右随从："你们说说看，为什么那个高高大大的建筑叫什么大功坊？"随从回答道："那是当今皇上为了表彰魏国公徐达大将军的特殊功勋而令人建造的。"吴良听完后低头不语，过了好一阵子才挪动身体，叫人拿来酒咕咚咕咚地喝了起来。喝着喝着，吴良就两眼发花，脚步踉跄，左右随从赶紧前来扶持，但都被吴良给推倒在地。那武夫有的是力气，一旦犯了牛脾气，谁也挡不住。只见他高一脚低一脚地来到大功坊边，两眼一动不动地盯着那美轮美奂的大功坊的额署，然后抢起拳头一阵猛捶，可怜那大功坊造好没几天，就被江阴侯吴良给砸坏了额署。（【明】吕毖：《明朝小史·洪武纪》卷2；【明】祝允明：《九朝野大功坊是朱皇帝为徐达造的,现在有人砸了大功坊的额署,徐府上下都惊呆了,但因徐达治家甚严,众人一般都不敢轻举妄动。可徐府外很多人都看到或听到了:江阴侯吴良砸坏了大功坊额署。消息很快就传到了洪武皇帝的耳朵里,因为那时已经是夜里了,朱皇帝倒没什么反应。(【明】吕毖:《明朝小史·洪武纪》卷2;【明】祝允明:《九朝野记》卷1)

第二天早上,发了一夜酒疯的吴良醒了,尽管心里十分后悔、也十分害怕,但还是与弟弟吴祯一起来到明皇宫,例行公事似的朝见天子朱元璋。朱元璋一见到吴良兄弟顿时就来火:"你干吗砸我令人造的大功坊?"此时的吴良不知哪来的胆量,突然间与洪武皇帝论起理来了:"陛下,想当年我们兄弟跟随你一起出来闹革命,与徐达没什么差别呀,徐达立了功,我们也立了功,而今独独给徐达造了那么高大、漂亮的府宅,还称其为'大功坊',陛下您心里可安吗?"听到这话,朱元璋什么都明白了,原来这吴良兄弟是为这事不服气!想到这里,他笑呵呵地走下殿来,一边走一边说:"你们兄弟俩也太心急了,朕还正准备给你们这些出生入死的英雄们每人造一套高级的府宅呐!"(【明】吕毖:《明朝小史·洪武纪》卷2;【明】祝允明:《九朝野记》卷1)

君无戏言,后来朱元璋果然下令在江阴地盘上建造了两座特大的豪华府宅,一座给吴良,一座给吴祯,吴良府宅在前,吴祯府宅在后,直到明朝中期,苏州文人祝允明等还曾见过呐。(【明】祝允明:《九朝野记》卷1)

当然有人可能要说,上述史料来自于野史,不能作数。那我们不妨再来看看正史有没有这类记载呢?《明实录》说:洪武五年十一月癸亥,朱元璋"诏建公侯第宅于中都,韩、魏、郑、曹、卫、宋凡六公,中山、长兴、南雄、德庆、南安、营阳、蕲春、延安、江夏、济宁、淮安、临江、六安、吉安、荥阳、平凉、江阴、靖海、永嘉、颍川、豫章、东平、宜春、宣宁、河南、汝南、巩昌凡二十七侯"。(《明太祖实录》卷76)又,洪武二十一年六月,与朱元璋从小一起玩耍的老伙伴汤和提出了告老还乡的请求,迅速获得了洪武皇帝的赞许,"时公、侯皆在京师(南京),见(汤)和之请,亦次第以为言。上(指朱元璋)嘉之,各赐钞万锭,俾建第于凤阳"。(《明太祖实录》卷191)

洪武二十一年六月蓝玉案还没爆发,朱元璋大杀功臣尚未进入高潮。换言之,大明多数开国功臣尚健在,从小就机灵的汤和率先提出告老还乡,诸将领碍于面子也跟着鹦鹉学舌,没想到洪武皇帝十分慷慨地赐予各人万锭钞币,用于将军们在中都凤阳建造自己的府宅。换一种说法,那就是洪武时期官史有两次明确记载:大明国家住房配给制在凤阳推开来了。

那么在当时京师南京有没有搞过这样的国家住房配给制？过去这样的问题也一直没人注意到。笔者在《国榷》中找到了这样的记载：洪武十八年三月丙子日，朱元璋"命工部增造京官私第"（【明】谈迁：《国榷·太祖洪武十八年》卷 8）；《明实录》也记载道："洪武十八年三月壬戌朔，（朱元璋）命工部增造京官居舍。时京官员多与民杂处者，礼部主客郎中曾伯机以为言。上命增造房舍凡百余所"。（《明太祖实录》卷 172）《明史》中则说得更为详细："初，京师军民居室皆官所给，比舍无隙地。商货至，或止于舟，或贮城外，驵侩上下其价，商人病之。帝乃命于三山诸门外，濒水为屋，名塌房，以贮商货……准南京例，置京城官店塌房。"（《明史·食货志五·商税》卷 81）

南京的房子都由大明帝国国家来掌控，而开国将领们都到凤阳去造豪华住宅了，那偌大的南京城中房都由谁来住、谁来用？"京师军民居室皆官所给，比舍无隙地"，这话是说，当时不仅当官的就连老百姓的住房都是由国家配给的，房屋造得多得连空地都没有，这是何等繁荣之城市！

有关武官国家配给住房，前面我们已经做了考察，其主要集中在凤阳，但在南京的秦淮河两岸到今天的新街口等地当时都有大明开国功臣的京师府第，至今为止我们南京还保留了那段带有特殊历史印记的地名，如邓府巷、常府街、花牌楼、大功坊，等等，这都是武官的。那对于文官，大明有没有实行国家住房配给制？

明英宗时代进士、后官至吏部左侍郎的昆山人叶盛在他的《水东日记》中这样记载道："明太祖曾经与大臣合计，想建造一些像样的府宅给朝廷大臣居住，高皇帝挂在嘴边的一句话：'大官人必得大宅第。'当时刑部尚书开济很得宠，高皇帝令人给他最先造了一座十分宽敞、漂亮的府第，人称'样房'或称'样板房'。我前年经过南京时还曾看到过那房子。开济后来出事了，这'样房'几易其手，如今是刑部尚书、前左都御史萧公住在那里。想想当年高皇帝以开济'样房'为标准，为大臣们造了一大批的房子，祖宗对待臣下真可谓仁厚啊！"（【明】叶盛：《水东日记·洪武大臣赐第》卷 6；【明】吕毖：《明朝小史·洪武纪》卷 2）

明前期高官叶盛的最后那句感慨，我们不一定认同，但洪武时期为文官建造'样房'看来还真有那么一回事。因为除了叶盛的记载，比其稍后的弘治年间苏州进士皇甫录在他的笔记中也曾记载说："太祖南都建文官开济等宅，甚宏丽，因呼为样房，至今犹呼品官房。"（【明】皇甫录：《皇明纪略》）

从"至今犹呼品官房"几个字来看，大约到明中叶时，大明帝国品级官员中似乎依然实行国家住房配给制，或者说更像海外国家普遍实行的"官邸制"。因此从这样的角度来说，明朝"公务员"尽管实行底薪制，但他们的实际生活还是有所保障的,这也可能就是当年朱元璋反腐倡廉、严格要求大明"公务员"言行标准化的一大充足理由吧!

总之,从公务活动、工作职责到 8 小时以外的言行举止、日常生活,凡是种种,朱元璋都给大明"公务员"们制定了规范。其终极目标就是要将大明帝国的每个岗位的"公务员"都锤炼成绝不松懈又永不生锈的标准化"螺丝钉",以此来保障绝对君主专制主义大一统帝国的长治久安。

这是对待那个时代国家"栋梁"们的要求与规制,而对于普通民众呢?奇特的开国皇帝朱元璋又有什么"高招"?

## 专制渗透穷乡僻壤　四处布下天罗地网

在朱元璋的眼里,除了帝国"栋梁"们,社会各个层面的芸芸众生也不可小觑,因为自己曾经是其中的一员,如今登上了帝国的最高峰,其一路走来何等之艰辛,何等之不易,还有帝国安危与小民们之间的关系等一系列事情,没有谁比他更清楚了。换个角度来讲,朱元璋明白:治理好了小民,帝国统治也就大体上没什么大问题了。那么怎么才能治理好小民们? 洪武十九年四月,洪武皇帝曾敕令户部:"古先哲王之时,其民有四曰:士、农、工、商,皆专其业,所以国无游民,人安物阜,而致治雍雍也。朕有天下,务俾农尽力畎亩,士笃于仁义,商贾以通有无,工技专于艺业,所以然者,盖欲各安其生也。"(《明太祖实录》卷 178)

从上述的最高指示中我们可以看出,朱元璋意识到了民众有所物质依靠、各司其业了,那么国家治理也就大体上说得过去了,这恐怕就是洪武皇帝实施"使厚民生"国策的最为根本的动因吧。不过,除此之外,为了帝国的长治久安,朱元璋认为,还必须得采取各种手段,加强对民众的控制,甚至是镇压,把全国民众都置身于由他精心编织的天罗地网之中。

### ● 建立以黄册制、鱼鳞册制为纵坐标,里甲制为横坐标的户籍网络

前面我们介绍了洪武年间实施的黄册制度、鱼鳞册制度和里甲制度,黄册制度说白了就是户籍赋役制度,鱼鳞册制度说到底就是那时的财产税收制度,而里甲制度说穿了就是相当于 20 世纪上半叶的保甲制度或 50~70 年代的生产大队、生产

小队建制。如果想查阅某个人在某地某村某户,从事何种职业,有何财产,你可以上户部那里,去查阅黄册、鱼鳞册等,这种查阅我们不妨将其视为纵向查阅。还有一种就是通过行政管理,查到某人所在的基层某个具体地方,询问当地与其朝夕相处的里甲长,很快就能获悉某人的最新状况,这样的查阅我们不妨将其视为横向查阅。学过数学的人都知道,通过纵向坐标和横向坐标的精确数字,我们就能十分正确地确定某个点。明朝开国皇帝朱元璋尽管不一定懂数学,但他的治理民众的方法中似乎很有近代数学的函数定位精神。

这样的定位有个根本性的前提,那就是民众相对固定在某个点上,而要使民众固定在某个点上,就必须使其有恒业或恒产,这样的思想显然来自于中国农耕文明的传统。洪武八年十月,为了笼络天下富民,朱元璋决定让户部从天下缴纳税粮多的富户中,挑选一些品行好、知书达理者来朝廷当官,为此他专门跟主管户部的中书省大臣这样说道:"古人立贤无方,孟子曰:'有恒产者有恒心'。"(《明太祖实录》卷101)这话说白了就是有恒产、恒业的人不会乱来,不会轻举妄动。22年后,人之将终的朱元璋再次表达了这样的思想。洪武三十年(1397)四月,他跟户部尚书郁新、吏部侍郎张迪等说:"人有恒产,斯有恒心。今天下富民,生长田里之间,周知民事,其间岂无才能可用者,其稽诸户籍,列名以闻,朕将选用焉。"(《明太祖实录》卷252)

一次次地选富民当官,一次次地表达"人有恒产,斯有恒心"的理念,以上这些足以表明朱皇帝对恒产、恒业的重视了。其实朱元璋心目中的恒产、恒业并不仅仅限于所谓的富民范围。当然恒产、恒业越多,心理包袱就越重,想当年朱重八起来闹革命时,全部家当加起来也就一身勉强遮住自己隐私部位的破袈裟。一穷二白,穷得越彻底,革命越坚决。朱皇帝是过来人,深知自己过去曾经8年草野流浪所带来的社会杀伤力,只是无论如何也不能说出口而已,因而他特别重视失去恒业即固定职业的"游民"所隐含的巨大危害,在整个洪武时期都不遗余力地予以坚决打击与严厉惩治。

不过话得说回来,即使有恒产、恒业,要是组织不好、管理不善,还是起不到恒心永固的作用。而要使恒心永固,就必须有合适的稳定组织,只有这样,才能管理好,经营好。

在传统社会里,血缘家族是那时的最好也是最自然的组织,我们中国人可能是世界上最关心家和家族的民族了。朱元璋在这个问题上看得很透,洪武元年(1368)三月大明开国才两个多月,他就跟朱升等大臣说:"治天下者,修身为本,正家为先。"(《明太祖实录》卷31)而"正家"在传统社会里就是要稳固传统的家长制,对此,洪武君臣将这等治国思想贯彻于大明帝国的大经大法——《大明律》之中。

《大明律》规定:家长继承以嫡长子为原则,如果废嫡立庶,家长就得处以杖刑八十的刑罚;如果家中嫡妻50岁以上又没生育儿子,在这样的情况下,家长才可以立庶子为继承人,且庶子中也只能是庶长子,否则就与废嫡立庶同罪。从经济角度来讲,《大明律》赋予家长绝对的家庭财产处置权,卑幼辈即小辈使用家产要取得家长同意,不得擅自做主,更不可"别籍异财",否则将要受到严厉处置;在家政方面,《大明律》同样赋予家长绝对的权威,卑幼辈包括儿孙们都得无条件接受家长的命令与训诫,包括婚配。如果卑幼儿孙辈违背了家长的意愿,则往往被视为"不孝"。而"不孝"是当时"十恶"重罪之一,一旦认真处置起来的话,轻则受到笞杖,重则丢命。当时规定:子孙违反祖父母、父母教令或奉养有缺者,要杖刑一百(《大明律集解附例·刑律·诉讼》卷22);如果子孙骂詈、殴打祖父母、父母,或妻妾骂詈、殴打丈夫,或弟妹骂詈、殴打兄姊者,要受斩刑、绞刑或凌迟刑等轻重不等的刑罚。(《大明律集解附例·刑律·斗殴、骂詈》卷20、21)

总之《大明律》确保传统家庭中家长的绝对权威,其根本点就是将家庭视为大明帝国永固的最小单位。无数个家庭稳固了,大明帝国自然也就长治久安了。因此在赋予传统家长诸多权力的同时,《大明律》也规定了家长应尽的义务与责任,不仅全家的赋税钱粮和徭役需要他负责,而且对国家、社会的义务等方面也要其承担主要的责任,甚至连家属犯罪都得要连坐他。譬如,家人共犯某事,法律只追究家长责任(《大明律集解附例·名例律》卷1);家属冒名使用他人的路引想偷渡关津,一旦被巡检司等官府衙门发觉,就得罪坐家长。(《大明律集解附例·兵律·关津》卷15)

## ● 路引制度与巡检制度——锁定动态小民

开国之初,朱元璋曾下令建立路引制度,与家长制、里甲制等相配合,以此来全面约束民众的行动自由,防止游民滋生祸害。那什么叫路引?路引就相当于现在人所说的通行证或身份证。朱元璋曾下令:"自京为始,遍布天下。一切臣民,朝出暮入",都要检查路引。(【明】朱元璋:《御制大诰续编·辨验丁引》第4)

路引是由使用者向自己所在地的官府衙门提出特殊的申请,有点类似于我们现在的出国护照申请,申请手续相当严格,必须填写明白干什么用?到哪里?做什么事?何时回来?等等,违者将会受到严厉的处罚。一般来说,军民走出百里之外,都要持有路引,即使你走在大路上或大街上,也要带好路引,否则查到了,吃不了兜着走。

洪武六年七月,常州府吕城巡检司看到有人急匆匆地在赶路,连忙上去检查路引。哪知那位仁兄没带,这下可好了,一下子将事情搞大了,由常州地方上押送到了京师南京,尽管这位忘了带路引的仁兄不断地叫屈,但大明法司部门可不管这些,想按律论处,最终案件弄到了朱皇帝手里。这天"鞋拔子脸"可能心情不错,十分耐心地问了:"你干什么事急匆匆又不带路引?"常州仁兄说:"陛下有所不知,小民奶奶生病了,想请远方的一个郎中要给她治病,因为心急一时竟忘了带路引了。"朱元璋听到这里,顿时乐了,心想这不是一个孝子贤孙么,万万不可治罪啊,放了他,给全国人民树个好榜样。(《明太祖实录》卷83)

忘了带路引或言没有路引,就要被治罪。那怎么治罪?明朝人祝允明曾记载了他祖先的一件事:祝允明的祖先叫祝焕文,洪武年间参加南京溧水胭脂河开凿工程建设。该工程量很大,难度也高,死了不少的民工兄弟。祝允明的祖先祝焕文很幸运地活了下来,正打算高高兴兴回苏州老家了,没想到一掏口袋,发现路引没了,顿时感觉天旋地转。按照当时的规定:"偶失去路引,分该死,莫为谋。"就是说即使你是无意识丢失了路引,也要被处死。祝焕文呼天喊地,就不知道接下来该怎么办。幸好那位百户职位的监工官人还算不错,他跟祝焕文说:"事情已经发生了,再后悔、懊恼也没什么用。当今皇上还是讲道理的,我来带你去面奏他老人家,说不定还有救呐!"果不出监工官所料,当朱元璋听明白了事情的原委后,当即宽宥了祝焕文的过失。事情到此还没打住,洪武皇帝看到祝焕文蛮老实的,还在大殿上当面恩赐他20贯大明宝钞。20贯宝钞,又是皇帝恩赐的,这是多大的荣耀!据说祝焕文回到苏州后,讲述了自己的幸运经过,可将苏州当地的百姓给羡慕死了。(【明】祝允明:《前闻记》)

祝焕文可谓实在幸运,但在那洪武苛政年代里,这样的事情、这样的巧合能有多少呢?为了执行好路引制度,大明帝国还推行了相关的配套举措,如在全国各地建立巡检司机构。

巡检司机构设置开始于洪武初年,最先可能是在广西靖江、平乐、南宁和象、宾、郁林等府州地接猺獞的冲要之处试行,"以警奸盗"(《明太祖实录》卷45),后来逐渐推向了全国各地。在各府州县的关津要害之处建立数千个巡检司机构。巡检司机构内设立巡检、副巡检,下领差役、弓兵——这些是当地百姓应服的徭役的一种。巡检司主要负责"缉捕盗贼,盘诘奸伪"和"警备不虞"(《明史·职官志》卷75)。因为巡检司机构深入到了各地的乡、镇甚至穷乡僻壤,所以它对民众百姓的侦察、辨奸的功能可能比任何政府衙门都要厉害。由此可见,明代洪武时期起君主专制主义的强化已经深入了社会的基层领域里了。

## ◉ 高皇帝教导大家：提高警惕，严查奸民、游民、惰民与逸夫

有了分布全国各地的实实在在的天罗地网——军队、巡检司等机构，大明官府衙门就几乎有了逮捕一切"奸民"的可能了。一般来说，凡是军民要想过关口、码头等，都得要向相关地方衙门申请路引。只要这样，才能通过关津；否则的话，巡检司就会立马捕人。

过了关津，有时在路上还时不时地要接受检查。晚上来不及赶回家，你得住旅店，那得再次接受路引检查。朱皇帝教导全国人民："市井人民舍客之际，辨人生理，验人引目。"（【明】朱元璋：《御制大诰续编·辨验丁引》第4）说得通俗一点，用句耳熟能详的套话来讲：提高阶级觉悟。那怎么提高阶级觉悟？朱皇帝说了，察看路引时要十分注意："生理是其本业，引目相符而无异，犹恐托业为名，暗有他为。虽然业与引合，又识重轻巨微贵贱，倘有轻重不伦，所贵微细，必假此而他故也，良民察焉。"（【明】朱元璋：《御制大诰续编·辨验丁引》第4，P625）

洪武皇帝教导大家：在察看路引时要注意观察路引持有者模样、神色与其路引上所开列的内容等是不是吻合，有时看看都没什么问题了，但还得要继续仔细观察这个路引持有者的所言所行，是否有什么不轨、不法或秘密等问题。有些人虽然看上去模样与路引上所开列的没什么两样，但他身边带的东西、穿着什么的是不是与其职业、身份相吻合？如果不相吻合，那就说明他是有问题或说有鬼。良民们，你们一旦发现有情况，就得立即报告政府！

如此一来全国臣民个个都要成为破案高手，人人都要有阶级觉悟，大明还有什么隐患？不，在朱皇帝看来，做到这样还不行，之所以要推行路引制度和巡检制度，除了及时察觉"奸民"的不轨之举，将祸乱消除在萌芽状态外，还有很重要的一条，那就要使得"四民"各司其业，安土重迁。洪武十九年四月朱元璋命令"户部即榜谕天下，其令四民务在各守本业，医、卜者、土著不得远游。凡出入作息，乡邻必互知之，其有不事生业而游惰者，及舍匿他境游民者，皆迁之远方"。（《明太祖实录》卷178）

同年洪武皇帝在发布的《御制大诰》中对百姓相互知丁又作了规定："诰出，凡民邻里，互相知丁，互相业者，俱在里甲。县、府、州务必周知市村，绝不许有逸夫。若或异四业而从释道者，户下除名。凡有夫丁，除公占外，余皆四业，必然有效。"具体地说："一，知丁之法，某民丁几，受农业者几，受士业者几，受工业者几，受商业者

几。且欲士者志于士,进学之时,师友某氏,习有所在,非社学则入县学,非县必州、府之学,此其所以知士丁之所在。已成之士为未成士之师,邻里必知生徒之所在。庶几出入可验,无异为也。一,农业者不出一里之间,朝出暮入,作息之道,互知焉;一,专工之业,远行则引明所在用工州里,往必知方。巨细作为,邻里采知,巨者归迟,细者归疾,工之出入,有不难见也。一,商本有巨微,货有重轻,所趋远近,水陆明于引间。归期难限其业,邻里务必周知。若或经年无信,二载不归,邻里当觉(报告)之,询故本户。若或托商在外非为,邻里勿干。"(【明】朱元璋:《御制大诰续编·互知丁业》第3)

四民中农民相对固定性最强,除了服徭役外,其他的时间基本上都会在家,但也得要邻里之间相互知根知底;如果是读书人的话,就得要人相互知道他什么时候进学的?拜何人为师?在哪儿学习读书?社学还是县学、府学、州学?都应该让人周知。做老师的也应该让人周知,所教何人?家在何方?父母是谁?手工业者外出上州府服役,工程量大小,回乡早晚虽然不可预知,但路引上都得注明具体服役地及其工程名,归乡早晚外人不可知,可他的邻居早晚还是能看到的;商人做生意虽然有大有小,归乡也有早有晚,但路引上必须得开列清楚其所走的路线,是水路还是陆路,等等。虽说归乡时间难以确定,但他的邻居还是能知道的,倘若有人在外两年不归,邻居应该去报官,官府再询问本户;如果做到这样了,即使有人在外从事不轨或非法活动,也与邻居无关;否则的话,一旦案发,案主处死,四邻和地方基层里甲长等一律流放至边远荒野之地。(【明】朱元璋:《御制大诰续编·互知丁业》第3)

朱元璋的这项大诰主要打击的是流动人口和无业游民潜在的隐患,因为自己原本就是这样的人,通过武装斗争推翻了元朝的统治,于是生怕别的游民或流民模仿自己,图谋推翻朱家江山社稷,也怕他们逐渐瓦解大明帝国的社会整合。因此在洪武皇帝眼里,这类社会边缘人群必须得严厉惩处、重重打击。凡发现游民、逸夫、惰民,众人包括四邻都有义务将其绑缚至官府。洪武皇帝说:"若或不遵朕教,或顽民丁多,及单丁不务生理,捏巧于公私,以构患民之祸,许邻里亲戚诸人等拘拿赴京,以凭罪责。若一里之间,百户之内,见诰仍有逸夫,里甲坐视,邻里亲戚不拿,其逸夫者或于公门中,或在市间里,有犯非为,捕获到官,逸夫处死,里甲四邻,化外之迁。的不虚示。"(【明】朱元璋:《御制大诰续编·互知丁业》第3)

真是皇帝洪武,《大诰》天下,杀气腾腾,足以威服全国臣民。但朱元璋心理还是没底,洪武十九年五月,他再次申明游民之禁,"命户部板刻训辞,户相传递,以示警戒"(《明太祖实录》卷178)。随即发动了一场全国性的"清除社会惰民逸夫运动"详见《大明风云系列》之《洪武运动》。洪武二十四年四月，当听说地方上有逃民久年招抚不还时，朱玩璋再次恶狠狠地下令："今逃移之民，不出吾疆域之外，但使有田可耕足以自赡，是亦国家之民也，即听其随地占籍，令有司善抚之；若有不务耕种，专事末作者，是为游民，则逮捕之。"(《明太祖实录》卷208)

除了颁布诏令、《大诰》和发动全国性的群众运动外，明王朝还在《大明律》中制定相关的法规，严惩逃民、私渡关津者和逃军。其中对私渡关津的处罚为："凡无文引私渡关津者，杖八十；若关不由门、津不由渡而越度者，杖九十；若越度缘边关塞者，杖一百，徒三年；因而出境者(即相当偷越国境线)，绞！"(《大明律集解附例·兵律·关津》卷15)对于逃军的惩处为："凡军官、军人从军征讨，私逃还家者，绞！……各处守御城池军人在逃者，初犯，杖八十，仍发本卫充军；再犯并杖一百，俱发边远充军；三犯者，绞！"(《大明律集解附例·兵律·军政》卷14)

不难看出，朱元璋的这些举措，就是要将全国臣民的一言一行、一举一动都纳入皇权的控制下，营造出无私无欲的人们"日出而作，日入而息，鼓腹而歌"，"是农是工，各守本业"、永不闲惰的传说中的远古田园社会(【明】朱元璋：御制大诰续编·科敛驴匹》第56；《御制大诰续编·松江逸民为害》第2，P658)；或者说在朱皇帝的眼里：小民们就应该是只知劳作与尽本分而浑然无知无觉的劳动机器和生育工具。

洪武十年正月，他就曾对中书省大臣说道："食禄之家，与庶民贵贱有等，趋事执役以奉上者，庶民之事也。"(《明太祖实录》卷111)这句话的大概意思是说，缴纳税粮、供输徭役、当兵参军，凡是种种都是小民们应尽的本分，没什么可多说的。五年后的洪武十五年十一月，朱元璋再次这样说道："为吾民者，当知其分，田赋力役出以供上者，乃其分也，能安其分，则保父母妻子，家昌身裕，斯为仁义忠孝之民，刑罚何由而及哉？……苟或不悛，则不但国法不容，天道亦不容矣！"(《明太祖实录》卷150)

总之，通过黄册制、鱼鳞册制、里甲制、家长制、路引制、巡检制……朱元璋逐步强化社会基层管理，加密专制主义天罗地网，其终极目标就是要稳固"富者富安，中者中安，下者下安"(【明】朱元璋：《御制大诰·民知报获福》第47)的金字塔形的君主专制主义大一统帝国统治，让大明江山传之朱家万代。

问题是上述方方面面举措万一有个什么闪失与疏漏，那怎么办？朱元璋还想到了另外一招，即不断修订《大明律》，接二连三颁发《大诰》，制造严密的君主专制主义统治法网。

## 《大明律》与《大诰》并行  礼法结合屈法伸情

在元末农民大起义与群雄角逐中,朱元璋的队伍可谓是异军突起,一路上凯歌高旋,最终问鼎中原,成就帝王之业。之所以能取得这么大的成功,原因很多,但有一条极为重要,那就是军纪严明。大明建国后,朱元璋更是注重国家的法律和纲纪。因为他深知,治国毕竟不同于治军。更是由于自己生逢乱世,从草莽中走出来,目睹元朝的败亡,他才明白这样的道理:元朝之所以很快覆灭,很大程度上是由于纲纪废弛,政治腐败,以致起义军风起云涌,元帝国迅速地土崩瓦解。鉴于此,在建国前后朱元璋就着力进行法制建设。

### ◉ 大明法制建设:《律令》《大明律》与《大诰》之诞生

洪武四年(1371)六月的一天,朱元璋与吏部尚书詹同在南京明皇宫的奉天门谈论帝王为治之道时,詹同建议,不妨以唐虞三代为效法的榜样,奉行德礼为治国之本。朱元璋听后却不以为然,他说,三代以上,人心淳朴,国家治理就以人心为根本,施仁义行道德;可三代以后,世风日下,人心不古,国家治理就应该以法律为根本,参用权谋等统治术。而大明帝国尤其应该以元朝法制的败坏为戒,摒除"蒙元遗风","参酌唐宋"作为修律的依据,以此来构建新型的大明法制。(《明太祖实录》卷66)

正由于这样的认知,自攻占集庆建立吴政权起,朱元璋就一直十分重视法律的制定与法制建设。从明朝初年的法制建设来看,大明帝国的法律主要是由这么三大块组成:第一块就是《律令》;第二块是《大明律》;第三块就是《大诰》。这三大块中最早问世的是《律令》。

#### ○ 吴元年十二月制定完成《律令》——《大明律》的草稿和《律令直解》

《律令》的制定工作开始得很早,据《明史》记载:至正二十四年(1364),朱元璋"平武昌,即议律令"。也就是朱元璋在消灭了陈友谅、尚未灭掉张士诚之前,就与徐达、李善长等大臣开始讨论制定法律的事情。可能是忙于战争,朱元璋政权的制律工作一直到吴元年(1367)才正式启动。该年的十月,朱元璋下令由中书省牵头编定律令,以左丞相李善长为总裁官,杨宪、刘基等20多人为议律官共同参与编定,并向诸制律官提出了"立法贵在简当,使言直理明,人人易晓"和"务求适中,以去烦弊"的立法原则。(《明太祖实录》卷26;《明史·刑法一》卷93)

在修订《律令》的一二月里，朱元璋经常在西楼召见议律官和儒臣，心平气和地讲论律义，力求使得《律令》精当。他对起居注（专门记载皇帝日常活动的记录官）熊鼎说："吾适观群臣所定《律令》，有未安者，吾特以一己意见决之，而众辄以为然，鲜有执论。盖刑法，重事也！苟失其中，则人无所措手足，何以垂法后世？"（《明太祖实录》卷28）

此时的朱元璋尚未平定天下，只是在南中国取得了军事上的胜利，他为人还比较谦逊，心态也较为平和，虽然重视纲纪立法，但更注重的可能是人心的向背，因而表现得十分的谦卑——当群臣讨论律令争论不下时，他就会发表一下自己的观点。众多制律大臣听到主子表态了，也就不再争论，都认为主公的意见提得好。但朱元璋却不以为然，并表示出深深的忧虑，他说："立令制法中的刑法，是天底下重大的事情。如果不注意，制定出来的刑法会失'中'，畸轻畸重，那么人们就会手足无措。这样的法律怎么能传之于世呢？"起居注熊鼎回答："主公，您啊，可以充分地参考群臣们所议的观点，然后您自己拿定主意，大臣要是真有讲得不错的，等《律令》修订成后，将好意见交予大臣们一起讨论讨论，可行了，就颁布实施。"朱元璋觉得熊鼎的意见不错，于是就采纳了。（《明太祖实录》卷28；《明史·刑法一》卷93）

奇怪的是，从史料上来看，朱元璋命令中书省主持的此次修律从吴元年的十月开始，到这年的十二月二日就将《律令》一书编定而成。也就是说，整个一部未来的大明帝国法典只花了2个月不到的时间就编成了。那么这是怎样的一部法典？史书记载，它参照《唐律》为标准，适当进行了增减，"去繁就简"，"重从轻者"，最后议定，共计《令》145条，《律》285条，也就是基本上贯彻朱元璋的"就简明了"的立法要求。所以《律令》修成后，朱元璋就下令将它刊布天下，并对李善长等制律官大加赏赐。（《明太祖实录》卷28；《明史·刑法志一》卷93）

由于朱元璋的积极倡导与关注，《律令》的制定与颁行得以迅速进行。不过出身并长期混迹于草野的朱元璋毕竟太清楚底层社会了，就连他自己也可能面临这样的问题：法律条文是用严密又简洁的语言来表达，而普通的老百姓一般都不识字，更不用说知晓和理解这些严密、简洁但实际上寓意深奥的语言。那怎么办？朱元璋想到了一个办法——普及律令，即类似今天的"普法教育"。吴元年十二月十六日，他下令编定律令的大臣和儒臣再编一部解释《律令》的《律令直解》，这是中国历史上第一部普法教材或普法教科书。（《明太祖实录》卷28；《明史·刑法志一》卷93）

## ○《大明律》——一部实际使用将近 **600** 年的法典

《律令》编成以后，从洪武元年一直用到了洪武六年，这中间人们发现毛病还真

不少。之所以有这么多的毛病,我想主要有以下几个方面的原因:

第一,《律令》编定时间太仓促。从吴元年的十月甲寅日即初十,朱元璋指定由中书省牵头,李善长负全责的制律工作正式启动,到十二月二日,《律令》制定工作完成,真是神速,满打满算52天时间就编定了一部帝国的大经大法,似乎是太过于草率了。

第二,从西周时期起,统治者提出了"刑新国用轻典""刑乱国用重典"(《周礼·秋官·司寇》)的立法原则,强调"明德慎刑",但什么样子的才叫新国?什么样子的又叫乱国?根据当时朱元璋的实际行动,不断让人减轻刑条来看,他对吴元年的《律令》重典是不满意的,认为现在刚开国就是新国要用轻典。

第三,吴元年修订的《律令》"以《唐律》为准",《唐律》是唐朝时代的大经大法,距离明代已经六七百年了。时代在发展,《律令》还抄袭《唐律》,由此带来了很多的问题,于是从洪武六年起,朱元璋就先颁布《律令宪纲》,接着就下诏让刑部尚书(司法部部长)刘惟谦仍以《唐律》为准,详定《大明律》的篇目,然后以《律令》为基础,重新编定大明帝国新的法律。其"采用旧律二百八十八条,续律一百二十八条,旧令改律三十六条,因事制律三十一条,掇《唐律》以补遗一百二十三条,合六百有六分为三十卷,其间损益务合轻重之宜,每成一篇,辄缮写以进。上命揭于两庑之壁,亲加裁定。及成,翰林学士宋濂为表以进,命颁行天下"。(《明太祖实录》卷86;《明史·刑法志一》卷93)这就是洪武七年通行天下的洪武七年律。

但洪武七年律通行后,朱皇帝犹觉得有些地方刑罚还是偏重了点。洪武九年(1376)他跟中书左丞相胡惟庸、御史大夫汪广洋等大臣说:"国家立法,贵得中道,然后可以服人心而传后世……今观律条犹有议拟未当者,卿等可详议更定,务合中正,仍具存革者以闻。"胡惟庸、汪广洋等领旨后又详加考订厘正,"凡十有三条,余如故,凡四百四十六条"。(《明太祖实录》卷110;《明史·刑法志一》卷93)

这就是人们俗称的洪武九年律,从洪武年间的五六次修律活动来看,此次修律与洪武七年修订的《大明律》相比较,显得宽了点。但没多久就爆发了"胡惟庸谋反案",内外情势变得越发紧张,这大概是当时朱元璋理解中的乱世到来了,于是他让儒臣们再次修订《大明律》,其中洪武十六年,"命尚书开济定诈伪律条"(《明史·刑法志一》卷93)。到洪武二十二年(1389)时,"比年律条增损不一,在外理刑官及初入仕者,不能尽知,致令断狱失当"。鉴于此,朱元璋"命翰林院同刑部官取比年所增者,参考折衷,以类编,附旧律。《名例律》附于断狱下,至是特载之篇首,凡三十卷四百六十条……书成,命颁行之"。(《明太祖实录》卷197)

这洪武二十二律是在非常时期制定出来的,比起前两次修律来说,明显加重了刑罚。在这期间朱元璋又不厌其烦地不断颁发《大诰》(也称《御制大诰》)系列,权作《大明律》的补充,为"法外之法",其时重刑主义、恐怖主义弥漫着洪武帝国的上空。

但到洪武晚年,一系列大规模的政治运动逐渐走向尾声,朱元璋也感到自身君主专制主义统治下的江山社稷差不多稳固了,很有必要对正在通用的重典之法做些修改。于是在洪武二十八年他就宣布:过去对于奸顽刁诈之徒的法外加刑只不过是"权时处置,顿挫奸顽,非守成之君所用常法"(《明太祖实录》卷239;《皇明祖训·祖训首章》)。在他的首肯支持下,皇太孙朱允炆改定"畸重者七十三条"。朱元璋曾语重心长地跟朱允炆说:"吾治乱世,刑不得不重;汝治平世,刑自当轻,所谓刑罚世轻世重也。"(《明史·刑法志一》卷93;《明史·恭闵帝本纪》卷4)

洪武三十年(1397),朱元璋"命刑官取《大诰》条目,撮其要略,附载于《(大明)律》,凡榜文禁例悉除之,除谋逆并《律》《诰》该载外,其杂犯大小之罪,悉依赎罪之例论断",终成《大明律诰》,"刊布中外,令天下知所遵守"。(《明太祖实录》卷253)

经过30年的风浪与磨合,就朱元璋亲自出面修改了7次,《大明律》终于定型。对此,行将就木的洪武皇帝予以极端重视,就在他留下的《祖训》里还不忘谆谆告诫:"凡我子孙,钦承朕命,勿作聪明,乱我已成之法,一字不可改易。"(《明太祖实录》卷82)若"群臣有稍议更改,即坐以变乱祖制之罪"。(《明史·刑法志一》卷93)

一代法典终于告成问世,一代法典也从不被改动地使用了近300年。

清承明制,《大清律例》基本上抄袭了《大明律》。因此可以这么说,朱元璋时代制定的《大明律》实际上使用了将近600年。

## ○《大诰》系列——凌驾于《大明律》之上的皇帝钦定"案例法"

在中国历史上类似于朱元璋这样奇特的皇帝还真找不出第二个来,除了我们上面讲的这些以外,朱元璋还是一个极为重视以"法"治国的皇帝。他的这种重"法"在历史上有过,譬如唐太宗就曾亲自过问《唐律》的修订,但朱元璋做了历史上可以说是任何皇帝都没有做过的"重法"事情——即亲自编订《大诰》系列"案例法",以此来教育他的臣民们要守"法"。

洪武十八年(1385)十月和洪武十九年(1386)三月、十一月,朱元璋分别钦定颁发《大诰》《大诰续编》和《大诰三编》三书,通行全国;洪武二十年十二月又颁发《大诰武臣》。这四本《大诰》所包含的内容都是发生在洪武年间的官民犯法事情以及严惩官民贪污罪犯的"峻令"(【清】沈家本;《明大诰峻令考》)。朱元璋在亲手编订《大诰》时搞了一个重大的"发明",就是采用判例法的形式进行普法教育:一个案件,配以判决与处罚,例子生动,有名有姓,读来让人感到真实可信,好像就发生在自己的身边;另外一方面,配上判决与处罚,尤其是那种酷刑,读来让人毛骨悚然。这种恐怖主义教育的最终目的就是要大一统帝国的臣民都变为顺民、奴仆。(《全明文》卷29~卷32,上海古籍出版社1992年第1版,P586~747)所以说这种"普法"的理性实质是几乎为零,但独创一帜的奇特的"普法"手段和形式即使是在600多年后的今天我们也不得不为之"折服"和"惊叹"。

## ○ 学习洪武皇帝"语录"的高潮——全国性的普法运动

朱元璋的普法工作一向是有声有色,大明即将开国之际搞了《律令直解》,就是将法律条文直白地解释出来。不过,这还是小儿科。现在朱元璋要搞的普法工作,就是首先将自己钦定的《大诰》系列颁行天下。但最后他又觉得这样做还不够,于是再次下令将《大诰》《大诰续编》《大诰三编》三书"皆颁[州县]学宫以课士,里置塾师教之"(《明史·刑法志一》卷93)。就是说将《大诰》颁发落实到各地方州、县的学校里,以此作为学校考试选拔人才的依据,就连乡间私塾里也要配置老师讲授《大诰》。有这样多读书人在读《大诰》,朱元璋就想那些不识字的老百姓也就有机会学习《大诰》啦。你不识字,你边上的"先生"有的是,他们可全都读过的,而且是必读的、精读的而不是泛读。过了段时间朱元璋觉得自己做的普法工作还是不够好,于是在洪武二十四年十一月又下令,对民间百姓子弟能背诵《大诰》的要好好地进行赏赐(《明太祖实录》卷214),甚至还规定:谁要是犯了罪,只要家中藏有《大诰》的,可以罪减一等。按照《大明律》的规定:刑罚共分笞、杖、徒、流、死五等。打个比方,张三犯了死罪,但在最终判决执行时,法官们要到张三家去看看家里有没有《大诰》,要是有了,就该改判为流罪,以此类推;要是没有,那只能到阎王那里去报到了。

朱元璋通过这样的特殊手段进行"普法",果然起到了奇效。洪武三十年五月己卯日,"天下讲读《大诰》师生来朝者,凡十九万三千四百余人,并赐钞遣还"(《明太祖实录》卷253)。也就是说洪武三十年五月的己卯那一天来到南京汇报学习朱元璋《大诰》精神心得的师生达到了近20万人,整个南京成为学习的海洋了,全国掀起了学习《大诰》的高潮。

有人描述了当时学习皇帝"语录"的景况:"天语谆谆祸福灵,风飞雷厉鬼神惊,挂书(指《大诰》,笔者注)牛角田头读,且喜农夫也识丁。"(【明】谢应芳:《龟巢集·读大诰作巷歌》卷8)"千里长江万斛船,飞刍挽粟上青天,田家岁晚柴门闭,熟读天朝《大诰》篇。"(【明】谢应芳:《龟巢集·周可大新充粮长》卷7)

《律令直解》、法律通俗化、反复修订《大明律》、不断推出特殊案例法《大诰》系列、号召全国人民学习《大诰》、推广普法教育……说到底，朱元璋所做的这一切，都是为了贯彻一个中心宗旨，那就是强化君主专制主义。

## ◉ 大明法制建设的宗旨——强化君主专制主义

朱元璋开创大明帝国以后，采取许多奇特的措施与国策，加强君主专制主义统治。这不仅体现在政治、经济、社会管理和思想文化方面，而且深刻地反映在大明的法制建设当中。从此以后，世界五大法系（中华法系、大陆法系、英美法系、伊斯兰法系、印度法系）中的中华法系出现了许多前所未有的君主专制主义强化的法律法规，主要体现在以下几个方面：

### ○ 空前加重对谋反、谋大逆者的处罚

早年的朱元璋身处中国社会的最底层，乘着元末天下大乱之势，投身于红巾军造反者行列。造反者，用我们现代人的习惯语言来讲，就是起义者。但在古时候那就是"反逆"，这儿的"反"，指的是"谋反"，即图谋推翻国家政权；"逆"指的是"谋大逆"，即图谋毁坏君主国家的宗庙山陵和宫阙——这是中国传统社会中专制君主之居所和顶级权力之中枢的象征。由于专制君主制底下的中国传统社会里家国不分，所以说，所谓的图谋毁坏宗庙山陵和宫阙，也就是图谋推翻君主制的政权统治。而君主专制统治又是中国传统社会统治的最为核心和关键之所在。因此从严格的意义上来说，"反逆"之核心所在就是要推翻现行的专制君主统治，其直接危及了国家的君主专制统治与至高无上的皇权，触犯了纲常名教和贵贱尊卑秩序。

对此，中国历代的统治者都会不遗余力或者说是穷凶极恶地将"反逆"这类的行为定性为"十恶不赦"中的"十恶"之首，不仅在传统中国人的心理上定论为无以复加的罪恶，而且还在刑法中处以最为惨无人道的刑罚。即使是以"宽平"著称于世的《唐律》也将以"反逆"为首的"十恶"之罪列为最严重的犯罪。《唐律疏义》中就这么说："五刑中，十恶尤切。亏损名教，毁裂冠冕，特标篇首，以为明诫。"为"宽平"的《唐律疏义》所切齿痛恨的"十恶"是"常赦所不原"之大罪，因此一旦有人触犯了或被人告发说是触犯了，"犯者"不是被处死，就是被处以刑罚很重的流刑，且不管你是平头百姓，还是享有特权的皇亲国戚和达官贵人，一旦被"认定"犯有"十恶"大罪，那么你既不能用钱用物来赎，也不得向皇帝"请议"来免除处罚。而在"十恶"当中，尤其以"谋反、谋大逆和谋叛"之罪最为严重，处罚也最为残酷。

如果我们再换位到元朝统治者的角度来看，当年走投无路的朱元璋参加了元

末农民大起义,这本身就触犯了"十恶"大罪之"首"罪,一旦被元朝统治者逮住,就要被满门抄斩。但历史却是朱元璋胜了,那么,作为曾经的"反逆"者(即起义者),当他登上中华帝国的权力顶峰时,能否像对待弱势群体给予更多的"政策性"倾斜那样,对"反逆"者也来个法律上的"宽平"或照顾呢?

事实恰恰相反,朱元璋在建立明朝、开创大明法制时,大大地加重和扩大了对造反者——谋反、谋大逆的处罚和株连范围。我们不妨以中国传统社会中素有"宽平"著称的《唐律》与洪武时期制定完成的《大明律》作一对比,就不难发现:

(1)《大明律》扩大了"反逆罪"惩处的范围,加重处罚力度

《唐律》中规定,凡犯有"反逆罪",罪犯不分首从,都要被处以最高刑——斩刑,罪犯的父亲与年满16岁以上的儿子,都要被处以绞刑,15岁以下的及母亲、女儿、妻子、小妾、祖父、孙子、兄弟、伯叔父、兄弟之子及笃疾、废疾(残废)者,可不处死。但在《大明律》中却是这样的规定:凡犯有"反逆罪"的,不仅犯罪者不分首从,都要被凌迟处死,而且他的亲族中凡是年满16岁以上的男子,如祖父、父亲、儿子、孙子、兄弟、伯叔父、兄弟之子,不限籍之异同,也不论笃疾、废疾都要处斩,就连异姓同居者,如外祖父、丈人、女婿、奴仆等也要同处斩刑。(《**大明律例集解附例·刑律·贼盗**》卷18)

不仅在量刑上而且在刑罚的力度上,《大明律》明显要重于《唐律》。《唐律》对"反逆罪犯"处斩,而《大明律》却处以最最残酷的凌迟,即人们常说的千刀万剐;《唐律》对"反逆罪犯"直系亲属仅是罪犯的父亲和罪犯的儿子处以绞刑,而《大明律》则对其处以斩刑;绞刑和斩刑虽都为死刑,但古代中国人对于它们之间的区别还是相当明确的,那时的人们很迷信,斩刑的刑量要远远高于绞刑,因为斩刑使得人犯身首异处,而绞刑毕竟使人犯保留了一具完尸。所以说这是两种不同等的死刑。而在对"反逆罪犯"的株连范围上,《大明律》也明显重于《唐律》。唐律仅对"反逆罪犯"的上一代——父亲和下一代——儿子(年满16岁)才处死;而《大明律》不仅要对"反逆罪犯"的所有直系亲属中的男性(16岁以上),而且连异姓亲属甚至包括奴仆在内,都要处以斩刑。这就大大地扩大了对"反逆罪"的惩处范围。(《**明史·刑法志一**》卷93;《**大明律例集解附例·刑律·贼盗**》卷18)

(2)《大明律》不分情节轻重,只要是犯有"反逆罪",一律处以斩刑

中国传统法制"经典"——《唐律》中对犯有"反逆罪"作了情节上的区别,因而其处罚也有所不同,如"词理不能动众,威力不足率人者",即犯罪者的言辞不足以煽动人们,个人威望也不够来率领大家起来造反;而《唐律》规定:只对犯罪者本人处以斩刑,而他的父亲和儿子都可以不处死,祖父、孙子等更不在牵连的范围内;如果"口陈

欲反之言,心无真实之计者",即说犯罪者嘴里说要造反,但心里却没有真实的谋反计划与措施,那么依照《唐律》规定:只对犯罪者本人处流刑2 000里的处罚。

但到了明初朱元璋制定《大明律》时却作出这样的规定:不问情节之轻重,只要是犯有"反逆罪",一律处斩刑。而且《大明律》还这样规定:"凡是遇到'谋反'、'谋大逆'的罪犯,'知情故纵、隐藏者,斩!有能捕获者,民授以官,止给财产;不首者,杖一百,流三千里'。"(《大明律例集解附例·刑律·贼盗》卷18;《明史·刑法志》卷93)

可见《大明律》不仅重重处罚"反逆罪"的已然状态,而且还加大力度处罚"反逆罪"的未然状态和知情不告者,这一方面反映出明清君主专制统治的刚性与脆弱性;另一方面使得明代以后的中国人生活在极端君主专制的恐怖时代。

那时往往出现一案突发,数族株连灭绝,乡里为墟;或稍有不慎,立即招来杀身大祸或灭顶之灾。洪武十三年爆发了所谓的"胡惟庸谋反案"就是一个典型案例,其"词所连及坐诛者三万余人"(《明史·胡惟庸传》卷308)。当然,有人可能认为这个还不能算数,因为胡惟庸直接参与了相权与皇权之间的争夺,为此朱元璋特别恼火,最终才深究不已,算不上典型案例。

那我们不妨再来看看朱元璋末年对待一起普通的"谋反案"是如何处置的吧。洪武后期,四川平茶洞长官杨抵纲死了,他的嫡子杨再隆、杨再兴、杨再德三人相继代理老爸的职务,但没多久又一一先后去世。这时,杨再兴、杨再德的儿子正贤、玄坛保等还小,杨抵纲的第四子(庶子)杨再胜代理起平茶洞长官之职,因为是庶子,一旦亡父杨抵纲嫡孙长大了,就得要把洞长官之职"归还"给杨正贤等人。这可是杨再胜最不乐意做的事。为此,他活动活动心眼,忽然眼睛一亮,计上心头,逼嫂子单氏即杨正贤的母亲为自己的小妾,这样自己就可以孩子叔叔、"亚父"的名义当上平茶洞长。虽然事情进展得十分顺利,但杨再胜还没有满足,因为自己算计了半天,侄儿杨正贤等正逐渐长大,自己还得让位,这叫什么事?于是他就开始密谋,准备杀害杨正贤及另一个洞长杨通保。可人算不如天算,自己还没行动,消息走漏,机灵的杨正贤小小年纪冒着生命危险,不远万里赶赴京师南京,向洪武皇帝告御状,揭露叔叔的不轨之谋,且还指控叔叔杨再胜与景川侯一起谋反。听到谋反两个字,朱元璋毫不犹豫地下令:立即逮捕杨再胜。匆匆审理后,族诛了杨氏家族,而杨正贤因为洪武皇帝的特赦而未被追究,事后还承继了父祖的平茶洞长官之位。(《明太祖实录》卷233)

◎ 李白"参与"了"永王谋反",却没有被杀,究竟为何?

我们再来看看唐朝的一起谋反案是如何处置的。著名大诗人李白曾与唐肃宗的弟弟永王李璘之间有着密切的往来,后来永王在江陵发动了"谋逆"叛乱,不久兵败被杀。唐朝官方从永王府邸处不仅查出了李白写给永王的颂扬诗,甚至还发现了永王拟定的给李白的官职文书。按照《唐律》规定,李白便可定为永王叛乱的从犯,当然也可不定为"协助"谋反,因为毕竟李白没有直接参与到永王叛乱当中。但从事后李白的命运来看,他是被按照"谋逆"从犯之罪行而遭受了处罚——流放,这就是说,当时并没有完全按照《唐律》中"凡犯'反逆罪'之罪犯不分首从皆处斩"的规定进行责罚。这其中有个重要的因素,案发后李白遇到了郭子仪等"贵人"的"营救"。有人帮着说话,这果然不假,但唐朝法律相对比较"宽平",那才是根本,不像明朝那样对于任何形式的所谓侵犯专制皇权的"谋逆"案件深究不赦。

○《大诰》中增设"诽谤法"等,加重对亵慢和触犯皇权尊严的言行之处罚

中国传统社会早期秦汉时代,曾有过"诽谤之法",即说了一些不该说的话,或发表一些对现实的不满,就要被定罪处罚。但自西汉文帝上台废除之后,中国历代法律大典中似乎再也没有设立这项令人窒息的律条,可到了朱元璋时代,在《御制大诰》中却再次设立了"诽谤之法",并以此进行了残酷的追究。

江宁知县高炳"以《唐律》作流言以示人","妄出谤言","获罪而身亡家破"。用今天话来说,江宁的县长高炳跟人谈起《唐律》的宽平,对严酷的洪武政治颇有微词,就此却招来了杀身毁家之大祸。(【明】朱元璋:《御制大诰三编·作诗诽谤》第11,P703～704)

福建沙县罗辅等13人因事被处以断手指的酷刑后,失去了劳动能力,经常聚在一起闲聊。有一天有人这样说:"如今朝廷法度好生利害,我每(们)各断了手指,便没用了。"就这么一句话,被人告发了。朱元璋下令,将这13人逮到南京当殿审问,最终将其"押回原籍,枭令于市,阖家成丁者诛之,妇女迁于化外"。(【明】朱元璋:《御制大诰续编·断指诽谤》第79,P670)

浙江金华府县官张惟一等看到洪武皇帝派遣的钦差舍人来到当地,可能是自己心虚,怕有把柄被钦差逮住,就偷偷叫手下人给钦差送去银两钞币和高档衣服等。没想到这位钦差大人不仅拒收钱物,反而还要将那送礼人捉拿起来。这可急坏了县官张惟一,也不知是谁给他出了个馊主意:在钦差离开金华地界时,派出皂隶王讨孙等冒充街头恶棍,追赶钦差,将其暴打一通。没想到就此闯下大祸,案件很快就查清,皂隶王讨孙等被断手,县官张惟一也被处以重刑。(【明】朱元璋:《御制大诰·皂隶殴舍人》第18,P593)

有个叫沈仪的人假冒千户官,伪造了皇帝的御宝文书,打着皇差的旗号想到苏

州府属各县去诈取一番。按照当时的规制,凡是有公差来,都要核对和填写相关的勘合,即所谓的"关防",相当于后世的公文证明;但苏州知府张亨和知事姚旭两位官老爷都粗心,根本没有认真辨认沈仪等4人手中文书的真伪,就以类似于"红头文件"的形式下发给了下属诸县,要求各地认真接待沈仪等人,协助办好皇差。碰巧巡按御史雷升和百户戴能看出了其中的破绽,并迅速地羁押沈仪等人,然后再将案情上报给了皇帝朱元璋。朱元璋闻讯相当恼怒,最后下令:"假千户沈仪并伴当4名,人各凌迟处死,(苏州)知府、知事枭令",罪名为张亨、姚旭"视朕命如寻常,以关防为无事"。(【明】朱元璋:《御制大诰续编·不对关防勘合》第63,P661~662)

以打击亵渎和触犯皇权尊严为核心的明代"诽谤之法"到了永乐篡位之后更加猖獗,明仁宗上台后才下令停止。

## ○ 增设"奸党"罪,严惩臣下结党和内外官交结

鉴于历代王朝臣下结党营私,削弱皇权,导致国亡民乱的教训,朱元璋在大明帝国建立之初就开始了防范。他不仅在政治制度上废除中书省、丞相制,营造绝对君主专制底下的权力制衡的政治生态环境,构建地方"三权分立"的政治体制,而且在法律层面上,明确规定国家文官武将的人事权专属皇帝。"若大臣专擅选用(官员)者,斩";"若大臣亲戚非奉特旨不许除授官职",违者亦斩;凡大臣不得滥设官职,不得擅自录用下官属吏,违者,从严处置;守御官军镇抚以上官职有缺,"若先行委人权管,希望实授者,当该官吏各杖一百,罢职役充军。"(《大明律集解附例·吏律·职制》卷2)如果下官有司私设职位,任用社会上的"二流子"催租逼粮,祸害百姓的,那将被凌迟处死。

洪武十九年三月颁行的《大诰续编》中就有这样的规定:"今后敢有一切闲民,信从有司,非是朝廷设立应当官役名色,而于私下擅称名色,与不才官吏同恶相济,虐害吾民者,族诛。若被害告发,就将犯人家财给与首告人,有司凌迟处死。"(【明】朱元璋:《御制大诰续编·闲民同恶》第62,P661)甚至连地方官府擅自派遣下属离职办差,朱皇帝也要以"乱政"罪名将其处斩:"十二布政司(未将云南计算在内)及诸司去处仓场、库务、巡检、闸坝等官,各有职掌,暂时不可离者。前十二布政司及府州县官,往往动经差使仓场、库务、湖池、闸坝、巡检等司官员离职办事。罪得乱政之条,合该身首异处。前事已往。今后敢有如此者,比此罪而昭示之,其各官擅承行者如之。"(【明】朱元璋:《御制大诰续编·擅差职官》第19,P633)

总之,凡是大明臣子都得无条件地绝对服从朝廷的命令、服从皇帝的意旨。对此,《大明律》还专门规定:在朝官员接到皇帝调令和差遣时不得以任何理由和借口

拖延不行或缓行，也不能擅离职守，就连新迁任职都不得无故延期，否则均以重罪论处。任何国家大事都要奏请皇帝裁定，"凡军官犯罪，应请旨而不请旨，及应论功上议而不上议，当该官吏处绞。若文职有犯，应奏请而不奏请者，杖一百，有所规避，从重论。若军务、钱粮、选法、制度、刑名、死罪、灾异及事应奏而不奏者，杖八十；应申上而不申上者，笞四十。若已奏已申不待回报而辄施行者，并同不奏不申之罪"。（《大明律集解附例·吏律·公式》卷3）

清代法制史学家薛允升对此曾这么评述道：从职官犯罪处置角度来讲，唐律多重于明律；而上述该律则明显为明律重于唐律，皇帝"总系猜防臣下，不使稍有专擅之意"。（【清】薛允升：《唐明律合编》卷10）

薛允升的评述无疑点到了要害，为了不使大臣稍有专擅之意，更为了严禁臣下结党和内外官交结，洪武开国时，大明法律中特别增设了前所未有的"奸党"罪。

## ○ 将历史上的朝纲"疑难杂症""一网打尽"的"奸党罪"

什么叫"奸党罪"？《大明律》中对其有所界定，但界定的概念相当宽泛："凡奸邪进谗言，左使杀人者"属奸党，处以斩刑；"若在朝官员交结朋党、紊乱朝政者，皆斩，妻子为奴，财产入官"；"若刑部及大小各衙门官吏不执法律，听从上司主使，出入人罪者，罪亦如之"（《大明律集解附例·吏律·职制》卷2）。"若犯罪，律该处死，其大臣小官巧言谏免，暗邀人心者，亦斩"；"若有（下官小吏）上言宰执大臣美政才德者，即是奸党，务要鞠问，穷究来历明白，犯人处斩，妻子为奴，财产入官"；"若宰执大臣知情，与同罪"。（《大明律集解附例·吏律·职制》卷2）

以上是《大明律》中有关奸党罪的几项界定，我们将其作个总结：第一，在朝官员交结朋党，紊乱朝纲，这一条是历朝历代都曾出现的"常景"，朱元璋立法禁止。那有人说，我们都在朝为官，交个朋友，一旦官场上有难，相互援助一下，其实这也是我们当官人的交友，人家农民有农民朋友，叫花子有叫花子的朋友，难道我们在朝当官的就不允许相互做朋友？对，最好相互间少来往，你们这样在老百姓那里叫得可难听了——"官官相护"，别犯了朱皇帝的忌：吉安侯陆仲亨、平凉侯费聚有事没事老往宰相胡惟庸家跑，不就跑出事来了，"胡党大狱"出来了。

第二，如有人犯罪，按律要处死的，当官的你给我听好了，千万不要为这种犯了死罪的人胡言乱语，开脱罪责。

第三，司法部门和各个地方的州府县一把手，你们是国家的司法主干，国家的法律能否公正地贯彻执行，就看你们按不按《大明律》条执行了。如果你们听从你们的上司的暗示而任意乱判案件，本皇帝将要以"奸党罪"论处你们。

第四，巧言令色或进献谗言从而使得上司杀错了人，那也得按"奸党罪"论处。

第五，大臣不向皇帝举荐人才，而擅自提拔任用下官属吏的，也以"奸党罪"论处。

第六，下官上言赞美主政大臣，用今天话来说，就是下面的官员上表为自己的上司歌功颂德，这不仅不允许，而且还要被治以"奸党罪"。

一旦被定为犯有"奸党罪"，受到的处置那将是十分严厉。洪武时期，奸党罪名列十恶大罪中"谋叛"之后，罪犯本人处斩，家产没官，亲属为奴。(《明太祖实录》卷190)而从《御制大诰》的记载来看，实际处置还要严厉："江浦县知县杨立，为钦差旗军到县追征胡党李茂实盐货事，知县杨立每日于各里长家饮酒。其江浦去京止隔一江，本官并不以为公务为重。及见旗军催督追盐，本官先与给事中句端面约，故不答应，却用掌记书写事情，差皂隶送至给事中句端家。句端接入房内，备写缘由，仍令皂隶将回，传递消息。别无上司明文，却称我于给事中处讨得分晓来了，如令不要追盐，每引止折钞四贯。如此结交近侍，欺罔朝廷，事发，凌迟示众。"(【明】朱元璋：《御制大诰三编·臣民倚法为奸》第1，P680)

由"奸党罪"再延伸，虽没被列入奸党罪名下，但其行为也属于严禁行列。凡是上级官员及其所派遣的官吏路过，或按察司官、监察御史出巡到当地，所在地方上的各衙门官员都不得出城迎送，违者一律处以杖刑九十；违者上司或监察官员默认或知情不纠的，处以相同的刑罚。(《大明律集解附例·礼律·仪制》卷12)

朱元璋之所以要这样严处，就是怕臣下交结朋党、混淆视听，就是要为大明清平政治创造良好的生态环境。

## ○ 洪武祖制：不准宦官干政，严禁"内外交结"。违者，斩！

所有历史上的朝纲"疑难杂症"经过设定的"奸党罪"似乎可以"一网打尽"了，但还有一个君主专制政治的特殊顽症——宦官干政。明朝以前的汉唐是宦官势力最为炙热的巅峰时刻，朱元璋鉴于历史的教训，在制度上和法律上对宦官干政作了严厉的限制。洪武元年(1368)，他下令"不许寺人干预朝政"(【清】夏燮：《明通鉴》卷6)。洪武五年(1372年)，定宦官禁令："有心怀恶逆，出不道之言者，凌迟处死；有知情而蔽之者同罪，知其事而不首者斩！"(【清】沈家本：《沈寄簃先生遗书·律令》9)洪武十年朱皇帝再次下令立法："寺人不过侍奉洒扫，不许干与政事！"(《明太祖高实录》卷112)

应该说洪武帝对宦官的制抑已经是相当严厉的了，且还很有远见。更有远见的是，他在洪武十七年(1384)还"敕内官毋预外事，凡诸司毋与内官监文移往来"

《《明太祖实录》卷 163；【清】谷应泰：《明史纪事本末·开国规模》卷 14）。甚至在《大明律》中设有专门的法律条款，严惩内外官交结："各衙门官吏如果与宦官及皇帝身边的近侍人员相互交结，泄露机密，通同作弊。凡是犯下这类事的，本人处于斩刑，家中妻儿流放 2 000 里安置。"（《大明律集解附例·吏律·职制》卷 2）

◎ "好儿子"，败家子

朱元璋的这等良苦用心最终所要实现的是朝纲独断，君主专制主义得到空前的强化。可祖宗将制度设计得再好、将法律规定得再严密，要是碰到了败家子子孙不遵守、不执行，那就等于一张废纸。内官之禁在明朝第三个皇帝、那个口口声声自称为高皇帝好儿子的朱棣时就开始变了。永乐帝不仅派出郑和屡下西洋，还派其他的内使到地方上去搞监察，甚至还监军，内官之禁形同虚设。从此以后大明的宦官势力扩张日甚一日，内外交结也就见怪不怪了。不过这些都是后话，读者朋友如有兴趣，请看笔者的另一拙著《大明帝国》系列⑦、⑧《永乐帝卷》。

## ○ 皇帝录囚制、请奏上裁制和厂卫"听记"制

平民出身的开国皇帝朱元璋目睹了元朝末年政治的腐败和司法的黑暗，深知司法公正在社会控制与国家治理当中的重要性。也许自己曾经是从死亡边缘幸存下来的缘故，也许是青少年时代亲情缺失和社会经历动荡所造成的内心猜忌之缘故……朱元璋在构建大明法制秩序时，比起历史上的任何朝代的任何帝王，他更多地将专制主义"龙须"触及帝国司法制度的每个角落，甚至还常常不厌其烦亲自录囚，架屋叠床地设置锦衣卫北镇抚司，"专理诏狱"，其每招每式都渗透了君主专制主义灵魂。当然也不可否认这里面含有刺察实情以免发生冤假错案的有益成分。

◎ 皇帝录囚制

事实上从汉朝武帝起，中华法制史上就有了皇帝亲自录囚的成例，美其名为体恤民情、纠察冤情，是"仁君""德政"的一大体现。这样扬名的"好事"，朱元璋当然不会放弃不干的。综观整个明朝，可能也就这个奇特的开国皇帝亲自录囚的事情最多了。据史料记载，洪武初期，朱元璋每"有大狱必面讯"，"多亲鞫，不委法司"。（《明史·刑法志二》卷 94）

按照《大明律》的规定，明代地方上的司法权很有限，府州县只能判决笞、杖、徒、流、死五刑中的流刑以下的案件，死刑案在地方上需经按察司、在京师须经监察

御史严格审核后,拟出处理意见,然后上报中央朝廷;中央朝廷则组织刑部、大理寺和都察院等三法司官员集体会审、判决,判决后还不能马上执行,必须要上报皇帝钦定裁决。(《大明律集解附例·刑律·断狱》卷28)

将死刑案件的终审判决权收归到中央朝廷,明代的这一司法规制,一方面反映出君主专制主义对司法领域的渗透,另一方面也体现了对生命的重视。这或多或少也不能不说是中华法制文明进程中的一个亮点,也或多或少将一些濒临地狱大门的冤魂屈鬼给挽救回来了。

洪武二年(1369)六月,监察御史谢恕到松江去巡视监察,发现当地很多人都有隐瞒官税的嫌疑,于是就将190多个偷税漏税"嫌疑犯"逮到京师南京。但谁知这些"嫌疑犯"中好多人都在喊冤,谢恕的上级领导、御史台治书侍御史(御史台副职)文原吉获悉后就将情况上奏给了洪武皇帝。朱元璋立即叫人去将松江"嫌疑犯"带几个来亲自审问,一下子就弄清了事情的原委,随后便责备谢恕:"你身为朝廷御史,皇帝的耳目,却不能为老百姓申冤,反倒将无辜的百姓给坑害了,朝廷的耳目靠不牢还能靠谁?"于是他当即下令,将那些被冤枉的松江人全给放了,并处理了那个姓谢的"纪检干部",褒奖了文原吉。(《明太祖实录》卷43)

大案要案,不用多说,洪武皇帝要管;官员失职,冤屈百姓,朱皇帝也要管;老百姓造了地方不良官吏的反,进京告御状,朱皇帝更认真过问……最让人觉得不可思议的是,日理万机的洪武皇帝不仅会关注起臣下属官的两性生活,而且还在《大诰》中专门设"条"教育人们。

有3个读书人,他们分别叫王默、易聪和洪文昌。3人英年聪慧,前两者在科举考试中崭露头角,后者自学成才,闻名遐迩。朱皇帝爱才,将他们分别擢升为给事中和宫廷序班,目的就是要发挥他们各自的专长。可哪知正值"奔腾"年龄的3英才在南京工作时结识了一个军妇,即我们现在所称的军队女家眷或称军嫂。这个军嫂因为老公长期在外,十分饥渴,3个"奔腾"小伙子也饥渴,于是你需要我满足的事情就一一发生了。这样的事情在现代人看来,连"扫黄"都说不上,即使在当时也至多算是平常得不能再平常的案件——通奸案。可朱皇帝精力旺盛,亲自过问案情,发现其"通奸不已,败常乱俗",为此在颁发《大诰》中作专门指示,以此来教育全国臣民。(【明】朱元璋:《御制大诰续编·奸宿军妇》第64,P662)

洪武帝亲自过问刑案和亲录囚的事情还有很多、很多,他的这般做法为大明帝国天子录囚开创了历史的先河,以后的永乐、宣德等好多皇帝都坚持了这种体现君主"仁爱"之心的录囚制度。不可否认,在一定程度上它纠正了司法领域内的部分偏差。但这也不是绝对的,因为洪武年间朱元璋大案小案都要过问,他自己又不是什么专业的"科班"出身,于是逾越《大明律》的各种各样的钦定判决都会在朱皇帝的瞬间感情之间产生了。

会稽县应该上缴渔业税为六千零六十七贯二百文,河泊所官员张让等在书写时将一贯换成了一千文,故在填写渔业税时写成了"六百六万七千二百文",实际为同一个数字,一点也没错,结果却被洪武皇帝说成是"广衍数目,意在昏乱掌钞者"的罪名治以重罪。(【明】朱元璋:《御制大诰续编·钱钞贯文》第58,P659)

江浦县知县刘进等不知怎么的鬼使神差,在该县公祭时偷了一些冥币;巩县知县饶一麟等在该县举行公祭时可能是肚子饿,也可能是没有太多留意的缘故吧,竟然在祭礼还没结束时就享受起祭品,代神吃肉;闻喜县县丞将祭神用的活鹿送人作宠物,用死动物肉代替活鹿来祭祀山川社稷神……此类在世人看来没什么了不得的过失,即使对照《大明律》条的话,也够不上重罚的档次,却都被朱元璋定为重罪。(【明】朱元璋:《御制大诰·祭祀不敬》第57,P611)由于皇帝意旨高于一切,在《大明律》那里,罪行只够徒刑的囚犯,最终却被朱皇帝族诛了,有的甚至只够杖刑100的,结果被朱元璋以凌迟处死了。(【清】沈家本:《明大诰峻令考》)

轻罪重判、无罪枉判和重罪轻判,什么可能都有,体现了司法领域里的皇权专制主义的肆虐,在一定程度上又破坏了理性的法制建设。不过朱皇帝可管不了这些,通过录囚,他可以大大强化司法系统的君权专制主义。

◎ 从"请奏上裁制"到"三复奏与五复奏"制

与皇帝亲自录囚制度比较相近的还有"请奏上裁制"。"请奏上裁制"是指司法部门对于一些特别重大的案件或者是一些涉及特别人物的案件最终裁判权必须要上请皇帝,由皇帝最终作出裁定。

本来刑部、大理寺和都察院三法司是中央最高审级,但朱元璋规定:三法司对重大案件无权作出最终判决,其判决还必须上呈给皇帝批准。朱元璋精神好,什么事都要事必躬亲,所以"请奏上裁制"在洪武时代并不限于大案,碰到小案子,只要有时间和有精力,朱皇帝也会过问过问,最终发出"圣裁"。(《明史·刑法志一》卷93)

洪武十六年正月,洪武皇帝朱元璋向刑部尚书开济、都御史詹徽等做出指示:*自今凡有论决,必再三详谳覆奏而行,毋重伤人命*(《明太祖实录》卷151)。洪武十九年十二月,朱元璋又"诏自今诸司应死重囚,俱令大理寺覆奏听决,著为令"(《明太祖实录》卷179)。这可视为有明一代"三复奏或五复奏"制度的开启。

到了永乐时期,大明中央司法系统逐渐形成了重大死刑案件的"三复奏与五复奏"制度,即对一些重大的死刑案件要上奏皇帝3次、后来发展为5次,最终取得皇帝的"圣裁"后方可发落，或是开刀问斩。(《明史·成祖本纪三》卷7)这一方面体现了对生命的重视，是时代的进步，但另一方面也反映出明朝皇权专制主义在司法领域中的渗透与强化。

◎ 厂卫"听记"制——皇帝特务渗透到司法领域

但皇帝他老人家实在太忙了，这么大的一个中国，连从各地农村来的粮长和捆绑扰民官吏来宁告御状的农民模范都要亲自接见，所以他不可能对天下所有大案要案个个都能明断是非，了如指掌。那怎么办？洪武皇帝有的是"锦囊妙计"，将过去经常保护他安全、掌握天下第一号机密的锦衣卫给"激活"起来。我朱元璋只有两只眼睛，锦衣卫有无数双的眼睛，我朱元璋只有两只耳朵，锦衣卫却有无数只耳朵，于是乎厂卫"听记"制度横空出世。

厂卫"听记"制度是明代洪武与永乐两朝当中逐渐形成的特殊的司法监察制度。对于中央一些重要的案件，因为就在皇帝的鼻子底下，是非曲直很容易查清。但在大一统帝国如此广袤的土地上发生那么多的案件，皇帝老爷尽管日理万机，但还是忙不过来，于是他就派出"十三道监察御史"去"清天下狱讼"，即凡是地方各省府审录重大案件的罪囚，都由皇帝下诏指定的监察御史一起会审，且由监察御史主持会审录囚工作。整个过程中皇帝还要派出他的特务锦衣卫到场"听记"或"坐记"，直接参加审判。会审结束，整个会审记录都要直接上奏给皇帝，不过，这时不仅地方司法官衔要盖印，监察御史也要用印，就连听记的锦衣卫也得签字，只有这样，才算程序合法，最终由监察御史领衔奏报给大明皇帝。(《明史·刑法志三》卷95)

地方司法官、监察御史、锦衣卫三方相互监督、相互制约，直接对皇帝负责。尤其是"厂卫"组织(锦衣卫、东西厂)，本是皇帝的特务机构，不是司法机关，却也被皇帝特令赋予巡察缉捕，还专理"诏狱"之权。君主专制主义在司法领域内大为强化。

平心而论，尽管"厂""卫"两个都是坏蛋，但相比较而言，锦衣卫的素质比后来的东、西厂要好多了，因为后者是由心理变态的宦官和社会渣滓所组成。他们代表皇帝，在地方会审中享有"听记""坐记"权力，加强皇权不假，但皇权被极度异化，大明司法遭受践踏。

○ 以严刑酷罚来钳制人们的思想言论

朱元璋在《大明律》的制定中没有固定给他的思想专制主义定出明确的条规，但他实在是继承了中国传统君主专制主义的"光荣"传统，且还将它们推向了极端。

整个洪武朝文字狱迭起，被杀者并不一定是知识分子，凡是臣下与平民一旦有笔误或口误，或者什么也不误，但在朱皇帝看来已经触犯了大忌，那就该杀。在《大明律》中有关文字狱的法律条文还真没有精确的界定，相反十分含糊："凡奸邪进谗言，左使杀人者，斩"；"上言大臣德政者，斩"；"凡造谶纬妖书妖言及传言惑众者，斩"；"收藏禁书与私习天文，杖一百"（《大明集解附例·刑律·贼盗》卷18），等等。既然法律上没有精确的界定，按理也就不好定罪，但明代从朱元璋起专制主义大为加强，在思想文化领域中体现出的一大特征就在于，随君主心意而定，任意地法外定罪用刑，说你有罪就有罪，谁叫你"胡说八道"与"胡思乱想"的。朱元璋不仅要做人们政治上的集权皇帝，还要做人们精神领域内的专制皇帝。由此开创了明清帝国近600年专制君主屡兴文字狱的先例，以严刑酷罚来钳制人们的思想与言论，对以后的中国社会产生了极为恶劣的影响。

## ◉ 司法救济与司法公正

综上所述，我们不难看出，洪武皇帝在治国过程中确实实行了严刑峻法。不过，来自社会底层、受过官府欺凌的草根皇帝朱元璋，可能比中国历史上的任何其他皇帝更加清楚统治者与被统治者的"和谐"之理。如果一味地重刑峻法不仅治不了国，弄不好还会引发新的农民起义。所以大明开创时期，为了帝国江山千秋伟业的稳固与长久，朱元璋在制定和建设大明法制时，不仅竭尽全力贯彻一个中心——加强极端君主专制主义，而且也十分注意确立和落实"司法公正"和礼法结合的基本精神，由此影响了中华法系的近世进程。

### ○ 分级申诉制

从宏观来讲，明代的司法制度的设计与历代没有大的变化。有人要打官司，起诉就要有起诉书（状子），古时候的老百姓大多不识字，一般找人代写，即为书面诉状。书面诉状应该包括案情发生的时间、起诉人与代写人的姓名、地址、籍贯、案件情况，最后别忘了画押。书面诉状写好了，就向县衙呈递，起诉人要跪举诉状，口喊"××青天大老爷……"。接下来就是知县审案了，如果知县审不了，或者审出的结果对于起诉人来说不满意，或不能接受，那么起诉人可以上告到知州或知府那儿，直到地方最高审级省里。但到了省里就与地方州、府、县审判机构不同的是，省里审判机构不是省长衙门布政使司，而是提刑按察使司，即相当于我们现在的"省高院"，这是地方上的审判程序。而军队里有另外一套审级程序：军户向所、卫、都指挥司逐级呈告。

《大明律》规定:原则上不允许"越诉"即越级起诉。如一个乡下农民要起诉,就得先起诉到县里。有人说他不能起诉到县里,因为他的那个案子中的被告是县太爷的亲戚。如果真有人说这样的话,那就说明说话者不懂中国传统政治文化。因为从汉朝起中国就实行地方官籍贯回避制度,这样的地方官籍贯回避制度,一定程度上确保了行政和司法公正。否则的话,县衙门就成了夫妻店、父子店,舅舅审外孙的案子,甚至法院院长为三陪"小姐"弄个法官当当,在中国这个极讲人情人脉关系的社会里,什么样的怪事都会有了。因此说,地方官籍贯回避制度应该是中国古代政治文明的一大成就,也应该使人放心,除非地方官受贿外。既然如此,故而明朝的法律一般是禁止"越诉"的。你县衙不找,直接跑到府里或省里去告状打官司,那是不允许的,且得接受责罚。(《明史·刑法志二》卷 94)

大明帝国司法审判的分级申诉制与直诉制

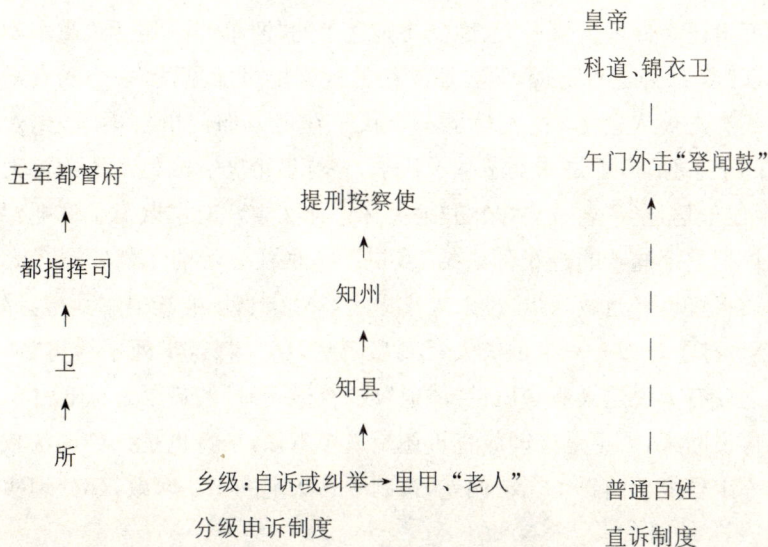

```
                                              皇帝
                                              科道、锦衣卫

                                              午门外击"登闻鼓"
五军都督府            提刑按察使                  ↑
  ↑                   ↑                        |
都指挥司              知州                       |
  ↑                   ↑                        |
 卫                   知县                       |
  ↑                   ↑                        |
 所         乡级:自诉或纠举→里甲、"老人"        普通百姓
            分级申诉制度                         直诉制度
```

## ○ 直诉制:击登闻鼓、邀车驾讼和赴通政使司诉状

但在正常的分级申诉制度外,明朝初年朱元璋还曾沿用了中国历史上的直接向皇帝申诉的直诉制度和唐宋以来的邀车驾讼的司法救济制度。

洪武元年(1368 年)朱元璋下令在南京明皇宫的午门外设置登闻鼓,每天派一个监察御史和一名锦衣卫专门看守这个"鼓"。当然不是仅为一个"鼓",而是关注是否有特别的冤情要申诉。那有人想:会不会有人没事偷着乐——去敲敲那个登闻鼓?那可不是好玩的,洪武皇帝脾气可不好了,千万没事不要去玩,否则,不仅仅要被打一通，而且皇帝老爷还很会关心人，问你干么？你说没事玩玩。朱元璋最讨厌没事瞎折腾的"游民"，还专门给了个名字，叫"逸民"或"闲民"。逸民无事生非，杀！逸民家人与邻居，迁往边疆！洪武皇帝可是个严肃之人，大明法律也严肃规定："凡民间词讼，自下而上或府州县省官及按察司不为伸理，及有冤抑重事不能自达者，许击登闻鼓，监察御史随即引奏。敢阻告者，死！"（《明太祖实录》卷37）只有碰到如等情况才可击那登闻鼓：老百姓去地方县、州、府衙打官司，衙门八字开，有理没钱莫进来；还有就是地方衙门倒是进了好多次，家里的资产耗得也差不多了，但官司还没打赢，直理得不到伸张，这种时候便可去击那登闻鼓。遇到有人击登闻鼓，值班的监察御史就得当即引奏，谁敢阻挠告状者，死！（《明太祖实录》卷37；《明史·刑法志二》卷94；【清】孙承泽：《春明梦余录·刑部》）

洪武时期第二种直诉通道为"民赴通政使司诉状"，即老百姓直接上大明通政司去告状。（《明太祖实录》卷169）

直诉制度中还有一种风险很大、饱受皮肉之苦的"迎车驾讼"或称"邀车驾讼"。（《明太祖实录》卷169）这种直诉，读者朋友在电视剧里可能见过，一个弱女子被欺负了或父亲或丈夫被人害了，找人写了一个状子在地方衙门里告不了，到处都是"高俅老贼"的子子孙孙，于是弱女子举了状子，等待皇帝老爷或皇帝的钦差大人出来，半道上拦住车驾，皇帝老爷会"亲切"地关怀："什么事？有谁欺负了你呢？"其实这全是娱乐片把整个痛苦的邀车驾讼给"戏说"了，拦住皇帝的车驾要冒多大的风险？禁卫军误将直诉者当做坏蛋，投入大牢里者，有之；当场被禁卫军乱棍打死者，有之，或者至少打了一通——生怕有人行刺皇帝啊，结果打得半死不活再"从实道来"者，也有之。有人说这大概是后世"清道"或"交通管制"的最早来源吧？！

不过话得说回来，无论是登闻鼓直诉还是邀车驾讼，毕竟也是一种司法救济的渠道。这在一定程度上纠正了司法偏差，遏制了官场上的司法腐败，部分地实现了司法公正。

可能是由于自己草民出身的缘故吧，朱元璋不仅积极地鼓励民间百姓直诉，而且经常过问相当普通的案子。洪武八年正月，淮安府山阳县有人犯罪当杖，他的儿子请求以身代父。朱元璋知道后对刑部大臣说："父子亲情是人类的天性，亲人遭罪而坐视不管，那才是不孝不肖之辈！现在这个做儿子的要求自己来代父亲受罪，出于至情啊！我要为这样的孝子屈法，以此来劝勉天下的人多注重孝道，你们把他们父子俩都给放了！"（《明太祖实录》卷96）

正因为如此，当时到南京来直接向皇帝告状即越诉的越来越多。时间长了这也是头疼的问题啊。一方面直诉的太多，朱元璋忙不过来；另外一方面，直诉造成的司法后果——侵夺了下级司法机关的职权范围。洪武十五年(1382年),朱元璋敕令刑部,申明越诉之禁:"凡军民诉户婚、田土、作奸犯科诸事,悉由本属官司自下而上陈告,毋得越诉,辄赴京师,亦不许家居上封事,违者罪之。"(《明太祖实录》卷149;【明】王圻:《续文献通考·刑考》卷2)上述敕令就此规定:只有重大而又迫切需要解决的案件,才允许越级申诉。

为了防止越诉,严格审级管辖,洪武二十七年(1394)四月,朱元璋又下令,"命有司择民间耆民公正可任事者,俾听其乡诉讼。若户婚、田宅、斗殴者,则会里胥决之;事涉重者,始白于官,且给《教民榜》,使守而行之"(《明太祖实录》卷232)。"若不由里老处分而径诉县官,即谓之越诉"(【清】顾炎武:《日知录》卷8)。同时在《教民榜文》中也做出明确规定:"民间词讼,已令自下而上陈告,越诉者有罪。……今后敢有仍前不遵者,以违制论的决。"(【明】户部《教民榜文》第38条)"顽民不遵榜谕,不听老人告诫,辄赴官府告状,或径赴京越诉,许老人擒拿问罪。"(【明】户部《教民榜文》第23条)如果乡间里老"不能决断,致令百姓赴官荼烦者,其里甲、老人亦各杖断六十;年七十以上者不打,依律罚赎,仍着落果断"。(【明】户部《教民榜文》第2条)

明律关于惩罚越诉的规定,主要着眼于稳定司法管辖秩序,发挥地方司法机关的职能,防止所谓刁民缠讼。但问题又产生了,如果严惩"越诉",直接的后果莫大于下层的好多冤案得不到及时的纠正;同时"越诉"通道也随着明王朝的政治清平局面的逐渐退化而慢慢地堵塞,原本的司法救济制度之积极意义消失无存。

## ○ 中央司法"三权分立"

明初在中央的司法制度设计上还是承继和光大了中国经典的君主专制下的中央司法"三权分立"的传统精神,实行司法审判、司法复核和司法监察三者分离原则。与前朝相比,明代的司法监察权仍然在御史手里,所不同的是明朝以前的御史所在的机构叫御史台,明代改名为都察院;明代中央司法制度第二个不同于前朝的,就是其大理寺不负责审判(唐宋时的大理寺是当时的最高审判机关),而专掌司法复核;唐宋时代的刑部是不审案件的,而专门负责司法复核,但从明代开始,刑部名副其实地掌管了刑事与司法的最高审判事宜。由于审判权归给刑部,因此从明代开始,刑部的组织机构相当庞大。最初刑部下设四司,后来扩充到十二清吏司(后扩展到十三清吏司),分别受理地方十二个省(后扩展到十三个省)的上诉案件,以及审核地方上的重案和审理中央百官的案件。(《明史·职官志一》卷72)

明代对死刑案件相当重视,一般都要上奏皇帝批准,否则不能行刑。对于死刑核准的重视反映了对生命的重视,明代法制文明中这些可贵之处到今天还值得我们借鉴。听说我们近期才将地方上的最高法院的死刑终审权收归到中央,惜乎,太晚了一点吧!

明代无论是刑部审判或大理寺复核,都须受都察院纠劾和监察,凡"大狱重囚(都御史)会鞫于外朝,偕刑部、大理寺谳平之",目的就是防止司法偏差。(《明史·职官志二》卷73)

从洪武中期起明朝就形成了中央级的刑部最高级别审案、大理寺复核、都察院监察的"三法司"三权分立的司法架构,最终告于皇帝,取决于上裁(《明太祖实录》卷167),即皇帝成了最高司法权的实际最高掌控者,这就有利于加强君主专制主义;同时"三法司"三权分立,也有利于相互监督、相互牵制,防止冤假错案的发生,应该来说具有一定的进步意义。

## ○ 建立和完善会审制度

朱元璋对中国法制建设还有一个贡献,那就是完善了中央的会审制度。

明朝三法司会审最早可能开启于洪武中期。洪武十五年(1382)十月,朱元璋"命刑部、都察院断事等官录囚徒",并指示:"凡录囚之际,必预先稽阅前牍,详审再三,其有所诉,即与辨理,具实以闻。"(《明太祖实录》卷149)此次会审中中央司法部门的主干为刑部和都察院,似乎没有提到大理寺也参与,但从会审结果的处理程序来看,还是符合后来三法司会审制度的精神,即会审后的判决三法司无权做出最终决定,要上报奏请皇帝朱元璋最后裁决。因此我们完全可以将此视为有明一代"三法司会审"制度的开启。

洪武十七年(1384),朱元璋又"诏天下罪囚,刑部、都察院详议,大理寺覆谳后奏决"(《明史·太祖本纪三》卷3)。"会官审录之例,(正式确)定于洪武三十年"。(《明史·刑法志二》卷94)

以后明代在会审制度上不断地深化,发展出了九卿会审、"热审"、"圆审"和"朝审"等,影响了明清近600年的司法审判制度。20世纪90年代曾在中国大陆老百姓中颇受欢迎的电视剧《杨乃武与小白菜》,其中的小白菜最后告状告到了西太后那里。西太后命人进行会审,清代的这个会审制度就是从明代演化而来的。而在明代会审制度中参加会审的官员级别最高、人数最多的可能就要数"九卿会审"。"九卿会审"一般由吏部尚书、大理寺卿、左都御史、通政使等九卿联合审判死犯翻案大案,又名"圆审"。(《明史·职官志二》卷73)

明代从永乐年间起实行"热审"。"热审"是指天气大热之前,一般在农历小满以后的 10 来天内,皇帝任命太监和南北两京的三法司的官员组织热审庭,审理狱中的囚犯,实际上目的是"清清监狱"。由于许多情况下都会把一些轻度犯罪与死刑犯一起关在牢里,监狱条件恶劣,天热拥挤心燥,容易出事。所以一般的热审是这样处理的:犯了笞罪、杖罪的,打几下就放人;犯了徒罪和流罪及以下的,减等发落;重罪囚犯即被初拟为绞刑或斩刑的,或可矜疑的,要将具体的案件情况写好上奏给皇帝,请旨定夺。热审在正统以后渐渐多起来,明正德开始成为定制。(《明代司法初考》,第 139 页)

明朝从英宗起还发展出一种新的会审形式——秋审。"天顺三年,(明英宗)令每岁霜降后,三法司同公、侯、伯会审重囚,谓之朝审。"(《明史·刑法志二》卷 94)朝审又被称为"秋审",这是因为它发生在每年霜降后的深秋季节,吻合自然界的秋冬百物萧杀之象,当时人们认为审判与处决犯人是"顺应自然"之事,这是"天人感应"的思想在明清时代的延续。清代将秋审制度作为一种常用的司法会审制度,这就是民间"秋后算账"这一成语的由来。

不可否认的是,自朱元璋开始完善的会审制度的推行,有助于大一统帝国法律的统一适用,同时也对司法机关的审判活动起着某种监督作用,在一定程度上和一定范围内确保了司法的公正。著名的"杨乃武与小白菜"案在地方上由于权力的干扰,从县里一直到省里,没有一次审清楚的。可到了中央会审时,由于会审诸方的权力得到了相互牵制,对司法的干扰相对减少,案子马上就审清。只可惜无论是杨乃武还是小白菜,他们人生的青春好年华是在监狱里度过的,悲哉! 但毕竟他俩的人命给捡了回来了。

## ◉ 礼法结合　执法原情

朱元璋建设大明法制,在强化极端君主专制统治的同时,着重确立和落实了另一个基本精神——礼法结合。这种礼法结合的法制精神中包含了以下几个层面的内容:

### ○ 法定刑与法外刑相结合——重刑主义渗透大明法治

中国法制史上唐宋是个里程碑,尤其是《唐律》堪称世界五大法系中的中华法系的经典,而《唐律》在中华法制文明中是以"宽平"著称于世。大约从宋朝开始,中国法制文明中的重刑主义开始回复,朱元璋建设大明帝国法制时,从制度上确立和渗透了宋元以来的重刑主义,其主要体现在以下两个方面:

### ◎《大明律》的法定刑之上增加法外刑

我们现在的刑罚大致分为拘役、有期徒刑、无期徒刑、死刑,这四、五等刑又分为好几个等级。不过它们是舶来品,大致在清末自西方引入。中国传统的刑罚不是这样的,而是非常残酷。以号称最为"宽平"的唐律来看,其刑罚分为五等法定刑:笞刑、杖刑、徒刑、流刑、死刑(绞、斩)。

笞刑,现在人们对它很陌生,笞刑的"笞"原本是以笞竹制成的竹板,以此作为刑具,对犯罪者进行笞击、笞打。笞刑作为独立适用的刑罚第一次出现,是在汉朝文帝时代。当时有个小姑娘叫缇萦,她的父亲犯了罪,按照汉律规定,他要被处以斩止(趾)的刑罚。缇萦看到父亲被逮起来了,自己就跟着一起上了长安,向汉文帝请示,要求代父亲受刑,并动情地说道:"人死不能复活,不死受了肉刑,一个人全废了……"汉文帝为小姑娘的一片真情所感动,也为肉刑之事感到不安,于是下令,将肉刑给废除了,代之以身体刑,就是我们现在讲的受刑罚。《汉书·刑法志》载:"当劓者(割掉鼻子),笞 300;当斩左止(趾)者,笞 500。"最初用笞竹制成的刑具是不去其节的,但在施刑过程中出现了问题。用不去其节的笞竹打犯人,犯人身体弱一点,往往打到 200 下或 300 下时,就被打死了。汉文帝原意是减轻刑罚,废了肉刑,代用笞刑,现在反而将人打死了,效果适得其反。所以到了文帝的儿子汉景帝时又将刑罚改轻了:"减笞 300 曰 200,笞 200 曰 100。"在后世的发展中,笞竹去掉了竹节,长短薄厚也逐步得以规范。那么笞刑时施刑的部位在哪儿? 最初在背脊,背脊是人较为重要的身体部位,经络四通八达,弄不好还是要出人命。唐太宗发现了这个问题,所以后来就将施刑的位置改为腿上。唐朝规定:五刑中的最低刑为笞刑,应该是比较轻的。

五刑中的第二等刑为杖刑,杖刑最早起源于秦朝,但在秦汉时代不常用。到了南北朝时,杖刑与鞭刑和笞刑等都是作为处置重刑犯(流、徒以上)的附加刑。隋朝刑罚中取消徒刑的附加鞭刑和笞刑,流刑只加杖刑。唐时杖刑正式作为独立刑。但无论是鞭刑还是杖刑,施刑的位置都是脊背,即所谓的鞭脊或杖脊。唐太宗在读医书时发现背脊实际是人体的要害位置,于是下令改杖脊为杖臀部。宋代的刑制杖刑分为杖臀、杖脊、重杖三种。(宁汉林、魏克家:《中国刑法简史》,中国检察出版社 1999 年 1 月第 2 版)

五刑中的第三等刑为徒刑,这个我们现代人容易理解;第四等为流刑,类似于充军,但要比充军轻点,流刑中按照罪行的大小,也分五等;第五等是死刑,死刑中有两种:一种叫绞刑,一种叫斩刑。

明朝刑罚中的法定刑也沿袭《唐律》中的笞刑、杖刑、徒刑、流刑、死刑（绞、斩）五刑。但除了法定刑外，明初朱元璋开始还发展了源自宋、元的充军刑。充军刑实际上是流刑与笞、杖刑的混合，打了几十大板再充军去。明初洪武时代的充军，主要是将犯人发往边地，起到实边的作用，并没有多少里程的规定，但这本身已经增加了法外刑，且是重刑。自明朝中期起，根据里程的远近，充军刑开始分为六种：极边、烟瘴、边远、边卫、沿海、附近。最远的极边，大致要有 4 000 里，估计从北京充军一直要充到广东，从上海充军一直要发配到新疆；充军最近也要有 1 000 里。充军的犯人根据他的身份，有的戍边，有的服劳役，有的充当军士。充军不仅有六等里程之分，而且还有不同的期限："终身充军"为最轻，即被充军的犯人本人身死为止；另外一种可惨了，叫"永远充军"。"永远充军"就是说犯罪者本人死亡了还不算，子孙亲属仍须继续充军，直到"勾尽补绝"，也就是断子绝孙了，才算结束。（《大明会典》卷 154；《明史·刑法志一》卷 93）

尽管明初朱元璋口口声声反对重刑，但就洪武年间的法制实际来看，他不仅仅是使用了重刑，而且时不时地使用酷刑：挑筋、剁指、刖足（砍掉犯人的脚，这种残酷的肉刑在汉文帝时代就已经被废除了，但元朝人将它恢复了，朱元璋拿来再用）、断手、刑膑（挖掉犯人的膝盖，在战国时代还流行，到了秦朝开始逐渐退出历史舞台，朱元璋居然也拿来再用）、钩肠、去势（男犯人被割掉生殖器，即人们常说的宫刑。自汉代以后该刑被淘汰，但在明初又被使用。广西少数民族发动起义失败后，男的不少就被去势，十分残忍），还有廷杖，这些都是法外刑。就连洪武时期开启的经常使用的充军刑和凌迟刑也"非五刑之正"。（《明史·刑法志一》卷 93）

明初朱元璋开创的重刑主义在有明一代基本上是贯彻明王朝的始终，并影响了清代。

◎《大明律》外还有"更高级别的大典"——《御制大诰》系列

从唐宋时代的法制文明发展史来看，大体上可以说是以一本法典为准，尤其是唐朝就以《唐律疏义》为主要的法律依据。而明初除了《大明律》外，还增加了《大诰》《大诰续编》《大诰三编》《大诰武臣》四部《大诰》法律文书，且在洪武、永乐时代这些《大诰》的地位要高于《大明律》。（《明史·刑法志一》卷 93）

那么《大诰》到底是部什么样的法律文书？说来还真让人啼笑皆非，它们压根儿就不是什么法律文书，而是"判例法"汇编，进一步说开来，即朱元璋将自己处理的案件汇编成册，一案一例地判决，也是大明帝国的最高判决。可问题是这些"判例法"与大明的"大法"《大明律》之间有着很多的矛盾与冲突之处，而又由于其实际地位要高于"大法"《大明律》，如此下来所产生的直接影响是：一方面大明法制领域内的皇权专制主义得以强化，另一方面又使得正常的大明法治秩序遭受了践踏。

更令人可怕的是，《大诰》不仅在法理上对大明法律构成了破坏，而且还更多地体现在判决后的用刑——重刑。不可思议的是《大诰》中用刑大多是法外刑，有枭首（杀了犯人，将犯人头挂起来）、夷族（灭族）、刺字（一般在脸上刺）等，最残酷的可能就要数凌迟刑了。清末法学家沈家本在《历代刑法志》中说，就洪武一朝判决的凌迟大案多达十几起。凌迟刑，用我们老百姓通俗话来讲就是千刀万剐。据记载，一个合格的凌迟刑刽子手将犯人身上的肉与器官一刀刀地割下来，一共要割上3 000多刀，全身的肉全割完了，犯人气息尚存，真是惨无人道！不过，还有比这更惨的，明朝第三个皇帝朱棣上台时创造了法西斯新纪录——灭十族、"瓜蔓抄"、挖祖坟、轮奸女人……

对于明初"二祖"的如此恶行，鲁迅先生曾深恶痛绝地说："自有历史以来，中国人是一向被同族和异族屠戮，奴隶，敲掠，刑辱，压迫下来的，非人类所能忍受的楚毒，也都身受过，每一考查，真叫人觉得不像活在人间。"（鲁迅：《鲁迅全集·且介亭杂文·病后杂谈之余》第 6 卷，P180～181，人民文学出版社 1981 年北京第 1 版）

总而言之，朱元璋、朱棣"父子"推行重刑主义的目的无非是为了加强极端专制主义皇权，重刑、酷刑所起到的直接效果就是要震慑人们不犯法、少犯法。如此法律恐怖主义不仅影响了有明一代，而且还贻害了近世中国社会。

明末著名历史学家谈迁曾说："闻国初严驭，夜无群饮，村无宵行。凡饮会口语细故辄流戍，即吾邑充伍四方至六千余人。诚使人凛凛，言之至今心悸也。"相距近300 年了，当说起洪武朝的重刑时，明末人们的心理还充满了极度的恐惧。

清承明制，满清入关后编定的第一部正式法典《大清律》全抄自《大明律》，加上他们入关时尚处于较低文明形态时期，故而有清一代的刑罚也是相当野蛮，决非如某些老者摇头晃脑地大讲清代有多少的文明与进步。实际上清初是加重了近世中国的重刑主义。

中国社会长期处于重刑主义的高压统治下，中国人普遍心理一般都不太愿意见官、打官司，想必其中存在着一定的关联吧！

重刑主义和恐吓主义固然能一时遏制人们不犯法，但绝对不能做到根绝。对于这一点，朱元璋似乎比大明开国大臣中的任何一人都要清楚。于是在重刑主义的依托背景下，洪武皇帝还搞起了礼法结合。

## ○ 礼法结合——中国特色的传统法制精神

朱元璋推行礼法结合的法制思想主要体现在以下三个方面：

中国自古以来在法制建设中相当重视"礼",而且还成功地解决了"礼"与"法"的关系。最为典型的例子就是依照服制定罪量刑。具体地说,这种法制建设就是解决中国这个特殊国情下的亲属之间的"法律与伦理"上的问题。所谓的服制就是以一个人的丧服所表示出来的与周围人的亲疏关系。一个人最亲的亲人应该是父母,其次是祖父母,以下是兄弟姐妹,以此类推,共分五等。明代以前就有人将"五服"关系绘制成图,使人一目了然。《大明律》在篇首列出了"丧服图"与"五刑图"等,就充分体现了"礼法结合"的法制思想。

一般来说,大明官员大凡审理有关亲属间的案件,就必须首先查明原告与被告之间是何称呼,是何等服制,以此作为定罪量刑的依据。这样一来,既依法制又合礼制。

## ◎ 为什么千百年来一直流传着亲生父母大义灭亲的"动人故事"?

具体地反映在法律条文中是这样的:凡亲属之间发生了侵犯与伤害的事情,就依照亲疏尊卑关系来定。打个比方,一个不肖子孙打了他的父母或者是祖父母,这叫卑幼犯了尊长,原则上比普通人之间的人身侵犯要加重处罚,又因为是血缘愈近,处刑愈重,按照《大明律》的条款,这个不肖子孙要被处斩刑;要是他将祖父母、父母打死了,那就要被处凌迟刑。倒过来,尊长杀伤卑幼,血缘愈亲,则定罪愈轻。

(《大明律集解附例·刑律·斗殴》卷20)

譬如一个父亲失手将不孝子打死了,最多被官衙逮去了杖刑一番,算是比较严重了;若是这个不肖子孙还有偷鸡摸狗的恶习,甚至为非作歹,危害乡邻,一旦他被自己的父母亲或祖父母失手打死了,往往四周乡邻还会出来作保,说这个不肖子孙的父母或祖父母大义灭亲,为民除害。那么,这个不肖子孙死了也白死,地方官一般也就不会过问,有的甚至还要送来旌旗表彰。中国社会长期的这种特殊"礼法"构制造成了好多小辈或下属、奴仆等人的生命权得不到保障,甚至至今为止,我们还能听到有的地方发生了父母亲手杀死孽子为民除害的"动人故事",由此可见其影响之深远。

## ◎ 年龄不是问题,身高不是距离,关键在于辈分

"礼法结合"反映在亲属之间的两性关系上,不分尊卑长幼,凡是亲属关系愈亲,一旦发生了通奸、强奸的事情,惩罚起来就愈重,这是中国人的传统。汉代时就

发生了一个王爷与他祖父的小妾通奸的事情，被人告发后，不管王爷不王爷，最终都被处死。对于现代人来说，这样的事情简直是不可思议，即使发生了不当的男女两性关系之事，至多受到良心和道德上的谴责，甚至在某些人眼里连谴责也没有。不是有句流行语："年龄不是问题，身高不是距离么。"可古时候人讲究的倒也不是年龄，也不是身高，而是辈分。由于中国古代社会一般不限于一夫必须是一妻，所以好多家庭中的父亲或祖父六七十岁了还要纳妾，用老百姓的俗话来讲，就是娶个"二奶"或"三奶"什么的，而"二奶"或"三奶"的年龄往往要比大奶小得多，甚至有的还比自己年老丈夫的儿孙还要小，于是年龄代沟和生理距离出现了。这个"二奶"或"三奶"与家庭中的公子们反倒合得来，天长地久，"乱伦"发生了，说不定孙子跟应该称为奶奶的女人发生了关系，这种阴事往往是家族中最丑的事，一般不告官，族长或家长会自行处置。但一旦告官了，只要有证人，通奸者必死无疑，因为《大明律》和《大清律》甚至前面的《唐律》都这么规定的。

"礼法结合"反映在亲属之间的财产侵犯上，关系愈近刑罚愈轻，一般减等治罪。原则上《大明律》不支持家庭成员间的"析产"（即分割家产），但一旦发生了财产侵犯，如果亲属关系越亲，则处罚越轻。（《大明律集解附例·刑律·诉讼》卷22）

打个比方，一个孙子如果从一个外人李四那儿偷了 10 两黄金，可能要被处以流刑。但这个孙子如果偷了自家爷爷的 10 两黄金，可能最多被地方衙门逮去打一顿屁股。中国人的这种法制思想影响深远，直到现在，我们还经常听到有些子女没有征得父母的同意，就将存折上的钱给取了，将父母的房产私自占了。在当今中国人看来，做父母亲的碰到了这样的儿女，大多能忍就忍了，家丑不外扬，很少去主张自己的权利。原本历史也悠久啊！

◎ **"明刑慎罚"——弄清案情，区别君子与小人**

朱元璋推行礼法结合的法制思想体现在第二方面，那就是"明刑慎罚"。

朱元璋讲究礼法结合，这个礼有时被拓展到了人世间的大"理"，其外延更为广泛。用朱元璋的话来讲，叫"明刑慎罚"，就是用刑首先须弄明白事情曲直是非，将原委给弄清楚，处罚起来要慎重。朱元璋将有了过失的人分为两种，即君子与小人，典型的中国式的人才观，不是好人就是坏蛋，因而处理结果也各不相同。他还专门引用古人的话说："礼义以待君子，刑戮加于小人。"理由是君子犯错很可能是出于过失、不周，因而也就情有可原，对待这样的君子，就要用礼义而不能用刑罚；而小人本身就心术不正，奸诡百端，没什么坏事干不出的，所以对于这样的小人，绝不能心慈手软，要用刑罚狠狠地惩治。(《明太祖实录》卷79)鉴于这样的认知，朱元璋还真铆足了劲区别小人与君子，在"明"与"慎"上均下了工夫。

◎ 朱元璋认为捞钱不是偷钱

洪武八年(1375)，浙江湖州府有人将300余万官钱运往南京，船行到长江里时，不幸发生了翻船事故，一船的钱有一半掉进了江水里去了。洪武帝严法众所周知，遭受翻船之难的浙江仁兄算是"拎得清"，官钱一半丢在长江里，只好自己代赔，这事也就很快过去了。但不久有人到司法衙门上告，说有些军队士兵在那个浙江人丢钱的地方捞钱，且还真捞到了不少。司法官员调查了这事，发现上告属实，于是便认定这些军队士兵在发不义之财，并要对其施以杖刑。洪武皇帝朱元璋听说后不同意，他说："军队里的士兵得钱是从长江里捞的，不是去偷，也不是去抢，没什么不合理的。"随即下令，将捞钱的官兵给放了。(《明太祖实录》卷96)

把捡钱和盗钱混为一谈，实为审案不明，所以最终朱元璋没支持司法官的杖罚决定，可称得上"明刑慎罚"。

◎ 为了个人仕途而隐瞒海难事故的军官被朱元璋严厉处置了

洪武七年(1374)，定辽卫都指挥使马云等运粮12 400石，出海时不巧遇上了大风，结果有40余条船只被大海吞没，717名士兵葬身于大海，还有4 700石米粮损失。马云的顶头上司金吾卫指挥金事陆龄一看部下出了这么大的纰漏，想到自己的锦绣前程就此会大受影响，于是就隐瞒了海难。洪武皇帝朱元璋听说后，既为海难的军士悲伤，对隐瞒事故真相的军队领导陆龄十分愤怒，当面斥责道："你这个人对上欺瞒皇帝，对下欺压与阻堵兵士，事故死难的将士死得不明不白，就连他们家属也没法沾一点皇恩。这样看来，你平日里是不会体恤兵士的。来人啊，将陆龄逮起来按律论处！"(《明太祖实录》卷90)

在上述两个案件中朱元璋都处理得相当得体，从关爱生命的角度和是非曲直之理出发，将事情先弄清，明案情，慎刑罚。不过即使这样，我们也不能完全肯定朱元璋的"明刑慎罚"一定正确。因为他立论的大前提"君子"与"小人"之分本身就有问题，什么叫君子？什么叫小人？中国传统社会争了几千年一直都没争清楚。既然君子与小人之间的区别都没有客观的标准，何来真正的"明刑"与"慎罚"？或者说即使能做到"明刑慎罚"，但也是极其有限的。

◎ 执法原情——政治场上"秀一秀"？

朱元璋的"明刑慎罚"还有一个重要的思想内涵，那就是屈法原情或者说是执法原情。

洪武年间南京发生了一起亲生母亲连杀 2 个亲生儿子的恶性案件。案件发生后，南京人没有一个不惊讶的。皇帝朱元璋闻讯立即下令，将那个负有 2 条人命的"毒母亲"给抓起来讯问，再按照《大明律》条，将其处刑。可当"毒母亲"被逮来审问后，事情出现了 180 度的转向。

原来这个"毒母亲"长得特别漂亮，年轻轻的就嫁给了一个姓史的生意人，可不知怎么的，小两口一直没有生育。史某有个生意场上的朋友，因为做生意的缘故，经常到史某家去，发现史某家里竟有这样一个貌若天仙的尤物，心里别提有多痒痒！但就是不好开口向史某说："你将美人让给我吧！"于是他就开始盘算着如何能占有这个天生尤物。有一次，他跟史某说，某地有某生意可做，我们俩不妨去看看？史某没多想，就跟着一起去了。途中遇上了大水灾，史某被溺死，就剩下这朋友一人回来。他来到史某家，向史妻即那美人汇报了途中的不幸，美人随即为夫举丧、守制。一晃丧期过了，一直在帮助美人忙前忙后的那个史某朋友突然间向她"求爱"，守了很长时间寡的美人荷尔蒙分泌很正常，根本没有多想，就与他圆了房。随后，两个活泼可爱的小子先后来到了世上，日子也就在不知不觉中过去了。(【明】陆容：《菽园杂记》卷 3)

有一天，突然下起了瓢泼大雨，且下个没完没了，将整个屋子庭院全给泡了。有一只蛤蟆受不了雨水浸泡，十分吃力地爬到了较高的台阶上。美人生的一个小子走了过去，用棒将它拨落了下去，蛤蟆顿时淹没在雨水之中。史某朋友即那美人的后夫见到此番情景，不由自主地说了句："史某死的时候也是这样！"说者无心，听者有意，美人听到这话，觉得十分蹊跷，于是追问不歇。后夫意识到自己失口了，竭力掩饰，但美人妻子还是不依不饶地追问。最终没能过得了美人关，在美色柔情下他一五一十地将自己怎么杀害史某的经过说了出来，且对天发誓：这一切都是为了他对她的爱！(【明】陆容：《菽园杂记》卷 3)

当天夜里美人没说什么，也不吵不闹，好像什么事也没发生似地。第二天，等到后夫出门后，她将自己与后夫所生的 2 个儿子给杀了，然后到官府去自首。

一个女人连杀 2 个亲生儿子，且是明目张胆杀人，应天府不敢定案，只好将案件向上呈送。朱元璋闻讯后亲自审理，在弄清了案件的来龙去脉后，随即判定：逮捕杀害史某的凶手——美人后夫，将其绳之以法；至于美人连杀两人之罪，则免于追究，洪武皇帝还特地下令，旌表美人的刚烈气节。(【明】陆容：《菽园杂记》卷 3)

◎ 曾经的床上好伴侣转眼间成了杀害自己的凶手？

这样类似的案件还有，洪武时期有个校尉娶了一个美女为妻，因为工作繁忙，经常一大早就出门,深更半夜才回家,家里长时间就美妻一人空守着。美妻闲得慌,常常穿得花枝招展,靠在自家的门上,张望着家门口那条街道上来来往往的行人。有个小青年有两次路过校尉家门口,似乎总感到有双火辣辣的异性眼神在看着自己,不由得回头望望。这下可好,四目相遇,没有语言,没有表白,一切都在不言不语之中。天黑以后,少年偷偷地来到校尉家,一推,嗨,居然那美人还给留了门。这下可好了,少年、美女好好地云雨一番。正当欢愉得差不多了,少年想走,校尉突然回来了,这下可急坏了少年,美女示意他躲到床底下。怎么办呢?事到如此,只能待在人家的床底下,任凭人家折腾,自己只有乖乖地静候时机,脱离这个是非之地。大约熬到五更天时,校尉丈夫又起床出门去了,少年正想从床下出来,忽然听到那熟悉的校尉脚步声回来了,于是只好继续待着,但调整了一下自己身体的姿势,从下能够看到上面的一番活动。只见那校尉回到美妻的床边,轻手轻脚地将衣被拉正,将美妻四周拥塞好了,才依依不舍地向外走去。少年等了好长一阵子,估摸着那校尉也不会回来了,他就从床底下钻了出来,一下子跳到了美女的被窝里了……干柴烈火燃过后,少年十分好奇地问美女:"你丈夫平日里经常这样爱你吗?"美女如数家珍般地开始述说他们夫妻之间的恩爱。男孩子听着,嘴笨,也说不了什么,干事倒不含糊。终于到了分别的时候,两个偷情男女依依不舍,美少妇约少年某月某日我老公更可能长时间不在家,你来我家……(【明】陆容:《菽园杂记》卷3;【明】祝允明:《前闻记》)

再说那少年记忆可好了,按照美少妇的约定,那天来到校尉家。美少妇笑逐颜开地迎了上去,两人刚一接触,少年迅速从身上拔出一把短刀,猛地刺向美少妇的喉咙,边刺边说:"你丈夫待你那么情深,你却还要偷人……"刹那间,曾经给自己带来无比快乐的美少妇软绵绵地躺在血泊之中,少年拔出短刀,扬长而去。(【明】陆容:《菽园杂记》卷3;【明】祝允明:《前闻记》)

后来有人发现了美人的尸体,就报告了校尉。再说那校尉回家后,看到心爱的美妻被人捅死了,顿时号啕大哭。等定下神来,感觉这里边不太对劲,于是赶紧前往官府去报案。官府接案后就问校尉:"你们家有仇家吗?"校尉说:"有,张三、李四……"官府说:"将张三、李四等都给一一逮来,然后严加拷问。"这下可好,哭喊声响成一片。其中有一人受不了刑罚的折磨,自诬为凶手,案件就此一下子给定了。按照当时大明法律规定:杀人者要抵命,更何况还是通奸害命案,自诬者死罪是逃不了了,但死刑案件的最后核定权还要上报中央。就在这个过程中,自诬者不停地喊冤,由此案子在南京城里闹得沸沸扬扬。(【明】陆容:《菽园杂记》卷3;【明】祝允明:《前闻记》)

真正的奸夫凶手听到人们的议论,内心不断地受到震撼,最终他走进了官府自首,原原本本地将奸事与杀人经过给说了出来。官府的人不解,反问:"你小子占了人家美女的便宜,还杀人家,这似乎太讲不过了?"少年说:"我本来就没有这个杀人的念头,但见到她的丈夫那么爱她,她却还要一枝红杏出墙来。你说这样的女人留在世上岂不是个祸根?"官府最终还是不敢判定案件,由中央法司部门一直上呈到皇帝朱元璋那里。洪武皇帝接案后,阅读了案卷,觉得很有教育意义,随即作出指示:"做妻子的应该要对丈夫忠心。少年杀了这样没心没肺的荡妇,杀得好,他不应该成为杀人犯。我们要屈法伸情,将他给放了!"(【明】陆容:《菽园杂记》卷3;【明】祝允明:《前闻记》)

◎ 儿子冒死救父亲与父亲冒死救儿子

洪武十八年,朱元璋下令:将历年来祸害百姓的地方官吏捉拿到京师来修筑城墙。当时福建福州知府朱季用才刚刚上任,因为有人告发福州衙门的官员害民,上班没多少天的朱季用也被逮捕起来了,当时他在生病,且病得还不轻。当儿子朱煦来到他的身边时,朱季用气若游丝地说:"我是因为公务事情被逮起来的,看样子免不了要一死了。我死之后,你就将我这把老骨头入殓归葬家乡吧!"朱煦听到父亲这般说话,顿时吓坏了,从那一刻起,他就片刻不敢离开父亲,并时时想着怎么才能救父亲免于一死。当时洪武法令严酷,凡是上诉者都没有好结果,有3个上诉的被处以远戍极边(最远的边疆),4个上诉者被处以极刑即死刑。可少年朱煦却管不了这些,他跟父亲朱季用说:"现在不去上诉,就等于等死;要是万一上诉成了,父亲大人说不准还能免罪了。至于儿子我万一被杀了,虽死也无恨!"说完,朱煦也不管父亲同意不同意,就直接带了诉状来到南京明皇宫,向朱元璋诉说冤情。朱元璋为朱煦的一片孝心所感动——天底下有这样的好儿子,冒着被杀戮的危险为父上诉,顿时萌生了怜悯之情,来了个屈法伸情,宽宥了朱季用,令其官复原职,同时还下令,不对孝子朱煦进行越诉追究。(《明史·孝义传一·朱煦传》卷296)

有个人因为家里的儿子犯法,论罪当死,救子心切的他居然想到了向执法官员行贿的馊主意,没想到自己刚把钱拿出去,就被监察御史给逮住了。按照当时的大明律条,那父亲即行贿者也将受到严厉的处置。洪武皇帝听说后却不以为然,随即做出了这样的指示:"儿子按律当死,做父亲的救子心切,这也是合乎人情的啊!这样吧,只追究那家儿子的罪行,至于他的父亲我们就赦免他吧!"(《明史·刑法志一》卷93)

还有一家刚好倒过来,做父亲的心术不正,犯了诬告罪,被有关部门查处。他的儿子直接跑到南京的刑部大堂,为父喊冤。刑部便把那犯了诬告罪的人的儿子也抓了起来,按律追究其"越诉"之罪。朱元璋闻悉后说:"子诉父枉,出于至情,不可罪。"意思是说,做儿子的给父亲喊冤,出于人之常情,不可加罪。刑部官员听到皇帝的金口玉言后,便将那个人的儿子给放了。(《明史·刑法志一》卷93)

◎ 奇闻:一个即将被处死的16岁少年转瞬之间当上了朝廷重臣监察御史

洪武年间这样的小事还真不少,皇帝朱元璋一开始对于如此案件往往网开一面。不过时间一久,他的疑心病又犯了,总怀疑这些案件的涉案者会不会藏有什么不轨之奸心。

有个16岁的江宁少年叫周琬,他的父亲曾是滁州的地方长官,在任期间因事连坐,按律当死。16岁的周琬很懂事,听说父亲将要被处死,就心急火燎地跑到法司衙门去,要求代父受刑,用今天话来说,就是替父顶罪。皇帝朱元璋听说后很为惊讶:16岁的少年不应该懂得这么多啊!难道是受人指使?想到这里,他便下令,将周琬抓起来,斩了!谁料少年周琬听到洪武皇帝的这般命令却镇定自如,面不改色心不跳。皇帝朱元璋这回总算长了见识了,心想这孩子还真是个大孝子啊,要不然,他不会这样坦然处之!于是就改了金口:周琬父亲免除死刑,改为远戍边疆!没想到朱皇帝刚刚说完话,那个叫周琬的少年可不干了,向皇帝再次请愿说:"戍与斩,均死尔。父死,子安用生为,顾就死以赎父戍。"周琬是讲:戍边几乎与处斩没有什么大的差异,都是死路一条(实际上是有一定的差异的,笔者注)。父亲死了,做儿子的怎么能安心活着?所以我愿意以自己的生命来抵偿我父亲不再受戍边的苦刑。这下可把洪武帝给"惹怒"了,一声令下,几个现场听命的刽子手马上将周琬给绑了起来,并押往菜市口,准备开刀问斩。而此时的周琬却显得十分高兴,毫无惧色。皇帝朱元璋听说后,立马改了主意,下令放了周琬。为何?因为在朱元璋看来:只有像周琬这样真正的大孝子才会真心实意地为父而死,否则哪个人会面对死亡而面不改色的?洪武皇帝要好好地利用这样的事情,来宣传他的"礼治"精神,随后亲笔御题"孝子周琬"之御屏,赐给了周琬。没过多久,朱元璋又任命了16岁的周琬为兵科给事中,相当于一个县处级的"监察干部"。(《明史·孝义传一·周琬传》卷296)

一个被无端猜疑又将要被处死的少年在短短时间内发生了戏剧般的人生变化,真让人惊叹不已。

洪武时期急功近利的"礼治"几乎是毫不掩饰的"政治秀",朱元璋成功地导演了一出出执法原情的闹剧。我们从中不仅可以看出其"执法原情"的政治功利性与虚伪性,同时也可看出在绝对君主专制下人命如草芥,法律成为橡皮泥,所有这些都是专制人治的必然结果。

◎ 推行教化与法治相结合——宽严相济

在大明帝国法制建设中朱元璋的礼法结合思想还有一个体现,就是推行教化与法治相结合。在这个方面,朱元璋最大的"贡献"就是利用乡社里间社会力量建立"第一审级机构"。大明初年,朱元璋就下令,在里长之外设置"年高为众所服者"的老人,用以"导民为善,平乡里争讼"(【清】嵇璜、刘墉:《续通典·食货》7)。在确立乡间里甲、老者、粮长们的教化职能的同时,洪武皇帝还赋予他们社会基层审判的权力。《教民榜文》中规定:"民间户婚、田土、斗殴相争,一切小事,不许辄便告官,务要经由本管里甲、老人断理。若不经由者,不问虚实,先将告人杖断六十,仍发回里甲、老人理断。"(【明】户部《教民榜文》第 1 条)

这样的措施有个最大的优点,原本朱元璋的乡村建设的设计中的旌善亭制度和乡饮酒礼制度更多侧重以教化为其主要功能,但教育不是万能的,所以朱元璋还注意其配套之措施——申明亭制度的构建。即使做到这样了,朱元璋似乎还嫌不够,即不够树立乡间里老的权威——保障教化,所以他将乡间的社会基层审判的权力也赋予了他们,让他们来处理和审判一些简单的民事案件与轻微刑事案件。洪武二十七年,朱元璋下令,"命有司择民间着民公正可任事者,俾听其乡诉讼,若户婚、田宅、斗殴者,则会里胥决之"(《明太祖实录》卷 232)。如此之举,一来解决了基层法治问题。二来渲染了礼教。因为这些里老往往是礼教的忠实维护者,利用他们在乡间的个人威望也能起到教化的作用。三来由这些乡间里老出面审判所谓的"小事细故",更多的结果是中国人至今为止仍然津津乐道的"私了",所谓的"乡亲之礼"得到了维护,"息讼"成为时尚。这种"巧妙"的礼法结合方式治理乡村,固然能为中国社会基层带来一定程度上的安定,但其最大的后患是"息讼"成风,人们应有的权力得不到主张和保护。长期以来中国人的法律意识淡薄与此存在着极大的关系。

◎ 从劳改犯中选官,听说过吗?

朱元璋在推行教化与法治相结合的过程中的另一个"杰作"那就是劳教罪犯,实行宽猛相济。从洪武五年九月起,朱元璋就开始注意,将杂犯死罪的罪犯免死,"发临濠输作"(《明太祖实录》卷 76)。这样,一方面建设了自己的家乡凤阳,另一方面使得罪犯受刑相对减轻,劳改了罪犯。而几乎与此同时,朱元璋还注意到从劳教干部中重新选拔官员、委任官职。当然这不是无原则、无条件的，即从那些劳改中"已历艰苦，必能改过"的官吏群内，挑选"其年及四十之上，材堪任用者复用之；年未及者仍留屯田；若年四十以下，原犯公罪及已经宥免者亦复录用"（《明太祖实录》卷 94）。这样就给了劳改干部一丝希望，让更多的罪犯好好改造。朱元璋实在是"聪明绝顶"，既维护了法制，将人们改造成驯服的顺民奴臣，又能起到教化人们的作用，真是一箭双雕！

总之，朱元璋的礼法结合、明刑慎罚、宽严相济和执法原情等法治措施，对推动大明帝国初年的政治安定、社会经济发展都起了一定的作用，造就了明初祥和、富庶的繁荣局面。

以朱元璋的极端君主专制主义强化和着重确立和落实"司法公正"和礼法结合为基本精神而建立起来的大明法制，加强了大一统帝国的中央集权，完善了司法监察制度，整顿了吏治，调整了中央和地方的关系，维护了国家的统一，有力地促进了明初社会经济的恢复和文化教育的发展，为大明帝国近 300 年的历史奠定了牢固的基石。

不仅如此，以《大明律》为代表的明代法制文明在中国法制的发展史上占据独特的地位。它上承唐宋，下启清朝，甚至影响到中国以外的东亚和东南亚各国的法制文明。朝鲜太祖李成桂时编定的《经国大典》《续大典》和《大典续录》中的《刑典》和《刑法大全》之主要内容直接取自《大明律》；越南阮世祖时修订的《嘉隆皇越律例》、宪祖阮福暶时的《钦定大南会典事例》也有许多法律内容搬用了中国的《大明律》条文；日本直到明治时制定的《新律纲领》《改定律例》还有部分地参用明律的条文。由此可见，大明律在中华法系中的地位与影响了。（参见张晋藩：《中华法制文明的演进》，中国政法大学出版社 1999 年 11 月版，P522）

同时我们还必须看到，朱元璋在制定和建设大明法制时，虽然着重确立和落实"司法公正"和礼法结合的这两个基本精神，但这一切都是服务于极度强化的君主专制主义这个中心。从法理学角度来看，权力的失衡就会导致法制秩序的紊乱。明代君主专制主义的恶性膨胀所造成的权力的滥用本身就是明代法制破坏的元凶，重刑主义的泛滥、特务机构的干扰、皇权的异化者宦官对法制秩序的践踏，这一切随着大明朝历史的演进而逐步地摧毁了明初大明法制建设的所有努力与贡献。这是人治的必然，也是专制的必然。不过这些都是后话。

其实，无论是《大明律》还是《大诰》，无论是法定刑还是法外刑，无论是执法原情还是礼法结合……如果从大明帝国治理臣民的形式角度来讲，这些都属于明的一手；为了保障自己的江山社稷稳如磐石、万古长存，朱元璋还绞尽脑汁使用暗的一手,即建立与完善秘密警察——锦衣卫制度,以此强化绝对君主专制主义统治。

## 水银泻地无孔不入　特务统治无处没有

说起锦衣卫特务统治,我们中国人可能没有一个不知道的,尤其电影《锦衣卫》上映以后,朱元璋开创的秘密警察制度顿时为当代国人所熟悉,那跌宕起伏的离奇情节、缠缠悱恻的爱情故事和飞檐走壁的锦衣卫校尉迅速成为街头巷尾人们热议的焦点。好奇的人们不禁要追问:锦衣卫到底是群什么样的人? 他们有着怎样的秘密使命与绝活? 明朝开国前后,朱元璋已经建立了稳定的皇家安保体系,干吗还要架屋叠床地建起锦衣卫秘密警察制度? 或者说,朱元璋为什么会想到这么"奇特"的绝招?

### ◉ 朱元璋为什么会想到要建立锦衣卫特务机构?

第一,朱元璋出身贫贱,当过和尚、要过饭,濒临过生死之边缘,其生命微不足道到了草芥都不如。如此经历造成了他极度的自卑心理,同时又使得他对官员和士大夫甚至一般社会阶层的相对优越的社会地位充满了无比的仰慕,进而形成了暴虐、恶搞的强烈意念,以求得内心的平衡。这种心理潜意识在他当上皇帝掌握国家大权后就有了"表述"的条件和机会了。

第二,青少年时代的悲惨生活给朱元璋的人生投下了巨大的阴影,且极度的贫困、极度的卑微和亲友的缺乏,使得他在成年以后尤其是其个人威望与权力的日益提高后而变得极度的自尊,极度自尊背后往往是极度脆弱、极度敏感,其内心深处充满了对别人的狐疑:"别看那一个个在我面前装得像孙子一般,谁知道他们背后怎么骂我?"于是他就派出特务去暗中查个究竟。

第三,战争的残酷和战争中敌对方的瞬息变局,也使得朱元璋变得异常的敏感,任何一点对自己的不恭或漠视都有可能隐含着重大的杀机或潜在的危险。这样的思维惯性一直延续到朱元璋的人生暮年。

自家亲侄儿朱文正因为恶搞江西姑娘而被责罚了,居然心怀不满,闹出了谋反这等忤逆恶事来,对于本来就疑神疑鬼的朱元璋来说打击太大了。朱皇帝的亲人大多都在瘟疫中死了,朱文正是仅有几个亲人当中的一个,竟然他也要谋反,能信谁呢? 侄儿朱文正"拎不清",外甥李文忠呢? 曾经也是朱元璋的"义子",想当年朱文正出事后,舅舅朱元璋最为依赖、托付的也就是他了,可他鬼使神差地与一些耍耍嘴皮子的儒士搞在一起,带了妓女回家乐乐……最可气的是这个曾经的"义子"现在恢复为外甥身份的李文忠也老跟舅舅洪武皇帝"过不去",动不动就出来提意见——进谏,弄得当今大明第一圣人朱皇帝很没面子,据说他在背后还有不轨……(【明】刘辰:《国初事迹》;【明】王世贞:《弇山堂别集·史乘考误》卷20)

本家人都靠不牢,不听话,更何况外姓的战友邵荣、谢再兴等,他们个个在表面上"太平无事",可一转屁股就要准备"起事",太可怕了!为防患于未然,必须先侦察侦察这些勋臣武将和其他大臣们,所以在大明开国前,朱元璋就建立了特务机构锦衣卫的前身"拱卫司"。这是明代最早的特务机构,拱卫司的"特务们"主要是侦察臣僚的私下言行。

## ◉ 赫赫有名的锦衣卫特务前辈们各自有着不同的"归宿"

锦衣卫的前身拱卫司是什么时候建立的?自吴晗先生的《朱元璋传》问世后,一般人们都沿用了吴元年的说法,其实拱卫司在1364年即朱元璋开国前四年就已经建立。明代官史《明太祖实录》记载说:"甲辰(1364)十一月乙卯,置拱卫司,以统领校尉,属大都督府,秩正七品。"(《明太祖实录》卷14)只不过当时的"拱卫司"名义隶属于大都督府,没有独立,且品级也不怎么高,但他们行动上直接受命于朱元璋。如果再进一步追问下去,朱元璋到底什么时候开始使用特务统治的?明初副部级领导刘辰记载说:"太祖于国初立君子、舍人二卫为心腹,选文官子侄居君子卫,武官子侄居舍人卫;以宣使李谦、安子中领之,昼则侍从,夜则直宿,更番不违。"(【明】刘辰:《国初事迹》;【明】孙宜:《大明初略》卷4)这里的国初就不一定指的是明朝开国那时,而是应该包括更早时候了。君子、舍人既然为朱元璋的心腹,那办一些绝对机密的事情成了他们义不容辞之责了。

1358年,朱元璋军队攻下婺州(今浙江金华),可能是由于军事上的考虑,在婺州被攻下的头几个晚上,朱元璋很不放心地外出"溜达溜达"。有个人呼小先锋的近侍卫士张焕贴身"伴驾",两人高一脚低一脚地走着,忽然被巡逻的军士给逮着了:"干吗的?"张焕反应灵活:"是我军主帅大人!"巡逻的才不吃这一套,因为朱元璋治军很严,哪个人玩忽职守就得受到严重的责罚,所以这个巡逻的也不含糊:"我才不管什么大人不大人的,只知道凡是犯了夜禁的就得逮起来!"朱元璋一看今天碰到人了,就与张焕一同解释,解释了半天才算解释清楚。事后他不仅没责怪那个巡逻的,反而还赏赐他米2石。(【明】刘辰:《国初事迹》;【明】孙

宜:《大明初略》卷4)

这事过去没多久,有个近侍跟朱元璋反映:"有个叫张良才的乐人(可能相当于民间的文艺工作者),过去曾给主公您说过书,他的评书说得不赖。可哪知这等人就是下贱,现在居然经常给人写那'省委教坊司'帖子,贴在门柱上。"朱元璋一听就来火了,给我朱圣人说书,那是看得起你,你怎么堕落到了街头算命先生一般地步?想到这里,他愤愤地说道:"贱人小辈,不宜宠用。"说完,就与小先锋张焕耳语一番。张焕接命后火速来到张良才那里,不由分说,将张说书给绑了个严严实实,然后几个人抬着,把他扔到了河里去。与他一起从事文艺工作的,随即都被发配为穿甲匠(大概是朱元璋军队中制造盔甲的工匠),每月每人领取五斗米作劳动报酬。(【明】刘辰:《国初事迹》;【明】孙宜:《大明初略》卷4)

小先锋卫士张焕还曾被朱元璋派作特使,经常到军事前线去传达命令和刺察军事。吴元年(1367)十月,有人密报:前方有个摩尼教徒。朱元璋马上派上小先锋张焕传令徐达,把那摩尼教徒捉来。(【明】王世贞:《弇山堂别集·诏令杂考》卷86)洪武元年八月,徐达北伐军攻占元大都,"封故宫殿门,令指挥张焕以兵千人守之"。(《明太祖实录》卷34)

早期还有一个精干的特务,也是朱元璋的帐下卫士,他叫何必聚。1359年,为了攻取江西袁州,朱元璋曾派他去侦察。没想到这个叫何必聚的出去没多久就回来了。朱元璋很惊讶,单独召见他,问了:"你到了袁州?"何必聚说:"到了!"朱元璋又问:"你去了袁州,留下什么记号作为凭证?"何必聚回答:"我到了那里侦察到当地的守将欧平章年老昏花,不堪一击。至于我留下的凭证,有呀,在欧平章府前大门口有一对石狮子,我将它们的尾巴尖给弄断了。"后来朱元璋军队攻下了袁州,一看欧平章府前那对石狮子果然给断了尾巴。(【明】钱谦益:《国初群雄事略·汉陈友谅》卷4,引俞本《皇明纪事录》)

由此可见明代锦衣卫的老鼻祖们一开始就出手不凡。不过,这些负有特殊使命的"秘密使者"的名分最初好像"漂泊不定",用得较多的可能就如前面所述的帐下卫士,大约到了1361年时才有了后世闻名的专业特务的名称"检校"(《明太祖实录》卷9)。这些检校的主要职责是"察听在京大小衙门官吏不公不法及风闻之事,无不奏闻"。(【明】刘辰:《国初事迹》)

明初特务中比较有名的检校有文官高见贤、夏煜、杨宪、凌说和武将丁光眼、靳谦和毛骧等,他们专门告发人家阴事。兵马指挥丁光眼在街头巡逻时经常寻事,凡是发现没有路引的,统统抓起来充军,所以当时人们听到丁光眼这个名字没有不害怕的。高见贤通过暗查后发现:在京的那些犯了赃罪的官吏虽然已被判刑,但他们的内心还是充满着极大的怨望,于是向洪武皇帝建议:"如果这些人不从京城弄出去,会冒出什么事来,谁也说不清,倒不如将他们与在外省犯下赃罪的官吏一起发落到江北和州、无为等地去劳改。那里荒地很多,每人拨20亩开垦。这样不仅官府可以收取田租税粮,而且还能让这些人做些苦差,改造改造,一举两得。"朱元璋一听这主意不错,马上任命参军郭景祥主管此事。(【明】刘辰:《国初事迹》)

朱元璋治国理政有"硬道理",即要求臣僚们对他绝对的忠心耿耿,决不允许有丝毫的隐瞒或不满、不忠。那怎么才能知道臣下真实的那一面?朱元璋派出的那些特务"以伺察搏击为事"(《明史·宋思颜传》卷135),即要求特务们侦察臣僚们私下的一言一行。用朱元璋的话来说:"惟此数人,譬如恶犬,则人怕。"(【明】刘辰:《国初事迹》)说白了,运用农村里所常用的看家护院的"恶犬"来警惕、刺探臣僚们的一举一动。朱元璋也不愧为老农民的儿子,他对农民生活理论如此熟稔,信手拈来用于治国政治之中,实在令人毛骨悚然。

尤其是当朱元璋在逐渐登上大明帝国的权力之巅时,他对属下的极度猜忌和异常敏感又被无限制地张扬,终于转化为一项史无前例的极端专制主义国策——实行特务统治,并在以后大明王朝内不断地强化。

大将胡大海在外作战,不用说他会受人监视。可谁也没想到,他的老婆住在南京城里却也没少受人"关注"。据说有个女僧人引诱华高和胡大海妻子敬奉藏僧,"行金天教法。太祖怒,将二家妇及僧投于河"。(【明】刘辰:《国初事迹》)

北平被大明军攻占后的第三年(1370),被派往北平的特务们侦察到了好多当地的隐情。朱元璋接报后马上给徐达发去了手令:"如今北平都卫里及承宣布政司里快行,多是彼土人民为之。又北平城里有个黑和尚,出入各官门下如常,与各官说些笑话,好生不防他。又一名和尚系江西人,秀才出身,前元应举不中,就做了和尚,见在城中与各官说话。又火者一名姓崔,系总兵官庄人。本人随别下泼皮高丽黑哄陇,问又有隐下的高丽,不知数。遣文书到时,可将遣人都教来,及那北平、永平、密云、蓟州、遵化、真定等处乡市旧有僧尼,尽数起来,都卫快行、承宣布政司快行,尽数发来。一名太医,江西人,前元提举,即目在各官处用事。又指挥孙苍处有两个回回,金有让孚家奴也,教发来。"(【明】王世贞:《弇山堂别集·诏令杂考》卷86)

南京与北京相差2 000多里,在那个信息交通不发达的年代,呆在明皇宫里的朱元璋对远方北京城里的一些细微事情、社会边缘的可疑人物居然了如指掌。这实在让人想起来就要不寒而栗。

远方的情报掌握得如此精确,那眼鼻子底下呢?就更不用说了。只要你们那里哪个官员、哪个衙门有一点的闪失，就立马有你好看的了。京城南京各部皂隶（可能相当于打杂的临时工）原本都戴有漆巾，各衙门原本都有门额。但据说有一天礼部当值的一个皂隶犯困睡午觉，被朱皇帝派遣的暗查者给逮着了。暗查者可有人性了，没去打扰午休睡懒觉的皂隶，而是将他头上的漆巾给取走，再交给皇帝朱元璋。兵部有一个晚上没安排人值夜，不料也被巡逻暗查者逮个正着，巡逻者当即取走了兵部的门额。兵部有个小吏随后发现情况不对，赶紧去追，没追着。再说朱皇帝接报后迅速追查兵部当日的值班官与吏，并将他们都给杀了。从此以后，大明礼部没了漆巾，兵部没了门额，说得难听一点，就是衙门的"脸面"也没了，但谁也不敢去向高皇帝朱元璋要回呀，由此这就成了大明的典故。（【明】陆容：《菽园杂记》卷 3；【明】祝允明：《九朝野记》卷 1）

像这样的秘密特务——当时称"检校"实在厉害，也实在风光，什么样的大人物，他们都敢检举，当然除了皇帝朱元璋以外。杨宪、凌说、高见贤、夏煜等曾联合向洪武皇帝进谏，说："大明开国六公之首的韩国公李善长无相才。"当时对李善长还没有深恶痛绝的朱元璋听后当场回答："李善长虽无相才，但他与我是同乡，我刚起兵时，他就来投奔我，后来历尽艰辛，不容易啊！现在我成一国之主，他出任宰相，功臣勋旧也得要用起来，你们以后就不要再说了。"（【明】刘辰：《国初事迹》）

也正因为这些特务们对什么人都要侦察，什么事都要说，由此他们得罪的人也特多。有句哲言说得好：知道的秘密越多，就越有危险。早期为朱元璋看家护院的这几条叫得很凶的猎狗最终结局似乎都不佳。据说杨宪因指使刘炳弹劾汪广洋，被李善长上书指控为"排陷大臣，放肆为奸"（【明】刘辰：《国初事迹》），最终让火眼金睛的朱皇帝给看出来了，随即被处死（《明史·刘基传》卷 128）。高见贤先是被杨宪举劾，说他曾接受句容王主簿送的豹皮等赃物。朱皇帝知道后顿时勃然大怒，下令将高见贤发配到和州去种田劳改。颇有戏剧性的是，先前高见贤为朱皇帝出的整人金点子——劳改犯罪官员，如今整到了自己的头上。当秘密警察标兵高见贤被发配到和州时，那些先前被发配来的犯罪官员一窝蜂地围了上来，不停地嘲笑着："当年的秘密警察标兵，没想到吧，请君入瓮，今天开始你也可以尝尝金点子产生的好果子了，这叫什么？报应啊！"（【明】刘辰：《国初事迹》）后高见贤被处死。夏煜、凌说等也因犯法先后被杀。先前连朱元璋最亲信的元勋李善长等都害怕的丁光眼因"害民事发，胡惟庸问招明白，太祖命诛之"。（【明】刘辰：《国初事迹》；《明史·刘基传》卷 128）

武官特务毛骧是朱元璋早期幕僚毛祺的儿子，从舍人起家，逐渐取得了主子的信任，成了心腹，曾与耿忠等前往江浙地区去察访吏治与民间疾苦，似乎一时很合朱元璋的口味,很快就升到了都督佥事,掌管后来的锦衣卫,但终因胡惟庸党案的牵连而被杀。耿忠虽然也曾一路官运亨通,一直做到了山西大同卫指挥使,但最终也因案发(据说是贪污案)而被处死。(【明】刘辰:《国初事迹》;《明史·毛骐传》卷135)

除了文武官员充当检校特务外,朱元璋还委派自己早年的同行和尚充当"秘密使者"。南京灵谷寺僧吴印、瓦官寺僧华克勤就是这些和尚特务中的"佼佼者",很得和尚皇帝朱元璋的喜爱。华克勤还俗做官一直做到山西布政使(相当于山西省省长),吴印还俗做官一直做到山东布政使(相当于山东省省长)。这几个特务的命运似乎要比前面提到的那几位同行要好,他们不仅官做大了,而且最终还得善终,在那个血色洪武年代还真不容易啊!(参见《明史·李仕鲁传》卷139)

## ◉ 锦衣卫的组建与人事机构组织——明初特务机构内的秘密

秘密特务检校虽说厉害得不得了,但在明朝开国前后他们的行政编制上还隶属于正七品的拱卫司领导,而拱卫司又隶属于都督府领导。从那时的史料来看,检校还有个同义或相似的名字叫校尉。大致在明初拱卫司改为拱卫指挥使司,秩正三品,后又改为都尉司。洪武三年六月朱元璋设立亲军都尉府,直接领导检校、校尉特务,"管左、右、中、前、后五卫军士",下设仪鸾司。(《明太祖实录》卷53)

洪武十二年四月,鉴于仪鸾司人数少,朱元璋派了仪鸾司典仗陈忠上浙江杭州诸府,招聘民间良家子弟为校尉,优惠政策为"免其徭役",这次一共招到1 347人,充当仪鸾司下属的特务。(《明太祖实录》卷124)

从"惜墨如金"的《明太祖实录》记载来看,那时的仪鸾司还隶属于拱卫司,以此推论,下属的仪鸾司人数已经扩大到了1 300多号人,估计当时它的上级机关——拱卫司人数也不会少于1 300人。两者相加,当时肩负秘密使命的特务最少要有3 000来号,且这些事情恰恰又发生在洪武十二年,也就是所谓的"胡惟庸谋反案"案发前半年,这说明朱元璋已经做好了别人谋反的应对准备。难怪后来有人出来一告发,胡惟庸案不是铁案也成了"铁案"。

更有意思的是,胡党案不查则已,一查就发现:残存的和隐蔽的胡党分子越来越多。为了更好地对付具有谋反企图的胡党分子和一切隐藏着的阶级敌人,朱元璋在洪武十五年四月干脆就将原来的仪鸾司等作个大整顿,正式改名为锦衣卫,"秩从三品,其属有御椅、扇手、擎盖、幡幢、斧钺、銮舆、驯马七司,秩皆正六品"(《明太祖实录》卷144)。洪武十七年三月"改锦衣卫指挥使司为正三品"(《明太祖实录》卷160）。洪武十八年五月朱元璋又征召"天下府、州、县金民丁充力士者万四千二百余人至京。命增置锦衣卫中左、中右、中前、中后、中中、后后六千户所，分领之，余以隶旗手卫"。（《明太祖实录》卷173）

如果我们将这次洪武十八年大征召的14 200多人，加上前面提到的征召3 000多名，总计起来算，到洪武十九年为止，朱元璋直接掌控的锦衣卫特务不会少于20 000名。由此看来，真可谓蔚为壮观。

这么多人怎么组织、领导？或言之，锦衣卫的内部组织机构到底是怎么个模样？

明代锦衣卫属于皇帝直接领导的秘密特务机构，一般人对其情况都不太清楚。从现存的明代史料来看，其大致状况如下：

锦衣卫的大头目叫指挥使（1人，正三品），下面设有同知（2人，从三品）、佥事（3人，正四品）、镇抚（2人，从四品）、十四所千户（14人，正五品）、副千户（从五品）、百户（正六品）。这些都是锦衣卫的高级官员，所统有将军、力士、校尉，掌侍卫、缉捕和刑狱等事；在下面也有中层"干部"直到底下的喽啰。这些人晚上不睡觉，到处闲逛和转悠，跟踪和窃听他们想要了解的人物及其他的交际圈子和生活圈子，有时还会占个便宜、捞点外快。这些特务来源很复杂，但大多数"政治面貌"必须是家庭清白、社会关系不复杂，本人没有犯罪的前科。这些人互相不认识，只受皇帝调遣。朱元璋处心积虑地废除丞相制，得心应手地处置胡惟庸、李善长，手起刀落杀了蓝玉……大明帝国的每一个大案要案都有锦衣卫的特殊功劳。

锦衣卫下设主要机构有：经历司，主要掌管公文往来与案宗；镇抚司，掌管本卫刑名，兼带管理军匠，这就是我们民间通常所称的"诏狱"，也称"锦衣卫狱"。"古者狱讼掌于司寇而已。汉武帝始置诏狱二十六所，历代因革不常。五代唐明宗设侍卫亲军马步军都指挥使，乃天子自将之名。至汉有侍卫司狱，凡大事皆决焉。明锦衣卫狱近之，幽系惨酷，害无甚于此者。太祖时，天下重罪逮至京者，收系狱中，数更大狱，多使断治，所诛杀为多。"（《明史·刑法志三》卷95）

## ◉无孔不入的锦衣卫与大明步入"特务帝国"的轨道

从设立拱卫司到亲军都尉府，再到锦衣卫的正式开府，朱元璋花了近20年的时间终于完成了大明特务政治制度的构建。而这些特务们也"确实不赖"，他们不负皇恩，在旭日东升似的大明帝国内，"侦破"了一件又一件的大案要案，制造出一个又一个人间地狱惨剧。

锦衣卫特务权力特别大，想抓谁就抓谁。他们为皇帝到处打探消息，平时穿着打扮与普通人没什么两样，到商人阶层里他们会穿上商人的服装，到农民那里他们也会装成农民的样子。他们的武艺与功夫（指后来的武官）也十分了得，可能比李小龙还要厉害，好多人还会飞檐走壁，爬到你家的屋子上看你在家干什么。他们还会说黑话，打入黑社会、宗教团体，侦查人们是否有不臣之心和谋逆之心。他们还会深入部队，看看部队的军官与士兵在干什么，想什么。总之，他们是皇帝无孔不入的最主要耳目与鹰犬。换个角度来讲，即使是没有半点违法犯罪嫌疑的大臣，只要皇帝朱元璋有一天"惦念"起了，那么他的一举一动就立即处于锦衣卫特务的聚焦范围。从中也可以看出明代君主专制主义得到了空前的强化。

## ○ 国子监祭酒宋讷为什么在家里发火？

明初国子监祭酒（相当于国立第一大学的校长）宋讷本是朱元璋在文化教育战线上的一面"旗帜"，他忠实地执行朱元璋的军事化或者说是"法西斯式"的治校宗旨，对国子监的监生实行政治高压和奴化驯服。但即使是这么一个忠实的"文教战线"上政治可靠的中央高层领导，朱元璋对他也不怎么放心。

有一天有个学生给宋讷敬茶，一不小心绊了一下，把茶具给摔坏了。当时宋讷看在眼里，心里十分恼怒。按理说，这是再普通不过的事情了。可宋讷做梦都没想到，第二天上朝时，皇帝朱元璋突然间问他："昨晚为什么发火？"宋讷一听皇帝这样的问话，心里真是吃惊得说不出话来，心想："我在家里发火，他怎么知道的？"但宋讷更清楚，跟洪武皇帝只能是顺而不能逆，于是他就将自己发火的原因一五一十地说了出来，朱元璋听了很是满意。这时，宋讷逮住了机会，好奇地反问："陛下，您怎么知道昨天夜里我在家里发火呢？"朱元璋拿出一幅画有宋讷发火的画像出来给他看。宋讷看看还真像自己，冷不丁地暗暗倒抽了一口冷气。（《明史·宋讷传》卷137；【明】祝允明：《九朝野记》卷1；【明】祝允明：《前闻记》）

## ○ 洪武皇帝居然有顺风耳："钱宰，我并没有'嫌'你迟啊！"

朱元璋的这些锦衣卫不仅偷窥与偷画能力强，而且他们的偷听能力也十分了得。有个叫钱宰的文人，比较有学问，朱元璋听说后就派他编订《孟子节文》——作为明朝科举与教育的"钦定样本"，用今天话来说，找些文人编写古代圣贤的"语录"。而这个钱宰实际"职务"可能相当于政府政策办公室的"研究员"，但按中国古代规制，他是属于朝官，天天要到明皇宫的朝堂上"上班报到"——朝见天子，这就是"早朝"。朱元璋是个"不要睡的人"，早朝往往在天不亮的时候就要开始，大臣们得后半夜就起来准备,早点到午门外恭候。可作为文人的钱宰或许是只"夜猫子",夜里读书什么的,弄得很晚,没睡多少时间,就要起来去早朝,心里很不乐意。但洪武皇帝无孔不入的特务统治他不是没听到过,所以也就不敢口语不满或发牢骚了,只是情不自禁地做起打油诗来。早朝结束后他"由衷而发":"四鼓咚咚起着衣,午门朝见尚嫌迟;何时得遂田园乐,睡到人间饭熟时?"可谁也没有想到,第二天在文华殿宴毕时,朱元璋突然问起了钱宰:"听说你昨天做了首好诗,但我可以告诉你,我可并没有'嫌'你迟啊,为什么不把那个'嫌'字改为'忧'字呀?"钱宰一听到皇帝这样发问,顿时吓得魂飞魄散,自己一个人自言自语的打油诗,居然全被皇帝的耳目听到了,麻烦大了,赶紧趴在地上拼命地磕头谢罪。朱元璋这回可没多大在意,派人送钱宰回老家去,说:"朕今放汝去,好放心熟睡矣。"(【明】叶盛:《水东日记·钱子予》卷4;【清】朱彝尊:《静志居诗话·钱宰》卷3)

## ○ 太子的老师、出了名的老实人宋濂究竟请了哪些客?

宋濂是东南名儒,尤以他的文采为世人称誉。其实宋濂还是有名的"老实人",他比刘基大一岁,但不像刘基那样咄咄逼人。所以在大明朝廷中树敌甚少。宋濂身为太子的老师,长期居官于朝廷,也算得上政权舞台上的重要人物,但因他处事谨慎,待人接物温和,所以从未有什么人攻击过他。宋濂将自己的居室命名为"温树"。有一次,家里来了个客人,问起了他有关宫中的事情,宋濂没有直接回答,而是指着居室名"温树",委婉地拒绝了客人的提问。由此可见,宋濂是个多么谨小慎微的人啊!

皇帝朱元璋似乎也知道宋濂是个老实人,但有时朝中大臣你争我斗,弄得当天子的也搞不清谁是谁非,于是就将宋濂叫来,叫他来评论一番。宋濂就将好的几个大臣说了,朱元璋听了半天,正想听"下文",可宋濂不说了。朱元璋当即就问宋濂:"你说的都是几个好的大臣,那么坏的大臣是哪几个?"宋濂回答道:"我啊,只和好的几个大臣交往、做朋友,所以我能知道他们,至于其他不好的,我就不知道了。"朱元璋听后十分高兴,后来几次在朝堂上称誉起宋濂来了:"我听说最最上等的是圣人,其次才是贤人,再次是君子。宋濂跟随我19年,从没有说过一句假话,也从没有说过一句别人不好的话。19年啊,始终如一,这绝非仅仅是君子,大可称得上贤人啊!"(《明史·宋濂传》卷128)

朱元璋为什么会得出这么一个结论?原来他经常派遣锦衣卫特务在暗中跟踪宋濂这样一个谦谦君子,就连他的一举一动都观察得仔仔细细。有一次,宋濂与客人一起喝酒,这喝酒有什么看的?嗨,皇帝就有这个兴趣,他派人在暗中监视着。

第二天上朝他问宋濂:"昨天你喝酒了没有?与你一起喝酒的客人是谁?吃了什么酒菜?"宋濂一一如实回答。朱元璋笑道:"与我掌握的情况真是一模一样,你果然是个老实人,没有欺骗我啊!"(《明史·宋濂传》卷128)

洪武皇帝管大臣管到这个份上,居然还乐此不疲,这样的心理可以用四个字来概括:专制、变态。做专制君主的大臣如此之累,连隔天吃了什么酒菜都得像小学生背书一样一字不差地背出来,岂止一个累字了得?这还是对待自己口口声声称誉为最最老实人的做法,那么还有那些在朱皇帝眼里为"近似于老实人"和"次老实人"的日子想必也就不好过吧,尤其是那些"聪明人"在朱元璋看来简直就是"滑头",他们一不小心可要倒大霉了。袁凯就是这么一个倒大霉的倒霉蛋。

## ○ 朱元璋在琢磨:袁凯这个"滑头"真的疯了吗?

在朱元璋的血腥高压下,几乎天天都有冤魂屈鬼出现。出于动物的最基本的生存需要,好多被冤屈的大臣与文人都在充分运用自身智慧来"规避"洪武屠刀,袁凯就是这些倒霉蛋中的一个聪明"蛋"和幸运"蛋",他运用了装疯的手段巧妙地活了下来。那么有人要问了:袁凯为什么要装疯?他到底干了些什么事?

袁凯,元明之际松江华亭县人(即今天的上海市人)。元末时袁凯曾在元朝地方政权中出任过府吏;洪武三年(1370)被人推荐给了朱元璋,因为他博学多才,脑子活络,观察问题敏锐,口才又好,朱元璋就叫他做御史。御史干什么的?前面我们讲过了,御史是专门监察百官和向皇帝进谏的,这本是一个高风险的工作岗位,弄不好就不仅仅是下岗,有可能还要将自己的小命都搭上。袁凯当了御史就发现,大明帝国与元朝不一样,做事很实在,讲效率,重实际,很有朝气。但同时他也发现,朱元璋手下的大臣们普遍文化素养不高,尤其是那些武将们言语粗俗甚至低下,恃功骄恣。于是就找了机会向上进谏:"如今天下大致已定,但武将们普遍都恃功胡为,原因就在于他们没有什么教养,不懂君臣礼节,所以恳请皇上让都督府聘用精通儒家礼仪之士,给这些军官们补上文化教养的基础课,即相当于文化扫盲。这样或许能改掉他们的不良行为。"朱元璋被说动,随后就下令让全体武臣们都到午门去听讲课。(《明史·文苑一·袁凯传》卷285;【明】徐祯卿:《剪胜野闻》;【明】杨仪:《明良记》)

经过这件事情,洪武皇帝发现,袁凯这个人果然眼光厉害,脑子转得快。有一天他接到刑部上报上来的一批拟将处罚的犯人名单,当场就拿起朱笔批下,全部处死。批好后,他把袁凯叫来,叫他将朱批名单送往皇太子朱标处复审。朱标主张仁德宽大,结果将犯人全改为免死,皇家父子之间有着很大的观念冲突。当拿了刑部材料从太子那里回来向朱元璋如实汇报后，袁凯心想："这下可好了，跑腿任务完成，也不用受夹板气了。"正想退去，朱元璋开口问了："太子与我各有各的主张。袁凯，你看哪个正确？"袁凯心想：这下麻烦了，两边我都不能得罪，一个是当今的万岁爷，一个是未来的万岁爷，他们是亲父子，我怎能说哪个对，哪个不对呢！他眼珠一转，当即就想出了一个两全齐美的办法应答道："微臣愚见，陛下主张全杀，这是严格执法；太子主张减刑，这是太子的心慈。"说完正得意着：我这样回答，可以两头都不得罪，多好！谁知，朱元璋一听到这话马上就发火，大骂袁凯是个滑头，首鼠两端，随即下令，将袁凯关进大牢里去！袁凯冤啊，你们父子之间意见不一致，冲我撒气，我当了你们的冤大头了。他在狱中绝食了几天，朱元璋也听说了，几天后气也消了点，下令将袁凯给放了。出狱后的袁凯以为自己的一大劫难总算给躲过去了，谁知他上朝时，洪武皇帝一见到他就说："这个就是首鼠两端者！"袁凯一听这话，马上意识到压根儿就没有自己想得那么天真，人家朱皇帝天天记挂着他。事情不妙，大祸将临头，怎么办？（《明史·文苑一·袁凯传》卷285；【明】徐祯卿：《翦胜野闻》；【明】杨仪：《明良记》）

冥思苦想，他终于想出了一个活命的办法来——装疯，于是袁凯披头散发，胡言乱语，到处乱走。袁凯的家人也传出话来，说他家老爷疯了。朱元璋不信，叫锦衣卫去查实一下。锦衣卫回来说，袁凯确实是疯了！朱元璋还是不信袁凯真的疯了，想检验检验其真假。古时候没有精神鉴定中心，更没有精神病医院。怎么办？朱元璋听人说，有一种方法可以检查出一个人是否真的疯了——用木椎子捶"疯人"身上，要是真是疯子的话，他就不说痛。于是洪武皇帝就叫人如此"检测"袁凯。（《明史·文苑一·袁凯传》卷285；【明】徐祯卿：《翦胜野闻》；【明】杨仪：《明良记》）

再说袁凯，明知这关的重要，他紧咬牙关，强忍着撕肺裂胆的痛苦，却不喊一声"痛"。这下朱元璋还真有点相信：袁凯疯了！算了，叫一个"疯子"留在朝里，这不丢人现眼。大明难道真的就没人了？于是洪武帝下令，叫袁凯家人来说话，说是允许袁凯"提前内退"回老家。其实袁凯清楚着呢，他跟家人做了安排，皇帝诏令一下，他们就回到上海华亭乡下老家去住，这样就远离政治中心，免得万一露馅，全家都要倒大霉。

袁凯回到上海乡下后，继续装疯卖傻，常常将铁链子拴在自己的脖子上，像狗一样到处溜，故意天天将自己弄得蓬头垢面，简直像个鬼。据说，后来朱元璋也派了锦衣卫特务前来偷偷看，结果发现袁凯确实"疯得不像样"。算了，从此以后朱皇帝也就不怎么惦记袁"疯子"了。（《明史·文苑一·袁凯传》卷285；【明】徐祯卿：《翦胜野闻》；【明】杨仪：《明良记》）

这样过了好多年,后来朱元璋想要抓文化教育建设,下令在各地兴学崇儒,突然间他又想起了儒士出身原本脑子灵活的袁凯来了,于是派人到华亭乡下去看看那个"疯子"袁凯到底怎么样了。谁知那个袁凯还是那么疯疯癫癫,一点也不见好,且有愈演愈烈之势,居然在乡饮酒礼上对着皇帝派去的使者唱什么"月儿弯弯挂天上,小妹子房中想念郎……",唱着唱着,一会儿又奔起来,跳起来,一会儿又爬下去,爬啊爬,一直爬到了篱笆墙边,拣起篱笆墙边的"狗屎"吃了起来。当然,这"狗屎"是事先袁凯家人用炒面拌糖稀做成,然后偷偷地将它们放在那里。不知情的朱元璋使者看到这样的情景:袁凯连狗屎也吃,不说心里有多恶心,但肯定会将上海地方老爷招待的美味佳肴全部给吐了出来,还给了上海人。

再说,朱元璋听人回报袁凯已经疯到了这样的地步,也只好从此作罢。袁凯终于躲过了一场杀身大祸,最后终老于上海乡下老家。(【明】徐祯卿:《翦胜野闻》;《明史·文苑一·袁凯传》卷285;【明】杨仪:《明良记》)

## ○ 有一天朱元璋惦记起:"人事部长"吴琳退休回老家了在干什么?

朱元璋对在职官员不放心,要派锦衣卫去盯梢,那么对于已经退了休的官员呢?他也不放心。有一天,他想起了老的吏部尚书(就相当于人事组织部部长)吴琳在干什么?在他当人事组织部长时,多少官员在他的手里得到了升迁,他们会不会还结集起来?想到这里,洪武帝就派锦衣卫跑一趟湖北。

再说吏部老尚书吴琳告老后,就回了他的湖北老家,闭门谢客,干起祖上的老本行——务农。

有一天,有一个打扮得像当地农民样子的人,向一个满脸都是皱纹、头戴斗笠、身穿蓑衣正在田间拔秧的老农问路:"请问,这里是不是有个大明以前的吏部尚书吴琳吴老先生?"田间老人赶紧向来者拱手作揖答话:"小老儿便是!"问路者回到南京后如实向皇帝做了汇报,朱元璋这才对吴琳放了心。(《明史·吴琳传》卷138)

从上面讲的几个事例中我们不难看出,锦衣卫侦查手段十分绝妙、高超,当然也有失误——比如袁凯之事。其实,锦衣卫不仅办案技术绝妙高效,而且处理事情的手段也很残忍,当然这主要是由于他们秉承了主子的旨意才敢如此的。下面讲的这件事就可以说明问题了。

## ○ 南京常府(街)主人常遇春爱美女但不能碰——"性骚扰"悲剧

常遇春是大明帝国开国功臣中仅次于徐达的军界第二号人物,他参加朱元璋的起义军要比徐达晚一点,但在渡江战役中崭露头角并迅速崛起。常遇春与徐达相比，各有千秋。徐达以稳出名，常遇春以猛和快为人所熟知，有人甚至说常遇春的部队是快速反应部队，似乎并不为过。常遇春与徐达优势互补，常常协同作战，一正一副率军攻伐，人称"徐常"。可以说明朝初期的江山很大部分是徐常联合打下来的，而且常遇春对朱元璋忠心耿耿，所以在洪武初年的大封功臣中的六公之中已经不在人世的常遇春也位列其中，爵位由他的儿子常茂领封继承。朱元璋对常遇春甚为喜爱，据说曾赐予他一座坐落于今天南京常府街上十分气派的住宅，常府街名由此而来。虽然现在我们在那街上已见不到当年常遇春家的深深庭院了，但常府街的名字却一直保留至今。

据明代的正史记载：洪武二年（1369）七月，常遇春北征蒙元，暴卒于军中。（《明太祖实录》卷43）朱元璋闻之恸哭："失我长城之将！"但明代文人笔记却记载说，常遇春是因为癫痫病发作而暴卒的，有意思的是他的癫痫病恰恰是由朱元璋"给"的。这到底是怎么一回事？

据说常遇春虽然是个勇冠三军的猛将，可回到常府街的家里他就会变成地道的"妻管严"。常妻是个妒悍成性的女人，类于河东狮子，只要看见丈夫常遇春与别的女人说上话，她就会醋劲大发，大吵大闹，弄得堂堂的常大将军只有一个女人。就像现在某些发达人一样的心态——成功男没有妻妾成群太没有脸面了，也太没本事了，让人看低！还是皇帝朱元璋善解人意，送了两个十分漂亮的女子给他。常遇春将两个美女领到常府街的宅院里，但就是不敢有一点的"非分"行为，因为他始终被一只"母老虎"盯着，于是两个美女就被当作花瓶一样在家里放着。可没坚持多久，常遇春"偷腥"了。有一天早上，常大将军起来洗脸，其中的一个美女端水伺候着，乘着家里的"母老虎"不注意，常遇春就在那漂亮的美女手上摸了一把，并说："好白的手啊！"他有想法，但就是不敢再动了，后来有事就出了门。

谁也没有想到，那天晚上常遇春回到家里时，那只常府"母老虎"一下子变得特别柔情，还送给了常将军一个精致的礼盒。常将军虽说是个武夫，但也是有着十分本能的男欢女爱。当他打开柔情似水的"母老虎"赠送的礼盒后一看，顿时就吓得魂飞魄散。礼盒里装的就是早上伺候他的那美女的一双玉手。

自此以后，常遇春常常魂不守舍，愣头愣脑。皇帝朱元璋派出锦衣卫到常府街去一打听，什么都明白了。对待皇帝的赏赐，竟然敢如此不恭，按照《大明律》问罪，这等事叫做"大不敬"，是属于"十恶"大罪之列，要满门抄斩的。但朱皇帝念及常遇春的功劳没有这么做。

随后有一次，常遇春因事上明皇宫里去面见皇帝，朱元璋发现他脸色不对，就问他发生了什么事，常遇春不敢说，朱元璋再三追问，且这样说道："你脸色很不对劲，要不是发生了什么事，那就是你想谋反？"听到"谋反"两字，常遇春顿时吓坏了，赶紧趴在地上不停地叩头谢罪，并一五一十地将事情的原委说了出来。朱皇帝听完了常将军的叙述后顿时就放声大笑："我倒以为什么事呐？不就是美女没了，这样吧，朕再送你两个。来，来，我们君臣一起去喝酒去！"朱元璋边招呼常遇春喝酒，边轻声与身边的锦衣卫耳语一番。锦衣卫力士毫不含糊，没多大一会儿工夫就将常遇春之妻给宰了，且还分成好多块，然后按照皇帝的意旨，将煮熟的常妻之肉装在一个个精美的盒子里，分发给每个大臣，上书"悍妇之肉"。

再说常遇春回家后不见妻子，只见精美小盒子，打开一看，顿时癫痫病发作，且十分厉害。不久就暴卒于北征蒙元的归途中。此为民间野史所载，不全是事实，但朱元璋和锦衣卫的残忍却是历史上不争的事实。（【明】王文禄：《龙兴慈记》；【明】沈节甫：《纪录汇编》卷13）

几乎连大臣家里的床笫之欢都要被侦察，这下朱皇帝心里总该满足了吧？不，还没有呐，有时朱元璋觉得特别"想念"起某人来，还会自己亲自跑出去"微服私访"。

## ○ 洪武帝突然造访，差一点把"老实罗"吓得从梯子上掉下来

有个大臣叫罗复仁，原本是陈友谅政权的编修，后来投奔了朱元璋。朱元璋挺会用人，任命罗复仁为弘文馆学士，与"大神人"刘基同位。很有意思的是，同位的罗、刘两人都比较直，或者说罗复仁可能比刘基还要直一点，他操着一口江西口音，一见到朝政有什么得失，他就会马上在朱元璋面前直接指出。当时大明刚开国，朱元璋也比较谦虚，还能听得进去一些，他直呼罗复仁为"老实罗"。就这么一个"老实罗"，有一天朱皇帝在明皇宫里突然"想念"起他，随即带上几个随从，出了午门，直接跑到南京城外，穿了好几个旮旯胡同，来到了罗复仁家。罗复仁确实是个老实人，不会一点点耍滑，更不会利用工作机会"创收"。当时大明帝国可能还没有实行住房配给制，罗复仁住在近郊又破又矮的房子里很久，看到房子坏得不像样了，只好自己动手修修弄弄。洪武皇帝微服私访时，他刚巧正趴在梯子上粉刷墙壁呐。听到皇帝突然大驾光临，他一骨碌地从梯子上爬了下来，想叫妻子找个像样的凳子让皇帝坐坐，可怎么找也没找到好的。朱元璋看到这番情景，觉得很对不起"老实罗"，当场就这般说道："大贤人怎么能住这样的破房子啊?!"随后下令，在南京城中赐予罗复仁一座很大的府宅。（《明史·罗复仁传》卷137）

对于大臣是如等"关心"，那么对于普通老百姓呢？朱元璋也没忘记嘱咐他的秘密使者们睁大了眼睛盯着点。洪武十九年，浙江处州丽水县发生一起上告谋反案，皇帝朱元璋闻讯后十分重视，派了锦衣卫千户周原率领人马火速赶往丽水，准

《大明风云》系列之 ❸

明基奠立

备捕人。这时的丽水县令倪孟贤可是个有名的循吏,听到自己管辖的地盘上冒出什么谋反案来,顿时就十分着急,他偷偷召集了当地父老,了解真相。原来这完全是件子虚乌有的事情,有个算命的成天在外混饭吃,见到富有的大户人家,就想用算命来诈他们一下,没想到那几个大户不吃这一套。算命的就恼羞成怒,跑到官府去诬告,说是当地大姓陈公望等 57 人,聚众谋乱。倪县令了解事情的原委后还不敢马虎,又自己偷偷地查看陈公望等人家,发现他们家家户户,男耕女织,哪有什么谋乱的迹象,于是就上奏朱元璋,请求皇帝同意,让丽水当地的乡亲父老到南京去说明情况。就这样,一起玄之又玄的大冤案由于知县倪孟贤的快速反应,总算在锦衣卫施暴之前给及时地化解了。而那个卖卜的算命先生在锦衣卫的“亲切关怀”下,一改昔日的奸猾,一五一十地将诬告之事给吐了出来,最终被处以诬告罪。(《明太祖实录》卷 178)

## ◉ 五毒俱全的锦衣卫狱废弃与高皇帝“好儿子”对“祖制”的破坏

本来狡黠无比的算命先生之所以能吐露真情,史书没有记下详细的缘由,但那时锦衣卫刑狱的酷烈却是臭名昭著的。一旦有人进入锦衣卫北镇抚司的狱门(俗称“诏狱”),10 个人犯能有 1 个活着出来就算不错。诏狱里头“五毒备尝,肢体不全。其最酷者,名曰琶,每上,百骨尽脱,汗下如水,死而复生,如是者二三次。荼酷之下,何狱不成”。(【清】傅维鳞:《明书·刑法志》卷 73)

明末名将瞿式耜这样描述:“往者魏崔之世,凡属凶纲,即烦缇骑。一属缇骑,即下镇抚。魂飞汤火,惨毒难言。苟得一送法司,便不啻天堂之乐矣。”(【明】瞿式耜:《瞿忠宣公集·陈政事急疏》卷 1)

就是讲,一旦“人犯”从锦衣卫大牢里出来转到外廷的法司部门去的话,那简直就是进入了天堂。故《明史》说:“自锦衣镇抚之官专理诏狱,而法司几成虚设。如最等小过耳,罗织于告密之门,锻炼于诏狱之手。旨从内降,大臣初不与知,为圣政累非浅。”(《明史·刘济传》卷 192)

锦衣卫狱之毒之黑是“与生俱来”的,它是洪武年间朱元璋大搞“政治运动”的极好的“整人”与杀人工具。洪武晚期,随着大明政局的日渐稳定,出于长治久安的需要,朱元璋决定废弃锦衣卫狱。“(洪武)二十年,以治锦衣卫者多非法凌虐,乃焚刑具,出系囚,送刑部审录,诏内外狱咸归三法司,罢锦衣狱。”(《明史·职官五》卷 76;《明太祖实录》卷 180)洪武二十六年,朱元璋“申明其禁,诏内外狱毋得上锦衣

卫，大小咸经法司"。(《明史·刑法志三》卷95；《明太祖实录》卷228)

这是讲，洪武后期，鉴于锦衣卫狱大多非法用刑，不是将人搞残就是将人折磨死这样残酷的事实，朱元璋终于下令废除锦衣卫狱，焚毁刑具，将关押在锦衣卫大牢里的囚犯送到刑部去，交由刑部审理，并诏令天下，今后大明帝国一切刑狱都归口到三法司(都察院、大理寺和刑部)去。至此，令人毛骨悚然的洪武时期锦衣卫狱被扫进了历史的垃圾堆里。

本来这是洪武末年可以称得上积德的大好事，却在人们一向称颂的"改革开放"皇帝朱棣篡位上台再次恢复，不仅如此，心理同样有着极度变态的永乐皇帝还不厌其烦地增设新的特务机构——东厂，由此再度将大明推入了"特务帝国"的轨道。(详见笔者《大明帝国》系列⑦《永乐帝卷》上)

以上我们对锦衣卫的侍卫、缉捕、刑狱等"一条龙服务"作了较为详细的介绍。其实在锦衣卫的职责范畴中还有一项重要的工作，那就是实施廷杖，这也是明代君主专制主义强化的又一项特别有影响的举措。

## 君主淫威无限张扬　时常当殿滥施廷杖

### ◉ 唐朝大臣坐着议事、宋朝大臣站着议事

明朝廷杖制度主要针对的是朝中的大臣，一些地方上的小官小吏还不够资格"享受"。廷杖，老百姓俗称叫"打屁股"，可能就是由古时杖刑中演化而来的。不过，它不像家长打小孩子的屁股那样做做样子，起到教育作用就行了，明代开始盛行的杖刑可有讲究了。有人做了考证，说中国历史上的廷杖行刑最早是在唐朝，不过那时很少"运用"。说实在的唐朝时大臣的地位要比明代高多了，一般议事时，唐朝的大臣是可以坐着的。(《宋史·范质传》卷249)

可到了宋代就有所变化，主要是发生在开国皇帝宋太祖赵匡胤时期。赵匡胤发动陈桥兵变时，范质是后周的宰相，也是周世宗的托孤大臣，在后周有着很高的威望。因为陈桥兵变来得突然，当时范质等后周重臣一无所知，也一无准备。当赵匡胤的队伍包围了宰相府署时，范质正打算吃早饭呐，没想到早饭没吃上，赵匡胤率领将领王溥、魏仁浦和军校罗彦瑰、罗彦环等闯了进来。由于那时的谋反是天底下头号大罪，赵匡胤即使胜券在握，也不得不要装装样子，表示自己是不得已被人拥戴当皇帝的，于是对着一脸惊讶的范质呜呜地假哭了起来，诉说自己的无奈。见

此,范质越发糊涂,不明白这到底演得是哪一出戏。正当范宰相发愣时,军校罗彦环将军刀举向范质,赵匡胤假装发火,喝退了罗彦环。愣了半天的范质后来终于明白过来了,归降了赵匡胤。

范质等人一归降,后周的其他朝臣也纷纷跟着"倒戈"到赵匡胤这边,一下子这些人成了赵宋王朝的开国勋旧。再说范质降宋后也不赖,向赵匡胤献计献策,立有很多的功劳,加上他岁数又大,宋廷对他很尊重,每当范质来到宫廷议事时,宋太祖赵匡胤就沿用唐朝的宰相议事规制,赐茶赐坐,然后宰相范质开始侃侃而谈。可时间一长,军伍出身的赵匡胤怎么感觉范老宰相来宫中议事,好像是老先生教私塾学生一般,别提心里有多别扭!有一天他命令宫中内官将那宰相"专座"给撤了。等到范质再来议事时,开始时并没有发现,但就想坐一会儿时却突然发现,宫中已经没有他的"专座"了,儒士出身的范质顿时就明白了究竟是怎么一回事,从此他就更加恭谨。据说,也就从那时起,宋朝的大臣与皇帝议事时都是站着的。(《宋史·范质传》卷249)

可到了元明开始,大臣们到了朝堂上与皇帝议事不仅要跪着、趴着,弄不好还要饱受一顿廷杖。

## ◉ 元明皇帝给不听话大臣"打屁股"——中国特色的君主专制主义创举

吴晗先生认为,廷杖实始于元朝,元史中就有元朝中书省的长官在殿廷受杖的记载。而明代从朱元璋开始建立起更加普遍使用的廷杖制度。亲族侄儿朱文正、勋臣永嘉侯朱亮祖父子、大臣工部尚书薛祥、部曹茹太素等都先后被洪武皇帝朱元璋廷杖而死。(吴晗:《朱元璋传》,三联书店1965年2月第1版,P208)

而从实施廷杖的实际情况来看,基本上没有什么章法可言。也就是说,只要皇帝不高兴,大臣说了不上路子的话或办事不合皇帝意思,等等,都有可能被"赐予"廷杖。《大明律》中并没有廷杖的规定,所以它是一种法外刑,只取决于皇帝的个人意志。皇帝说打,行刑官就动手了。行刑地点可以是在朝堂上,更多的是在午门口。廷杖制尽管没有什么"领刑"的条件或参考的标准,但行刑的过程倒是程式化。

据明代人的记载,廷杖大致是这样的行刑过程:一般来说,尚书或侍郎以上的高级官员接受廷杖时,一般都要有皇帝或代表皇帝的宦官头头高坐中央监刑。洪武年间因为严抑宦官,高级官员接受廷杖,都是皇帝朱元璋在场。这个皇帝很勤勉,有时还会自己动手,朱亮祖父子就是被他亲自打死的。皇帝的两边陪坐着的是其他高级官员。再往两边过去一点,左边有 30 来个小宦官站着,右边有 30 来个锦衣卫站着。廷下站着 100 来个行刑狱吏旗校,他们穿着短裤,手拿木棍,时刻准备行刑。一旦皇帝诏书下,也可能是口谕下来,"犯了事"将要被行刑的大臣就被行刑官拖到众目睽睽的行刑地上,趴着。有一个行刑官用麻布袋将他从肩膀以下给套住、绑着,防止他左右转动;同时另一个行刑官用绳索将他的两只脚给捆住;然后由四人四面牵曳,只露出屁股与大腿部分,接受廷杖。因为受刑大臣面向着地,一顿暴打下来,大臣满口都是灰土,相当残忍,好多人胡须全被磨脱了。(【清】魏禧:《虞初新志·姜贞毅先生传》卷 1)一般行刑时,每打 5 下,就要换 1 棍,即换一个行刑官。每次开棍时都要吆喝,吆喝声震殿堂,受刑大臣痛苦的呻吟顿时被淹没在吆喝声中。强壮一点的大臣大致能坚持到 80 下,满 100 杖就要出人命了,即使没被打死,也要剐去几十碗的烂肉,治疗起码半年以上才可痊愈。(《明史·刑法志一》卷 93;【清】魏禧:《虞初新志·姜贞毅先生传》卷 1)

## ● 中国特色的"打屁股"很有讲究

而行刑者一般都是锦衣卫的"打手",他们是经过专门训练的,先在一块砖头上打,打出本领了,在砖头外面包上薄薄的宣纸,再练功夫,练到怎样才算功夫到家呢? 就是一棍下去,砖头碎了,宣纸没坏,所以当时好多官员都被活活打死。再说用棍也有讲究,如果你得罪了行刑者,或没有钱去贿赂,他们锦衣卫就用在水里长时间浸泡的杖棍来行刑,这一棍棍打下去,棍棍催人命,表皮看看是紫黑色,有时皮也没烂,但里边的肉全烂了;要是贿赂了行刑者,那么他们就拿没放在水里的干杖来打,打得受刑者哇哇叫,皮开肉绽,但不会伤及性命。不过这些都是明中后期的事情,洪武年间似乎还没有这么多的黑门道,甚至可以说那时的锦衣卫还不敢乱来。譬如洪武二十八年八月,温州府乐清县有个人被一个锦衣卫给诬告了,此人给逮到了南京,他向有关部门申诉了自己的冤情,最终事情给弄清楚,确系冤枉。朱元璋知道后毫不含糊地下令处死那个锦衣卫诬告者。(《明太祖实录》卷 234)

## ● 明代两次最为"壮观"的"打屁股"

不论洪武皇帝如何"明察秋毫",但他建立廷杖制常态化本身就开了一个极坏的恶例,以后大明帝国君主只要不顺心,就可以拿大臣去撒气。明武宗是出了名的荒唐皇帝,他曾经数次南北"巡幸",在正德十四年提出了南巡的想法,遭到了兵部侍郎黄巩等大臣的竭力劝谏。但他就是不听,于是大臣们集体伏阙,等待皇帝收回成命,结果荒唐皇帝龙颜大怒,下令让翰林撰修舒芬等107人在午门外罚跪5天,且各"领刑"30~50杖,一时间北京明皇宫午门口血肉横飞,哭喊声震天响。(《明史·武宗本纪》卷16)

不过,这还不是最大的廷杖场面。明朝嘉靖年间,因大臣杨廷和等人反对明世宗不合祖制的"礼仪",嘉靖帝一怒之下罢了杨廷和等人的官职,引发了230多个朝中大臣的集体抗议,他们跪在皇宫的左顺门请愿,要求皇帝"改正"。嘉靖帝可能继承了祖上的偏执型心格,就是不认错,反将200来号大臣处以集体杖刑,这下可是创造了大明帝国廷杖之最了。200多号大臣被打得魂飞魄散,被打得血流满地,这哪像个国家的朝廷,简直是个行刑场。(《明世宗实录》卷41;《明史·世宗本纪一》卷17)

这种廷杖制度不仅使"忤逆"皇帝的大臣的肉体上遭受巨大的创伤,而且在心理上足够摧毁了大臣的人格尊严,进一步确立了君主专制主义的绝对淫威。

从废除行中书省制度,实行地方"三权分立"、废除中书省宰相制,集权于上分权于下、改造大都督府机构,分拆为五军都督府,到精筑四道监察大堤,贯彻分权制衡理念,制定"公务员"标准化、严惩官吏贪暴腐化、强化社会基层管理,四处布下天罗地网、并行《大明律》与《大诰》,屈法伸情礼法结合、建立廷杖制常态化和当廷宣泄君主淫威……洪武皇帝的每一招每一式都在贯彻一个核心精神,那就是强化君主极权专制主义。其实朱元璋的"杰作"远不止这些,他还发动了一场又一场全国性的政治运动,"破获"了一起又一起的大案要案,实行科举程式化、考试标准化和人才奴才化,尊孔崇理,发展和推行标准化教育,制造莫名其妙的文字冤狱……这究竟是个什么样的年代? 请看下卷本《洪武"四清" 八场风暴》和《思想一统 科举"隽永"》。

# 大明帝国皇帝世系表

## （18 帝，1368—1645 年，共计 277 年）

| | | | | |
|---|---|---|---|---|
| | ①明太祖 | 朱元璋 | 洪武三十一年 | 戊申 1368 年 |
| 懿文太子 朱　标 | ③明太宗（明成祖） | 朱　棣 | 永乐二十二年 | 癸未 1403 年 |
| ②明惠帝 朱允炆 建文四年 己卯 1399 年 | ④明仁宗 | 朱高炽 | 洪熙一年 | 乙巳 1425 年 |
| | ⑤明宣宗 | 朱瞻基 | 宣德十年 | 丙午 1426 年 |
| ⑥明英宗 朱祁镇 正统十四年 丙辰 1436 年 → | ⑦明代宗 | 朱祁钰 | 景泰八年 | 庚午 1450 年 |
| | ⑧明英宗 | 朱祁镇 | 天顺八年 | 丁丑 1457 年 |
| | ⑨明宪宗 | 朱见深 | 成化二十三年 | 乙酉 1465 年 |
| | ⑩明孝宗 | 朱祐樘 | 弘治十八年 | 戊申 1488 年 |
| ⑪明武宗 朱厚照 正德十六年 丙寅 1506 年 → | ⑫明世宗 | 朱厚熜 | 嘉靖四十五年 | 壬午 1522 年 |
| | ⑬明穆宗 | 朱载垕 | 隆庆六年 | 丁卯 1567 年 |
| | ⑭明神宗 | 朱翊钧 | 万历四十八年 | 癸酉 1573 年 |
| | ⑮明光宗 | 朱常洛 | 泰昌一年 | 庚申 1620 年 |
| ⑯明熹宗 朱由校 天启七年 辛酉 1621 年 → | ⑰明思宗 | 朱由检 | 崇祯十七年 | 戊辰 1628 年 |
| | ⑱明安宗 | 朱由崧 | 弘光一年 | 乙酉 1645 年 |

注释：

①明朝第二位皇帝是朱元璋的皇太孙朱允炆，建文四年时，他不仅被"好"叔叔朱棣从皇位上撵走，而且还被"革除"了建文年号，改为洪武三十五年。

②明朝开国于南京，从正宗角度来讲，很难说迁都是朱元璋的遗愿。因此，大明的覆灭应该以国本南京的沦陷作为标志，弘光帝又是大明皇帝的子孙，他称帝于南京，应该被列入大明帝国皇帝世系表中。

③上表中↓↙↖表示皇位父子或祖孙相传，→表示皇位兄弟相传。

④明安宗朱由崧是老福王朱常洵的庶长子，明神宗万历皇帝朱翊钧之孙，也是明熹宗朱由校、明思宗朱由检的堂兄弟。

明基奠立

《大明风云》系列之 ③

# 后　记

　　2013 年 12 月平安夜的钟声敲响时,我的 10 卷本《大明帝国》竣工了,想来这400 多个不眠的夜晚,真可谓感慨万千。在这个浮华的年代里,就一个人靠着夜以继日地拼命干,想来定会让象牙塔里带了一大帮子弟子的大师们笑弯了腰,更可能会让亦官亦民的××会长们暗暗地叫上"呆子"的称号……是啊,十多年了,在我们的社会里什么都要做大做强,什么都要提速快行,什么都要搞课题会战工程,而我却是孤独的"夜行人"和迟缓的老黄牛,无论如何都无法跟上这个时代的节拍。好在已到知天命的年龄,什么事都能看得淡淡的,更何谈什么学会、研究会的什么长之诱惑了。秉承吾师潘群先生独立独行的精神,读百家之书,虽无法做到"究天人之际,通古今之变",但至少能"成一家之言",管他春夏与秋冬。

　　不管世事,陶醉于自我的天地里,烦恼自然就少了,但不等于没有。自将 10 卷《大明帝国》书稿递交后,我一直在反问自己道:"有何不妥?"在重读了出版社发来的排版稿后,我忽然间发现其内还有诸多的问题没有彻底讲清楚或无法展开。譬如,尽管我专辟章节论述了大明定都南京、建设南京的过程及其历史影响,从一般意义角度而言,似乎很为周全,但细细想想,对于已经消失了的南京明故宫和明都京城之文化解读还没有完全到位。理性而言,南京明皇宫与南京都城在中国历史文化进程中所占的地位尤为特别,如果要用最为简洁的词语来概括的话,我看没有比"继往开来"这个成语更合适了。"继往"就是在吸收唐宋以来都城建筑文化精华的基础上,将中国传统的堪舆术与星象术巧妙地结合在一起,使其达到前所未有的完美境界,用明初朱元璋开国时反复强调的指示精神来说,就是"参酌唐宋"和"恢复中华",即在继承先人传统的基础上整合和规划南京明皇宫和大明都城建设,于最核心部分构建了象征紫微垣的宫城,宫城之外为象征太微的皇城,皇城之外为象征天市的京城,环环相套,中国传统文化中的"法天象地""天人合一"思想在南京明皇宫和大明都城建设布局中得到了充分的体现;"开来"就是指明初南京明皇宫与都城建设规制深刻影响了后来的明清皇城与都城建设布局。

　　同样的例子还有南京明孝陵、凤阳明皇陵、盱眙明祖陵,等等。

对于诸多的不尽如人意之处，最好的办法就是在原书稿基础上直接添加和补充，但问题又随之而来了。原书稿规模已大，《洪武帝卷》100多万字，分成了3册，每册都是厚厚一大本，如果再要"补全"，那就势必要另辟一册。这样对于图书销售会带来更多的不便。思虑再三，只好暂时先以原书稿的规模出版，等以后有合适的机会再作重新规划和布局。

可没想到的是，我的苦衷在今年新书上市后不久让广大的读者和东南大学出版社的朋友一下子给解决了。本来按照图书规模而言，3卷本100多万字的《朱元璋卷》应该是很难销的，但让人始料未及的是，它上市没多久就销售告罄。在纸质图书销售不景气的今天，能有这样的结果，真是莫大的欣慰。更让人兴奋的是，东南大学出版社的谷宁主任、马伟先生在上请江建中社长、张新建总编等社领导后决定，在原10卷《大明帝国》基础上，让我重新修订，分册出版。当时我正在研究与撰写大明正统、景泰两朝的历史，听到这样喜人的消息后，立即放下手中的事情，开始对原10卷《大明帝国》逐一作了梳理，调整章节，增补更有文化含金量的内容，使原《大明帝国》变得更为系统化，考虑到新书内容已有很多的变化，为了与以前出版的相区别，本想取名为《明朝大历史》，但考虑到这是普及性极强的读物，最后与马伟先生合计，取名为《大明风云》。

经过数月的不眠之夜，《大明风云》前8卷终于可以交稿了。回想过往的日日夜夜，看到眼前的这番收获，我要衷心感谢的是中共南京市委宣传部叶皓部长、徐宁部长、曹劲松副部长，南京广电集团谢小平主任，中共南京市委宣传部网控中心的龚冬梅主任，中央电视台池建新总监，安徽电视台禹成明副台长，原南京电视台陈正荣副台长、新闻综合频道傅萌总监，原江苏教育电视台张宜迁主任、薄其芳主任，东南大学出版社江建中社长、张新建总编，东南大学马克思主义学院袁久红院长、袁健红副书记，南京市政协副主席余明博士，南京阅江楼风景区管理委员会韩剑峰主任，新华报业集团邹尚主任，南京明孝陵博物馆张鹏斗馆长，南京静海寺纪念馆原馆长田践女士，南京阅江楼邱健乐主任，南京市社科院李程骅副院长与社科联陈正奎院长、严建强主任、顾兆禄主任，南京市新闻出版局蔡健处长，南京市档案局徐康英副局长、夏蓓处长，江苏省社科联吴颖文主任，福建宁德市政协主席郑民生先生、宁德市委宣传部吴泽金主任、蕉城区统战部杨良辉部长等领导的关怀（**特别注明：本人不懂官衔大小，随意排列而已，不到之处，敬请谅解**）；感谢中央电视台裴丽蓉编导、徐盈盈编导、戚锰编导，江苏电视台公共频道贾威编导、袁锦生编导，江苏教育电视台苍粟编导、夏恬编导、赵志辉编导，安徽电视台公共频道制片人张环主任、制片人叶成群、舒晓峰编导、唐轶编导、海外中心吴卓编导、韩德良编导、张曦伯编导、李静编导、刘小慧编导、美女主持人任良韵,南京广电集团王健小姐,南京电视台主持人周学先生、编导刘云峰先生、李健先生、柏新民先生、卞昌荣先生,南京电视台十八频道主持人、我的电视节目老搭档吴晓平先生,江苏广播电视总台吕凤华女士、陆正国先生、新华报业集团黄燕萍女士、吴昌红女士、王宏伟先生,《现代快报》刘磊先生,《金陵晚报》郑璐璐主任、于峰先生,金陵图书馆袁文倩主任和郁希老师,南京静海寺纪念馆钟跻荣老师,东南大学出版社刘庆楚分社长、谷宁主任、彭克勇主任、丁瑞华女士、马伟先生、杨澍先生、丁志星女士、张万莹女士,南京明孝陵向阳鸣主任、王广勇主任和姚筱佳小姐,江苏省侨办《华人时刊》原执行副主编张群先生,江苏省郑和研究会秘书长郑自海先生和郑宽涛先生,北京师范大学教育学院孙邦华教授,南京大学王成老师和周群主任,南京理工大学人文学院李崇新副教授,南京财经大学霍训根主任,江苏经贸学院胡强主任和吴之洪教授,南京总统府展览部刘刚部长,南京出版社卢海鸣社长,南京城墙办朱明娥女士,南京图书馆施吟小姐,福建宁德三也农业开发有限公司董事长池致春先生,原徐州汉画像石馆馆长武利华先生,无锡动漫协会会长张庆明先生,南京城市记忆民间记录团负责人高松先生和篆刻专家潘方尔先生以及倪培翔先生等朋友给我的帮助与关怀。（至于出版界朋友对我的帮助,那实在太多了,怕挂一漏万,干脆就一个也不谢了）

　　当然还要感谢吾师王家范老师、刘学照老师、黄丽镛老师、王福庆老师、杨增麒老师等曾经对我的谆谆教诲与帮助,也衷心祝愿诸位师长健康长寿!

　　除了国内的师友,我还要感谢 United Nations(联合国)Chinese Language Programme 何勇博士、美国 Columbia University（哥伦比亚大学）王成志主任、美国 Stanford University(斯坦福大学)Visiting Scholar Helen P. Youn、Stanford University（斯坦福大学）的 Hoover Institution Library & Archives(胡佛研究院图书馆及档案馆)主任 Thu—Phuong Lisa H. Nguyen 女士和 Brandon Burke 先生、美国纽约美中泰国际文化发展中心总裁、著名旅美艺术家李依凌女士、美国（CHN）总监 Robert KO(柯伊文)先生、泰国国际书画院院长李国栋、日本关西学院法人代表阪仓笃秀教授、世界报业协会总干事马英女士和澳门基金会理事吴志良博士、澳门《中西文化研究》杂志的黄雁鸿女士等海外师长与友人对我的关心与帮助。

　　在此我要特别感谢美国 University of Pittsburgh(匹兹堡大学)名誉教授、海外著名国学大家许倬云先生。许先生年逾古稀,身体又不好,但他经常通过 E-mail 关心与肯定我的研究与写作,令我十分感动;特别感谢老一辈著名明史专家、山东大学教授黄云眉先生的大作《明史考证》对我的启迪以及他的海内外儿孙们对我的抬爱;特别感谢我的学业导师南京大学潘群先生和师母黄玲女士严父慈母般的关爱；特别感谢慈祥的师长、我的老乡原江苏省委宣传部常务副部长王建邦先生对我的关怀与帮助。

我还要感谢的是我的忠实"粉丝"与读者朋友，这些朋友中很多人可能我都未曾见过他们的面，譬如安徽六安有个年轻朋友曾给我写来了热情洋溢的信函；还有我不知其地址、只知其 QQ 号的郭先生，等等。他们不断地给我来信，帮助我、鼓励我。但由于我是个"单干户"，无当今时兴的"小秘"代劳，因而对于广大读者与电视观众朋友的来信，无法做到一一回复，在此致以万分的歉意，也恭请大家海涵！

顺便说明一下：本著依然采用史料出处随后注的方法，做到说史绝不胡说、戏说，而是有根有据。本书稿原有所有史料全文，后考虑到篇幅太厚和一般读者可能阅读有困难，最终决定将大段古文作了删除，大多只保留现代文。也承蒙东南大学出版社朋友尤其谷宁主任、马伟先生和张万莹女士的关爱，本系列丛书拥有现在这个规模。如读者朋友想核对原文作进一步研究，可根据书中标出的史料出处一查便是。最后要说的是，下列同志参与了本书的图片收集、资料整理、文稿起草等工作，他们是马宇阳、毛素琴、雷扣宝、王鲁兴、王军辉、韩玉华、林成琴、熊子奕、周艳梅、舒金佳、雷晟等人。

马渭源

于南京大明帝国黄册库畔

2014 年 11 月 16 日

电子邮箱：mwynj@sina.com

明基奠立　《大明风云》系列之 ③

263